面向21世纪计算机专业本科系列教材

通信原理概论

主　编　贺贵明

编　著　贺贵明　张焕国

徐佑军　张振国

华中科技大学出版社

中国·武汉

图书在版编目(CIP)数据

通信原理概论/贺贵明　主编.—武汉:华中科技大学出版社,2000年8月
ISBN 978-7-5609-2164-8

Ⅰ.通…　Ⅱ.①贺…　②张…　③徐…　④张…　Ⅲ.通信理论-高等学校-教材　Ⅳ.TN911

通信原理概论　　贺贵明　主编

责任编辑:李　华　　封面设计:刘　卉
责任校对:张　欣　　责任监印:周治超

出版发行:华中科技大学出版社(中国·武汉)
武昌喻家山　邮编:430074　电话:(027)87557437

录　排:华中科技大学惠友文印中心
印　刷:华中科技大学印刷厂

开本:787mm×960mm　1/16　印张:21.5　字数:334 000
版次:2000年8月第1版　印次:2013年8月第10次印刷　定价:24.80元
ISBN 978-7-5609-2164-8/TN·54

内 容 简 介

本书以概论的形式介绍通信原理。

全书共分10章。第1章和第2章对通信方式、通信系统作出了简要描述，以建立起通信的基本概念；第3章至第7章分别介绍通信的主要原理与技术，包括通信信道、通信调制技术、通信编码技术、基带传输技术、通信同步技术；第8章介绍纠错编码技术，第9章介绍密码，第8章和第9章介绍的都是通信中的安全技术问题；第10章介绍了计算机网络中的通信与控制技术，说明计算机网络是以通信技术为基础的。

本书可作为非通信专业本科生学习通信原理的教科书或参考书，尤其适合于计算机专业的学生学习通信的基本原理和相关技术。

总　序

自1946年世界上第一台电子数字计算机ENIAC诞生以来，计算机硬件系统经过了电子管、晶体管、小规模集成电路和大规模集成电路等几个阶段，正遵循着摩尔定律高速地发展：1998年，速度最快的个人PC微处理器是Intel 450MHz的Xeon, 1999年速度最快的已达800MHz；1997年2.1GB的磁盘容量已经很不错了，1999年则已突破10GB……软件方面，无论是操作系统、数据库系统，还是编程语言、应用软件，更是频繁地更新换代，令人眼花缭乱。

与此同时，作为计算机与通信技术结合的产物——计算机网络得到了迅速发展，特别是Internet技术的广泛应用，使得计算机网络的规模越来越大，网上主机数目一直保持每3年增长10倍的速率，Internet上的数据流量则保持着平均每半年就翻一番的增长速率，信息网络已交叉纵横整个世界，将偌大的世界连成了一个“地球村”。

计算机技术日新月异的进步，对现有的计算机专业的教学模式提出了挑战，同时也带来了前所未有的机遇。深化面向21世纪的教学改革，寻求一条行之有效的途径，培养跨世纪的高素质的科技人才，已是当务之急。如果说教学内容、课程体系的改革是教学改革的重点和难点，那么，教材建设则是其不可或缺的重要组成部分。华中理工大学出版社敏锐地抓住了这一点，在其倡议和组织下，我们经过研究、讨论和对教学经验进行总结，规划了这套“面向21世纪计算机教材”。为了满足各级各类学校人才培养的需要，这套教材计划包括计算机专业类教材和非计算机专业类教材，从层次上则可划分为研究生层次、本科生层次、高职高专层次、中职中专层次、中小学层次等若干个子系列，将陆续分批出版。

当今世界，信息革命方兴未艾，知识经济已见端倪，教育观念正面临从注重以知识为主体向以能力为主体的转变。我们在对教材进行规划和评审时，尤其注重把提高学生素质、培养学生的应用能力和创新能力作为首要的评价标准，同时注意教材的特色和教学的实用性，反映最新的教学和科研成果，体现时代特征。

限于水平和经验，这批教材的编写、出版还存在不足，希望使用教材的学校、教师和学生以及其他读者积极提出批评意见，以便我们及时更新、修订，以满足读者要求。

面向21世纪计算机教材出版指导委员会主任

陈火旺（中国科学院院士，国防科技大学教授）

沈绪榜（中国科学院院士，华中理工大学教授）

邹寿彬（华中理工大学教授，副校长）

2000年2月10日

面向21世纪计算机专业本科系列教材　序

人们已普遍认识到：21世纪是信息时代，以计算机为核心的信息技术是21世纪科技发展的大趋势。那么，作为计算机专业人才培养基地的大学计算机专业，如何适应这种发展，培养出符合时代要求、具有创新能力的人才呢？这是近年来计算机教育界讨论的热门话题，也是我们长期思考并努力探索的课题。

教材是人才培养的基础。在华中理工大学出版社的倡议和委托下，我们自1998年下半年起就开始讨论、筹划编写一套适应21世纪人才培养需要的计算机本科专业系列教材。在此基础上，我们组织了武汉大学、华中理工大学、华中师范大学、武汉测绘科技大学、武汉水利电力大学、武汉交通科技大学等院校的部分教师共同编写了这套“面向21世纪计算机系列教材”，以期总结我们在教学内容和课程体系改革方面的体会和做法，在适应21世纪的教材建设方面作出自己的努力。

值得欣慰的是，在教材的编写过程中，全国计算机专业教学指导委员会、中国计算机学会教育委员会联合推出了“计算机学科教学计划2000”（简称“2000教程”），这就更增强了我们编好这套教材的信心。在编写过程中，我们吸收了其中与我们内容相异的新内容。因此，也完全可以说，这套教材是与“2000教程”完全配套的教材。

我们这套系列教材的编写计划分为两个阶段：第一阶段，在2000年内出版“2000教程”中所涉及的所有专业课和部分专业基础课教材；第二阶段，在2000年以后出版与这套教材相配套的实践课和实验课教材，以及教学辅导书。

我们希冀这套教材具有以下特点：

1. 基础性和先进性相结合。与其他学科相比，计算机学科的一个显著特点就是知识内容更新更快，这对教学内容的选取、课程知识结构的构建提出了挑战。基于大学教育应努力实现知识、能力、素质三者辨证统一的目标，我们把编写的重点放在基础知识、基本技能和基本方法上，希望提高学生的理论素养和分析问题、解决问题的能力；与此同时，注重介绍最新的技术和方法，以拓展学生的知识面，激发他们学习的积极性和创新意识。

2. 理论性与应用性相结合。理论是规律的表现形式，良好的理论素养是应用的前提，而掌握理论的目的就是应用。在教材的编写过程中，我们注意了理论的系统性，在讲深讲透主要知识的基础上，各门课程知识点的选取做到尽量广一些；融理论性和应用性于一体，在阐述理论的同时，尤其注意理论方法的讲授，以培养学生应用理论和技术的能力。此外，精心设计了比较多的习题，以加强应用能力和创造能力的培养。

3. 时代性和实用性相结合。力求精简旧的知识点，增加新的知识点，使整个知识建立在“高”、“新”平台上，体现教材的时代特征。但是，并不片面追求“高”、“新”，而是实事求是地充分考虑一般高校目前所拥有的教学设备、师资条件，注重教材的实用性。我们以为，教材建设不可能毕其功于一役，而必须根据学科的发展和客观环境以及条件的变化不断努力和改进。需要说明的是，与“2000教程”相比，我们根据人的认识规律和教学安排的需要，将有些课程进行了划分或合并，以便于教师根据需要灵活安排。

4. 科学性与通俗性相结合。概念原理、新技术的阐述力求准确、精练；写作风格上尽量通俗易懂、深入浅出、图文并茂，增加可读性，便于学生自学。

如果说科学技术快速发展是21世纪的一个重要特征的话，那么，教学改革将是21世纪教育工作永恒的主题，是需要不断探索的课题。我们要达到以上目标，还需要不断地努力实践和完善。欢迎使用这套教材的教师、学生和其他读者提出宝贵意见。

最后，衷心感谢参加这套教材编写的所有作者所贡献的成果和辛勤的汗水，对为这套教材的编写提供支持的有关学校、院系的领导和老师表示诚挚的谢忱！感谢华中理工大学出版社为本系列教材的出版所付出的艰辛和努力！

面向21世纪计算机专业本科系列教材编委会主任

何炎祥　（武汉大学教授）

卢正鼎（华中理工大学教授）

1999年11月20日

前　言

随着信息社会的到来，通信对于人类已是须臾不可缺少的工具，人们要实现不受距离限制的交往，全靠通信的支持。

随着通信技术的飞速发展，各种灵活通信手段的实现，使得人们传递信息已近乎随心所欲，相隔再远也不会感觉到距离，整个社会变得非常紧凑。通信已成为整个社会的高级神经中枢。人们对通信的研究也日益广泛和深入。尤其是计算机与通信的结合，既推动了计算机的发展，也推动了通信的发展，计算机学科、通信学科自身在这种结合中也获得了进步。学习通信的人离不开要学习计算机，学习计算机的人现在也迫切需要了解和学习通信技术。

本书的主要目标是拓宽计算机专业学生的知识面，使他们能在通信原理方面学到概论性的知识和技术。

本书第1章是通信概论，从通信系统模型入手，介绍了通信系统的分类、通信的传输方式、复用方式、交换方式；第2章概述几种典型的通信系统。在对通信获得了一些基本认识以后，下面几章讲述通信中的多种原理和技术。其中第3章信道技术讲述信道模型、信道参数、信道音量等；第4章通信调制技术讲述模拟调制和数字调制；第5章通信编码技术则着重讲述使模拟信号得以数字传输的编码原理和方法；第6章讲述基带传输系统；第7章讲述数字通信传输的同步问题；现代通信系统中安全问题越来越引起人们的关注，所以本书增加了第8章纠错编码技术和第9章密码技术。为了使学习计算机网络的读者能了解到网络传输中的通信与控制，把通信的概念与网络结合，本书还特别在第10章中讲述了计算机网络的通信与控制技术。

本书也同样适合于非通信专业的读者来了解通信、学习通信，建议计算机专业的学生必读。

本书在编写过程中得到武汉大学、华中师范大学、华中理工大学、武汉交通科技大学、武汉水利电力大学、武汉测绘科技大学许多专家、教授的大力支持，也得到华中理工大学出版社的鼎力相助，在此一并致以诚挚的谢意。

本书第1、2、6、7、10章由贺贵明教授编写，第8、9章由张焕国教授编写，第4、5章由徐佑军教师编写，第3章由张振国教师编写。

由于通信技术发展很快，加之作者的水平所限，本书难免存在错误、谬误之处，恳请广大读者批评指正。

作　者

1999年11月

目　录

通信概论

本章首先介绍模拟通信和数字通信的系统模型以及系统分类方法，欲使读者先建立起“通信系统”的概念；然后介绍信息度量方法，为后面分析通信系统性能作准备；本章后三节介绍通信传输方式、复用方式、交换方式，使读者进一步了解通信系统的概貌和通信关键技术，为后续通信原理的展开作一些铺垫。

1.1 通信系统模型

通信的目的是传送信息。通信中应该包含有发信方、收信方、传送的途径和传送方式。最简单的通信系统模型如图1.1所示。

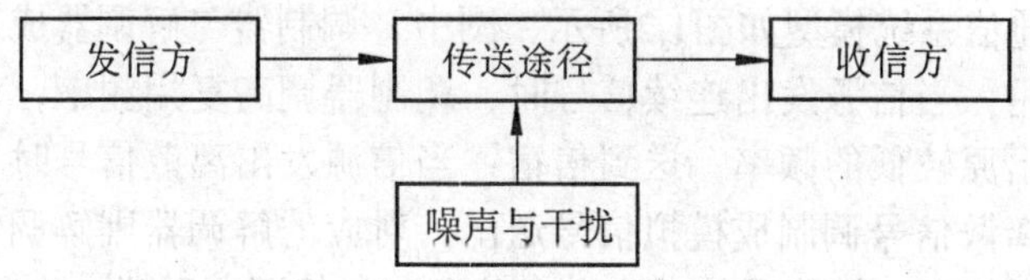

图1.1 通信系统模型

人们常把传送途径称为信道，信息在从发到收的过程中可能会产生错误，错误的原因可能有多种，发生错误的位置也是不固定的。图1.1从逻辑上将其集中地表示为噪声与干扰。信息是有载体的，信息的载体具有不同的形式，如：文字、数据、符号、声音、图像等。发信方发出这些不同形式的载体，通信系统以不同的方式(如电的方式、光的方式、波的方式)将它们传送到收信方，变成收信方可以理解的信息，这就完成了通信的全过程。发信方又可称为信源，收信方又可称为信宿。

通信原理即讲述这其中各个环节实现的原理和技术。

人们经过长期不断的研究、总结，把文字、数据、声音、图像等多种不同形式的信息载体概括为离散和连续两大类，离散的是指离散取值，连续的则是指连续取值。离散的载体用数字信号表示，连续的载体用模拟信号表示，再用与之对应的不同形式的通信系统来传送它们，这就产生了数字通信系统与模拟通信系统两大类系统。模拟通信系统解决模拟信号的传送，数字通信系统则实现数字信号的传送。

当然，“模拟”与“数字”的表现形式并不是绝对的。模拟信号既可以通过模拟通信系统传送，也可以通过数字通信系统传送，而数字信号则既可以通过数字通信系统传送也可以通过模拟通信系统传送。

1.1.1 模拟通信系统模型

在模拟通信系统中传送的一定是模拟信号。模拟信号的产生有两种情况，一种是由信源直接发出模拟信号；另一种是由信源发出的离散信号，经某种变换后形成模拟信号，即所谓的模拟信号模拟传输和数字信号模拟传输。

信源直接发出模拟信号时往往频率比较低，为充分利用通信信道的频带，使通信信道传送效率较高，应使其具有复用性，采用频率调制器将低频信号调制到较高频带。信源发出离散信号时，如果需通过模拟通信系统传送，则应使用数字信号调制器将离散信号变换成模拟信号再送出。

模拟通信系统模型如图1.2所示，图中，调制器与解调器成对出现，起逆变换作用。当信源发出连续信号时，调制器调高复用频率，对应的解调器则恢复出原较低的频率，送到信宿；当信源发出离散信号时，使用数字调制器把离散信号调制成模拟信号送出，对应的解调器则解调恢复出离散信号，送到信宿。模拟通信系统中有关调制与解调的原理，将在本书第4章“通信调制技术”中作详细介绍。

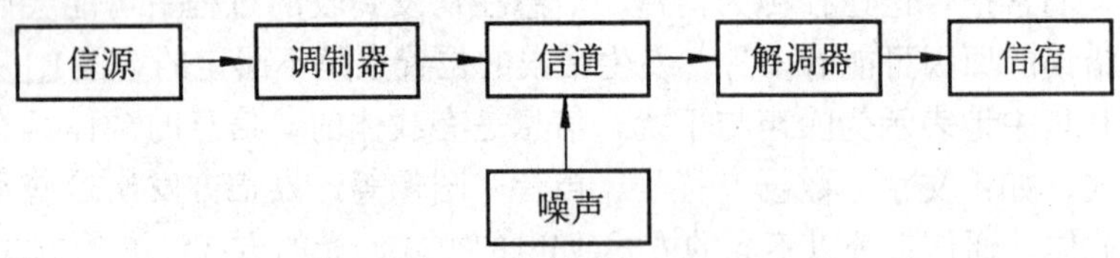

图1.2 模拟通信系统模型

模拟通信系统的主要缺点是抗干扰能力差和保密性差。

1.1.2 数字通信系统模型

在数字通信系统中传送的一定是离散数字信号。此数字信号的产生也分两种情况，一种是由信源直接发出的离散信号，如文字、符号等；另一种是信源发出模拟信号，再经“模/数”转换编码成为数字信号，如声音、图像等。这两种不同的情况分别由两类不同技术决定，即数字信号数字传输技术和模拟信号数字传输技术。

当用数字传输模拟信号时，所用的“模/数”转换器又称为编码器；而用数字传输离散信号(文字、符号等) 时，也要使用编码器把离散符号编成二进制或多进制数字代码。

数字通信系统模型如图1.3所示，图中，编码器与解码器也必须成对出现。如果编码器是“模/数”转换器，则解码器应是“数/模”转换器；如果编码器是对离散信号起数字编码作用，则解码器应是对离散符号起翻译作用。

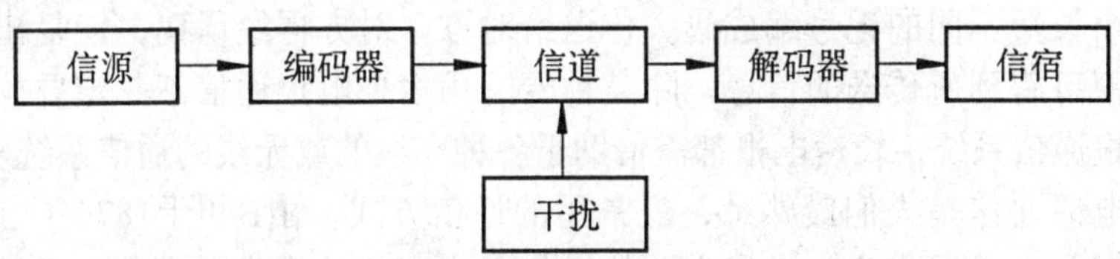

图1.3 数字通信系统模型

相对于模拟通信系统来说，数字通信系统明显的优越性是抗干扰性强、保密性好，且数字电路易于集成、缩小体积，所以现代通信越来越多地青睐数字通信系统。数字通信中的编码技术和原理将在本书第5章“通信编码技术”中作详细介绍。

1.2 通信系统分类

通信系统有多种分类方式，如：按信号特征分类、按物理特征分类、按传输媒介分类、按调制方式分类等等。

1.2.1 按信号特征分类

从信号特征来讲，信号主要分为模拟信号和数字信号两大类，所以可以把通信系统分成模拟通信系统和数字通信系统两大类。若通信信道中传送的是模拟信号，则称该通信系统为模拟通信系统，若通信信道中传送的是数字信号，则称该通信系统为数字通信系统。其构成模型如图1.2、1.3所示。

模拟通信系统和数字通信系统都可以达到传送任意物理信息的目的，只是技术手段不同。数字通信相对于模拟通信来说是技术上的进步，其优越性很多，所以在很多场合，数字通信几乎取代了模拟通信。本书重点介绍数字通信中的原理和技术。

1.2.2　按物理特征分类

传送信息的物理形式有语音、图像、离散的文字、符号等，直接对这些物理量实现通信的系统有电话通信系统、图像通信系统、数据通信系统等，电报也是传送文字、符号的，因此也属于数据通信系统。

电报通信是Morse于1844年发明的通信方式，即把要表达的文字、符号用多个长短不同的记号编成码，传送给对方，对方再经译码，恢复出原字符，便可得到所传送的信息。除某种专门用途外电报通信不一定要构成独立电报通信系统，长途电报都需借助于各种有线的或无线的通信系统实现。

电话通信是人们最熟悉、最常用的通信方式，由Bell于1876年首先发明，现在已发展成为人类最主要的通信方式，并已构成由多种技术手段连接的世界性的公共通信网。近些年来移动通信迅猛发展，给人们带来了更大的自由通信的方便。发话与受话双方点对点地直接以语音实时传递信息是电话通信的主要特点。

图像通信可分为静止图像通信和活动图像通信，前者包括传真通信、图文电视等；活动图像通信即现今通称的视频通信，包括电视广播、可视电话、会议电视、远程教学等。图像通信是将以平面或空间形式分布的信息通过某种方式传送给对方，使对方能通过视觉获取该信息的完整过程。

语音和数字都可看做是按时间先后发生的序列，图像则是二维、三维甚至四维(包含时间因素)形式，必须经过适当的处理变成时间序列串行数据后才可进行远程传送。图像通信中频带宽、数据量大。例如，某种模拟电视信号按一定的质量标准考虑，其最小带宽应为8MHz，在工业电视系统中按降低了的要求考虑，带宽也不应少于5MHz；从数据量来看，一幅图像若按分辨率为704×576(MPEG Ⅱ中主级的分辨率)像素和每像素3色共

24位数据来估计，则数据量为1216.5KB；按PAL制式的每秒25帧计算，则数据率达到243.3Mb/s，可见这不是个小数目，图像通信系统的性能必须与之相适应。

据估计，人们在日常生活中由视觉获取的信息量约占总获取信息量的70%以上。人出生后就习惯于眼观四面，通过视觉主动获取信息(听觉是被动获取信息)，所以图像信息方式和图像通信越来越受到人们的重视，发展也越来越快。

数据通信则是随着通信技术和计算机技术进步后新兴发展起来的通信方式。它把信源产生的数据组成数据流，以模拟通信方式或者数字通信方式传送到接收方后再恢复成原数据，从而实现了信息传送。这里的数据包括语音、图像、文字、符号等，所以数据通信实质上是一个统称，数据通信系统并不是一个特殊的系统。凡是将产生某种形式信号的终端(数据终端、话音终端、图像终端)与计算机或数据处理设备连接起来，并与数字或模拟传输系统相连接，实现数据收集、处理和传输的系统统称为数据通信系统。

这种按物理特征分类的通信系统，其中的信号形式或信息载体是可以按频率或数据速率进行划分的。简要说明如下：

打字字符与电传	40~50bit/s
电报码	150bit/s
模拟电话信号	300~3400Hz
数字电话数据	64Kb/s
一路视频信号	6~8MHz

1.2.3 按传输媒介分类

通信系统按传输媒介的不同分为有线和无线两大类。

典型的有线通信系统是电缆通信系统和光纤通信系统，其中，电缆包括明线、双绞线、同轴电缆等；光纤则可分为多模光纤和单模光纤。

采用无线方式的典型通信系统是微波通信系统、卫星通信系统、无线电及移动通信系统等。

按传输媒介划分的这些通信系统，其组成和工作原理将在本书第2章中分类予以较详细的描述。上述通信系统的频率分布范围如表1.1所列。

表1.1 不同传输媒介通信系统的频率分布表

媒　　介	通信系统名称	频率分布范围
明线	传统电话通信系统	3Hz~300kHz
双绞线	电缆通信系统	12kHz~300kHz
同轴电缆	电缆通信系统	60kHz~12500kHz
无线电	无线电及移动通信系统	300MHz~3GHz
微波	微波通信系统	1GHz~300GHz
卫星	卫星通信系统	300MHz~300GHz
光纤	光纤通信系统	10^5~10^7 GHz

1.2.4 按调制方式分类

从是否采用调制、是否搬移数据信号的频带角度出发，通信传输系统可以分为调制传输和基带传输两类。基带传输是直接传送未调制的信号，如数字信号、音频市内电话的基带传输等。调制传输又称频带传输，其方式又可分为多种，但主要有连续(模拟)调制和数字脉冲调制两种，其中对模拟连续波的调制按波形3要素(幅度、频率、相位)又分为幅度调制、频率调制、相位调制。对连续波也有数字调制方式。数字脉冲调制又分为脉冲模拟调制和脉冲数字调制。详细划分如表1.2所列。

表1.2 常用调制方式分类

<table>
<tr><th colspan="3">调制方式</th><th>用途举例</th></tr>
<tr><td rowspan="10">连续波调制</td><td rowspan="4">幅度调制</td><td>AM——常规双边带调幅</td><td>调幅广播</td></tr>
<tr><td>DSB——抑制载波双边带调幅</td><td>立体声广播</td></tr>
<tr><td>SSB——单边带调幅</td><td>载波通信、短波无线电话通信</td></tr>
<tr><td>VSB——残留边带调幅</td><td>电视广播、传真</td></tr>
<tr><td colspan="2">FM——频率调制</td><td>微波中继、卫星通信、调频广播</td></tr>
<tr><td colspan="2">PM——相位调制</td><td>通信中间调制方式</td></tr>
<tr><td rowspan="4">数字调制</td><td>ASK——幅度键控</td><td>数据传输</td></tr>
<tr><td>FSK——频率键控</td><td>数据传输</td></tr>
<tr><td>PSK——相位键控</td><td>数据传输、数字微波、空间通信</td></tr>
<tr><td>QAM、MSK——其他数字调制</td><td>数字微波、空间通信</td></tr>
</table>

续表

调制方式			用途举例
脉冲调制	脉冲模拟调制	PAM——脉冲幅度调制	通信中间调制方式、遥测
		PDM——脉冲宽度调制	通信中间调制方式
		PPM——脉冲相位调制	光纤通信、遥测
	脉冲数字调制	PCM——脉冲编码调制	市话中继传输、卫星通信、空间通信
		DM——增量调制	数字电话、多媒体中的语音编码
		DPCM——差分脉冲编码调制	可视电话、图像编码
		ADPCM——自适应差分脉冲编码调制	数字电话、多媒体中的语音编码

1.3 信息的度量

信息、消息、符号、数据、信号等几个名词有相近的意义，容易混淆，容易用错。

信息可以理解为某种有意义的内容，虽不可见，但能使大脑发生一定的思维活动，即有认知发生。

消息是由具体文字、符号或语音所表达的已发生的某个事件。消息的发生是有概率的，一个消息的产生，可能带来信息，也可能不带来信息。如“太阳从东方升起”，表述了一个完整事件的发生，但它没有带来信息，因为这是必然事件，是人人皆知的；若有消息说“XX10Gbps计算机网络问世了”，则带来了巨大的信息，因为这个事件过去没有发生过。若此事件沸沸扬扬地嚷了好久，则再也不会引起人们的兴趣，因为对熟知它的人们来说，这已不算是信息。可见消息与信息是有差别的，信息与消息发生的概率大小有关。

符号是文字、数字、标点之类的东西，是为记录事件、消息而用的，单个符号也可以代表消息，也会含有信息。

信号是现实世界物理过程、物理状态的反映，世界上几乎所有其他状态、过程都可以转换成电信号，以便观察、记录、存储、传输。通信系统把所有符号、消息、数据都变成电信号来传送，所以信号几乎代替了一切，很多时候又成了它们的代名词。电信号发生在物理层，可以有模拟和数字两种形式。

数据可以看做是数字、文字、字符、符号的泛称，数字表示的数据反映量的大小，文字、符号表示的数据则描述概念、事实、情况。数据类似于消息，也会含有信息量；数据在通信中可以表示成数字信号，也可以表示成模拟信号。

通信本质上是传递信息，但信息自身不容易表示，只有用文字符号等来表达、携带，在通信中则对它们以信号的形式实现。

信号、符号、数据都容易度量，那么，信息如何度量呢？从前面对消息的描述中可以知道，消息中含有的信息量与消息发生的概率紧密相关，某消息出现的概率愈小，则其包含的信息量愈大，某消息出现的概率愈大，则其包含的信息量愈小。必然事件的发生不带来任何信息。独立事件的发生可以看做是消息的发生，若干事件联合发生也可看做是消息的发生，该消息带来的信息应与其中各个事件有关。如果消息由符号组成，而各符号又被看做是独立发生的，则多符号联合的消息其发生的概率呈指数规律减小。

综合以上情况可知，消息中所含的信息量与消息发生的概率有以下关系：

① 消息发生的概率愈小，消息中所含的信息量愈大，消息带来的信息量与消息发生的概率成反比；

② 联合消息发生的概率呈指数规律减小，可见联合消息所含的信息量呈指数规律增加。

受这些规律支配，对信息量定义如下：

设有消息x发生的概率为$P(x)$，则所带来的信息量定义为：

$$I(x)=\log_a\frac{1}{P(x)}=-\log_a P(x) \tag{1.1}$$

其中，取对数是使原指数规律变得平稳、便于表达。若对数的底取2，则I的单位为bit；若对数的底取e，则I的单位为Net；若对数的底取10，则I的单位为Hatle。bit是最常用的单位。

例1.1　计算等概率发生的离散消息的信息量。

解　设信源在每个时刻发生的消息非0即1，此即二进制符号消息，它们出现的概率都是1/2，则其所带的信息量为

$$I_2=\log_2\frac{1}{1/2}\,\text{bit}=\log_2 2\,\text{bit}=1\,\text{bit}$$

即二进制符号的每个码元带来1bit的信息量。

若消息为M进制，且$M=2^k$，如果$M=8$，则$k=3$，消息出现的概率为$1/M$，即2^{-k}，其所带的信息量为

$$I_8 = \log_2 \frac{1}{1/M} = \log_2 2^k$$

信息熵的概念——若信源所发生的消息是概率不等的，则各消息所含的信息量不等。那么对于信源来说就应有一个总体平均信息量，以反映该信源的信息特点，这就是熵的概念。定义如下：

设信源的各个符号为$x_i(i=1, 2, \cdots, N)$，其概率分别为$P(x_i)$，则定义熵为该信源各符号的统计平均信息量，以$H(x)$表示：

$$H(x) = \sum_{i=1}^{N} P(x_i) I(x_i) = -\sum_{i=1}^{N} P(x_i) \log_2 P(x_i) \tag{1.2}$$

例1.2 信源发出符号A、B、C、D的概率分别为1/2、1/4、1/8、1/8，求该信源的熵。

解 $$H(x) = \sum_{i=1}^{4} P(x_i) \log_2 \frac{1}{P(x_i)}$$

$$= \left(\frac{1}{2} \cdot \log_2 2 + \frac{1}{4} \log_2 4 + \frac{1}{8} \log_2 8 + \frac{1}{8} \log_2 8\right) \text{bit}$$

$$= \left(\frac{1}{2} + \frac{2}{4} + \frac{3}{8} + \frac{3}{8}\right) \text{bit} = 1.75 \text{ bit}$$

1.4 通信传输方式

对数据进行传输时，有多种传输方式，包括：单路数据串行传输、多路数据并行传输、数据与时钟同步传输等。这些都是通信传输中的重要概念。

串行与并行、同步与异步主要在数字数据传输的情况下发生，对于连续波的模拟信号载波同步传送问题，在此不作讨论。

1.4.1 串行传输与并行传输

二进制数字数据在电路中被表示成“0”和“1”的码元形式。这些码元在传输方向上可以是多位并行排列，也可以是一位接一位的串行排列，如图1.4所示。

在串行传输中，码组的各位被依次串行送出，通常，最低位b_0在先，依次由低到高逐位送出，当其最高位(如b_7)被送出时，该码组就被发送完成。串行传输方式只使用一条传送通路，即一条信道，在远距离通信时常采用串行传输方式。

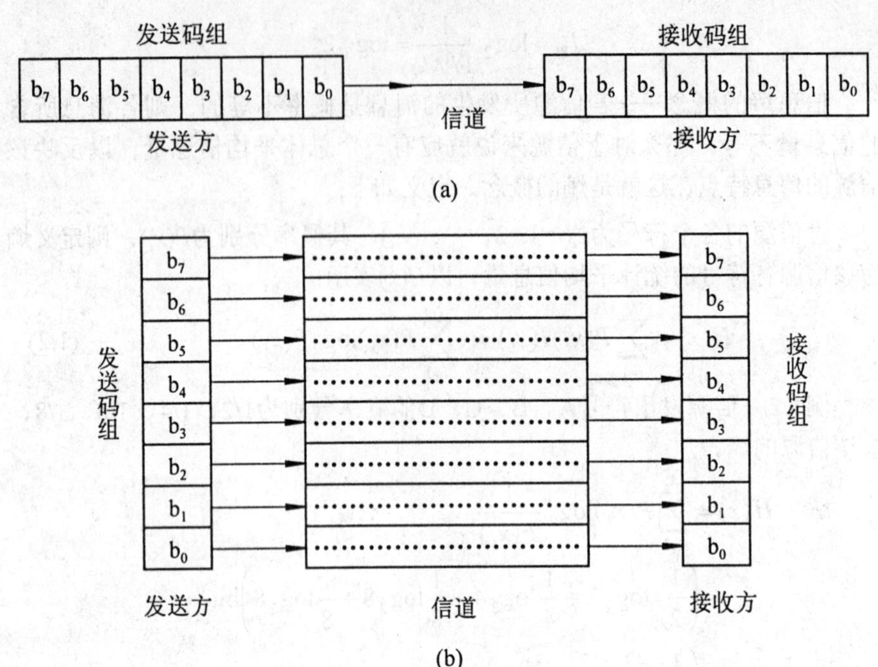

图1.4　串行传输与并行传输

(a) 串行传输　(b) 并行传输

并行传输方式中，码组的所有码元被并列同步传送，堪称“齐步走”。这时对应于每个码元必须有一条单独的通道，并行传送的码组有多少个码元(或曰多少位)，则并行通道必须有多少条，所以并行传输方式不能用于远程通信，一般用于几米以内的短距离通信。与串行传输相比，在传送速率相同的情况下，并行的数据传送效率要高$N-1$倍，即相当于串行的N倍，N是码组的码元位数。因此，并行传送适用于数据传送量大的场合。

1.4.2　同步传输与异步传输

并行传输中并行的各位必须是同步传送，才能保证各位被同时接收，不发生错误。而串行传输则有同步和异步两种方式。

1. 同步传输

同步传输串行数据时，每个码元占用相等的时间间隔，即严格按某种传送频率的周期进行。前后码元之间不留间隔，紧凑前行；码组也接连传送，收发双方需要对码元位同步，也需要对码组帧同步，如图1.5所示。

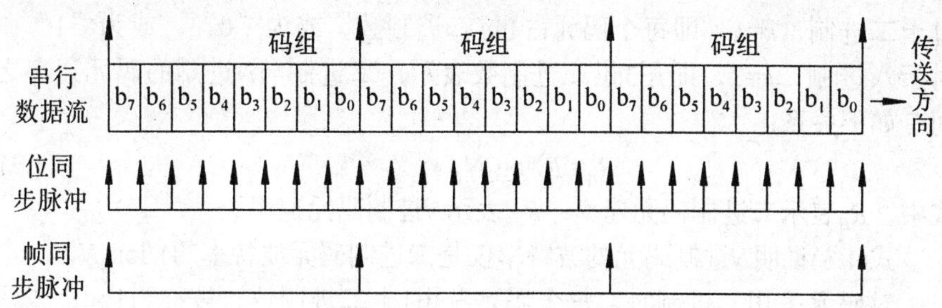

图1.5　串行数据流的同步传输

其中，位同步由位同步脉冲实现。首先建立起收发双方的位同步关系，发方逐位发送，收方对码元的每一位作出准确的判决。同时，为了区分串行中的每个码组，在串行传输系统中还使用了帧同步脉冲。收方在实现位同步的过程中，一旦检测到帧同步码，立即输出帧同步信号。

由于在同步传输中实行了严格的位同步、帧同步，因而有效传输速率提高，但付出的代价是同步控制电路比较复杂。

2. 异步传输

在异步传输方式下，一般在传送的同一个数据帧内各码元是紧凑排列的，一位接一位，前后码元之间有紧密的关联关系；而在各数据帧之间则可能有间隔，其间隔大小不确定，使得所传送的数据码组间没有确定的时间关系。为了使接收方能准确判断一个码组帧的到来(或者说准确确定数据帧的开始和结束时间)，在数据帧的开始和末尾处附加了相应的指示信息，即数据帧的“起始码元”和“终止码元”(简称为“起元”和“止元”)，起元用于确定码字的开始，并可由其产生数据帧的位定时脉冲；止元用于确定码字的结束，同时填充下一数据帧到来之前的空闲间隔位。

在实际的异步通信系统中，数据帧的结束处常常加上起数据检查和校验作用的校验码，然后再附加终止码元。该校验码有很多种，这取决于实际使用的校验方式。

1.4.3　传输系统的传输速率

较长距离的传输系统对数据码元总是采用串行传输方式，单路信道的传输速率就是码元传输速率，即每秒钟传送的码元数，单位为波特，又称为波特率。若码元的宽度为T，则波特率$R=1/T$。

码元可以是二进制码元，也可以是N进制码元，且有$N=2^k$(k=1，2，3，…)。

对于二进制，k=1，即每个码元占1位二进制数，或为“0”，或为“1”；对于八进制，k=3，即用3位二进制数表示。二进制与N进制的码元速率之间有如下关系：

$$R_B= R_N\log_2 N \tag{1.3}$$

式中，R_B表示二进制码元速率；R_N 表示N进制码元速率。

式(1.3)说明N进制码元的波特率仅是二进制码元波特率的$1/\log_2 N$。

对码元采用二进制时，每个码元占用1个二进制位，被称为1bit；采用N进制时，每个码元占用$\log_2 N$ bit。以bit为单位的传输速率称为比特率，可见比特率与波特率有如下关系：

$$R_b= R_N\log_2 N \tag{1.4}$$

式中，R_b为比特率；R_N为N进制码元波特率。

当N=2时，R_N即R_B，$R_b=R_B\log_2 2= R_B$

这说明当采用二进制时，系统的比特率即为波特率。

1.5 通信复用技术

一个通信系统所传送的最基本的数据是各类原始数据，这些数据的信号频带是很有限的，如话音频带为300Hz~3400Hz，优质音乐频带为20Hz~20kHz，活动图像频带也仅限于8MHz之内。而传送这些信号的许多介质，其频率特性却是很好的，如同轴电缆，其带宽可达300MHz~500MHz，光纤的带宽可达10^5GHz。由此可见可以复合多路信号到一条信道上传送，使数据传输效率大大增高。

多路复用即指发送方将若干路独立的信号合并成一路，在一条信道上传输，待信号到达接收方后再进行分离，恢复出原始各路信号的方法。

由于信号是具有频率变量、时间变量以及不同的码型结构的，故可以由此派生出比较常用的三种复用方式：频分多路复用、时分多路复用、码分多路复用。

1.5.1 频分多路复用

频分多路复用(TDM)是指按照频率的严格划分把各个单路输入信号合并到一条信道上来。合并时使各路信号的频带搬移，然后互不重叠地排列，接收时再使用子频滤波器把各路信号分离出来。为使各路信号之间不发生相互干扰，在相邻两路信号的子频带之间应留一个间隔，即频带差Δf，Δf

又称为保护频带。

频分多路复用系统组成如图1.6所示。

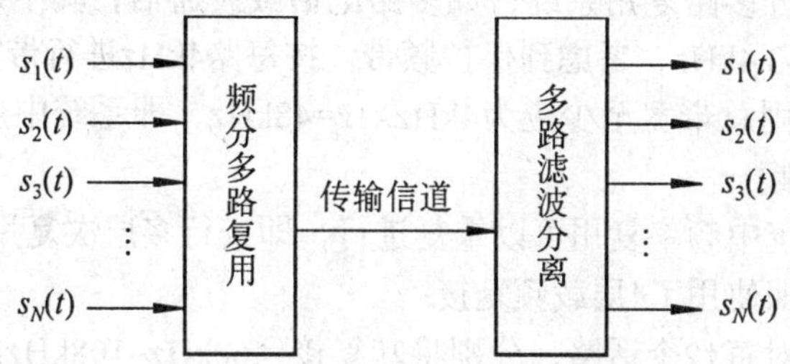

图1.6 频分多路复用系统组成图

多路信号频率搬移复用原理如图1.7所示。

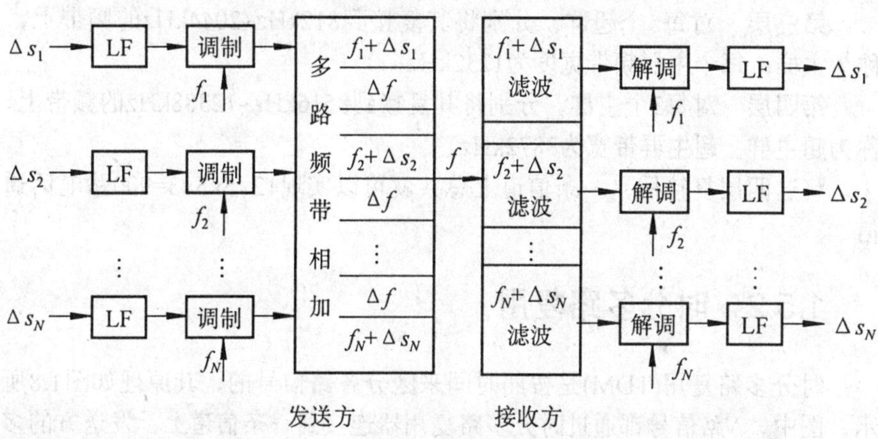

图1.7 频分多路复用原理图

图中，Δs_1，Δs_2，…，Δs_N为各单路信号的频带宽度；f_1，f_2，…，f_N为各路信号的载频，载频起频带搬移作用；$f_1+\Delta s_1$，$f_2+\Delta s_2$，…，$f_N+\Delta s_N$为搬移后的各路信号频带(假设取上边带，其原理见“通信调制技术”一章)，它们互不重叠，相邻两路之间至少相差一个Δf 的保护频带。

调制器实现载频f_i 对该路信号的频带搬移，解调器实现对该路载频f_i 的卸载。

发送方的低通滤波器(LF)对各路信号的频带进行规范化整理，去掉带来不利影响的高频成分，接收方使用滤波器(Δs_i+f_i)对各路信号进行分离，接收方的低通滤波器(LF)用于去掉其他频带对本路信号的影响。

$\Delta s_1+\Delta f+\Delta s_2+\Delta f+\cdots+\Delta f+\Delta s_N$为该通信系统的整体频带宽度，信道

的可用频带必须大于此系统所需的频带。由此可见，频分复用系统的可复用能力受所使用信道的频率特性限制。

典型的频分多路复用系统，如多路电话载波通信，其中每路话音频带限定为0.3kHz~3.4kHz，考虑到保护频带，按每路4kHz进行带宽设置。若进行12路复用，则总带宽至少应为4kHz×12=48kHz，即系统中应使用12个间隔为4kHz的载频。

在通信系统中频率复用可以重复进行，即进行多层次复用。例如900路载波电话系统即使用了4层载频复接：

第一层　对每12个话路，分别将其复接到60kHz~108kHz的频带上，称为基群；每个基群频带宽度为48kHz；

第二层　对每5个基群，分别将其复接到312kHz~552kHz的频带上，称为超群；每个超群频带宽度为240kHz；

第三层　对每5个超群，分别将其复接到812kHz~2044kHz的频带上，称为主群；每个主群频带宽度为1232kHz；

第四层　对每3个主群，分别将其复接到8516kHz~12388kHz的频带上，称为超主群，超主群带宽为3872kHz。

将这四层复接后，一条信道上总共就可以实现12×5×5×3=900路电话通信。

1.5.2 时分多路复用

时分多路复用(TDM)是按照时间来区分各路信号的，其原理如图1.8所示。图中，*N*路信号都通过时分多路复用器连接到一条信道上，发送方的多路复用设备按次序轮流取各路输入信号，也就是轮流安排各路信号使用公用信道的时间。当轮到取$s_1(t)$与信道接通时，其他各路均与信道断开；当

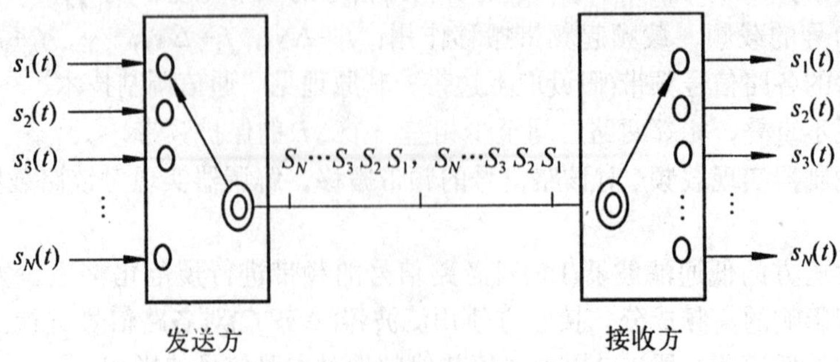

图1.8　时分多路复用原理图

到了指定时间时，复用器被迫与$s_1(t)$断开，顺序接通$s_2(t)$，将第2路信号送上公用信道。如此类推，当把最后一路信号送上公用信道后，又返回到$s_1(t)$，重新开始另一传送周期。就这样，在公共信道上顺序传送s_1，s_2，s_3，…，s_N的数据流，一帧一个大周期地循环下去。

在接收方，时分多路复用器按照与发送端相同的次序轮流接通$s_1(t)$，$s_2(t)$，$s_3(t)$，…，$s_N(t)$各路输出信号，并且与发送方的复用严格地保持着时间的同步和接通分路的顺序同步，使得在某一瞬间发送方接通第i路输入时，保证在接收方也准确地接通第i路输出。

从以上所述可以看出，TDM系统工作的主要特点是：其一，通信双方按照事先规定的时钟周期进行通信；其二，在每一瞬间，公用信道上仅传输某一种输入信号，且收发双方对应接通序号相同的分支电路。

在系统中，每一个码元(位)时间对应接通一对收、发分支电路，即传送一路信号的一个码元。N条支路顺序接通一遍，共传送N个码元(位)，这N个码元在公用信道上串行传送，组成一个数据帧。在TDM系统中，收发双方对应的每一支路接通时，也可以传送1帧数据，然后再接通下一支路，传送下一帧数据等等，从而减少了支路转接及位同步的时间，提高了系统传输效率。这种工作方式还适用于异步终端系统。

1.5.3 统计时分多路复用

在上述TDM方式下，系统对每一支路均匀地分配时间，而不管该时间在该支路上有无数据传送，如第i个时间间隔分配给第i条支路，如果其时空闲，没有数据需要传送，则公共信道在该时间内也没有数据，线路空闲，而很有可能同时另有支路数据等着传送，上述按部就班分配的时间不够用。所以，在TDM方式下系统整体效率较低，通信资源存在浪费。

如果动态地分配时间，即对数据多的支路多分配时间，对数据少的支路少分配时间，则可达到按需分配时隙、减少空闲、提高系统利用率的目的。这种动态分配时间区间的工作方式，叫做统计时分多路复用(STDM)。

在STDM方式下，接通各个支路的顺序不固定，接通某一支路后占用的传输时间长度也不固定，一切都依据支路的忙闲和数据的多少来决定。这样，在接收端要做到准确接收，难度就增加了。解决的办法是，使各支路的数据帧中带有该支路的地址信息，接收端依据地址来决定所连通的支路。支路的数据帧有两种格式，如图1.9所示。

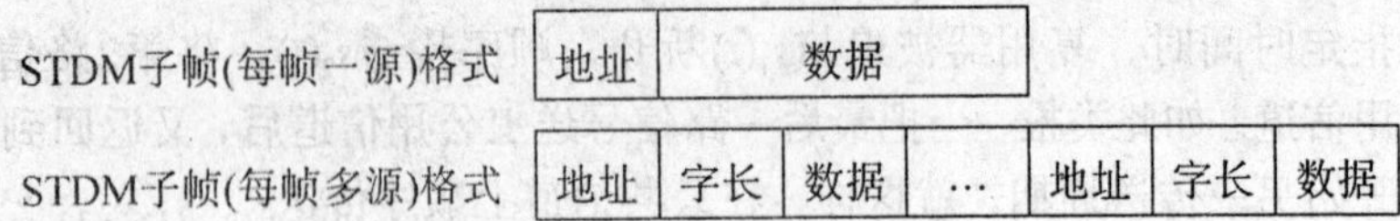

图1.9　STDM子帧数据格式

第一种格式(每帧一源)是指在支路的数据前附上支路的地址，接收端依据该地址接通对应的支路，使其准确接收该地址的数据，数据的多少不是固定的；第二种格式(每帧多源)即指每个帧中含有多个支路的数据，对每个支路都标出地址和数据的多少，以使接收方准确接收。

在STDM系统中，为防止支路数据溢出和系统数据溢出，常设置数据缓冲区，为控制缓冲区溢出，避免数据丢失，又采用了缓冲控制技术。常用的缓冲控制技术有以下三种：

① 在同一支路中传送数据时，可以允许传送，也可以禁止传送，通过“发送器接通”和“发送器断开”的字符来实现；

② 在不相同的支路中传送数据时，通过在各支路上传送控制信号来调节数据流；

③ 降低时钟频率，减缓数据传送。

1.6　通信数据交换技术

数据交换解决的是通信网络中跨节点的数据传送问题。一个通信网是由若干网络节点和网络链路按多种拓扑形式连接起来的网络。数据进网节点称为源节点，数据终止的节点称为宿节点。通信网应为所有进网的数据提供通路，使数据能顺利通过网络各中间节点而顺利传送到宿节点。这种自动数据通路的技术称为“数据交换技术”。能实现数据交换的网称为数据交换网，如图1.10所示。

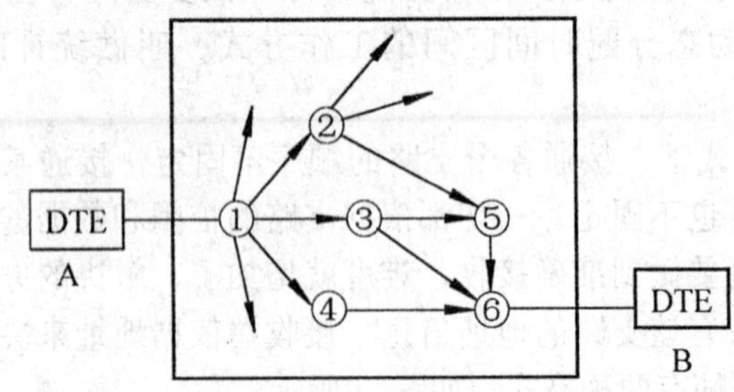

图1.10　数据交换网示意图

图中，DTE A、DTE B为数据终端设备，①为源节点，⑥为宿节点。数据由A传到B要经历多个转接节点和多种传输途径。数据交换方式主要有两大类：线路交换和报文变换，后者又叫做存储/转发方式。

1.6.1　线路交换方式

网络系统能根据一个用户的请求在一对用户终端之间建立起电气连接，不论这条线路有多长，也不论其中经历了多少个转接节点，所建立的电气连接将提供链路层的点—点数据通信。

线路交换的典型实例是现有电话公用通信网络的交换方式。一次线路交换的过程可分为三个阶段：

① 线路连接建立阶段，由双方呼叫、应答完成逐个节点的连通过程，建立起一条端到端的直通线路；

② 数据传送阶段，在通信双方终端之间通过该线路传送数据；

③ 线路连通取消阶段，当数据传送完成之后在各节点上解除该线路对应的连接，释放线路资源，使可以提交给其他用户连接使用。

线路交换属于线路资源预分配工作方式，在一次连接中，把沿途线路资源预分配给一对用户，让他们在连接期间固定使用，不管其间在该线路上有无数据传送，线路一直被其占用，直到通信双方解除连接为止。在数据传送期间，通信网中各节点间始终保持线路连接，不对数据流的速率进行干涉，不变换数据，不存储数据，实现完全透明传输。

线路交换方式提供一条专用线路给一对终端通信，即便通信网中间通信容量很高，也得迁就终端的慢速动作，所以在这种方式下总体线路利用率是比较低的。

在性能方面，由于是专用线路，所以传输延时很少，除呼叫建立之外只有线路的传输时延，适用于实时数据传输，尤其是连接时间较长、数据量很大的传输，从而提高相对效率。

1.6.2　报文交换方式

在以报文交换方式工作的通信网中以报文为传递对象，线路不用专门连接，报文松散传递。就像邮局送信，信一投出，不管经哪个邮递员，也不管经哪条路，只要信能送达目的地即可，送信的依据是信封上的目的地址。在报文交换过程中源地址和目的地址附加在报文头上，转接站收到报文后先存储下来，选择好到下一站的合适链路，然后转发。通信双方事先并不知道传输路径，但报文从发到收必然存在一条事实上的通路。

报文交换网的节点交换机应有存储功能，能分析报头，决定发往下一站的传送路由；若暂时没有空闲链路就让报文排队等待。所以报文交换节点的存储时间、排队时间、转发处理时间使得总体延时较大，不适合实时性要求很高的传输。

报文交换方式有以下突出优点：

① 由于通信网中每条链路的数据速率可能不同，因而用户终端数据速率也不必相同；

② 传送途中各节点都可以控制差错，控制速率，使总体处理性能增强；

③ 报文交换中报文所历经的各节点和链路是接力方式，报文历经的后一链路与前一链路无关，报文只占用链路资源，不占用全程线路资源；

④ 通信网中多方传来的报文在经历同一节点时可以共用快速链路传送。

1.6.3 报文分组交换方式

分组交换又称包交换(Packet Switching)，也属于存储/转发交换方式。它与上述报文交换方式的主要不同是交换传送的数据包的大小不同。报文交换的数据包(报文)数据量大，可达几十千比特甚至更多，分组交换的数据包则相对较小，最大长度限制为1Kb~2Kb。报文与报文分组的关系是：一个报文被分成多个分组(Packet)传送。

分组交换中将报文分成若干规定长度的分组，对每个分组都附加地址信息，通信节点可以用不同链路对它们进行传输与交换。

1. 报文传输分组交换

这种方式即以“报文”形式传输报文的“分组”，每个节点对“报文分组”都进行存储/转发，转发时先认真选择路由，图1.11所示的是分组交换网的工作原理。

图中，N_1，N_2，N_3，N_4都是报文分组交换机，其下部是存储器，上部是交换处理器。分组交换机可以按要求把报文拆成分组，对每一个到来的分组都先存储，而后决定路由再转发。图中A，D为报文终端(NPT)，没有分组功能；B，C为分组终端，可以自动对数据分组打包。设A站发出报文，欲送到C终端，其被节点N_1分成1C，2C，3C三个分组；B站发出两个分组报文1D，2D，欲送达报文终端D，节点N_1根据当时路由的情况，决定把分

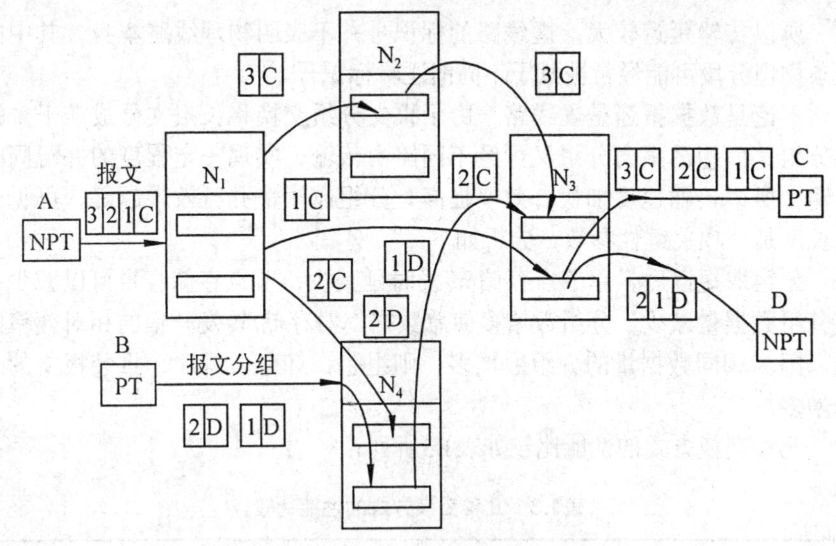

图1.11　报文分组交换工作原理

组1C送达节点N_3，把分组2C送达节点N_4，把分组3C送达节点N_2，然后再往目的终端转发；节点N_4只对N_3有前向通路，所以将2C，1D，2D都转发至节点N_3，再由N_3联通终端C和D。图中，N_2将A的分组3C转发到N_3，N_3恢复组合出1C、2C、3C联合送到终端C，再将1D、2D组成报文送到终端D。

2. 虚线路传输分组交换

“虚线路”是通过呼叫逐节点建立起来的从源站到目标站的线路，它只是一条逻辑通路，没有物理上的实际连接。虚线路传输类似于线路交换方式，一个报文分组沿着这条逻辑通路一传到底，一旦叫通，虚线路是不变的，不允许中间节点对报文分组另选路径。（但报文分组在这条通路的每个节点仍需存储/转发式接续。）呼叫建立过程是这样的：源站先“呼叫请求”第一个节点，第一节点经路由选择将呼叫请求转发到下一站，连续下去直到目标站，若目标站准备好接收数据，则发回一个“呼叫接受”信号，沿着刚刚建立的虚线路传送到源站，源站确认此条逻辑通道建立成功后，便分配一个“逻辑通道”标识号。此后沿着这条通路传输的报文都将附上这一标识号，保证这些分组沿着这条通路一定能传输到目标站。全部报文分组到达目标站并确认无误后，途中任一站都可主动发出“清除请求”来终止这条逻辑通路。

虚线路与实际线路仍有较大区别，因为途中节点仍以存储/转发方式工作，所以传输延迟较大。虚线路的标识号并不表明物理线路本身，其中的各条物理分段可能经常被赋予不同的逻辑标识号。

不论是数据报还是虚线路，由于报文分组交换将长报文分成若干个短的分组，而短的报文分组又可经不同路由传输，实现一定程度的并行同时传输，所以传输速度加快，效率提高。分组越短，并行效果越好，可见分组长度是一项关键性参数。分析如下：

分组取短以后，单节点存储/转发时延减少，节点存储容量可以减少；但分组数据量减少，分组数增多使总数据率对存储/转发开销的相对效率降低，因为相同数据量的分组数增多，则组包、卸包、排序、重装报文的时间增多。

几种交换方式的性能比较如表1.3所列。

表1.3　几种交换方式的性能比较

交换方式 特性	线路交换	报文交换	报文分组交换	虚线路分组交换
线路接通方式	物理接通	逻辑的	逻辑的	逻辑的
线路占用方式	专用	共享	共享	共享
数据组织方式	报文	报文	报文分组	报文分组
通路建立方式	呼叫建立	不建立	不建立	呼叫建立
通路维持性	传输期间维持	不维持	不维持	传输期间维持
节点存储要求	不存储	存储报文	存储分组	存储分组
节点延时性	几乎无时延	存储/转发延时	存储/转发延时	存储/转发延时
应用适应性	实时应用	不适应实时	适应会话	适应实时
负载性能	有呼叫阻塞	报文时延	分组时延	呼叫阻塞、分组时延
终端适应性	同速同码制	速率码制可不同	速率码制可不同	速率码制可不同
带宽利用方式	固定带宽	动态占用	动态占用	动态占用
控制开销要求	传送期间无控制	报文大控制少	分组多控制多	控制较少

习　题

1.1　模拟通信、数字通信分别有哪些特点？

1.2　通信系统有哪些分类方法？如何分类？

1.3　怎样区别符号、消息、数据、信息？各自如何度量？

1.4　试了解和查取英文信源中各英文字母发生的概率。如果认为各字母独立发生，试计算它们各自的信息量。

1.5　设英文信源各字母发生的概率如题1.4所求，试计算此信源的熵。

1.6　设对字母x、y、z、w分别编码00、01、10、11，若传输中每个bit位的宽度为1ms，各字母等概率出现，试计算此项传输的平均信息速率。

1.7　设一数字传输系统传送二进制码元时的信息速率为2400bit/s，若改为以同等码元速率传送八进制码元，则系统信息速率为多少？

1.8　试述三种通信交换技术的特点。

1.9　三种多路复用技术在实现多路分割时的关键技术和有效措施分别是什么？

1.10　设交换网中某一链路共长N段，经历$N-1$个节点，每段路径延时为D秒，数据传送率为B位/秒，电路中的交换建立时间为S秒，节点时延忽略，当报文长度为L位，报文分组长度为P位时，分别计算电路交换、报文交换、分组交换的端到端时延。

第2章 几种典型通信系统概述

前已述及通信系统有多种分类方式，如：按信号特征分类、按物理特征分类、按传输媒介分类、按调制方式分类等。其中按传输媒介分类是最常用、最易被理解和接受的分类方式。按传输媒介分类，即把通信系统分为：明线及电缆通信、微波通信、光纤通信、卫星通信、移动通信等。本章对这几种典型通信系统予以概述，使读者对通信系统有个整体的认识，建立起系统的概念，也引出一些具体的技术和实现的原理，然后在后续章节中详细具体地予以讨论。

2.1 传统明线、电缆电话通信系统

使用明线及电缆的电话通信是最早也是最传统的有线通信方式，他们发展至今，技术进步很大，仍是国际国内常用的通信方式。尽管干线的大容量传输正逐步被光纤方式取代，但对于分支线路，对于解决最后1公里的接入千家万户的问题，电线、电缆仍不失为一种可靠、实用的传输媒介和通信方式。

这里的明线指硬拉铜线、铜包钢线、钢芯铝绞线等，电缆指多芯扭绞铜线电缆、对称电缆、同轴电缆等。

2.1.1 话音通信系统

不论传送距离是短途还是长途，我们都把直接将话音信号送上线路，传送到接收方的系统称为话音系统，它不经过频率的变换过程。这是一种传统的最简单的通信方式。

市内电话由于通信距离短，线路衰耗小，一般话音到达接收端时仍能

保持相当大的功率，使接收方仍能感受到足够高的强度。但对于长途通信而言，则因为线路长而衰耗大，话音信号难以直接到达接收方，途中应有多个环节对信号予以驱动放大，使抵消衰耗，保持信号到达接收方的应有强度。

长途通信的多个环节如图2.1所示。

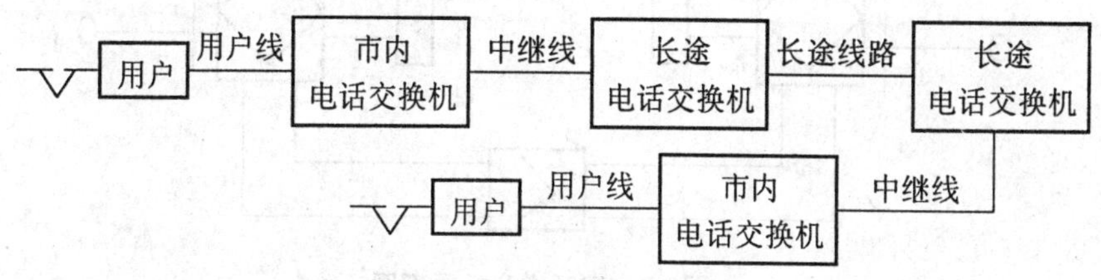

图2.1　长途通信系统

在图2.1所示系统的两个长途电话交换机之间，往往还有若干个增音机或中继设备。长途线路的衰减主要表现为分布的铜损和分布电感电容形成感抗的影响，不同导线的分布参数不同，带来的衰耗大小不一，因而有效传输距离不等。表2.1列出了几种线路的最大通话距离。

在图2.1所示系统的两个长途电话交换机之间，往往还有若干个增音机或中继设备。长途线路的衰减主要表现为分布的铜损和分布电感电容形成感抗的影响，不同导线的分布参数不同，带来的衰耗大小不一，因而有效传输距离不等。表2.1列出了几种线路的最大通话距离。

表2.1　几种线路的最大通话距离

线路类型	导线种类	导线直径/mm	线间距离/cm	最大通话距离/km
明线	硬拉铜线	4	20	430
		4	60	515
		3	20	270
		3	60	355
	铜包钢线	4	20	195
		4	60	230
	钢线	4	20	70
		4	60	80
电缆	铜线	0.9	/	18
		1.4	/	28

为延长通信距离，在通信途中的各交换环节都加装有音频增音机。音

频增音机的主要组成部分是差动系统与放大器，如图2.2所示。

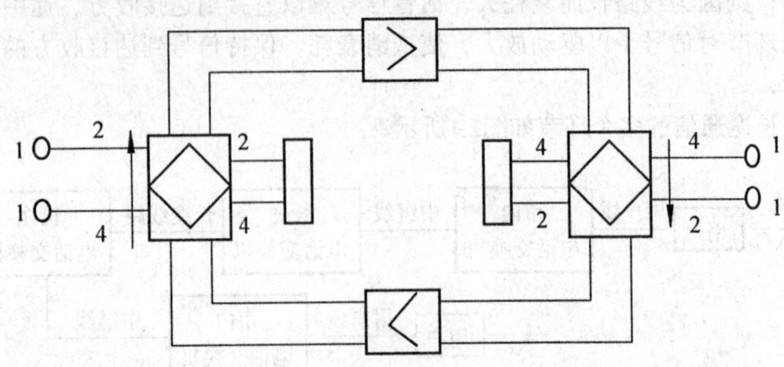

图2.2　音频增音机原理图

图中，水平方向的两个框图为两个差动系统，其中1-1侧接用户话机，另一侧的2-4接一平衡电阻。竖直方向的 > 和 < 是对不同方向传送信号的放大器。

差动系统的主要作用是：

① 将用户侧的2线线路转接成4线线路，转接后的2-2侧双线用于放大发送信号，4-4侧的双线用于连接放大的接收信号；

② 使2-4对端的衰耗尽可能大，避免出现收发信号的串扰；

③ 使相邻侧1-2和4-1的连接传输衰耗尽可能小，保持话音的强度不降低；

④ 音频增音机左右两侧的1-1分别连接入线线路（或用户）和出线线路，使整体达到双向增音的效果。

差动系统内部乃是一套电桥平衡式电阻网络，只要使桥臂电阻达到平衡即可。电桥平衡后即达到对端衰耗无穷大，邻端衰耗取决于桥臂电阻。

2.1.2　高频（载波）通信系统

进行话音长途通信时，如果一对线路只通一对电话，则成本太高，仅线路设备的价值即占全部通信设备价值的95%以上，所以，必须充分利用线路设备，使得在一对线路上能同时通多路电话。普遍采用的方法是“频率复用”，即将同时传输的多路电话在频带上使其区分开，每一路电话单独占用一个频带，发送时把它们复接上去，接收时再把它们一一分开。复用的路数越多，线路上传输的频率越高。所以，这种在一条线路上传输多路话音的通信系统常被称为高频通信系统。其最高频率则受线路的频率特性所限。

原始单路话音的频带被规范为0.3~3.4kHz，复用到线路的不同频带时常使用频率调制技术。具体有关频分复用技术的介绍参见本书1.5节，而更深入的有关调制与解调技术的介绍参见本书第4章。

1. 明线高频通信

一般明线线路的带宽限制为小于200kHz，所以频率复用上限一般只到150kHz。例如3路载波，占用频带为6~30kHz，设A、B表示通信的两端，则其中发送方向A→B占用6~16kHz，接收方向B→A占用18~30kHz，发与收的频带被分开，且频带之间留有2kHz的频率间隔。对于明线12路载波，则B→A占用36~84kHz，称为低频群；A→B占用92~143kHz，称为高频群。

明线长途通信线路中，电线杆上需要挂多对线路，比如能同时开放多个12路载波话路，这时应力求减少多话路线路彼此之间的干扰。所以，除了使线路各线对之间的串话衰耗限制在一定数值外，在多线路的频谱安排上也应采取一些措施，如频谱倒置、频谱搬移等。

频谱倒置是对相同的频带在频率调制时分别取其上下边带而形成的。例如，对0.3~3.4kHz频带，使用6kHz载频调制，取上边带时得

6kHz+(0.3~3.4)kHz——→ 6.3kHz~9.4kHz；形如

6.3kHz 9.4kHz

如果使用9.7kHz载频调制，取下边带，则得

9.7kHz–(0.3~3.4)kHz——→ 9.4kHz~6.3kHz。形如

6.3kHz 9.4kHz

此处对同一话音频带使用不同载频调制而取不同的频率边带，即实现了频谱倒置作用。

可见，两种方法下的频带宽度相同，但前者频带高端对应信号高频，频带低端对应信号低频；后者频带低端对应信号高频，频带高端对应信号低频。

12路载波电话频谱倒置关系如图2.3所示。

频谱倒置后能减少话路对话路的串扰影响。而频谱搬移减少串扰影响的原理则更清楚。

明线频带除上述3路（占6~30kHz）和12路（占36~143kHz）外，其低频段还可复用电报、传真等通信，达到全复用的效果。明线线路全复用频

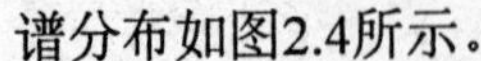
谱分布如图2.4所示。

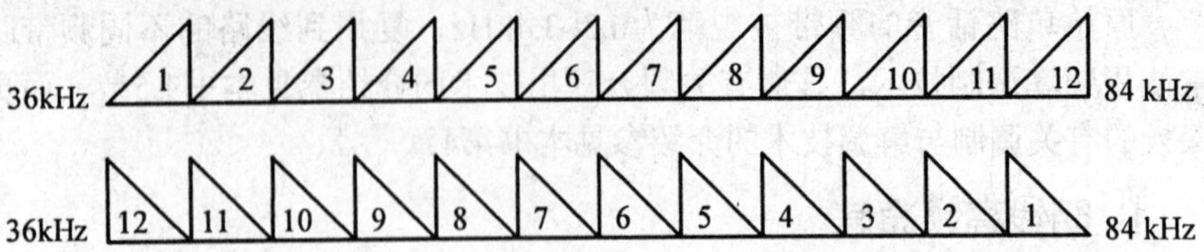

图2.3　12路载波电话频谱倒置关系图

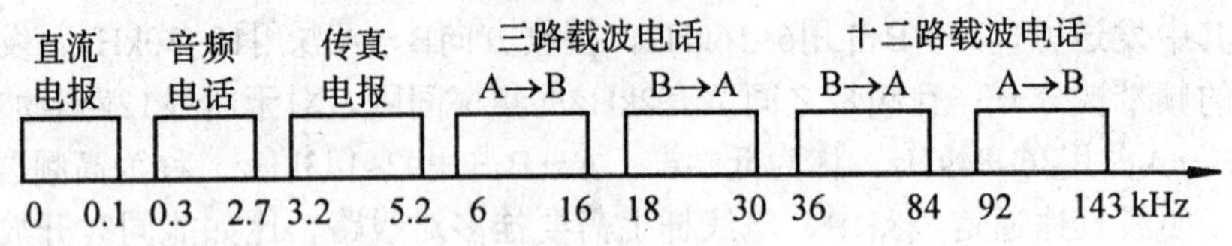

图2.4　明线全复用线路频谱分布

2. 对称电缆高频通信系统

传统电缆传输频带约达500多kHz，可以复用直至120路，所以电缆对于通信比明线更为有效。对称电缆用于高频通信，其主要特点是：

① 电缆有比较好的保护，可埋入地下，受外界影响小，通信比较安全，同时地温比较稳定，电缆中信号衰耗受温度影响的变化也小。

② 电缆可加装屏蔽层，从而减低外界电、磁及其他干扰的影响，同时，由于温度不高，热噪音电平也相应较低，所以允许信号的接收电平降低。

③ 电缆结构中芯线较细，芯线间距离小，导致其分布参数的电阻、电容较大，单位距离的衰耗比明线大，增音站的距离也只有缩短，所以长距离电缆通信系统中增音机数目较多。这就出现了增音机耗电多及使用维护不便等问题。

前述明线高频通信系统是按二线制构成、按双频带方式工作的。电缆则可以采用多线制，达到较好的空分复用的目的，即不同线对可以同时分别传输多路电话。例如，四线制对称电缆一对可以工作在发送方向，另一对可以工作在接收方向，而收、发则可以使用相同的频带。

对称电缆不能工作在全复用方式下，因为其频率/衰耗特性在约12kHz以下时呈非线性状态，如图2.5所示，很难调节补偿。所以在此频率以下的带宽一般不加以使用。

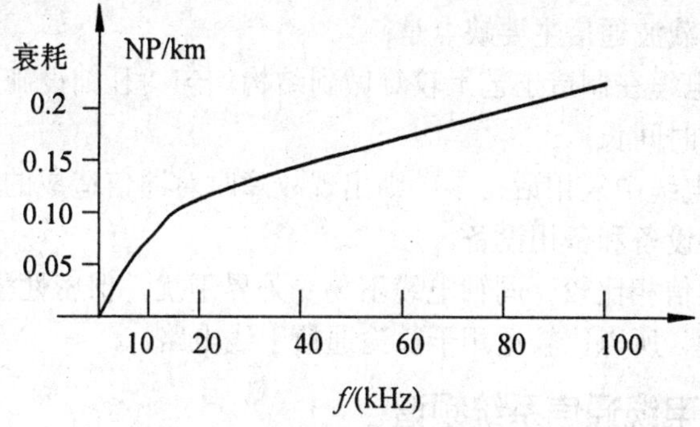

图2.5　对称电缆衰耗频率特性曲线

2.1.3　同轴电缆高频通信系统

1. 同轴电缆通信系统的特性

对称电缆的结构是将多对导线扎紧，加以绝缘和保护，封装成一条电缆，而同轴电缆结构则只是一对导线，电缆的截面是同心圆，圆心是一根导线，圆周作为另一根导线。圆心与圆周间有填充物，在圆周外进行绝缘和保护封装。

对称电缆比较显著的缺点是：频率越高，线路衰耗越大，其工作性能越低，所以对称电缆传输频谱的上限不能太高。相比较之下，同轴电缆则有以下主要优点：一定的频率升高后，其抗干扰性仍比较强，杂音也较小，所以传输频带可以加宽。

几种通信系统特性与成本比较如表2.2所列。

表2.2　不同类型线路的性能及成本比较

线路类型	工作频率／kHz	复用话路	平均增音长度／km	每路1km成本／%
架空明线	6~27 36~143	3 12	300 100	100 75
对称电缆	12~60 12~108 12~252	12 24 60	45 35 18~20	45 22 12
同轴电缆	60~4100 60~8500	900 1800	7.5 6.0	7.5 5.0

注：表中单路话路的1km成本使用百分比予以比较，最大100%，最小5%，容易看出相对效果。

同轴电缆载波通信主要缺点是：

① 同轴电缆在制造工艺上较难做到结构均匀，且铺设施工困难，导致投资大、建设时间长；

② 同轴电缆中复用话路多，则出现故障时对通信造成的影响大，必须采用自动转接设备和备用设备。

与明线通信相比较，同轴电缆不易受外界干扰，保密性强，通信可靠，传输容量又大，所以比较适用于长途通信干线电路。

2. 同轴电缆通信系统频谱

同轴电缆由于其高频电流的集肤效应，使得其屏蔽性能较好，但若频率较低，集肤效应不显著，则会使其屏蔽性能变差，所以常选择60kHz作为其频带的下限，这样可同时收到避免电源谐波干扰的效果。同轴电缆对12路载波电话的基群频谱也定为60~108kHz，然后把5个12路基群分别变频后合并到312~552kHz的60路群，再把60路群变频到线路传输频谱。同轴电缆通信系统采用以下4种传输频谱：

① 2.6MHz，由10个60路群组成，总复用话路数为600路，线路传输频谱为60~2540kHz；

② 4MHz，由16个60路群组成，达960个话路，传输频谱为60~4000kHz；

③ 6MHz，由24个60路群组成；

④ 12MHz，由15个60路群和6个300路群组成，最大通路数达2700路。传输频谱为312~12388kHz。

在同轴电缆通信系统中，由于话路数多，频带宽，所以线路衰耗大，一般每6.4km就需要设一个中继增音站。在长途通信中，全程增音站比较多，系统调节设备比较复杂。

2.1.4 长途电信网

长途通信应力求做到无论相隔多远都能直接实时通信，所以，国内各长途电话局之间应适当地连接，这就构成了长途电信网。

1. 长途电信网的构成

长途电信网有两类连接方式，一类是各长途电信局两两直接连接，当有n个局时，即需要$(1/2)n(n-1)$条线路，但这样连接之后，线路之间没有实现相互资源利用，当两个局之间业务不太繁忙时，极不经济。

另一类作法是，在一定范围内设立中心局，中心局与中心局之间可以直接连接，中心局范围内的其他局对外通信时，通过中心局转接，如图2.6所示。

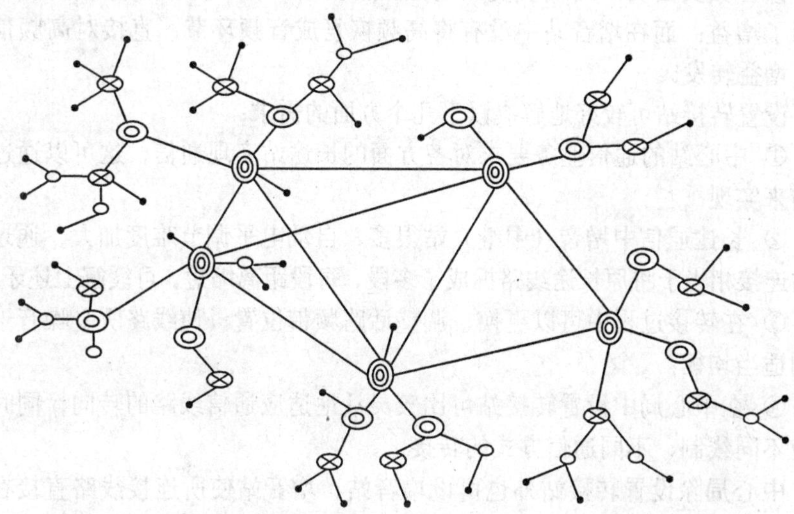

图2.6　四级辐射式长途电信网

图中省间中心局相互连接的线路以及省中心局与省间中心局的连接线路一般称为长途干线，使用大通路（话路数量很大）线路；省中心局与县间中心局以及县中心局的相互连接称为省内长途通信线路；县中心局针对用户的直接线路称为终端线路。

2. 高频电话通路的转接

在上述长途电信网中各级都是通过中心局转接实现长途通信的，所以转接是其中的关键。

转接站中一般装有对两方面实现通信的终端机，如图2.7所示，A、B均为终端机。

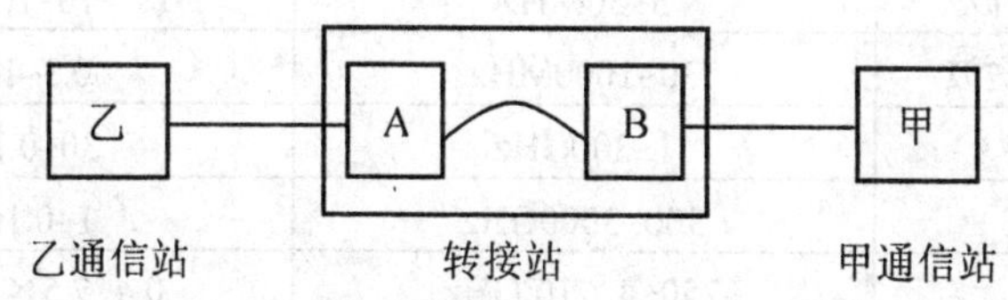

图2.7　转接站及终端机组成图

图中，终端机A与乙通信站实现通信连接，终端机B与甲站实现通信连接。转接站与增音站不同，通信线路的高频在转接站中经终端机恢复出音频，该音频又由另一终端机变成高频，再向前发送。高频信号在转接中也得到了增益；而在增音站中没有将高频恢复成音频环节，直接对高频信号予以增益转发。

设置转接站可较好地解决以下几个方面的需求：

① 中心站的通信业务要求对各方面的长途站实现通信，这可以通过转接站来实现；

② 长途通信中增音（中继）站很多，自动电平调节难度加大，通过转接站连接相当于将原长途线路拆成了多段，每段距离缩短，可缓解上述矛盾；

③ 在转接过程中可以更换、调整话路频带位置，使线路所受噪音干扰得到适当均衡；

④ 在中心局中设置转接站可比较灵活地适应通信线路的转向，同时能适应不同线制、不同通信方式的转接。

中心局除设置转接站外也可设增音站，增音站使所连接线路直接在高频方式下实现转接。

2.2 微波通信系统[18]

2.2.1 微波传播

微波传播是无线传输方式中的一种。无线传输方式包括无线电、扩频、微波、卫星传输等。它们的频率分布范围大致如表2.3所列。

表2.3 各种无线传输方式的频率分布

类　别	频　率	波　长
无线电，中波	300~3000kHz	100~1000m
无线电，短波	3~30MHz	10~100m
无线电，超短波	30~1000MHz	0.3~10m
微波	1~300GHz	30~0.1cm
亚毫米波	300~3000GHz	1~0.1mm
红外波	$750\sim4\times10^5$GHz	$0.4\sim7.5\times10^{-4}$mm
可见光	$4\times10^5\sim7.5\times10^5$GHz	$7.5\times10^{-4}\sim4\times10^{-4}$mm

卫星通信的频段在300MHz~300GHz之间，属于微波波段，所以卫星通信是微波通信方式中的一种。

微波发射的波源是微波天线，微波以电磁波的形式从天线辐射出来，天线激发出电场，电场激发出磁场，磁场又激发出电场……如此，电场和磁场按一定规律互相激发，使信号的能量以光速向远方传播。

2.2.2　微波中继通信的特点

由于微波是在空气中传播，其能量在空气中可能被气体分子谐振吸收，被大气中的雨、雾吸收，还受大气折射的影响，所以微波的传播距离有限，一般都采取微波中继的方式实现远程通信，如图2.8所示。

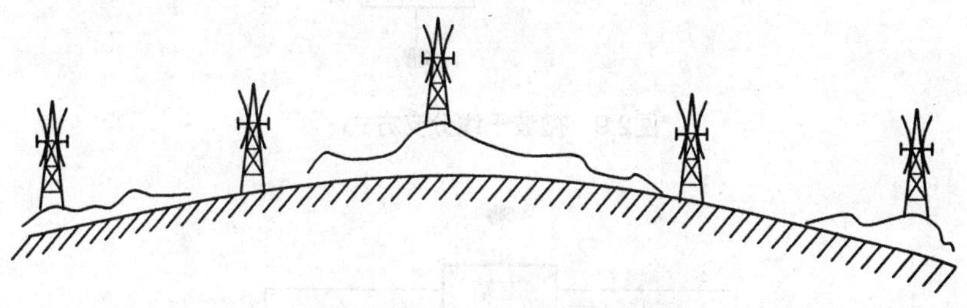

图2.8　微波中继通信接力方式

微波中继通信具有如下特点：

① 微波必须直线传播。微波因为波长很短而在空气中按直线传播，遇到障碍物会产生反射及折射。

② 由于微波在空气传播过程中会发生衰减，同时为了绕过传播途径中的障碍物，因而在传送距离较远时，应采取中继接力方式。

③ 微波频带宽，通信容量大。微波频带为1~300GHz，这提供了非常丰富的频率资源，频带越宽，则载波频率可以越高，绝对通频带也就越宽，这就使得通信容量很大。

④ 微波频段得天独厚，较少受外界干扰，其传输质量也较少受影响，稳定可靠。

⑤ 微波波束直线定向传播，容易监控，保密程度高。

2.2.3　微波通信系统

微波通信系统包括发信设备、中继设备、接收设备等几个部分。

1. 微波网及中继方式

微波网除直线连接方式外，还有干线分支方式，也可以构成环路及环路分支。如图2.9和图2.10所示。

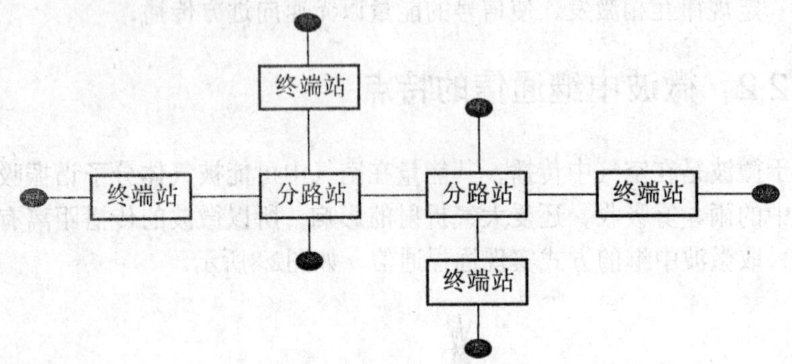

图2.9　微波干线分支方式

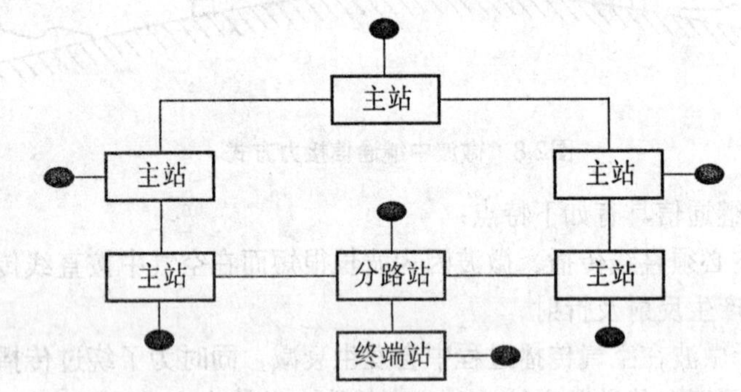

图2.10　微波环路及分支方式

微波中继的中继方法有直接中继、基带中继、外差中继等。

直接中继方法是直接在高频上进行，中继站收到微波信号后直接变频成发信微波频率向前发射。

基带中继方法是在中继站对接收的微波信号先解调出基带信号，再对基带信号放大驱动，然后调制，再向前发射。

外差中继则是将收到的微波信号变频成中频信号后放大驱动，再将驱动后的中频信号变频为微波频率向前发射。

基带中继方法在解调、调制过程中容易引起非线性失真和基带频率响应偏移，所以不适于长距离多次中继的传输，可适用于小容量系统及分支站、终端站系统。

外差中继方式的中频频率可选择为70MHz。这样的中频信号容易获得适宜的放大量，调制器和放大器也容易达到高质量的要求，可提高系统信噪比和频率稳定度。

微波中继系统中的微波站可分为终端站、中间站、主站、分路站等。

微波线路的起点站、终点站是当然的终端站，但实际上，把基带信号调制到微波频率予以发射和从收到的微波信号中解调出基带信号的站都可称为终端站。

只进行中频转接，不解调出基带信号的微波站被称为中间站。

可以加入话路或分出话路，能对基带信号进行超群调制或解调的微波站称为主站。

能分支解调出话路，或可以对话路进行调制，合并人系统的微波站称为分路站。

2. 微波中继过程中微波站的信号转接

微波站的信号转接主要采用中频转接和基带转接两种方式。

中频转接过程是：把收到的微波信号经收信混频器变频为中频信号，并经中频放大后，输入到另一个方向的发信机的发信中放电路，然后经发信混频和功率放大后输出。

中频转接方式如图2.11所示。

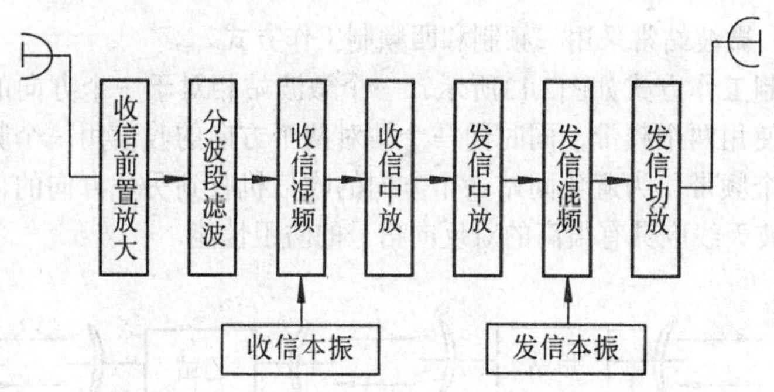

图2.11　中频转接方式

基带转接过程是：将收信机收到的微波信号经混频解调成中频信号，再经中频放大，又经解调成为基带信号。将基带信号输入到发信机，先调制成中频信号，又经发信中放，再由发信混频调制成微波信号，最后经发信功放输出。

基带转接过程如图2.12所示。

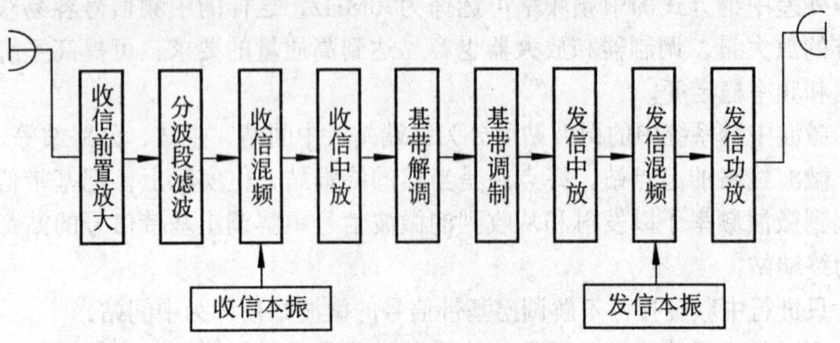

图2.12 基带转接方式

2.2.4 微波的波段配置

一条微波通信线路中应复用若干个波段同时工作，所以必须对各波段工作的微波频率进行适当分配。

进行频率分配时应注意到：

① 在同一微波站，收信与发信应采用不同频段，以免本站收信机收到发信信号，造成混叠干扰。

② 微波含有多个波段，应使相邻波段的频率有较大的间距，避免互相干扰。

为此，微波站常采用二频制和四频制工作方式。

二频制工作方式如图2.13所示。一个微波站相对于一个方向的收、发两个波道使用两个频带，同时同一个站对两个方向的收信用一个频带，发信用另一个频带。为避免同站一个方向的收信机收到另一方向的信号，所以要求微波天线应具有很高的对反向信号的防卫性能。

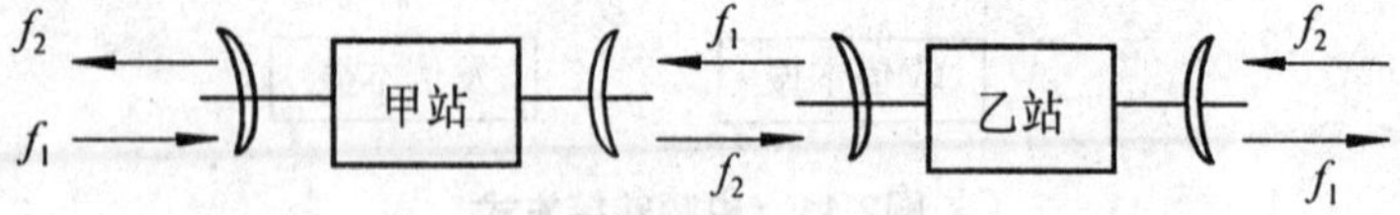

图2.13 二频制工作方式

四频制工作方式如图2.14所示。在同一微波站对两个方向的收信和发信都使用不同的频带，这样，工作频率的隔离性较好，但总体频率利用率降低。

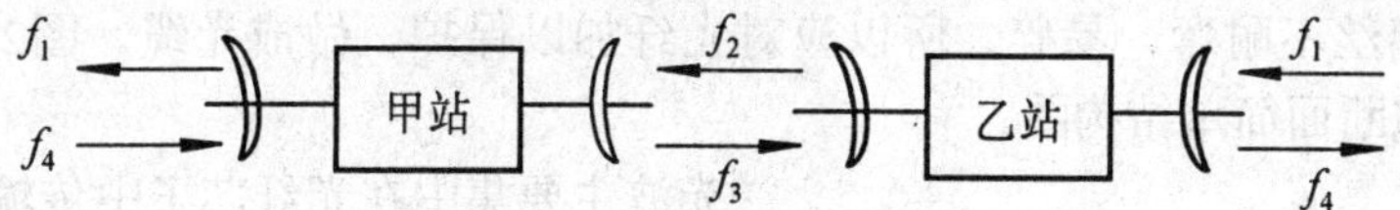

图2.14　四频制工作方式

2.3　光纤通信系统[10]

2.3.1　光纤通信系统组成

1. 主体组成概况

光纤通信系统主体组成方框如图2.15所示。

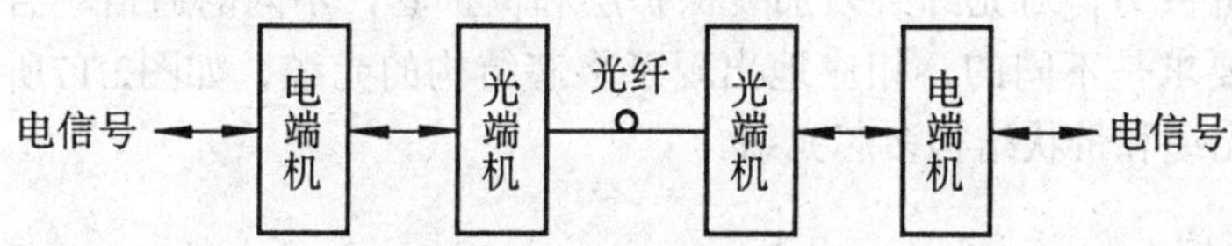

图2.15　光纤通信系统组成

图中，电端机完成电信号的收、发及相应的处理。光端机一方面实现电信号对光的调制，即电与光的转换，并完成光功率输出，同时接收对方传过来的光信号，并解调出电信号，经电端机输出。光端机中实现光的发送与接收，一般是通过不同的光器件完成的。由激光器（或发光二极管）完成光的输出发送，由接收光电管完成光的接收，并转换成电信号输出。

图中，光纤完成光的传送作用。一般来说，一根光纤传送一束单方向的光，收、发双方不同方向的光信号由两根光纤分别传送。如果要使一根光纤同时实现正、反两个方向的光传送，则正、反向光的频带应严格分开。

由于光载波的频率可达10^5~10^7GHz，相当于微波载频100GHz的10000倍，所以光通信的通信容量非常大，具有非常吸引人的发展前景。

2. 光纤与光缆

光纤由高纯度的石英玻璃在高温下拉制而成，其芯径一般为微米级，且玻璃丝不耐弯、易碎，所以应对光纤加以保护，做成光缆。图2.16所示为光缆断面简单结构图。

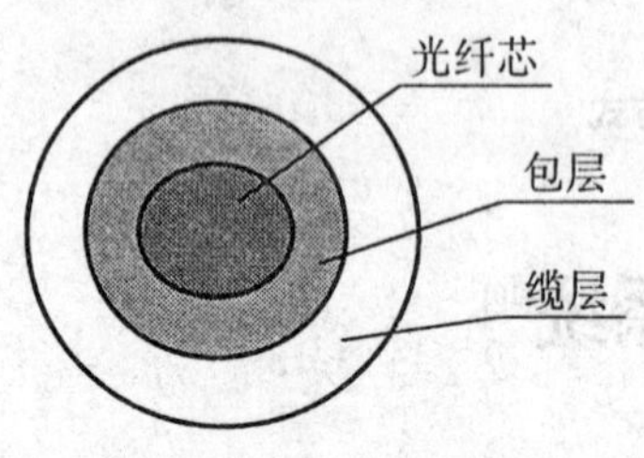

图2.16 光缆断面简单结构

光波主要集中在光纤芯子中传输，芯子外有一包层，芯子对光的折射率n_0大于包层折射率n_2，使光在传输途径中能较好地沿着纤芯传送。

光纤通信中使用的光的波长主要有三种：0.85μm，1.31μm，1.55μm。按芯径传送光的模式不同，光纤又分为单模光纤和多模光纤。传送波长为0.85μm的光的主要是多模光纤，传送1.55μm波长的光的主要是单模光纤。多模光纤对光的传输损耗大，常用在传输距离短，如几百米到二千米的场合；单模光纤则对光的传输损耗小，传输距离长，所以大通路光纤通信系统主要使用单模光纤。

为了保证光纤的安全和使用寿命，抵抗外部环境的各种变化，承受外部各种机械力，对光纤必须加装保护层和保护套。不同的通信场合对通信容量的要求是不同的，相应地出现了多芯结构的光缆，如图2.17所示为环状多芯光缆和带状结构多芯光缆。

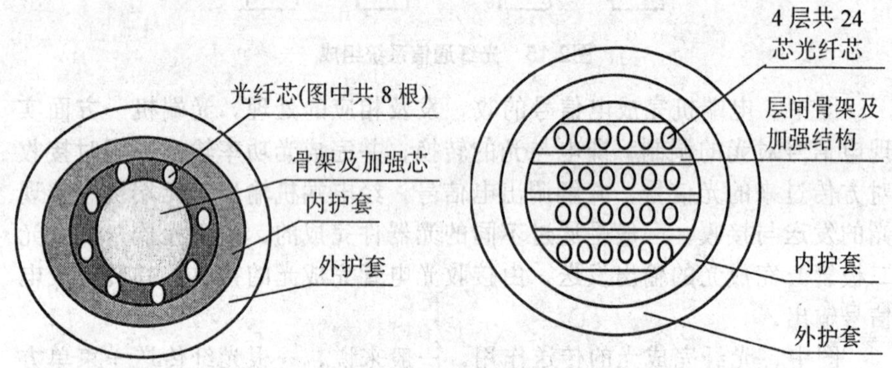

图2.17 环状和带状多芯光缆结构

3. 光端机

如图2.15所示，光端机与电端机联合完成光通信过程中一端完整的收与发双工任务，其中，电端机完成的工作与其他通信系统中一端通信设备完成的工作基本类似，而光端机则完成把通信数据转换成光信号，耦合进入光纤的任务。光端机分为光发射机与光接收机。

光发射机在发射端将电信号转换成光信号发送，光接收机在接收端接收光信号，将其转换成电信号，并予以适当的放大、处理。

(1) 光发射机组成

光发射机中的主要部件有光–电转换器、光源及光纤的耦合器件、信号的驱动电路、光功率的自动控制装置、自动温度控制装置、码型变换装置、告警与保护装置等。

(2) 信号驱动

驱动电信号功率转换成光功率，同时完成电信号对光的调制输出，该驱动包含对光源的偏置电流和决定于信号的调制电流两部分。如图2.18所示。

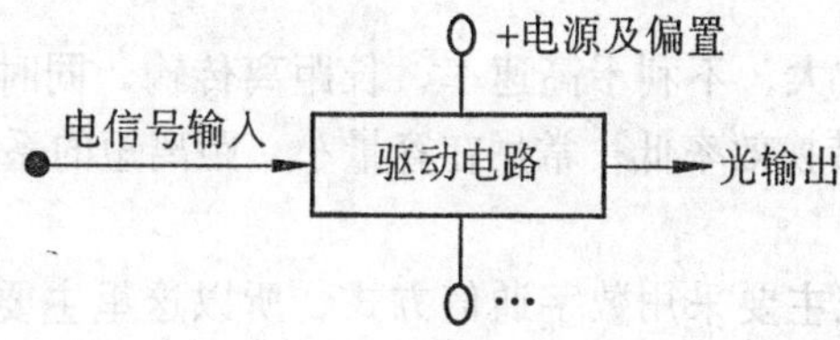

图2.18　光发射机中的信号驱动

(3) 光-电转换器

光-电转换器主要有激光器和发光二极管两类。

半导体激光器的输出功率P与驱动电流I之间的关系如图2.19所示。从

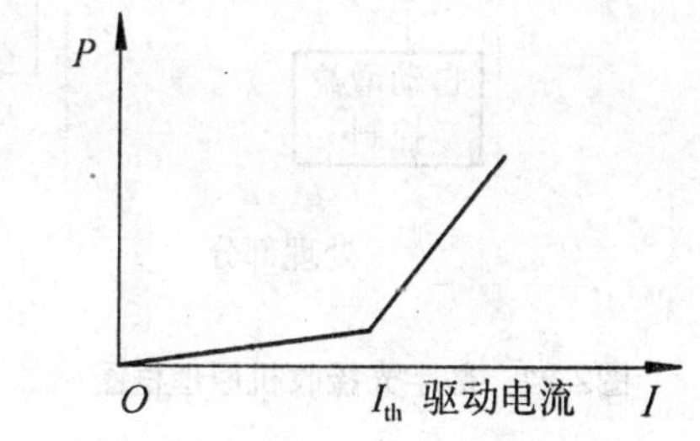

图2.19　激光器P–I曲线

图中可看出，在前半阶段驱动电流I增加，输出光功率增加不多；当驱动电流增加到I_{th}时，输出光功率急剧增加，称I_{th}为激光器的阈值电流。驱动电流大于I_{th}后，输出光功率随驱动电流增加很快，激光器发出的激光单色性好，谱线较窄，功率较大。此特性最适合于数字信号传送。

发光二极管的P–I曲线（见图2.20）呈线性状态，输出功率随驱动电流线性增加，最适合于模拟信号传送。发光二极管的光谱较宽，比激光器要

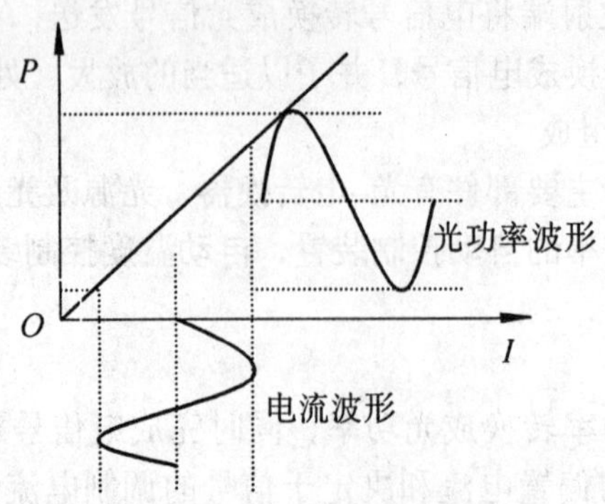

图2.20　发光二极管P–I曲线

宽得多，所以色散大，不利于高速率、长距离传输。同时，发光二极管输出功率小、电-光转换效率低，常用在容量小、距离短的系统中。

(4) 光接收机

光纤通信系统主要采用数字通信方式，所以这里主要介绍数字光发射机和光接收机。

数字光接收机的原理如图2.21所示。

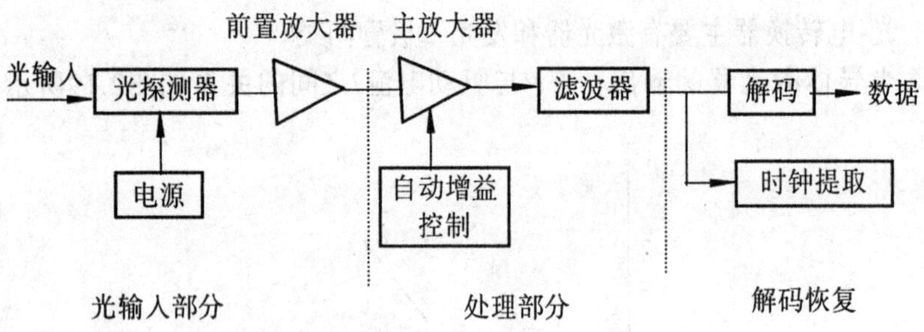

图2.21　数字光接收机原理框图

数字光接收机的主要组成可分为光输入部分、处理部分、解码恢复部分。其中，光输入部分主要包括光探测器及电源、前置放大器。光信号经光纤传送到光接收机后，首先经过光探测器进行光-电转换，然后放大并适当均衡，变为所需要的电信号。

光探测器主要使用光电二极管。光电二极管的主要特性为光-电转换效率和频率特性。光-电转换效率定义为：$R=I/P$，其中，P为入射光功率，单位为W；I为光生电流，单位为A。光电二极管的频率特性表现为截止频率和该频率对应的波长，使光-电转换效率下降3dB时的频率叫做截止频率，定义为：$f_c = k \cdot \frac{v_s}{W}$，式中$W$为光电二极管电场区的宽度，$v_s$为二极管中载流子的漂移速度，$k$为与材料和加工工艺有关的参数，$c$为光速。该截止频率对应的波长叫截止波长：$\lambda_c=c/f_c$。

2.3.2 光通信中的码型变换

在数字光纤通信系统中应当把电端机送来的数字信号码型变换成适合在光路中传输的线路码码型。这些将由码型变换电路来实现。

线路码主要应满足以下要求：

① 为方便接收端进行时钟提取，码流中应避免出现连续多个“0”或连续多个“1”；

② 通过线路码应能对中继站和终端机进行误码监测；

③ 能降低对系统带宽的要求以及减小信号基线漂移。

常用数字光纤通信系统中的线路码主要分成三类，包括伪双极性码、*m*B*n*B码、插入比特码。

(1) 伪双极性码

在电端机PCM中，常采用AMI三电平码(+、0、–),但由于光通信中不存在负光脉冲，所以不存在AMI码，必须通过码型变换变为伪双极性码，相当于AMI的单极性码。常用的伪极性码有CMI和DMI码，它们相对于AMI的变换规则如表2.4所列。

表2.4 AMI的变换规则

AMI	CMI	DMI
+	11	11
0	01	01，“+”后 10，“–”后
–	00	00

表2.5 二值码的变换规则

二值码	CMI		DMI	
	M1	M2	M1	M2
0	01	01	01	10
1	00	11	00	11

二值码变换成CMI和DMI时，其变换规则如表2.5所列。

由表中的CMI、DMI码可知，其01和10码组含有0和1的个数相等，称为均等码；而00和11中0和1的个数不等，称为非均等码。

为了保证线路中基本无直流，减小基线漂移，所以在实际线路编码时采用模式1(M1)和模式2(M2)依次倒换，当前次出现非均等码时按模式1转换，后次出现非均等码时按模式2转换。

(2) *m*B*n*B码

它是把原始码流按*m*bit写成一组，然后又按规则把*m*bit组变换成新的*n*bit组，且$n>m$。

常用的*m*B*n*B码有：1B2B、2B3B、3B4B、5B6B、5B7B、6B8B、7B8B。

前述伪双极性码CMI和DMI实际上属于1B2B码。可以看出，1B2B码的缺点是冗余很大，编码后码流量提高了1倍，一般在低速应用场合才可接受。

具体的*m*B*n*B码多种变换规则参见本书第6章6.3节。

(3) 插入比特码

这种编码是先对原始码流按*m*bit分组，在每一组码的末尾加入1个bit而构成的。加入bit的方法有两种，一种是在一组码的末尾加入奇偶校验位，使该码中“1”的个数成为偶数，这种码叫做*m*B1P码。例如

$$\cdots\cdots\underbrace{00010110}_{m=8}\ \underset{\mathrm{P}}{1}\ \underbrace{01010011}_{m=8}\underset{\mathrm{P}}{0}\ \underbrace{11001000}_{m=8}\underset{\mathrm{P}}{1}\cdots\cdots$$

即为8B1P码。

另一种方法是在一组码的末尾加入一位C码，C码取码组末位的反码或补码，即末位为0时C码取1；末位为1时C码取0。C码的作用是使得码流中比较长的连续0或连续1被截断。

2.3.3 光纤通信系统举例

第一代光纤通信系统产生于20世纪70年代，它采用0.85μm工作波长的多模光纤，数据速度在50~100Mb/s，中继距离约为10km 。

第二代光纤通信系统采用1.3μm波长的单模光纤，约在20世纪80年代投入使用，其码率可达1.7Gb/s，中继距离可达45km。

新一代光纤通信系统采用1.55 μ m波长的单模光纤，数据速率可超过2Gb/s，中继距离可达到200km 。

日本富士通公司生产的565Mb/s光纤传输系统如图2.22所示。

该系统具有备用传输信道，当主信道发生故障时，可以倒换至备用信道继续工作。

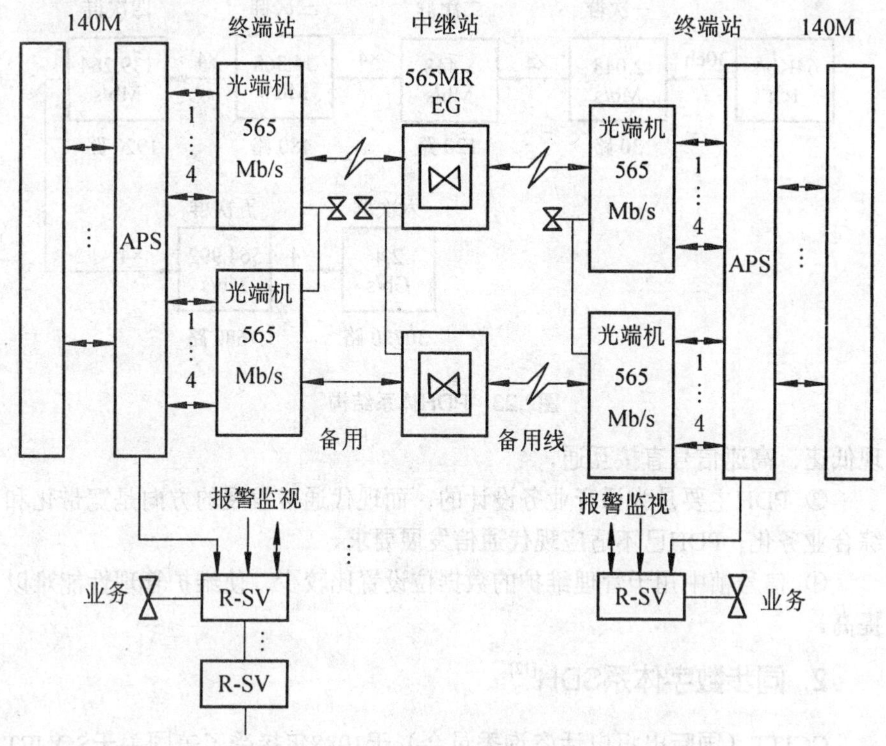

图2.22　光纤传输系统举例

2.3.4　数字光纤通信体系

截至20世纪90年代以前，数字光纤通信系统以PDH——准同步数字体系为多，现在正逐步被SDH——同步数字体系取代。

1. 准同步数字体系PDH

我国光纤通信系统PDH体系结构如图2.23所示。

PDH系统存在以下几个主要的问题：

① 由于历史原因，中国、欧洲与北美、日本等的PDH体系不同，造成国际互通困难；上图是中国、欧洲采用的体系，北美、日本采用的一次群为24路，高次群更不相同，最高达1.6 Gb/s和1.8Gb/s，话路数为23040路和24192路。

② 信号从低速到高速、从复用到解复用等不方便，结构复杂，难以实

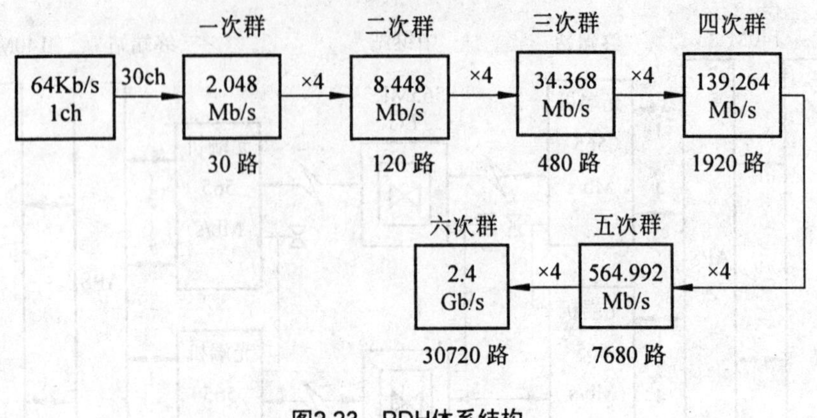

图2.23　PDH体系结构

现低速、高速信号直接互通。

③ PDH主要是为话音业务设计的，而现代通信发展的方向是宽带化和综合业务化，PDH已不适应现代通信发展要求。

④ 信号帧中用于管理维护的数据位设置比较少，使维护管理性能难以提高。

2. 同步数字体系SDH[12]

CCITT（国际电报电话咨询委员会）于1988年接受了美国关于SONET的概念，对SONET重新命名并修订出SDH。其体系结构如图2.24所示。

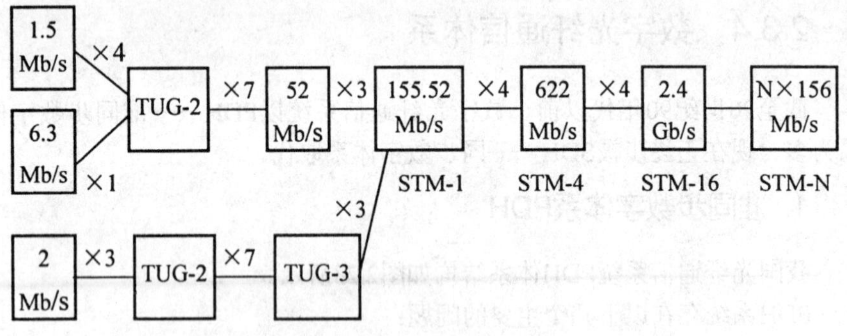

图2.24　SDH体系结构

SDH的体系主要是指：以STM-1作为SDH的第一级，是基本同步传送模块信号，比特率为155.52Mb/s，接下来每4倍一扩展，分别成为STM-4、STM-16、STM-*N*等，STM-*N*表示其速率是STM-1的*N*倍，STM-4为622.08Mb/s,

STM-16为2488.32Mb/s，STM-64为9953.28Mb/s等。SDH体系中的基本复用原则是将多个低阶通道信号适配进高阶通道，又可将多个高阶通道进一步适配进入线路复用层传输。

SDH的主要特点如下：

① SDH得以在全世界统一标准，尤其是把北美、日本的1.544Mb/s和欧洲、中国的2.048Mb/s统一在STM-1、STM-4、STM-16标准之下，并可与现行PDH完全兼容；

② 对不同的网络节点可以有统一接口方式，有严格的规范要求，便于不同厂家的设备互通；

③ 采用同步复用方式和复用映射结构，使低速信号和高速信号的复用/解复用过程得到简化；

④ 采用ADM分插复用、DXC数字交叉连接等技术使系统组网能力、自愈能力大大增强，同时降低了维护管理要求。

2.3.5 光纤通信的多种复用方式

光纤中传送的光信号频带很宽，故可以对信号实现复接，以使光通道得到充分利用，提高效率。光的复用技术可分为波分复用、频分复用、时分复用、空分复用、副载波复用等。

1. 波分复用技术

波分复用(Wavelength Division Multiplexing, WDM)是指在一根光纤上传送多种不同波长的光信号，也可以让同一根光纤在收发两个方向上同时传输不同波长的光。其工作原理如图2.25和图2.26所示。

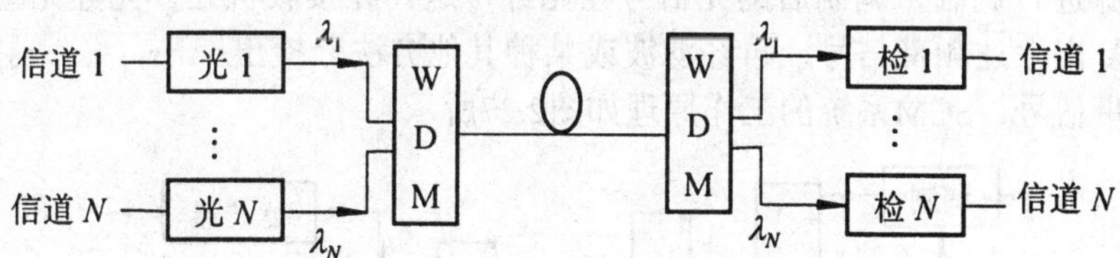

图2.25 单向WDM光通信系统

WDM系统中的关键在于用作光分波/合波的光学器件，而WDM能同时复用多少个光波又与波长间隔有关。当相邻两个峰值波长间隔在50-100nm时为常规WDM系统；相邻两个峰值波长间隔在1-10nm时则称为密集波复用系统。光波间隔小于1nm的系统则被划分为频分复用FDM系统。

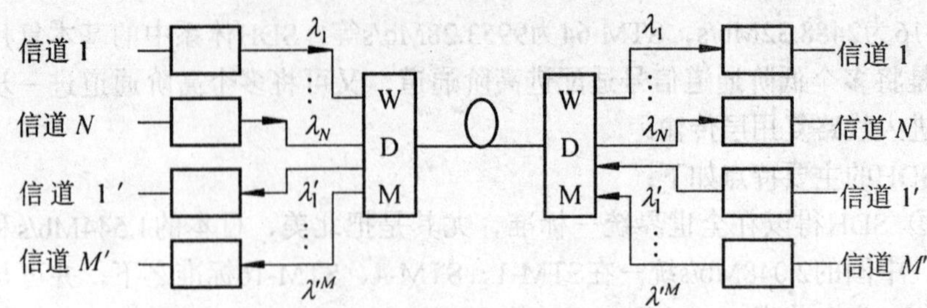

图2.26　双向WDM光通信系统

2. 频分复用技术

频分复用(Frequency Division Multiplexing, FDM)系统中光波很密(间隔很小)，难以使用分波/合波器，而必须使用光滤波器和相干光通信技术。

光滤波器——例如Fiber Fabry-perot，它由两块平面玻璃板平行组成腔体，玻璃板内表面精磨或镀膜，使光线几乎可以全反射，然后精密调整内腔的宽窄和形状以造成多光束干涉，有的频率光线相干得到加强而达到谐振，有的频率光线相互抵消。整个腔体则起到无源滤波的作用。

相干光通信——在光通信系统的接收端也使用一激光器，使产生的频率为$f_2=f_1+\Delta f$ (f_1为发端光波频率)，f_2与f_1都送入混频器，相干后得到Δf输出，接收机再从其中检出原电信号。如此获得的光频率更精确些。

3. 副载波复用技术

副载波复用(Sub Carrier Multiplexing, SCM)是将基带信号S_1对载波f_1予以调制，基带信号s_2对载波f_2进行调制……基带信号s_N对载波f_N进行调制，然后将f_1，f_2，…，f_N频分复用，混频到对应的频带，再将此频带对一个激光光源进行调制，调制后的光信号经光纤传送。在接收机处，先经光检测器恢复出上述频带信号，再经滤波或某种其他方法分检出s_1、s_2，…，s_N各个基带信号。SCM系统的工作原理如图2.27所示。

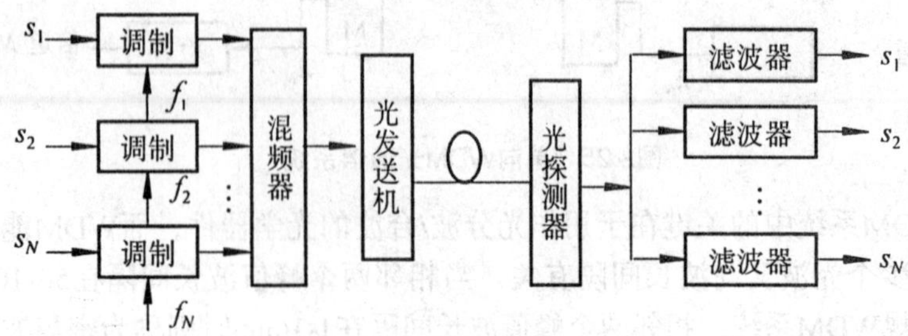

图2.27　SCM系统框图

4. 时分复用技术

类似于电信号时分复用技术，光信号时分复用(Time Division Multiplexing，TDM)技术也是把时间分成时间片，在不同的时间片使用不同的基带信号对光进行调制，如此对多路信号周而复始地调制且合并起来即达到复用。

TDM原理图如图2.28和图2.29所示。

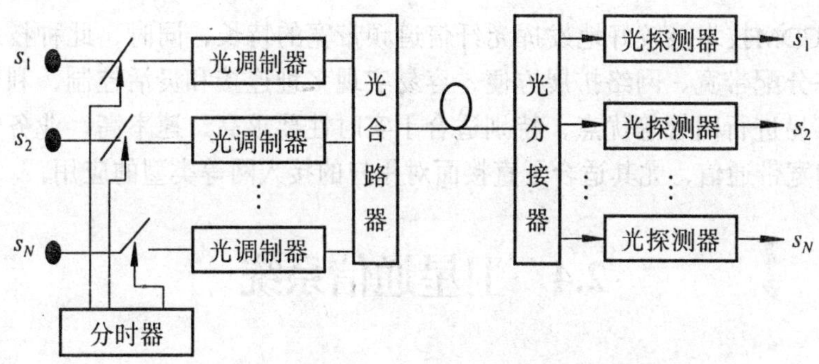

图2.28　TDM原理框图一

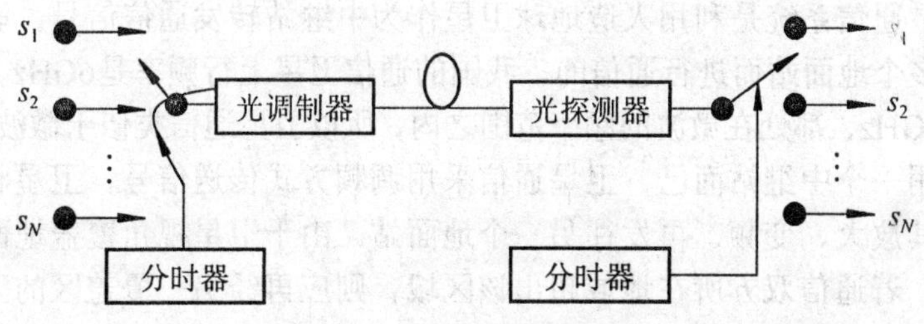

图2.29　TDM原理框图二

当数据传输速率比较高时，发送端与接收端实现精密同步比较困难，所以光时分复用技术现在还很少使用。

5. 光码分复用技术

光码分复用(Optical Code Division Multiplexing, OCDM)系统是根据不同用户的应用来分配资源的一种复用系统。系统给每个用户分配一个地址码，对要传输的数据用该地址码进行光编码，达到信道复用；在接收端使用该地址码进行光解码。

系统的工作原理如图2.30所示。

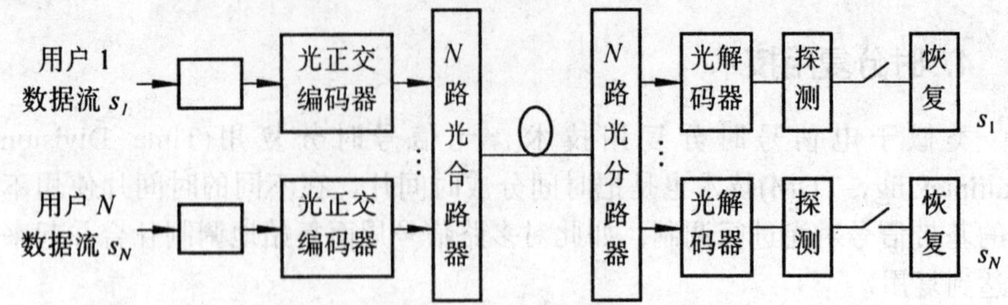

图2.30 OCDM原理框图

OCDM技术能较好地发挥光纤信道频带宽的特长，同时，此种技术具有动态分配带宽、网络扩展方便、容易实现多址连接和灵活控制、利于保密、容易进行网管等优点，特别适合于实时性要求高、速率高、业务突发性高的宽带通信，尤其适合于直接面对用户的接入网等类型的应用。

2.4 卫星通信系统

2.4.1 卫星通信系统

卫星通信系统是利用人造地球卫星作为中继站转发通信信号，联络起两个或多个地面站而进行通信的。我国的通信卫星上行频率是6GHz，下行频率是4GHz，都处在微波的频率范围之内，所以卫星通信类似于微波通信，只是使用一个中继站而已。卫星通信采用调频方式传送信号，卫星收到信号后对其放大、变频，再发往另一个地面站。由于卫星视角覆盖地面的区域有限，若通信双方所在地域超出该区域，则应再经另一覆盖区的卫星转发该信号，这就达到了超远程传输。

卫星通信的特点如下：

① 卫星通信覆盖面积大，不受地理环境的影响，信号能量对于所覆盖地区基本均匀，即使在所覆盖的边沿地区也是如此，所以对于解决交通不便利地区的通信非常有利。

② 卫星通信质量由于多种因素的作用而相对较高，这些因素大致是：

- 其只经过一次转接，没有因多次转接带来的误差积累或失真；
- 地面站与卫星之间使用的波束很窄，受到的干扰减小；
- 卫星通信采用调频方式，具有调频的优点，可使抗干扰能力增强，提高输出信噪比；

● 卫星通信信号稳定；

● 工作频率高，易于实现宽频带传输，传输容量大。

③ 有多种办法可使卫星通信增加传送信道，这些办法是：

● 对频道在频率上给以分隔，自然可以做到多频道复用；

● 采用垂直极化与水平极化技术实现极化分隔，使全部信道数量增加一倍；

● 增加卫星的数量，则使信道增多。

④ 由于卫星离地面远，信号弱，因此，对接收天线和前置放大器的质量要求较高。

2.4.2 卫星地面站技术

1. 卫星信号接收技术

卫星地面站的信号接收设备由天线系统、室外单元、室内单元三个部分组成，这其中的关键是使用了三次变频技术。

一次变频——使用电调谐滤波器，调谐接收卫星信号，如图2.31所示。

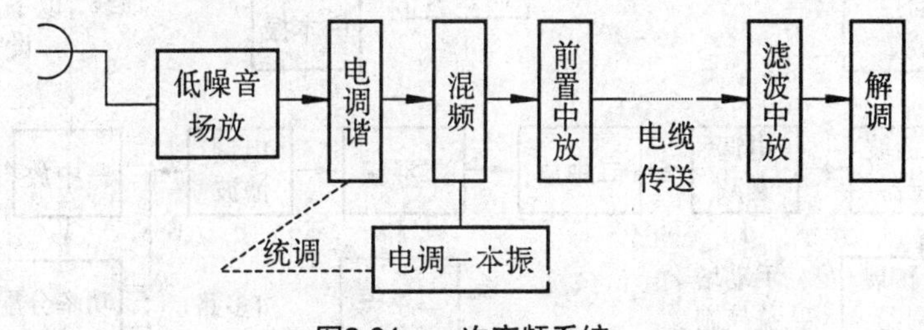

图2.31　一次变频系统

对其中的电调一本振与电调谐实现统调，以使二者相差准确的中频。二次变频系统如图2.32所示。其中一本振使用固定频率，与信号相差出一中频，频带相对较宽，经电缆送入室内单元；电调与二本振可以统调，相差出二中频，然后解调输出。

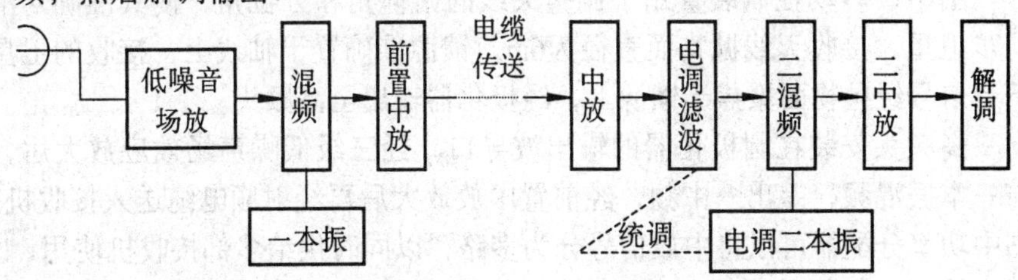

图2.32　二次变频系统

三次变频系统结构如图2.33所示。

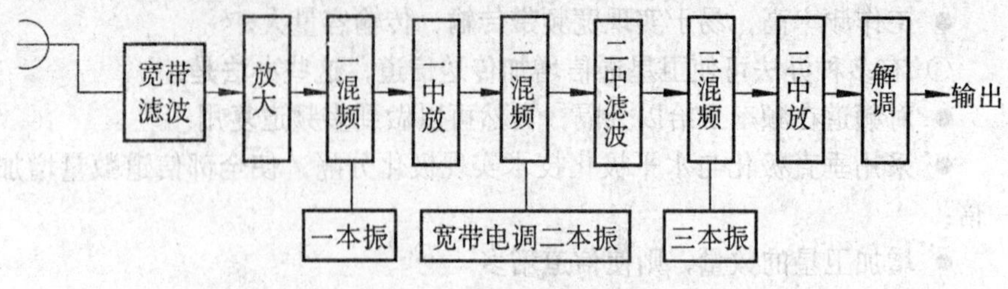

图2.33 三次变频系统

三次变频方案中三次所得到的中频一次比一次降低。

2.4.3 卫星信号接收设备的组成

一种典型的国产卫星地面站组成方框图如图2.34所示。

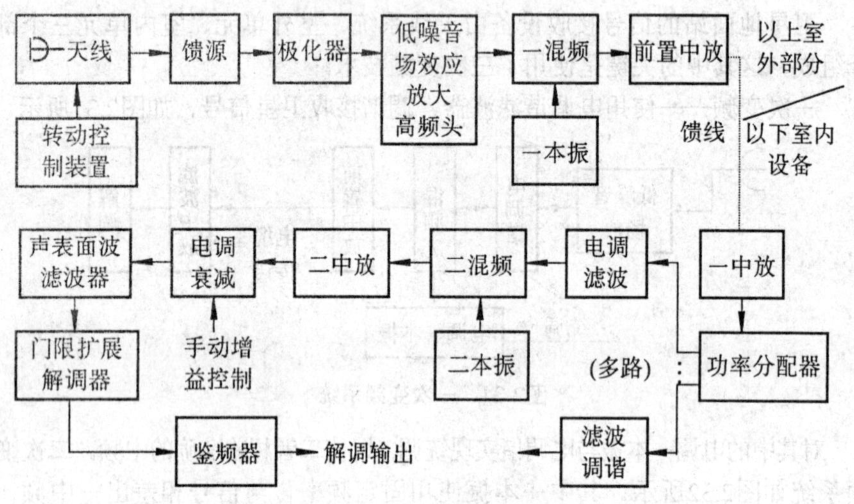

图2.3.4 卫星地面站组成框图

图中，转动控制装置用于调整天线的俯仰角和方位角，使其准确对准同步卫星。接收天线抛物面直径为6m，馈源准确置于轴线上，接收的卫星下行信号经抛物面聚焦于馈源上，经极化器输出至高频头。

高频头安装在圆极化器的输出波导口，经三级低噪声场效应放大后，与一本振混频，差出一中频，经前置中放放大后再经射频电缆送入接收机。图中功率分配器可以将中放信号分为多路，以同时供给多部接收机使用。

第一中频信号进入室内接收机后，先经一中放，再经镜像频率抑制滤波器，可频率调谐进入第二混频器，与电调二本振信号混频，得出第二中频，二中频又经二中放和自动(或手动)增益控制的电调衰减器后，经声表面波滤波器进入门限扩展解调器，鉴频器具有宽带、高线性特点，可获得良好的微分增益和微分相位特性。最后经解调输出信号。

2.5　CDMA码分多址移动通信系统

人类的活动性很强，很注重在移动的同时能够进行通话或者用其他方式的通信，同时要求通信质量高，移动中通信保持连续，话音清晰，话音终端小巧，携带方便，电池寿命长；实现移动通信的经营管理者则要求该系统通信容量高，频率规划简单，建设与维护成本低。应用的需求就是发展的动力，社会的需求推动了近年来蜂窝移动通信系统的迅猛发展。

2.5.1　数字移动通信系统有关概念

1. 蜂窝系统

蜂窝移动电话系统的示意图如图2.35所示。

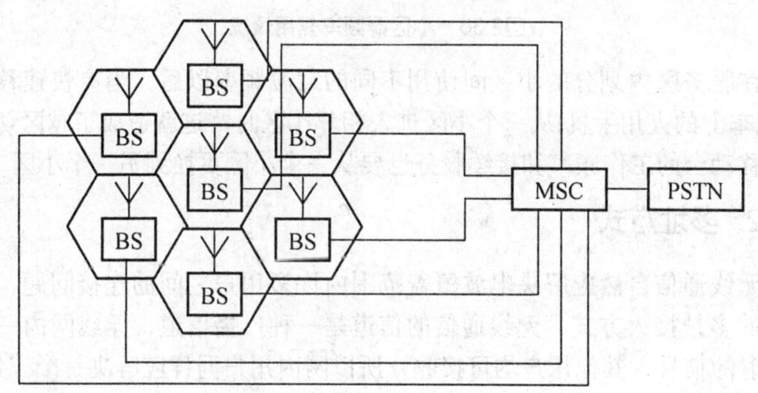

图2.35　蜂窝移动通信系统结构

图中，正六边形表示蜂窝小区，使用小功率发射机即可将其覆盖，小区的覆盖半径约为1~20km，多个小区构成一个服务区；用户移动台(如手机)与小区发射机构成无线通信联系。图中，BS为小区移动通信基站，MSC是移动系统交换机，解决小区与小区的联系，以及移动手机跨小区情况下的连续通信问题。PSTN为公共交换通信网，由市话电信局或当地长话电信局建立。系统中相邻小区间不宜采用相同的无线载波频率，以免相互间产生干扰(同信道干扰)。但相同的频率可以相隔一定的距离空间后再采用，所以常将若干相邻小区组成一个群体，将技术上可供使用的全部无线频道分成若干组，每个小区使用一个频率分组，一个大区内的不同小区使用的不同频率分组，整个大区则能使用全部的无线频道，不同的大区则实现了无线频道的复用。如图2.36所示，左右两个小区群都由7个小区组成，同一小区群内7个频率都不相同，但左边的7个频率f_1~f_7与右边的7个频率f_1~f_7是对应相同的。

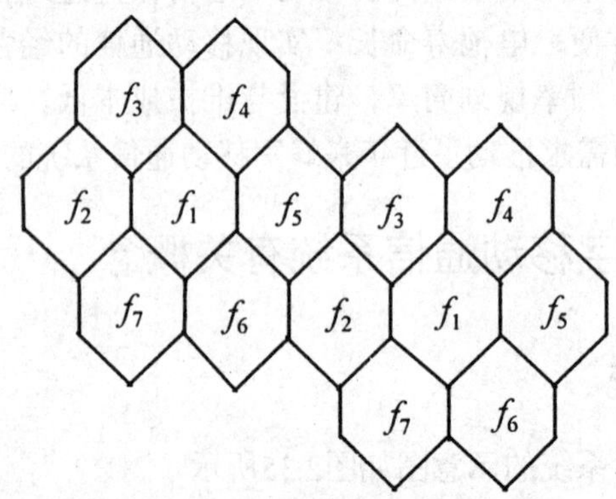

图2.36 小区群频率复用情况

在服务区内划分的小区间使用不同的载波频率以后，当有快速移动台(如汽车上的人用手机)从一个小区进入相邻小区时，这就造成了越区切换，因而移动台的工作频率和接续服务也要从一个小区更换到另一个小区。

2. 多址方式

无线通信自然应解决电波覆盖范围内许多用户之间的连接问题，此即所谓的多址接入方式。无线通信的信道是一种广播信道，无线网内一个用户发射的信号，其他用户均可接收，所以网内用户同样应解决一个“地址”问题，地址方式则与工作方式紧密相关。无线电信号可以表达为时间、频率和码型的函数，可以写成

$$s(c.f.t)=s(f.t)\cdot c(t) \tag{2.1}$$

式中，将信号函数表示成频率、时间的函数$s(f.t)$与波形函数$c(t)$的乘积。若以对信号的载波频率的不同来划分通道地址，则这种方式称为频分多址(FDMA)方式；若以对信号采取的时间的不同来划分通道，则称为时分多址

(TDMA)方式；而以对信号使用的码型不同来划分通道时，则称为码分多址(CDMA)方式。此处只介绍在移动通信系统中用得最多，也是最先进的CDMA方式。

3. 扩频

码分多址是以扩频技术为基础的，扩频是指把信息的频谱扩展到宽带中进行传输。扩频信号的产生用到了调制和扩频两个步骤，可先用信息位对载波进行调制，再用伪随机序列(PN)扩展信号的频谱，也可以先用伪随机序列与信息比特相乘，使信息的频谱扩展，再对载波进行调制。由于伪随机序列的速率比信息速率大得多，所以扩展了信息传输带宽。

设信息速率为R_b(bit/s)，伪随机序列的速率为R_p(子码/s)，则定义扩频因子为

$$L = R_p / R_b \tag{2.2}$$

通常$L>>1$，且为整数。

L是信号频谱的扩展倍数，同时等于扩频系统抑制噪声的处理增益。接收端应经过解扩和解调两个步骤才能从扩频信号中恢复出原信息，其中的解扩过程，是将与发送端相同的伪随机序列与接收到的扩频信号相乘，此乃相关接收。伪随机序列的随机性使不知道此伪随机序列的无关接收者难以把信息检测出来，这就保证了CDMA系统的保密性、隐蔽性和抗干扰等优点。

当若干个包含不同伪随机序列的扩频信号进入同一接收机时，只有与本地同步且相同的伪随机序列才能被接收机检测到，其他的则类似于背景干扰；另外，若多个伪随机序列完全相同的信号以先后不同的时间进入接收机，且先后时差大于一个子码宽度，则接收机也只检测得到获得同步的信号。

扩频通信中的伪随机码常采用m序列，其自相关特性优良且容易产生，它的自相关函数值只有K和–1两个值，K等于伪随机序列的长度，两者悬殊很大，图2.37所示的是m序列的自相关函数曲线。

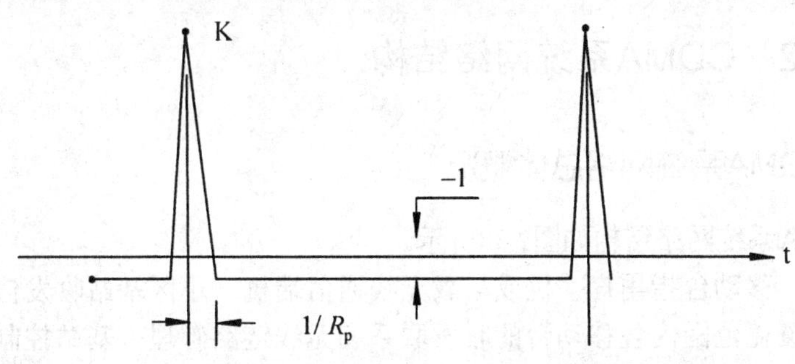

图2.37　m序列的自相关函数曲线

从图中可看出，当收到的信号与发送信号同步且相关时，达到很大的函数值K。倘若时差大于一个子码宽度($1/R_p$)，则自相关函数值迅速降到–1，接收机不产生输出。

在蜂窝CDMA系统中，综合采用了三种码，一是长度为15位的PN码，可用于区分不同的基站信号，不与基站保持同步，但使用的PN码序列相位偏移不同。规定每个基站的PN码相位偏移只能是64的整数倍，因而有512个值可被不同的基站使用，使用相同序列的不同相位作为地址码，便于同步和搜索。另一种是长度为42位的PN序列，在前向信道它用于信号的保密，在反向信道则用于区分不同的移动台，这样长的码有利于信号的保密，同时基站知道特定移动台的长码及其相位，因而不需要对它进行搜索、捕获。另外，CDMA蜂窝系统将前向物理信道划分为多个逻辑信道，包括一个导频信道、一个同步信道、7个寻呼信道和55个前向业务信道，划分的方法是采用Walsh序列对信号进行调制。由于Walsh序列具有正交性，不同信道的信号是正交的，所以区分了不同的移动台用户。相邻基站可以使用相同的Walsh序列，虽然可能不满足正交性，但可以由PN短码来区分。在反向链路，Walsh序列用于对信号进行正交码多进制调制以提高通信链路的质量。反向信道由PN码来区分，不同用户的接入信道长码由公用掩码来产生，反向业务信道的长码掩码与移动台有关。

4. 扩频码速率

蜂窝CDMA系统扩频码的速率规定为1.2288Mb/s，它正好是9.6Kb/s的128(2^7)倍，其中9.6Kb/s为一个通道的基带数据速率。对1.2288Mb/s稍增加一些余量，拟使用1.25Mb/s的带宽,它可由12.5Mb/s的宽带划分10条信道得到。这些速率也决定了CDMA系统中的处理增益、信噪比、话音占空比、频率重用效率、小区的扇出数目。如果需要提高这些指标，则应提高扩频码速率。

2.5.2 CDMA系统网络结构

1. CDMA系统网络总体概况

CDMA系统网络结构如图2.38所示。

图中，移动台指用户手机或车载无线通信端机；小区基站收发信机完成对小区覆盖范围内各移动台的收发联系和无线链路管理；基站控制器实现对多个小区的多个基站收发信机的移动管理，并与移动交换中心实现数

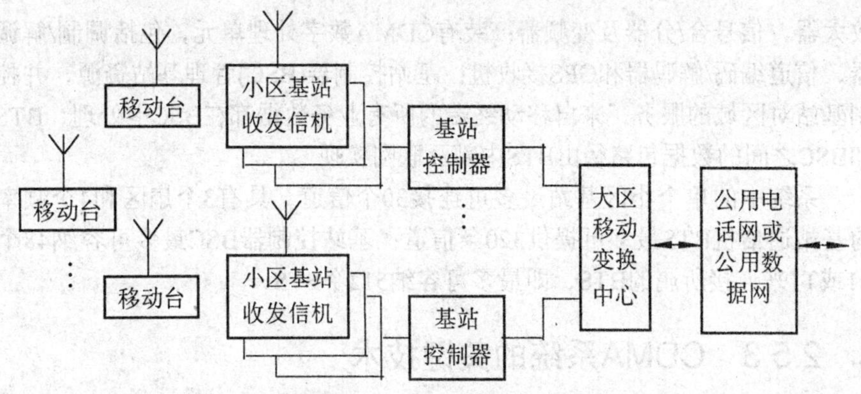

图2.38　CDMA系统网络结构

据接口完成码型变换等功能；大区移动交换中心实现对各个基站的数据交换，同时实现大区范围内各基站与公用电话网或公用数据网的数据交换或数据接口功能。

2. CDMA传输系统模式

CDMA传输系统框图如图2.39所示。

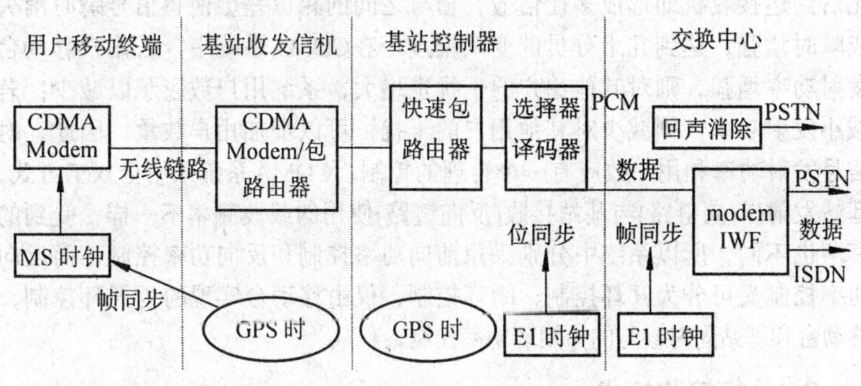

图2.39　CDMA传输系统

图中，从用户移动终端传送的话音信号到达基站收发信机中，转换成64Kb/s格式的数据，到达交换中心后可与其他公共交换电话网实现连接通信。

在此过程中，用户终端、基站收发信机、基站控制器都使用GPS时钟，做到统一定时，准确同步，同时使用E1时钟对基站控制器和交换中心实现同步。

基站收发信机在GPS同步下还向用户终端发送同步帧信号。

在基站收发信机(BTS)中装有无线频率单元，包括低噪声放大器、功率放大器、信号合/分器及变频器；装有CDMA数字处理单元，包括调制/解调器、信道编码/解码器和GPS接收机；基站控制器(BSC)管理基站资源，并控制基站对区域的服务，来自移动终端的所有业务数据都在BSC中处理，BTS和BSC之间的数据包路径由BTS内部互联网实现。

系统中的单个小区基站最多可连接30个信道，具有3个扇区和4个频率的基站通信机BTS最多可提供320条信道；基站控制器BSC最多可容纳48个E1或T1来连接所属的BTS，即最多可容纳512个BTS。

2.5.3 CDMA系统的关键技术

1. 信号控制技术

在蜂窝移动通信系统中，如果远近不同的多个移动台以相同功率发射信号，则靠近基站的移动台的信号比远离基站的移动台的信号强得多，近信号会“淹没”远信号，产生“远近效应”。路径损耗的动态范围一般地在80dB。当各移动台以相同频率通信时，淹没问题更加突出。还有多径衰落问题，即当发射机发出的信号遇到建筑物、山丘等时会产生反射，它们先后到达接收机即形成多径信号，信号之间的相位差会使得信号瞬时消失或瞬时增强，达到几十分贝的变动幅度。在CDMA系统中，若用户移动台发射功率增强，则对其他用户的干扰也增大，系统用户数应予以减少；若减小发射功率，则减少对其他用户的干扰，可以增加用户数量。因此，对信号发射功率和用户数应有一个合理的控制。CDMA系统采用全双工方式，基站发射(前向链路)与基站接收(反向链路)使用的载波频率不一样，受到的衰落也不同，所以系统中分别采用前向功率控制和反向功率控制，而反向功率控制又可分为开环控制、闭环控制，仅由移动台实现的为开环控制，移动台和基站同时参与的为闭环功率控制。

2. 分集接收技术

由于前述多径衰落现象会影响蜂窝通信系统性能，从而需要不断寻求各种解决方案。人们发现，在宽带CDMA调制系统中，不同的路径可以各自独立接收，从而显著降低多径衰落的影响，这就是分集接收，是减少衰落的好方法。

在CDMA系统中，主要有三种类型的分集方法。

(1) 时间分集

由于移动台在运动，故接收信号时会产生多普勒频移。在多径情况下，这种频移会形成多普勒频展，多普勒频展的倒数定义为相干时间，它可以表示时变信道对信号的衰落节拍，这种衰落发生在传输波形的特定时间段上，称为时间选择性衰落，它明显影响数字信号的误码率。

若对这些信号的振幅进行采样，可以发现，在时间间隔比较大(大于相干时间)的样点之间是不相关的，所以可以采用时间分集接收来减少其影响，即采取对给定的信号在时间上相隔一定间隔、重复传输M次的办法，只要时间间隔大于相干时间，就可以得到M条独立的分集支路。

(2) 频率分集

在不同的蜂窝小区中实际的地理环境是不一样的，所以对信号的折射和反射也不一样。实际得到的信号多径衰落具有频率选择性的特点。当两个频率间隔大于信道相关带宽以后，它们受到的衰落是不相关的。研究表明，在市区环境下相关带宽约为50kHz，在郊区环境下相关带宽约为250kHz，而CDMA系统的信号带宽达到1.25MHz，所以可以从频率上实现分集。

(3) 空间分集

由于引起多径衰落的原因是建筑物、地形的反射、折射，而建筑物、山丘等地形是呈空间分布的，所以造成的反射、折射也是呈空间分布的。若有意识多设立几个基站的接收天线，使其呈分布状，或相互间隔一定距离设立多副天线，各自独立地接收、发射信号，也可以保证各信号之间的衰落独立，然后从各接收信号中选择一个信号输出，则衰落大的自然淘汰。同时，对接收信号中可以分辨的多径信号，采用RAKE接收机，对每个路径分量分配一个接收器，再用一定的方法对多路输出进行合并，这样能够提高信号的质量。

3. 软切换技术

在移动通信CDMA系统中，移动台从一个小区进入另一个小区，则移动台与原小区基站(BS)间的通信应切换为与新的基站进行通信，这种信道切换有多种方式，如软切换、更软切换、硬切换等。

当移动台从一个小区进入另一个小区时，起管理作用的小区基站更换了，所以切换由移动交换控制中心(MSC)来控制完成，此即软切换。

当移动台由同一基站的一个扇区进入另一个扇区时，则由该基站即可控制完成切换，常称此为更软切换。

若移动台从一个小区穿越到不同工作频率的另一个小区，则移动台应先中断与原小区基站的联系，然后与新基站在另一频率下建立起联系，这称为硬切换。

在CDMA系统中进行软切换很方便，不影响通话质量。

CDMA系统工作中是否需要切换，有没有到达切换时间，这是需要系统同步来控制的，系统同步采用了导频信道。不同基站的导频信道使用不同偏差的PN码序列，基站的PN码与移动台的PN码相同且同步时，则输出很强的同步脉冲，实现同步效果。

移动台所能接收的导频信道分为如下4类。

- 激活类：移动台通过此类导频已与基站取得联系；
- 候选类：暂时未建立联系，但导频信号已达到一定强度，表明可以建立联系；
- 相邻类：暂未列入前两类，但可作为切换的备用信道；
- 剩余类：不属于上述3类导频信道。

基站总是不停地发送导频信号，移动台不断搜索来自不同基站的导频信号，当发现某个导频强度超过预置阈值(T-ADD)时，说明该导频已达到可以正确解调的程度；若移动台尚不能与基站取得联系，说明PN码不同，需更改基站，移动台向原基站报告导频信号的测量情况，原基站再将这一报告送交移动交换中心，移动交换中心安排一个新的基站与该移动台联系，而原基站则发送一条消息，指示移动台开始切换。此为移动台辅助软切换方法。

移动台接收到来自基站的切换指示后，将新基站的导频信道纳入激活类，开始对新基站和原基站的前向业务信道同时进行解调，并向基站发送一条切换完成消息。

随着移动台的运动，收到前一基站的导频强度低于下限T-Drop，移动台即启动计时，计时到预置时间时，移动台向基站发送导频测量情况信号。两个基站收到该信号后都将其送往移动交换中心MSC，MSC即指示基站切换，基站再向移动台发送切换完成信息，移动台再去掉前一基站的导频信号，并向后一基站发出切换完成信息。

4. 声音的可变速率编码

人们在一次通话过程中的话音速率并不是均匀的，往往表现得时快时慢，有时还有较长停顿。统计表明，每次通话中话音存在时间小于35%(话音占空比<0.35)，如果在话音停顿时停止信号发射，不仅减少了数据传送量，对CDMA系统而言，也同时减少了对其他用户的干扰，使系统容量自然地提高到原来的1/0.35=2.86倍。

CDMA系统充分利用了话音速率可变的特点，在话音速率减慢时，降低一半采样速率，再慢时再降低一半，无声音时则停止采样和发射。系统中共使用了4种采样频率：8kHz、4kHz、2kHz、1kHz。这些就是CDMA系统中可变速率编码的思想。

5. 多径分集接收

在无线电通信中，由于电波受地形及建筑物的反射、折射，这形成了事实上的多径传播，而对有用信号则带来多径干扰。在扩频通信的CDMA系统中可以对这些多径信号进行分离和合并，实现多径分集接收，使系统性能得到比较大的改善。具有这种功能的接收机称为RAKE接收机。

有多种处理方法可以有效利用多径峰值。最简单的办法就是“检波后积分”，即在接收机的检测器后面设置一个Δ秒积分器，然后抽样判决积分器的结果。其中Δ是多径散布宽度，Δ应小于码元宽度T_s，以免使多径分量落到相邻码元中而造成码间干扰。这种简单的做法没有利用多径的参量信息，且积分时会把干扰与噪声也吸收进去，这就影响了性能。如果对来自多径的多个峰值进行筛选，把幅度明显大于噪声的多径分量取出，再予以延时和相位校正，使之在某一时刻对齐，并按一定规则合并，则可以明显增强多径分集效果。

由此可见RAKE接收机有多个具体功能，包括对多径信号进行搜索、定时和跟踪，对获取的多径峰值进行时间、相位校正，以及按规则合并和获取输出。

在CDMA系统中分别使用了前向信道、反向信道，其结构特征不同，以下分别说明它们的结构与组成。

(1) 前向信道RAKE接收

前向信道是指基站发送、移动台接收，是一个“点对多点”的通信链路。基站设置了功率很强的导频信道，使移动台能方便地对扩频信号进行搜索和跟踪。搜索时间是一个随机变量，即便接收机的定时误差被减小到仅几十分之一的码元时间，也应进一步校正这一误差，使之趋于零；另外，由于发射机和接收机的相对运动，以及时钟不稳定等因素，校正过程须不断地进行，这就是跟踪过程。

移动台RAKE的多径接收原理如图2.40所示。

图中，对三路多径信号作相关处理，每一路都接收到消息和同步锁定信号，三路接收信号都送人参量合成器，最后经解码输出，明显提高手持机的性能。

(2) 反向信道RAKE接收

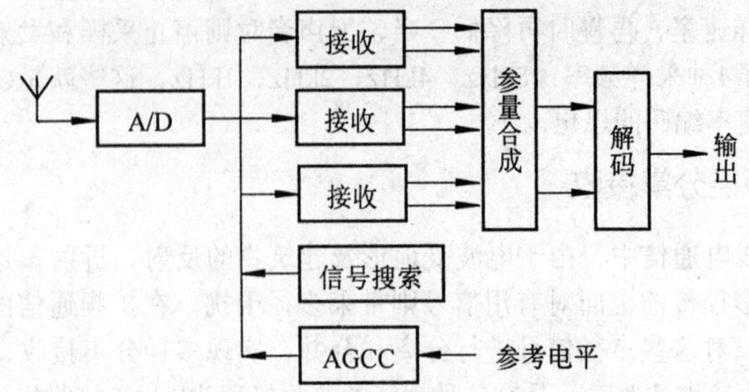

图2.40　移动台多径接收原理

反向信道指移动台发送、基站接收的“多点对一点”的通信链路，基站由此接收多个用户的信号。

在反向信道中，移动台把6个码元扩展成64进制的Walsh函数来传输信息，基站利用这种正交序列来实现扩频信号的检测和对多径信号进行搜索和跟踪。对每个多径成分都搜索，搜索到的信号送入序列相关器，对应的支路会产生最大的输出。若连续出现T个最大值，则认为搜索器进入同步定时状态。这些最大值积累到超过门限，搜索器即输出一个峰值。

习　题

2.1　光纤通信系统有哪些特点？其关键技术是什么？

2.2　微波通信系统有哪些特点？其关键技术是什么？

2.3　卫星通信系统相对于微波通信系统有哪些特点？

2.4　电缆通信系统特点如何？不同电缆其应用范围如何？

2.5　移动通信系统有哪些特点？其关键技术是什么？

2.6　试对二值码序列[10100110001011100000 1]使用伪双极性码予以编码，达到线路中基本无直流的目的。

2.7　试述光通信同步数字体系SDH的主要特点。

2.8　试述扩频通信中码分多址的概念和主要技术。

2.9　伪随机码的原理是什么？其正交性及相关特性如何？

2.10　试述CDMA系统中的分集接收技术。

2.11　试述CDMA系统中移动台通信的切换控制过程。

2.12　CDMA系统中的多径分集接收是如何实现的？

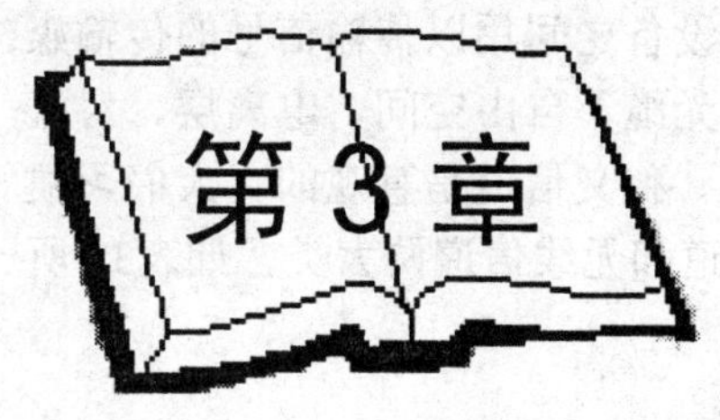

第3章 通信信道

通信系统的任务是传递消息，消息由信号携带。作为信号传输的媒介，信道是通信系统不可缺少的一部分。

众所周知，实际信道存在着多种类型，而且有各自的特点。但是，本章不讨论某一具体的信道，而讨论由各种具体信道所抽象出来的一般特性，以及它们对信号传输的影响，如对信道模型和信道容量的研究，它能以既普遍又简化的方式来反映各种信道的共同性质。

3.1 信道概述

一般来说，实际信道都不是理想的。首先，这些信道具有非理想的频率响应特性，另外还有噪声干扰和信号通过信道传输时搀杂进去的其他干扰。例如，有来自临近信道中所传输信号的串音(干扰)；有电子设备(如收–发信机中的放大器和滤波器)中产生的热噪声；还有有线信道中交换瞬间和无线信道中的雷电所引起的脉冲干扰和噪声；最后还有信道中人为发射的干扰等。这些噪声和干扰在本章中统称为噪声，噪声损害了发送信号并使接收的信号波形产生失真或使接受的数字序列产生错误。信道噪声和带宽影响着信道的容量。

研究信道及噪声的最终目的就是弄清它们对信号传输的影响，寻求提高通信有效性与可靠性的方法。对信道的分析成为研究通信科学的一个基础。

信道分析采用的数学工具包括傅氏变换、概率论和随机过程。

3.1.1 狭义信道和广义信道

信道一般有两种定义：即狭义信道和广义信道。

通常，把信道定义为发送设备和接受设备之间用以传输信号的传输媒质。例如架空明线、同轴电缆、双绞线、光缆、自由空间、电离层、对流层等都是信道。此类信道便称为狭义信道。狭义信道是直观的，人们习惯于把它按传输媒质是否是导线分为有线信道和无线信道两大类，如表3.1所列。

表3.1　狭义信道分类

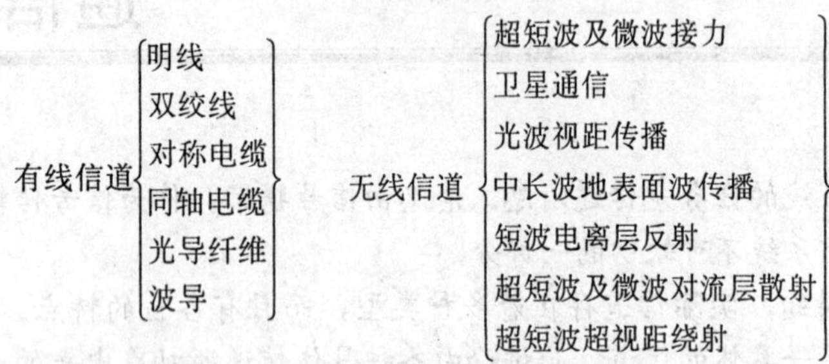

在讨论和分析通信与通信系统的某些基本问题时，为了简化系统模型和突出主要问题，常根据所研究的内容，将信道范围适当扩大，即除了传输媒质外，还包括有关的部件和电路。这种扩大了的信号通道，称为广义信道。广义信道将传输媒质和各种信号形式的转换、耦合等设备都归纳在一起(如发送设备与接受设备、馈线与天线、调制解调器、编码译(解)码器、放大器、均衡器等)，凡信号经过的一切通道统称为广义信道。显然，根据所研究的对象和关心的问题，可以定义不同的广义信道，如在广义信道中常常提到的调制信道和编码信道。

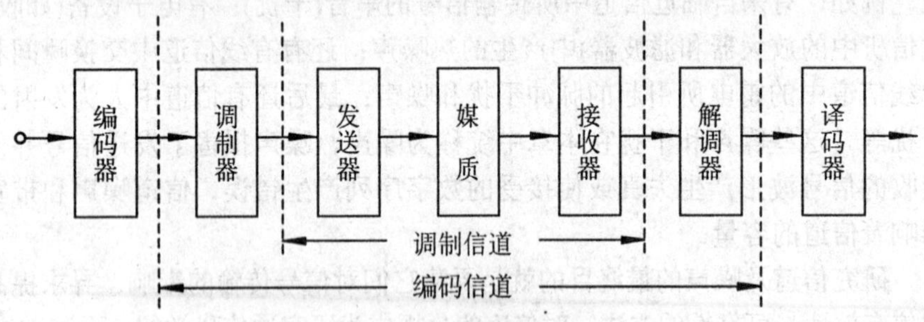

图3.1　广义信道示意图

调制信道是从研究调制与解调的基本问题出发来定义的，它是指从调制器输出端到解调器输入端的所有电路设备和传输媒质，如图3.1所示。调制信道可视为传输已调信号的一个整体，它希望知道已调信号经过传输后，在解调器输入端的信号特性，而不必考虑其中间的变换过程。调制信道主要用来研究模拟通信系统的调制、解调问题。

同理，在数字通信系统中，如果仅着眼于研究编码和解码的问题，则可得到另一种广义信道——编码信道。编码信道的范围是从编码器输出端至译码器输入端，如图3.1所示。从编译码的角度来看，编码器的输出和译码器的输入都是数字序列，在此之间的所有变换设备及传输媒质可用一个完成数字序列变换的方框加以概括，这就是编码信道。

可以看出，调制信道与编码信道以传输的信号为着眼点，又可称连续(信号)信道和离散(信号)信道，前者是传输已调制模拟信号的信道，后者是传输已编码数字信号的信道。

3.1.2 恒参信道与随参信道

真实的物理通道可以是一对实线、一根电缆、一束光纤及自由空间等。它们都由各自的物理量表征。我们所关心的是这些物理量如何影响通信。为了便于研究通信中的问题，不直接采用这些物理量来表征信道，而是用由这些物理量导出的电气参数来表征信道。信道的电气参数主要包括：衰耗频率特性、相移或延迟频率特性、频率漂移、相位抖动、电平波动等等。

如果这些信道参数不随时间变化，或其变化相对于信道上传输信号的变化极为缓慢，那么，从工程角度及研究问题方面来看，这些变化均可以忽略。这种信道就称为恒(定)参(量)信道。反之，则称为随(机)参(量)信道(又称变参信道)。

恒参信道对信号的影响是固定的或变化相对缓慢，如有线信道中的电线、电缆、光导纤维、波导；无线信道中的中、长波、地面波传播、微波传播、卫星中继等。恒参信道可等效为一个时不变线性系统(网络)，其传输特性用$H(\omega)=|H(\omega)|\mathrm{e}^{-\mathrm{j}\varphi(\omega)}$来表征。$H(\omega)=|H(\omega)|\mathrm{e}^{-\mathrm{j}\varphi(\omega)}$为描述线性系统特性的传输函数，定义为系统输出信号、输入信号的傅氏变换之比：$H(\omega)=f_{\mathrm{o}}(\omega)/f_{\mathrm{i}}(\omega)$。

随参信道，如短波电离层反射、超短波及微波对流层散射、超短波电离层散射等的参数显著地随时间随机变化。随参信道对信号传输的影响较之恒参信道要严重得多，尤其会发生传播衰落，危害严重。

综合本节所述，信道的分类如表3.2所列。

表3.2　信道分类表

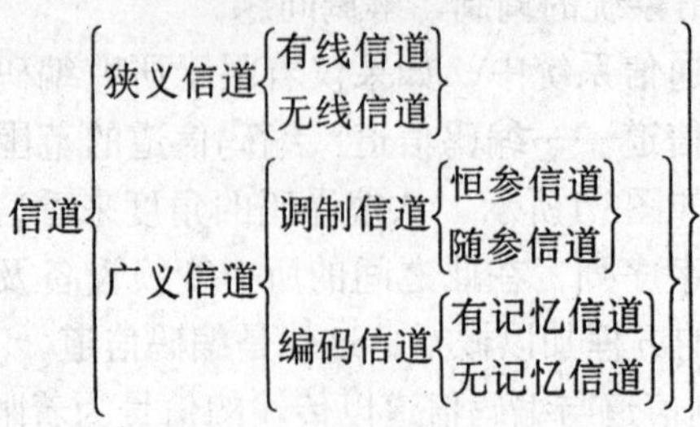

3.1.3　数据传输所要求的信道标准

不同媒质的信道所要求的性能标准是不同的，

1. CCITT V系列建议

V.1　二进制表示符号与双态码两个状态之间的对等关系

V.2　在话路上传输数据的功率电平

V.3　国际5号电码

V.4　公用电话网上数据传输用的国际5号电码表电码信号的一般结构

V.5　在普通交换电话网中同步数据传输的数据信号速率的标准

V.6　在租用电话型电路上同步数据传输的数据信号速率的标准

V.7　电话网上数据通信术语的定义说明

V.10　在数据通信领域中通常同集成电路设备一起使用的不平衡双流接口电路的电气特性

V.11　在数据通信领域中通常同集成电路设备一起使用的平衡双流接口电路的电气特性

V.15　使用声耦合进行数据传输

V.16　医务上模拟数据传输用的调制解调器

V.19　使用电话信号频率的传输并行数据的调制解调器

V.20　在普通交换电话网中通用的标准化的传输并行数据的调制解调器

V.21　在普通交换电话网中使用的标准化的300bit／s速率的双工调制解调器

V.22　在普通交换电话网和租用电路上使用的标准化的1200bit／s速率的双工调制解调器

V.23	在普通交换电话网中使用的标准化的600／1200Baud调制解调器
V.24	数据终端设备(DTE)和数据电路终接设备(DCE)之间的接口电路定义表
V.25	在普通交换电话网中的自动呼叫和／或自动应答设备，其中包括在人工建立呼叫时使用回波抑制器停止工作的设备
V.26	在四线租用电话型电路上使用的标准化的2400bit／s调制解调器
V.26bis	在普通交换电话网中使用的标准化的2400／1200bit／s速率的调制解调器
V.27	在租用电话型电路上使用的标准化的带人工均衡器的4800 bit／s的调制解调器
V.27bis	在租用电话型电路上使用的标准化的带自动均衡器的4800／2400bit／s的调制解调器
V.27ter	在普通交换电话网中使用的标准化的4800／2400bit／s调制解调器
V.28	不平衡双流接口电路的电气特性
V.29	在点对点四线租用电话型电路上使用的标准化的9600bit／s调制解调器
V.31	使用接点闭合控制的单流接口电路的电气特性
V.35	使用60～108kHz基群电路的48Kb／s速率的数据传输
V.36	使用60～108kHz基群电路进行同步数据传输的调制解调器
V.37	使用60 ～ 108kHz基群电路以高于72Kb／s的数据速率进行同步数据传输
V.40	机电设备的差错指标
V.41	电码不受限制的差错控制系统
V.50	数据传输的传输质量标准极限
V.51	供数据传输用的国际电话型电路的维护组织
V.52	供数据传输用的失真和误码率测量设备的特性
V.53	供数据传输用的电话型电路的维护极限
V.54	供调制解调器使用的环路测试设备
V.55	供电话型电路使用的脉冲噪声测量仪的技术规格
V.56	在电话型电路上使用的调制解调器的比较测试
V.57	高数据速率用的综合数据测试设备

2. CCITT X系列建议

X.1　公用数据网的国际用户业务类别
X.2　公用数据网的国际用户业务的设施
X.3　公用数据网的分组汇集／拆卸(PAD)设备
X.4　在公用数据网上供数据传输用的国际5号电码表电码信号的一般结构
X.20　公用数据网异步传输用的数据终端设备(DTE)和数据电路终接设备(DCE)之间的接口
X.20bis　在公用数据网中与 V系列异步双工调制解调器接口的 DTE的使用
X.21　公用数据网同步工作用的 DTE和 DCE之间的接口
X.21bis　在公用数据网中与 V系列同步调制解调器接口的DTE的使用
X.22　供3~6类用户使用的多路复用的 DTE／DCE接口
X.24　公用数据网 DTE和 DCE之间的接口电路定义表
X.25　在公用数据网上供分组型终端使用的DTE和DCE之间的接口
X.26　在数据通信领域中通常同集成电路设备一起使用的不平衡双流接口电路的电气特性
X.27　在数据通信领域中通常同集成电路设备一起使用的平衡双流接口电路的电气特性
X.28　起止式终端接入本国公共数据网 PAD用的 DTE／DCE接口
X.29　PAD与分组式终端或与另一个 PAD之间交换控制信息和用户数据的规程
X.75　在分组交换数据网之间的国际电路上的终端和转接的呼叫控制规程与数据传输系统
X.87　在公用数据网中实现国际用户设施和网络业务的原则和规程
X.92　公用同步数据网的假设参考连接
X.96　公用数据网的呼叫进行信号
X.121　公用数据网的国际编号方案
X.150　公用数据网的DTE和DCE测试回路
X.200　开放系统互连基本参考模型(OSI)
X.208　OSI抽象语法表记规范 ASN.1
X.209　ASN.I编码规则
X.210　OSI服务规约

X.213 OSI网络层服务定义
X.214 OSI运输层服务定义
X.215 OSI会话层服务定义
X.216 OSI表示层服务定义
X.217 OSI联系控制服务定义
X.218 OSI可靠传输的模型和服务定义
X.219 OSI远程操作的模型、表记和服务定义
X.224 OSI运输层协议规范
X.225 OSI会话层协议规范
X.226 OSI表示层协议规范
X.227 OSI联系控制协议规范
X.228 OSI可靠传输协议规范
X.229 OSI远程操作协议规范
X.400 MHS系统模型和服务元素
X.401 MHS基本服务和可选用户业务
X.402 MHS体系结构
X.403 MHS一致性测试
X.407 MHS抽象服务定义规则
X.408 MHS编码信息元素类型转换规则
X.409 MHS数据表示法和传送语法
X.410 MHS的远程操作和可靠传输服务
X.411 MHS的消息传输层
X.413 MHS抽象服务定义
X.414 MHS报刊服务
X.419 MHS协议规范
X.420 MHS个人间消息通信用户代理层
X.430 (改为 T.330)智能用户电报终端对 MHS的访问协议
X.500 号码簿系统概念模型和服务综述
X.501 号码簿系统模型
X.509 号码簿系统鉴别
X.511 号码簿系统抽象服务定义
X.518 号码簿系统分布操作过程
X.519 号码簿系统协议规范
X.520 号码簿系统属性类型选择

X.521　号码簿系统目标分类选择

3. ISO(国际标准化组织)数据通信标准

ISO646　信息处理互换用的7单位字符集
ISOl155　信息处理——使用纵向奇偶校验来检测信息电文中的差错
ISOl177　信息处理——异步和同步传输用的字符结构
ISO1745　信息处理——数据通信系统用的基本型控制规程
ISO2022　IS07单位编码的字符集用的电码扩展技术
ISO2110　数据通信——25芯 DTE／DCE接口接线器和引线分配
ISO2111　数据通信——基本型控制规程——码独立信息传输
ISO2593　高速数据终端设备用的接线器引线分配
ISO2628　基本型控制规程——补充说明
ISO2629　基本型控制规程——会话信息电文的传输
ISO3309　数据通信——高级链路控制规程——帧结构
ISO4335　数据通信——高级链路控制规程——规程组成部分
ISO4902　数据通信——37芯和9芯 DTE／DCE接口接线器和引线分配
ISO4903　数据通信——15芯 DTE／DCE接口接线器和引线分配
ISO6159　数据通信——HDLC非平衡类规程
ISO6256　数据通信——HDLC平衡类规程

3.2 信道模型

各种信道都可用一个二对端(或多对端)的时变线性网络来等效。由此导出信道的模型来表述信道的一般特性。本小节将引入调制信道模型和编码信道模型。

3.2.1 调制信道模型

如前所述，调制信道是传输已调信号的，它的输入端和输出端分别与调制器输出端和解调器输入端连接，经大量考察发现调制信道具有下列特点：

(1) 在输入信号的动态范围内，信道是线性的，即满足叠加性和齐次性；

(2) 信号在信道中传输时均被衰减和时延，具有随频率变化的振幅频率特性和相位频率特性；

(3) 即使信道输入端无信号输入，在输出端仍有一定的功率输出。这是因为信道内存在着各种噪声。

考虑到上述共性，调制信道等效为一个输出端上叠加有噪声的线性时变网络，由此建立了如图3.2所示的调制信道一般模型：

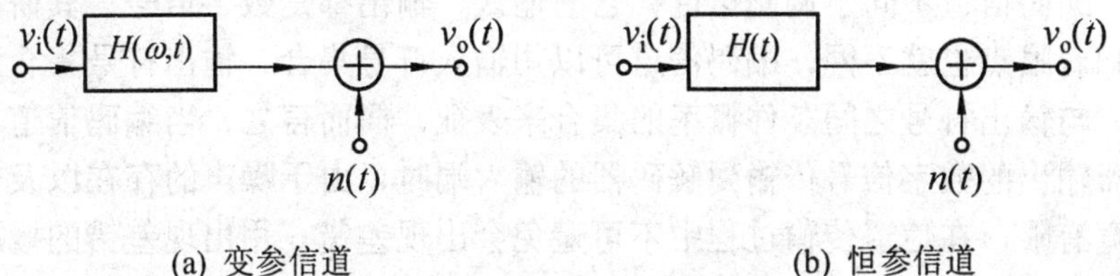

(a) 变参信道　　(b) 恒参信道

图3.2 调制信道的一般模型

图中，$v_i(t)$ 表示信道输入信号，$v_o(t)$表示信道输出信号，$H(\omega,t)$表示随时间而变化的信道传输函数，表示为

$$H(\omega,t)=|H(\omega,t)|\mathrm{e}^{\mathrm{j}\varphi(\omega,t)} \tag{3.1}$$

$n(t)$表示把信道内各处的噪声集中表示为一个作用在输出端的噪声源，又称加性噪声(干扰)，它与$v_i(t)$不发生依赖关系，或者说$n(t)$与$v_i(t)$相互独立。

对恒参信道而言，信道传输函数不随时间变化，等效为线性时不变网络，传输函数由式(3.1)简化为

$$H(\omega)=|H(\omega)|\mathrm{e}^{\mathrm{j}\varphi(\omega)} \tag{3.2}$$

式中，$|H(\omega)|$表示信道振幅频率特性，$\varphi(\omega)$ 表示信道相位频率特性。从而计算出恒参信道的输出表达式为

$$v_o(t)=v_i(t)*h(t)+n(t) \tag{3.3}$$

式中，$h(t)=F^{-1}[H(\omega)]$，为信道的单位冲激响应。

当信道为随参信道时，函数关系一般非常复杂，其输出有以下近似表达式

$$v_o(t)=k(t)\,v_i(t)+n(t) \tag{3.4}$$

建立的信道模型退变为如图3.3所示，$k(t)v_i(t)$反映信道系统特性对输入信号的最终影响作用，称$k(t)$为乘性噪声(干扰)。$k(t)$的存在，对输入信号而言肯定是一种干扰，而且是依赖于$v_i(t)$存在与否的干扰。

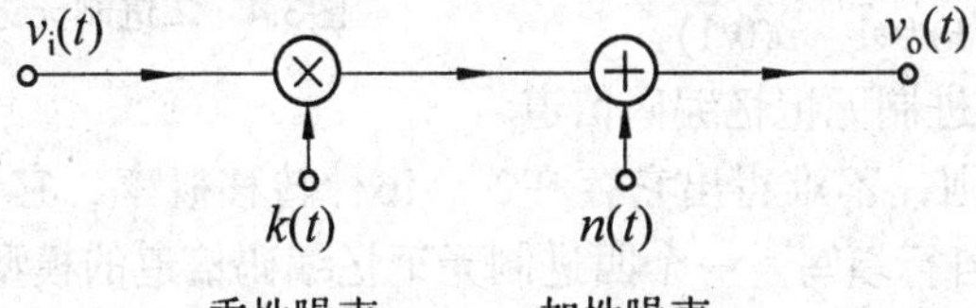

图3.3 具有乘性噪声的随参信道模型

3.2.2 编码信道模型

编码信道不同于调制信道，它的输入、输出都是数字信号，其研究方法和着眼点也就不同。编码信道可以用输入符号集合、输出符号集合以及输入与输出符号之间条件概率的集合来表征。简而言之，当编码信道把编码器输出的数字信号传输到解码器的输入端时，由于噪声的存在以及信道带宽有限，在信道传输过程中不可避免会出现差错，用出现差错的概率来衡量编码信道特性。在本小节中首先定义信道转移概率。

信道转移概率$P(y_j/x_i)$是信道输入符号(即发送符号)为x_i而信道输出符号(即接收符号)为y_j的条件概率：$P(y_j/x_i) = P(y=y_j| x=x_i)$。它表示信道输入端的数字信号序列到输出端发生了转移的程度。编码信道的模型可以用信道的转移概率来描述。

例3.1　无记忆二进制编码信道。

二进制编码信道输入符号集为X={0，1}，输出符号集为Y={0，1}。所谓无记忆信道是指每个输出符号只取决于当前的输入符号，而与其他输入符号无关；一个码元的差错与其前后码元的差错无关，其间不存在任何依赖关系，因此它们的转移概率均是独立的。它们的转移概率矩阵写为

$$P(y_j/x_i) = \begin{bmatrix} p(0/0) & p(1/0) \\ p(0/1) & p(1/1) \end{bmatrix} \tag{3.5}$$

等效为如图3.4所示的信道模型，可以看出这样就把编码信道简化成等效的离散时间信道。

其中，$p(0/0)$、$p(1/1)$是正确转移概率，$p(1/0)$、$p(0/1)$是错误转移概率。$p(1/0)$又称为虚报概率，$p(0/1)$又称为漏报概率。由概率的性质可知它们之间的关系如下：

$$p(0/0) = 1 - p(1/0)$$
$$p(1/1) = 1 - p(0/1)$$

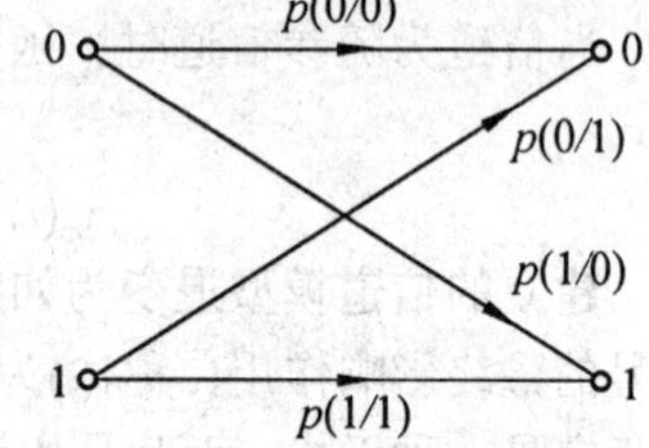

图3.4　二进制无记忆编码信道模型

例3.2　四进制无记忆编码信道。

依上述原则，不难得出它存在2^4=16种转移概率，它们的定义方法亦相同，请读者自行填写。一个四进制无记忆编码信道的模型如图3.5所示。

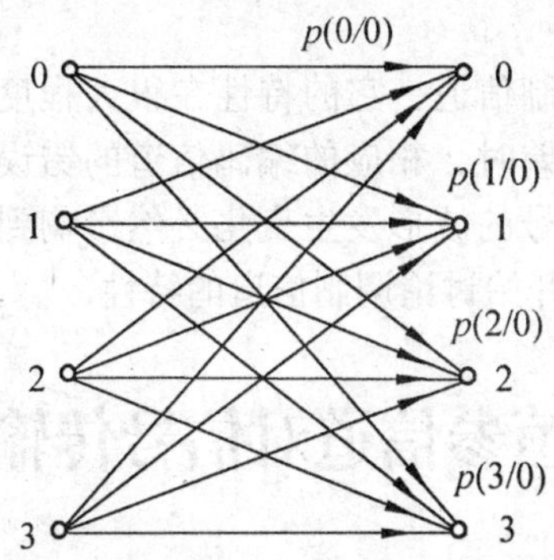

图3.5 四进制无记忆编码信道模型

在一般情况下，发送符号集$X=\{x_i\}$, $i=1, 2, \ldots, L$，有L种符号；接受符号集$Y=\{y_j\}$, $j=1, 2, \ldots, M$, 有M种符号。离散无记忆信道(DMC)的转移概率用下列矩阵表示：

$$P(y_j / x_i)=\begin{bmatrix} p(y_1 / x_1) & p(y_2 / x_1) & \cdots & p(y_M / x_1) \\ p(y_1 / x_2) & p(y_2 / x_2) & \cdots & p(y_M / x_2) \\ \cdots & \cdots & & \cdots \\ p(y_1 / x_l) & p(y_2 / x_l) & \cdots & p(y_M / x_L) \end{bmatrix} \tag{3.6}$$

同理也可用$P(x_i /y_j)$矩阵表示离散无记忆信道的转移概率。

如果输入给离散无记忆信道的是选自X中的n个符号序列$u_1, u_2, u_3, \ldots, u_n$，而对应输出的是$Y$中的符号序列$v_1, v_2, v_3, \ldots, v_n$，那么联合条件概率有

$$P(y_1=v_1, y_2=v_2, \ldots, y_n=v_n \mid x_1=u_1, x_2=u_2, \ldots, x_n=u_n)$$

$$=\prod_{k=1}^{n} P(y=v_k \mid x=u_k) \tag{3.7}$$

式(3.7)是无记忆条件的简单数学描述。

当信道转移概率矩阵中的各行和各列分别具有相同集合的元素时，这类信道称为对称信道。如例3.1所示，假设信道噪声和其他干扰噪声在传输的二进制序列中引起统计独立的错误，其平均概率为：$P(1/0) = P(0/1) = P$，转移概率矩阵由式(3.5)变为

$$P(y_j/x_i)=\begin{bmatrix} 1-p & p \\ p & 1-p \end{bmatrix}$$

它被称为二进制对称信道(BSC)。

在有记忆的编码信道中，由于码元发生差错的事件不是独立的，因此，对有记忆编码信道的转移概率分析进行将很困难，信道的模型要复杂得多，

这里不作介绍。

编码信道包含调制信道，它的特性在很大程度上取决于调制信道的特性。当调制信道质量差时，相应的编码信道的错误转移概率一定大。调制信道中传输的数字信号的波形发生变化必然影响到编码信道的数字信号序列发生差错。在下节开始讨论调制信道的特性。

3.3　恒参信道对信号传输的影响

当前大多数的数据通信都是通过恒参信道(或近似恒参信道)进行的，如有线信道、微波信道、卫星信道等都是恒参信道。恒参信道的主要特点是可以把信道等效成一个线性时不变网络，传输技术主要解决由线性失真(幅度失真和群时延失真)引起的符号间干扰和由信道引入的加性噪声所造成的判断失误。在上节信道模型的基础上，本节将通过对信道传输函数的分析来了解信号通过恒参信道时所发生的变化。

3.3.1　信号无失真传输

信号无失真传输是一种理想情况，所谓信号无失真传输是指系统输出信号与输入信号相比，只有信号辐度大小和出现时间先后的不同，而波形上没有变化。信号通过线性系统不失真的条件是该系统的传输函数 $H(\omega)=|H(\omega)|e^{j\varphi(\omega)}$ 满足下述条件

$$\begin{cases} |H(\omega)| = K_0 \\ \varphi(\omega) = -\omega t_d \end{cases} \tag{3.8}$$

式中，K_0 和 t_d 均为常数。将上式代入式(3.3)，推导出此时信道输出为：$v_0(t)=K_0 v_i(t-t_d)$(不考虑噪声影响)。

该条件意味着在信号的全部频带内，要求线性系统的振幅频率特性 $|H(\omega)|$ 是和 ω 无关的常数；相位频率特性 $\varphi(\omega)$ 是一通过原点的直线。频率特性曲线如图3.6所示。但是经频谱分析知一个实际的物理信号的频率分量往往是无限多的，只不过某些频率分量的幅度很小而已。故要求信号无失真传输，系统应在 $(-\infty\sim+\infty)$ 频率范围内均满足式(3.8)，而这样的系统在技术上是无法实现的。信号在系统中传输总有失真存在，但可以根据实际需要，把失真控制在允许的范围内。

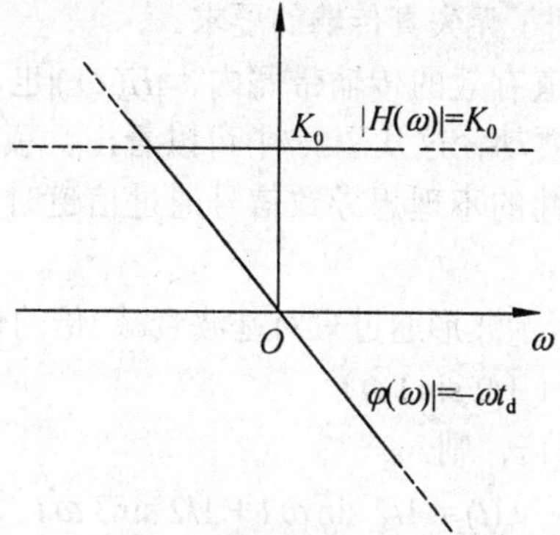

图3.6 无失真的频率响应特性

3.3.2 信号振幅频率失真

实际恒参信道的振幅频率特性一般具有如图3.7所示的图形。实际系统的频率被限定在某一范围内，并非就把该频率范围认为是系统的带宽。原因是系统的传输函数$H(\omega)$在频率的两端处不是陡直突变的。定义系统传输函数的模值保持在频带中心值的$1/\sqrt{2}$倍(即3dB)以上的频带范围为系统的带宽，又称3dB带宽。

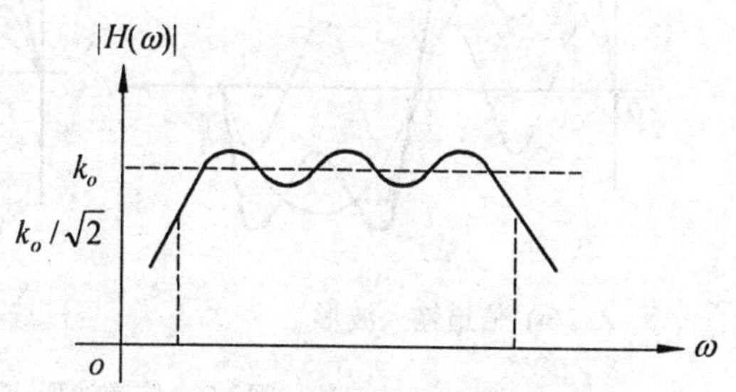

图3.7 恒参信道振幅频率特性

例3.3 语声信号传送。

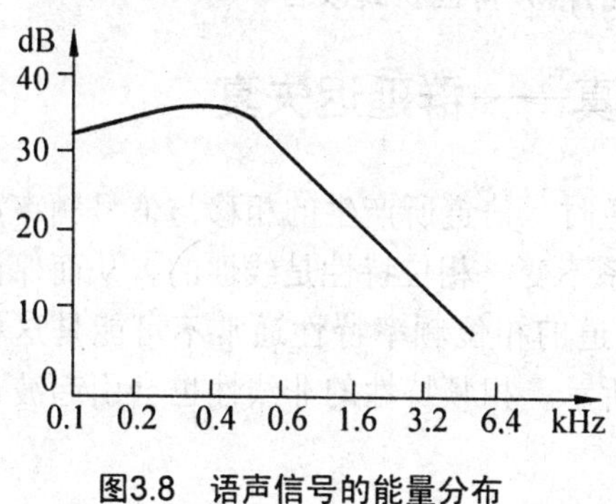

图3.8 语声信号的能量分布

语声信号是一种复杂的信号，其频率范围因人而异。大量统计结果表明，语声的频谱通常在80~8000Hz间，其能量分布曲线如图3.8所示。为保证语声真实、有效的传送，国际电话电报咨询委员会(CCITT)建议采用300~3400Hz的频带范围，也即单路音频电话信道有效带宽为3100Hz，电话通信的清晰度可达90%，即称达到了无失真传输的要求。

其次，即使在信道有效的传输带宽内，$|H(\omega)|$也不是恒定不变的，而是随频率的变化有所波动，这从图3.7中可以看出，顶部不平坦、两端不陡直。这种振幅频率特性的不理想导致信号通过信道时波形发生失真，称为振幅频率失真。

例3.4　图3.9(a)所示波形通过只对基波衰减2倍的信道。

解　$v_i(t) = \sin\omega t + 1/2\ \sin 3\omega t$

由于基波衰减两倍，则

$$v_o(t) = 1/2\ \sin\omega t + 1/2\ \sin 3\omega t$$

信道输出波形如图3.9(b) 所示，出现了明显的失真。

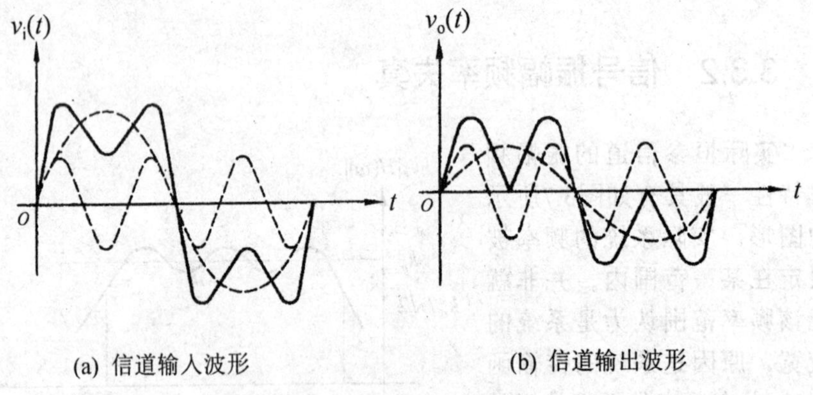

(a) 信道输入波形　　(b) 信道输出波形

图3.9　信道波形变化特性

振幅频率失真对模拟信号的传输影响较大。对数字信号的传输虽然也有影响，但其影响不如相位频率失真严重。为减小振幅频率失真，除了尽量使幅频特性在信道有效传输带宽内平坦外，通常在信道中加入一个线性补偿网络(振幅均衡器)，使整个系统的幅频特性得到改善。

3.3.3　信号相位频率失真——群延迟失真

由式(3.8)知，信号通过恒参信道时，信道所产生的相移与信号频率成正比关系时，保持原信号的相位关系不变。相位特性是线性的，从而保证信号不失真传输。然而实际恒参信道的相位频率特性通常不可能是这样的，一般的相频特性曲线如图3.10所示，相频特性的非线性也会引起波形失真。

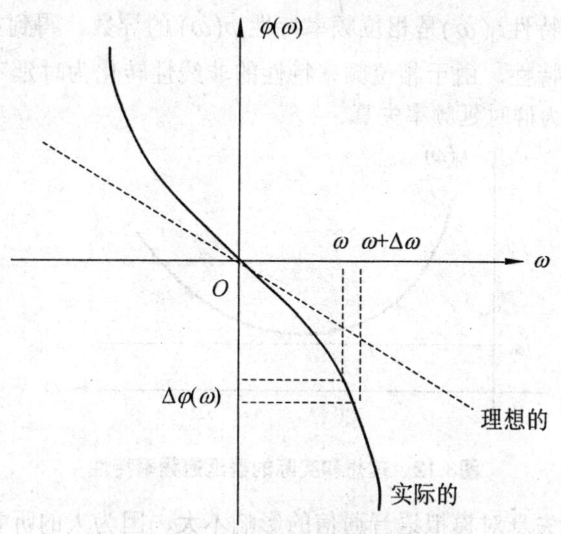

图3.10　恒参信道相频特性曲线

例3.5　图3.9(a) 所示的信号通过对基波相移π、对三次谐波相移2π的信道。

解　$v_{\mathrm{i}}(t)=\sin(\omega t)+1/2\sin(3\omega t)$

$$v_{\mathrm{o}}(t)=\sin(\omega t-\pi)+1/2\sin(3\omega t-2\pi)$$

$$=\sin(\omega t-\pi)+1/2\sin3(\omega t-2/3\pi)$$

$$=\sin\omega(t-T/2)+1/2\sin3\omega(t-T/3)$$

信道输出波形如图3.11所示。由于信号的各次谐波通过信道后的相位关系发生改变，叠加后波形就产生了失真，称它为相位频率失真。

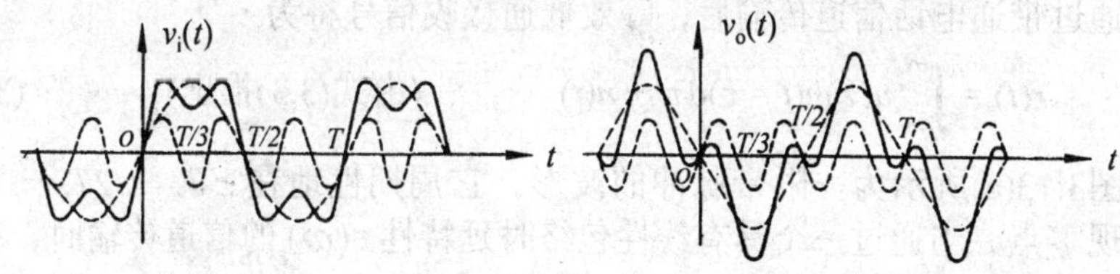

图3.11　信道输出波形

为了方便起见，在实际工作中常用群时延频率特性$t_{\mathrm{d}}(\omega)$来代替相位频率特性，在本例中信号基波和三次谐波分别延迟$T/2$和$T/3$。群时延频率特性的定义式为

$$t_{\mathrm{d}}(\omega)=-\frac{\mathrm{d}\varphi(\omega)}{\mathrm{d}\omega}\tag{3.9}$$

即群时延频率特性$t_d(\omega)$是相位频率特性$\varphi(\omega)$的导数，得到如图3.12所示的群时延频率特性。由于相位频率特性的非线性转化为时延不一致而导致的失真，又称为群时延频率失真。

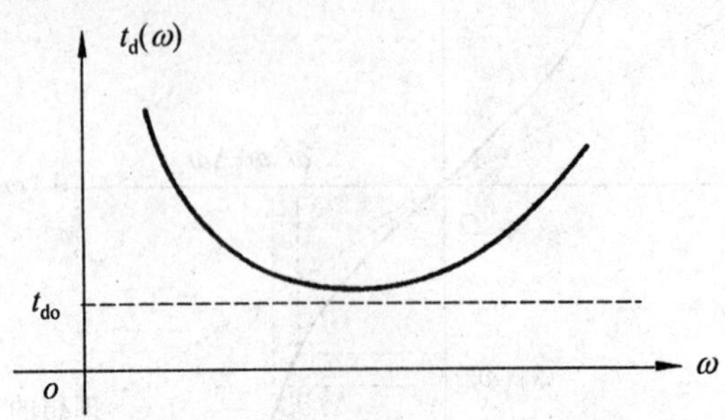

图3.12　理想和实际的群延迟频率特性

相位频率失真对模拟语音通信的影响不大，因为人的听觉对相位频率失真不敏感，即使有些失真也感觉不出来。然而相位频率失真对数字信号的传输有较大的影响，它能引起码间干扰而影响通信质量。为了减小相位频率失真，除了使信道的相频特性在信号频谱的范围内尽量保持线性外，可以在信道中加入相位均衡器，对相频特性的非线性进行校正，使其尽可能接近理想的特性。

例3.6　限带脉冲波形通过电话信道。

在数字通信使用的各种信道中，电话信道应用最广。对于这样的限带信道，可以用一个等效低通频率响应特性为$H(\omega)$的线性滤波器表示，若一个已调信号为

$$s(t) = \mathrm{Re}[\,u(t)\mathrm{e}^{\mathrm{j}w_c t}\,]$$

则在通过带通电话信道传输后，等效低通接收信号将为

$$r(t) = \int_{-\infty}^{\infty} u(\tau)h(t-\tau)\mathrm{d}\tau + n(t) \qquad \text{(由式(3.3)推出)} \qquad (3.10)$$

图3.13(a)所示为一限带脉冲的波形，它周期性地在$\pm T$, $\pm 2T,\cdots$,等时刻出现零点。当通过一个具有线性包络时延特性$\tau(\omega)$的信道传输时，接收脉冲零点间的距离不再是周期性的了，如图3.12(b)所示。这样的连续脉冲序列将相互混叠，脉冲的峰值将无法辨认。特别当速率与带宽相比拟的连续脉冲通过信道传输时，不能再清晰地判别脉冲的边缘，它们相互重叠，即出现了符号间(码间)干扰。

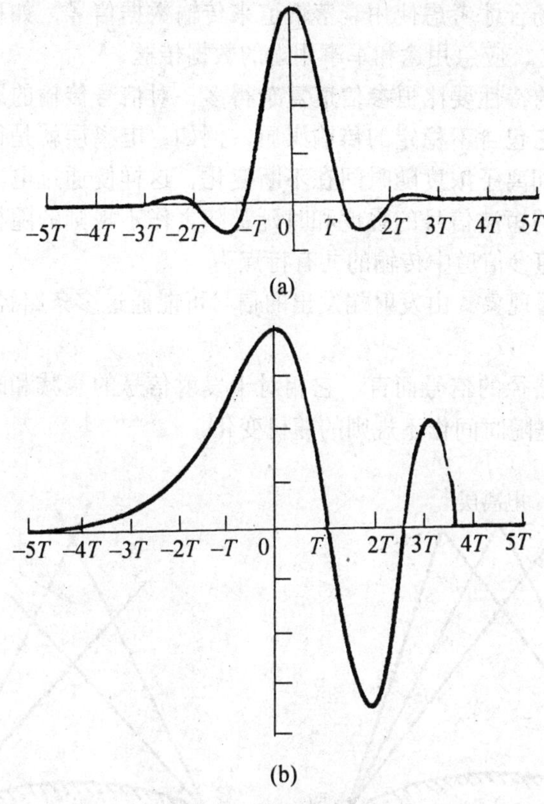

图3.12　信道失真的影响

(a) 限带脉冲波形，其等周期过零　(b) 受相频特性影响的失真，不再周期性过零

除了上面讨论的幅频失真和相频失真将影响信号传输的质量外，还有一些因素使信道的输出与输入产生差异，例如非线性失真、频率漂移和相位抖动等。这些情况主要是由信道内各部件的性能不好引起的，也应给予充分的重视。

3.4　随参信道对信号传输的影响

实际中的随参信道主要是短波电离层反射信道和分米波对流层散射信道。这两种信道的特点是其中都存在时变多径传播引起的选择性衰落，常常统称为衰落信道。这两种信道都包括了大气层，具有很强的大气噪声是它们的共同特征。在这种信道中传输数据是十分困难的，通常只在不能采用常规信道的场合才考虑使用衰落信道来传输数据信号，如移动对象间、海岛、偏僻地区、应急用途和军事用途的数据传送。

随参信道的特性要比恒参信道复杂得多，对信号传输的影响也严重得多，其原因是它包含不稳定的传输媒质。例如，电离层就是很不稳定的，它内部的电子和离子浓度随时间在不断变化，这样使通过电离层反射或散射后返回地面的短波信号的强度和时延都随之作不规则的随机变化。综合来说，信号在随参信道中传输的共有特点为：

①多径传播现象。由发射端发出的信号可能通过多条路径到达接收点，如图3.14所示。

②就每条路径的信号而言，它相对于发射信号的衰减和时延都不是固定不变的，而是随时间作不规则的随机变化。

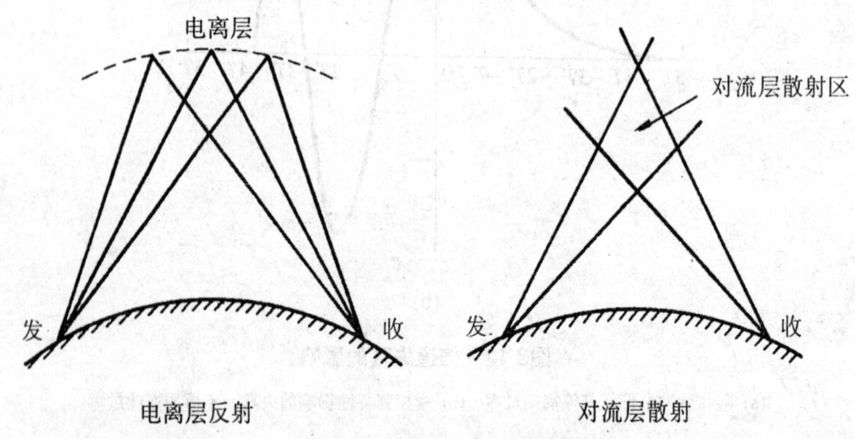

图3.14　多径传播示意图

所谓电离层是指地平面上方大约60~300km高度的大气层。这里，部分大气分子受到太阳辐射成为带电粒子，形成电磁波的有效反射面。根据带电离子密度的不同和结构特点，常把电离层细分为 D、E、F1、F2 4层。在实际利用的反射层中，最低的是E层，大约距地面90~110km；之上是F1层，距地面150km；最上层是F2层，距地面250~300km。

一定频率的电磁波射到这些电离层上后被反射回地面接受点，从而构成长距离的点对点的通信，同时还伴随着电离层与地面之间多次来回反射，形成复杂多径的传播轨迹。适合于电离层反射传播的电磁波频段是3~30MHz。过低的频率反射效率低，过高的频率则穿透电离层而降低反射强度。

例3.7 信号的电离层传输。

发送信号通常用下述形式表示：

$$s(t) = \mathrm{Re}[\,u(t)\mathrm{e}^{\mathrm{j}\omega_c t}\,] \tag{3.11}$$

式中，Re表示已调制信号指数形式复数量的实部，ω_c 表示载波频率，$u(t)$ 表示荷载信号。

由于存在多个传播途径，同每个途径相联系的是传播时延和衰减因数，接收到的信号是多条路径到达信号的叠加，从而形成了电磁波传播的多径效应。假设$a_n(t)$是第n个途径上接收信号的衰减因数，$\tau_n(t)$是第n个途径上的传播时延。于是，收到的带通信号可用如下形式表示，即

$$v_o(t) = \sum_n a_n(t)s[t-\tau_n(t)] \tag{3.12}$$

把式3.11带入上式后，便求得

$$v_o(t) = \mathrm{Re}\left(\left\{\sum_n a_n(t)\mathrm{e}^{-\mathrm{j}\omega_c\tau_n(t)}u[t-\tau_n(t)]\right\}\mathrm{e}^{\mathrm{j}\omega_c t}\right) \tag{3.13}$$

接收到的荷载信号为：

$$r(t) = \sum_n a_n(t)\mathrm{e}^{-\mathrm{j}\omega_c\tau_n(t)}u[t-\tau_n(t)] \tag{3.14}$$

例3.8 频率为ω_c的未调载波传输。

这时对所有的t，$u(t)=1$，所以，在离散多径情况下式(3.14)给出的接收信号可简化为

$$r(t) = \sum_n a_n(t)\mathrm{e}^{-\mathrm{j}\omega_c\tau_n(t)} = \sum_n a_n(t)\mathrm{e}^{-\mathrm{j}\varphi_n(t)} \tag{3.15}$$

式中，$\varphi_n(t)=\omega_c\tau_n(t)$，于是，该接收信号由幅度为$a_n(t)$和相位为$\varphi_n(t)$的许多时变矢量(相变矢量)之和组成。因为各条路径的长短不一，它们被吸收、透射和反射的状况也各异，同一个发送波形产生了若干个到达时间不同、幅度参差不齐的接收波形。叠加的结果，使接收信号产生了两个显著的变化：波形的持续时间被延伸；幅度被随机地时变衰减。前者称为多径迟延，后者称为选择性衰落。如图3.15所示波形，多径传播的结果使ω_c载波变成了包络和相位受到调制的窄带信号，通常称为衰落信号。同时还引起了频率弥散，即由单个频率变成了一个窄带频谱。

衰落现象基本上是相位时变特性的产物。在某一时刻，对某些频率分量而言，在接收端各路径信号之间的相位差恰好是180°的奇数倍，叠加后互相抵消，致使接收信号中失去了某些频率分量而发生选择性衰落；而在另一些时刻，这些矢量相加后的接收信号强度很大。数据信号传输时的选

择性衰落现象容易引起严重的码间串扰。为了减小码间串扰的影响，通常要限制数字信号的传输速率。

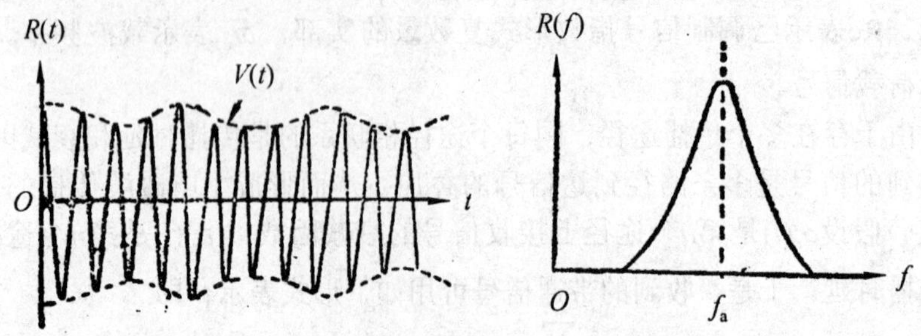

图3.15 衰落信号的波形与频谱

改善随参信道信号传输质量的方法主要有以下几种。

① 最基本、也是几乎所有采用衰落信道的传输系统都首先要采用的抗衰落措施就是分集接收技术。分集接收就是分散接收，集中汇总输出。它利用不同路径的不同时延特性，选择多个不相干衰落的信道分别设置接收机，这样，所有信号分量同时衰落的概率将大大地减少。

② 针对由多径延迟造成的符号间干扰使传输受损的情况，采用展宽符号宽度的方法克服多径延迟的影响。符号的展宽意味着传输速率的下降，如在短波电离层反射信道上，多径延迟80%小于0.2~2ms，但最长可达到5ms甚至更长。为了避免符号的重叠干扰，发送符号的持续时间以选择5~15ms为好，则通信速率最高只能达到200波特。解决的办法是在衰减信道中采用多路并发传输(并行传输)方式。

③ 采用频谱扩展技术，以带宽来换取可靠性。

3.5 信道噪声

通过前面的讨论，已知道信道中存在有加性和乘性两大类噪声，其中加性噪声叠加在接收信号上，对通信质量有很大影响，是限制信号传输或检测的重要因素，因此本节主要讨论加性噪声。

加性噪声按来源不同，大致分为人为噪声、自然噪声和通信系统内部噪声三类，其中前两类噪声都是信道外的噪声源作用于信道上所产生的，统称为外部噪声。

(1) 人为噪声

人为噪声主要来自各种电气装置所产生的工业干扰和无线电干扰。如别的无线电发射机、电力线、电气开关、电车和电气铁道、电焊机、高频电炉等所产生的电磁干扰或电火花干扰。

(2) 自然噪声

自然噪声是指宇宙辐射噪声、天电噪声、大气噪声等自然界存在的各种电磁波源，如闪电、宇宙射线、太阳黑子活动等。

(3) 通信系统内部噪声

内部噪声来源于信道内的设备和元器件，如电阻一类的各种导体中自由电子的热运动所产生的热噪声；电子管及晶体管等电子器件中的电子或载流子发射不均匀而产生的散弹效应形成的散弹噪声；电源设备滤波不良而引起的交流声等。

从研究噪声对信号传输影响的角度来看，按噪声的性质进行分类更有利。如图3-16所示，单频噪声、脉冲噪声和起伏噪声。

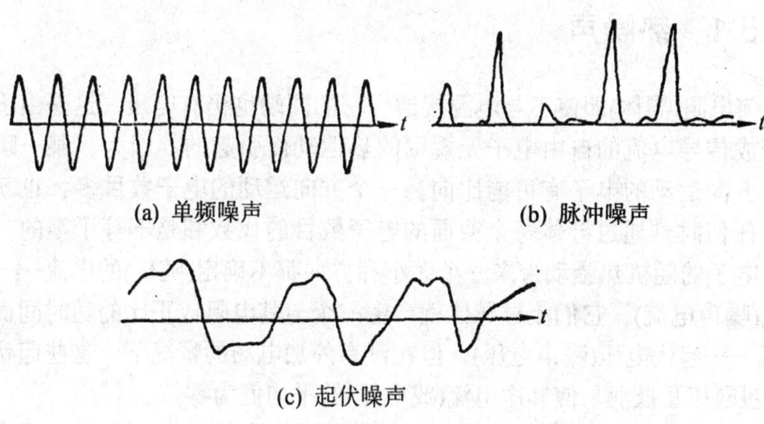

图3.16　几种噪声波形

(1) 单频噪声

单频噪声是一种连续波的干扰，其频谱集中在某个频率附近较窄的范围之内，主要是指无线电噪声，还有电源的交流声、信道内设备的自激震荡、高频电炉干扰等也在此类之列。不过干扰的频率可以通过实测来确定，因而只要采取适当的措施便可能防止或削弱其对通信的影响。

(2) 脉冲噪声

脉冲噪声的特点是突发性、持续时间短，但每个突发的脉冲幅度大，相邻突发脉冲之间有较长的平静期。如工业噪声中的电火花、电路开关噪声、天电干扰中的雷电等。

(3) 起伏噪声

起伏噪声是最基本的噪声来源，是普遍存在和不可避免的，其波形随时间作不规律的随机变化，且具有很宽的频谱，主要包括信道内元器件所产生的热噪声、散弹噪声和天电噪声中的宇宙噪声。从它的统计特性来看，可认为起伏噪声是一种高斯噪声，且在相当宽的频率范围内具有平坦的功率密度谱，可称其为白噪声，故而起伏噪声又可表述为高斯白噪声。

应当指出，在以上所列的三种加性噪声中，单频噪声不是所有的信道中都有的，且较易防止；脉冲噪声虽然对模拟通信的影响不大，但在数字通信中，一旦突发噪声脉冲，由于它的幅度大，会导致一连串误码，造成严重的危害，通常采用纠错编码技术来减轻这一危害。

起伏噪声是信道所固有的一种连续噪声，既不能避免，又始终起作用。下面将介绍几种主要的起伏噪声产生的物理原因和性质。

3.5.1 热噪声

任何电阻(导体)即使不与电源接通，它的两端也仍有电压，这是由于导体中组成传导电流的自由电子无规则的热运动而引起的。因为，某一瞬间向一个方向运动的电子有可能比向另一个方向运动的电子数目多，也就是说，在任何时刻通过导体每个截面的电子数目的代数和是不等于零的，即由自由电子的随机热骚动带来一个大小和方向都不确定(随机)的电流——起伏电流(噪声电流)，它们流过导体就产生一个与其电阻成正比的随时间而变的电压——起伏电压(噪声电压)。但在没有外加电场的情况下，这些起伏电流(或电压)相互抵消，使其净电流(或电压)的平均值为零。

1928年，贝尔实验室的J.B.Johnson首先通过实验详细研究了热噪声，而后H.Nyquist根据热力学原理在理论上进一步进行了推导，实验结果表明，电阻中热噪声电压的均方值为

$$E[V_N^2] = 4KTRB \tag{3.16}$$

式中，K为波尔兹曼常数(K=1.38×10^{-23} J/K)，T为绝对温度(K)，R为导体的电阻值(Ω)，B为信号的带宽(Hz)。

热噪声具有极宽的频谱，热噪声电压在从直流到10^{13} Hz频率的范围内具有均匀的功率谱密度。根据式(3.16)，热噪声的功率谱表示为

$$S_v(\omega) = E[V_N^2]/2B = 2KTR \tag{3.17}$$

由式(3.16)可知，一个有噪声的电阻可以用一个理想的无噪声电阻和一个噪声源来等效。如图3.17所示，用电压源或电流源等效电路来表示噪声电阻的模型。

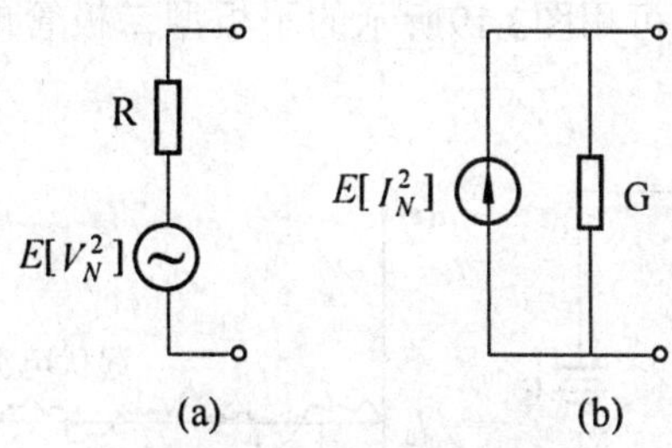

图3.17 噪声电阻的模型

例3.8 计算如图3.18(a)所示电路a, b两端的热噪声电压功率谱。

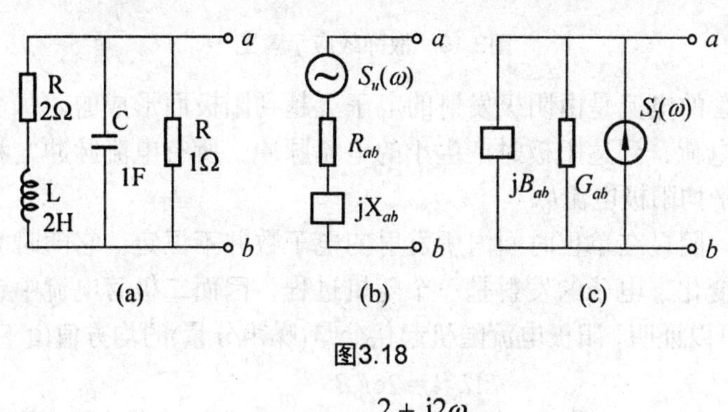

图3.18

解
$$Z_{ab}(\omega)=\frac{2+\mathrm{j}2\omega}{3-2\omega^2+\mathrm{j}4\omega}$$

$$R_{ab}(\omega)=\mathrm{Re}[Z_{ab}(\omega)]=\frac{4\omega^2+6}{4\omega^4+4\omega^2+9}$$

根据式(3.17)，噪声电压功率谱为

$$S_v(\omega)=2KTR_{ab}(\omega)=2\mathrm{kT}\frac{4\omega^2+6}{4\omega^4+4\omega^2+9}\quad \text{(等效电路如图3.17(b)所示)}$$

3.5.2 散弹噪声

散弹噪声又称散粒噪声或颗粒噪声，是1918年肖特基(Schottky)研究此类噪声时，根据打在靶子上的子弹的噪声而命名的。

散弹噪声出现在电子管和半导体器件中。电子管中的散弹噪声是由阴极表面发射电子的不均匀性引起的。在半导体二极管和三极管中的散弹噪声则是由载流子扩散的不均匀性与电子空穴对产生和复合的随机性引起的。

散弹噪声的性质可用图3.19所示的平板型二极管的热阴极电子发射来说明。

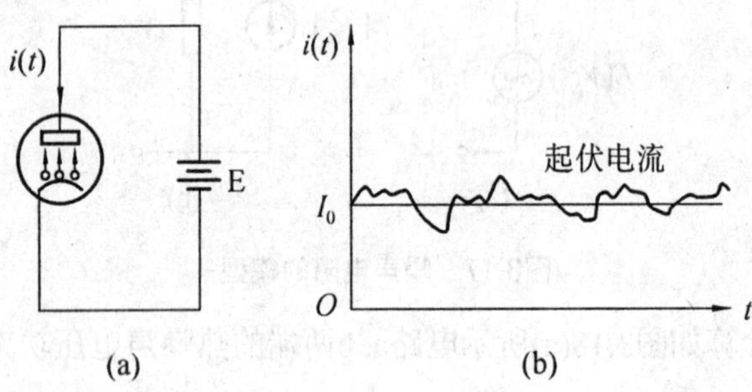

图3.19　散弹效应示意图

二极管的电流是由阴极发射的电子飞越到阳极而形成的。每个电子带有一个负电荷，到达阳极时产生小的电流脉冲，所有电流脉冲之和产生了二极管的平均阳极电流I_0。

然而，阴极在单位时间内所发射的电子数并不恒定，它随时间作不规则的随机变化。电子的发射是一个随机过程，因而二极管电流中包含着时变分量。可以证明，阳极电流随机起伏分量(噪声分量)的均方值由下式确定：

$$E[I_N^2] = 2\mathrm{e}I_0B \tag{3.18}$$

此式叫做肖特基公式。式中，e为电子电荷(为1.59×10^{-19} Q)，I_0代表电流平均值，B表示信号系统带宽。

如图3.19(b)所示，二极管电流被分解为由直流成分I_0和叠加在它之上起伏的噪声分量$i_N(t)$，噪声分量是由阴极发射电子的不均匀性所引起的。

散弹噪声的功率谱$S_I(\omega)$如图3.20所示。其中，τ_a为电子由阴极到阳极的渡越时间。可以看出，功率谱在$\omega\tau_a$<0.5范围内基本上是平坦的。

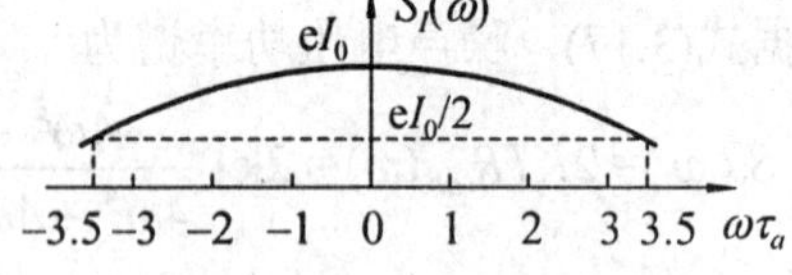

图3.20　散弹噪声的功率谱

τ_a的量级约为10^{-9} s。因此，大约在100MHz频率范围内功率谱可以被认为是恒定值，即

$$S_I(\omega) = \frac{E[I_N^2]}{2B} = \mathrm{e}I_0 \tag{3.19}$$

3.5.3 宇宙噪声

宇宙噪声是指天体辐射波对接收机形成的噪声，它在整个空间的分布是不均匀的，最强的来自银河系的中部，其强度与季节、频率等因素有关。实测表明，在20~300MHz的频率范围内，它的强度与频率的三次方成反比。因而，当工作频率低于300MHz时就要考虑到它的影响。

实践证明，宇宙噪声也是服从高斯分布的。在一般的工作频率范围内，它也具有平坦的功率谱密度。

有必要指出，无论是散弹噪声、热噪声，还是宇宙噪声，其噪声电压(电流)均符合中心极限定理条件，可以断定其瞬时值的分布服从高斯分布。因此，称起伏噪声是高斯噪声。同时，在一般的工作频率范围内，它具有平坦的功率谱密度。均匀分布的噪声可以认为是恒定值，又称为白噪声。信道模型中的噪声源n(t)是分散在通信系统各处的噪声的集中表示，在今后的讨论中，将不再详细区分是散弹噪声、热噪声还是宇宙噪声，而集中把它们表示为起伏噪声，并一律把起伏噪声定义为高斯白噪声。

从调制信道的角度来看，到达或集中于解调器输入端的噪声并不是上述起伏噪声本身。它们在到达解调器之前，被接收转换器滤波成为一种带通噪声。当研究调制与解调的问题时，调制信道的加性噪声可直接表述为窄带高斯噪声。

3.6 信道容量

信道传输信息的能力有多大？关于这一点，信息论中的基本定理——香农定理给出了解答：对于任何一个信道，都有一个信道容量C，如果信源的速率R小于或等于信道容量C，那么在理论上存在一种方法，使信源的输出能以任意小的错误概率通过信道传输；如果$R>C$，则没有任何办法能实现这一点。

显然，所谓信道容量C，就是信道的极限传输能力，即信道能够传送信息的最大传输速率。其数学表达式为：

$$C=\max_{\{P(x)\}} R \tag{3.20}$$

式中，max表示对所有可能的输入概率分布的最大值。

如何计算信道容量，是本节将要讨论的内容。

3.6.1　有扰离散信道的信道容量

当信道输入和输出的都是离散符号时，该信道称为离散信道。在有扰情况下，离散信道的输入符号集$X = \{x_1, x_2, \ldots, x_L\}$与输出符号集$Y = \{y_1, y_2, \ldots, y_M\}$之间存在着某种随机性，它们已不存在完全一一对应的确定关系，而具有一定的统计相关性。互信息量反映了两个随机事件x_i与y_j之间的统计关联程度，互信息量定义为

$$I(x_i, y_j) = \log\frac{P(x_i / y_j)}{P(x_i)} \tag{3.21}$$

式中，$P(x_i / y_j)$是信道的转移概率，即收到y_j而发送为x_i的条件概率。

互信息量的物理意义就是信道输出端所能获取的关于输入X的信息。互信息量的统计平均值称为平均互信息量，定义为

$$I(x, y) = \sum_i \sum_j P(x_i y_j) I(x_i, y_j) \tag{3.22}$$

且有公式

$$I(x, y) = H(x) - H(x/y) = H(y) - H(y/x) \tag{3.23}$$

式中，$H(x)$表示发送的每个符号的平均信息量，又称信源的熵。$H(x/y)$为在已知Y中出现y_i的条件下，在X中出现x_i的条件平均信息量，又称条件熵；$H(y/x)$为在已知X中出现x_i的条件下在Y中出现y_j的条件熵，定义为

$$H(x / y) = -\sum_i \sum_j P(x_i y_j) \log P(x_i / y_j) \tag{3.24}$$

或
$$H(y/x) = -\sum_i \sum_j P(x_i y_j) \log P(y_j / x_i)$$

式(3.22)中，$I(x, y)$表示从Y中获取的关于X的信息，也就是有扰离散信道上所传输的信息量。由式(3.23)可知，有扰离散信道上所传输的信息量不但与条件熵有关，而且与熵$H(x)$或$H(y)$有关。

假设通信系统发送端每秒钟发出r个符号，则有扰信道的信息传输速率为

$$R = I(x, y)\, r = [\, H(x) - H(x/y)\,]\, r = [\, H(y) - H(y/x)\,]\, r \tag{3.25}$$

将式(3.25)代入(式3.20)，得到有扰离散信道的信道容量为

$$C = \max\, [\, H(x) - H(x/y)\,]\, r \tag{3.26}$$

当信道无噪声时，很显然 $C = \max\, H(X) r$。在符号集X中各符号统计独立，也即信道属无记忆信道。在无记忆对称信道情况中，由式(3.24)推导出

$$H(x/y) = -\sum_{i=1}^{L} P(x_i / y_j)\log P(x_i / y_j)\quad \text{(推导过程略)}$$

或

$$H(y/x) = -\sum_{j=1}^{M} P(y_j / x_i)\log P(y_j / x_i) \tag{3.27}$$

式(3.27)表明，对称信道的条件熵与输入符号的概率$P(x_i)$无关，仅与信道转移概率$P(y_j/x_i)$有关。

假设对称信道输入符号的等概率分布和输出符号的等概率分布是同时存在的，可以证明，当离散信源中每个符号均为等概率出现，且各符号的出现为统计独立时，该信源的平均信息量最大，此时最大熵为：

$$H_{\max}(x) = -\sum_{i=1}^{L}\frac{1}{L}\log\frac{1}{L} = \log L$$

此时，$P(x_i)$=1/L，$P(y_j)$=1/M；信息量$H(y)$达到最大值：

$$H_{\max}(y) = \log M \tag{3.28}$$

将式(3.27)、(3.28)带入式(3.26)，得到有扰离散对称信道的信道容量的计算公式为

$$C = [\log M + \sum_{j=1}^{M} P(y_j / x_i)\log P(y_j / x_i)]\, r \tag{3.29}$$

或

$$C = [\log L + \sum_{i=1}^{L} P(x_i / y_j)\log P(x_i / y_j)]\, r$$

例3.9　求图3.4所示二进制对称信道的信道容量

解　在二进制对称信道中，发送符号集和接收符号集都只有两个元素，即$M = L = 2$。

求信源的熵：$P(1) = P(0) = 1/2$；$H(x) = -(1/2\log_2 1/2 + 1/2\log_2 1/2)$=1bit/符号

求转移概率：$P(1/0) = P(0/1) = P$；$P(1/1) = P(0/0) = 1-P$

将以上值代入式(3.29)，求得信道容量为

$$C = [\log_2 2 + P\log_2 P + (1-P)\log_2 (1-P)]r$$

若信源每秒发送1000个符号，传输中干扰引起的差错是平均100个符号中有一个符号不正确，此时，

$H(x)$ = 1 bit/符号，

信源发送速率 $r=1000$ bit/s，

$$P=0.01,$$

$H(x/y)=0.081$ bit/符号即因传输不可靠在单位时间内丢失的信息量为81 bit/s

$$C=919 \text{ bit/s}$$

例3.10　求图3.21所示信道的信道容量。

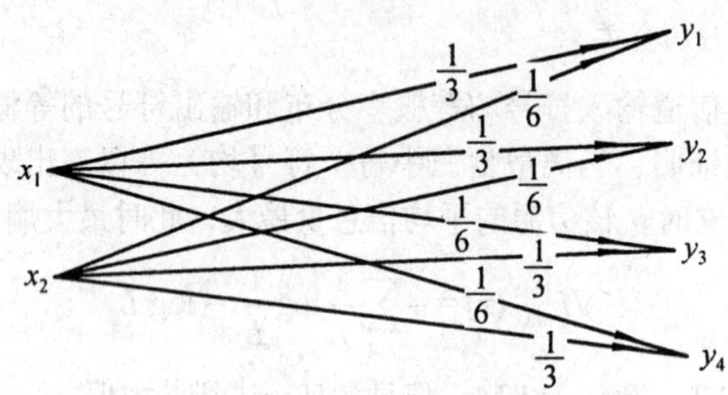

图3.21　有扰对称信道

解　符号集：$L=2$；$M=4$；

信源：$P(1)=P(0)=1/2$；$H(x)=1$ bit/符号；

转移概率矩阵：$P(y_j/x_i)=\begin{bmatrix}1/3 & 1/3 & 1/6 & 1/6\\ 1/6 & 1/6 & 1/3 & 1/3\end{bmatrix}$

条件熵：

$$H(Y/X)=-\sum_{j=1}^{M}P(y_j/x_i)\log P(y_j/x_i)=-2\left(\frac{1}{3}\log\frac{1}{3}+\frac{1}{6}\log\frac{1}{6}\right)$$

$$=\frac{2}{3}\log 3+\frac{1}{3}\log 6$$

信道容量：

$$C=\left[\log M+\sum_{j=1}^{M}P(y_j/x_i)\log P(y_j/x_i)\cdot r\right]$$

$$=2\left[\log^2+\frac{1}{3}\log\frac{1}{3}+\frac{1}{6}\log\frac{1}{6}\right]\cdot r$$

3.6.2　有扰连续信道的信道容量

对于频带限于B的连续信号，可以用抽样定理将其变换为离散信号，借助离散信道的信道容量分析方法来完成公式的推导。理想情况下最低抽样频率为$2B$，所得的$2B$个样点相互独立，由式(3.25)得出有扰连续信道的信道容量为

$$C = \max [H(x) - H(x/y)] 2B = \max [H(y) - H(y/x)] 2B \tag{3.30}$$

假设干扰信号为加性白色高斯噪声，信号功率为S，噪声功率为N。在这种平均功率受限的条件下，可得有扰连续信道的信道容量为

$$C = B\log_2 (1+S/N) \tag{3.31}$$

上式为信道容量的理论公式——著名的香农公式。由此公式可推出如下结论：

① 提高信噪比S/N能增加信道容量。在极限情况下，当S/N趋于∞时，C趋于∞。这意味着增大信号平均功率S和减小噪声功率N是提高信道容量的有效手段。

② 增加信道带宽(也即信号带宽)B能增加信道容量，但并不能无限制地使信道容量增大，C和B之间并不是简单的正比关系。当噪声为白色高斯噪声时，噪声功率$N = Bn_o$(n_o为噪声的单边功率谱密度)也增大，带入式(3.31) 求取B趋于∞时的极限：

$$\begin{aligned}\lim_{B\to\infty} C &= B\log_2(1+S/Bn_o)\\ &= S/n_o \lim_{B\to\infty} Bn_o/S\log_2(1+S/Bn_o)\\ &= S/n_o \log_2 e\\ &\approx 1.44S/n_o\end{aligned}$$

③ 信噪比再小，即使$S/N<1$，信道容量也不会为0。这意味着在弱信号强噪声下，也存在通信能力，只不过允许传输的信息率小就是了。

④ 当信道容量一定时，带宽B与信噪比S/N之间可以彼此互换。因此，当信噪比太小，不能保证通信质量时，常采用宽带系统，从而具有较好的抗干扰性。这就是所谓用带宽换功率的措施。

例3.11 已知彩色电视图像由5×10^5个像素组成，设每个像素有64种色彩，每种色彩有16个亮度等级。试计算：

(1) 每秒传送100个画面所需的信道容量；

(2) 如果接收机信噪比为30dB，那么传送彩色图像所需的信道带宽为多少？

解 (1) 每像素信息量 $I = \log_2(64\times16) = 10$ bit

每幅图信息量 $I = 10\times5\times10^5$ bit $= 5\times10^6$ bit

信源信息速率 $r = 100\times5\times10^6$ bit $= 5\times10^8$ bit/s

由C的定义可知，r必须小于或等于C，所以 $C \geqslant r = 5\times 10^8$ bit/s。

(2) 已知C，S/N，求B。可由式(3.31)推出

$$B_{\min} = \frac{C}{\log_2(1+s/n)} \approx 50\text{ MHz} \qquad (\text{令}S/N=1000)$$

例3.12　已知传真图像有2.25×10^6个像素，每个像素有12个亮度级，在电话线路上传输一张传真图片需要多少时间？(电话线路带宽3kHz，30dB信噪比)

解　每像素信息量 $I=\log_2 12 = 3.58$ bit

每幅图信息量 $I = 3.58\times 2.25\times 10^6\text{ bit} = 8.06\times 10^6\text{ bit}$

信道容量 $C = B\log_2(1+S/N) \approx 29.9\times 10^3$ bit/s

由信道容量定义知，最大信息速率 $r_{\max} = C$

$\because$　　$r = I/T$

$\therefore$　　$T_{\min} = I/r_{\max} = I/C = 8.06\times 10^6 / 29.9\times 10^3\text{ s} = 0.269\times 10^3\text{ s}$

习　题

3.1　什么是调制信道？什么是编码信道？

3.2　什么是恒参信道？什么是随参信道?目前常见的信道中，哪些属于恒参信道?哪些属于随参信道?

3.3　信号在恒参信道中传输时主要有哪些失真?如何才能减小这些失真?

3.4　什么是群迟延-频率特性？它与相位-频率特性有何关系？

3.5　随参信道的特点如何?为什么信号在随参信道中传输时会发生衰落现象?

3.6　信道中常见的起伏噪声有哪些?它们的主要特点是什么?

3.7　信道容量是如何定义的?连续信道容量和离散信道容量的定义有何区别?

3.8　香农公式有何意义?信道容量与“三要素”的关系如何?

3.9　设一恒参信道的幅频特性和相频特性分别为

$$|H(\omega)| = K_0$$

$$\varphi(\omega) = -\omega t_d$$

其中，K_0和t_d都是常数。试确定信号$s(t)$通过该信道后的输出信号的时

域表示式，并讨论之。

3.10　设某恒参信道的幅频特性为

$$H(\omega)=K_0(1+a\cos\omega T_0)\mathrm{e}^{-\mathrm{j}\omega t_\mathrm{d}}$$

其中，K_0，a，T_0，t_d都是常数，试求信号$s(t)$通过该信道后的输出信号表示式$s_0(t)$。

3.11　设某恒参信道可用题图3.1所示的线性二端对网络来等效。试求它的传输函数$H(\omega)$，并说明信号通过该信道时会产生哪些失真?

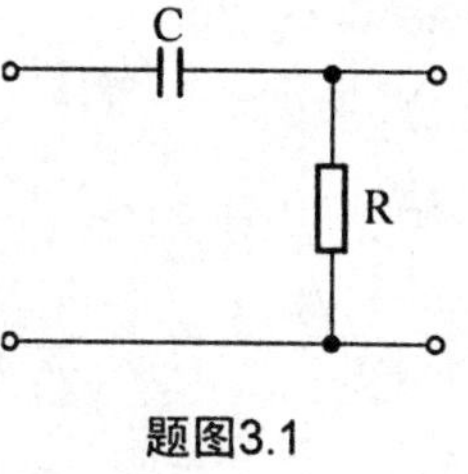

题图3.1

3.12　今有两个恒参信道，其等效模型分别如题图3.2(a)、(b)所示。试求这两个信道的群迟延特性并画出它们的群迟延曲线，同时说明信号通过它们时有无群迟延失真?

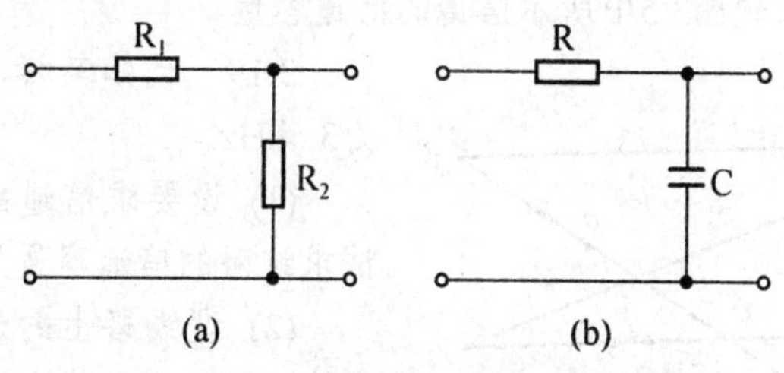

题图3.2

3.13　假设某随参信道的两径时延差τ为1ms，试求该信道在哪些频率上传输衰耗最大?所传输的信号选用哪些频率传输最有利?

3.14　题图3.3所示的传号和空号相间的数字信号通过某随参信道。已知接收信号是通过该信道两条路径的信号之和。设两径的传输衰减相等(均为d)，且时延差$\tau=T/4$。试画出接收信号的波形示意图。

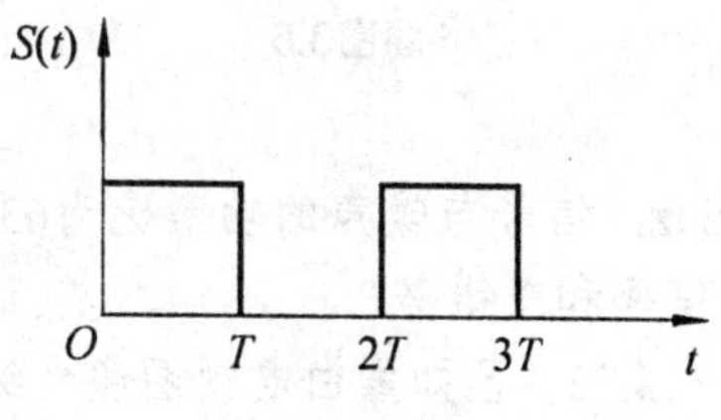

题图3.3

3.15　设某随参信道的最大多径时延差等于3ms。为了避免发生选择性衰落，试估算在此信道上传输的数字信号的码元脉冲宽度。

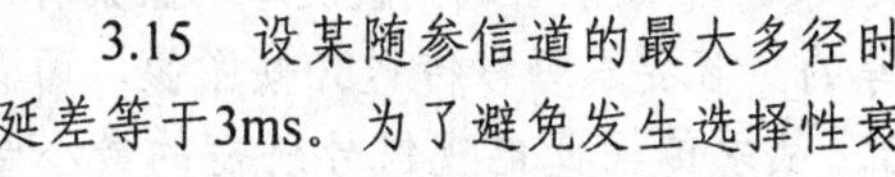

3.16　若两个电阻的阻值都为1000Ω，它们的温度分别为300K和400K，试求这两个电阻串联后两端的噪声功率谱密度。

3.17　考虑题图3.4中所示的二进制输入、四进制输出离散无记忆信道，

(1) 试求信道容量。

(2) 证明该信道与一个二进制对称信道相等效。

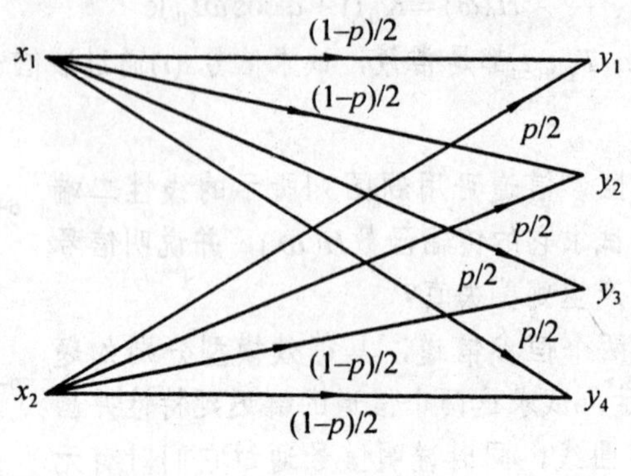

题图3.4

3.18 试求题图3.5中所示信道的信道容量。

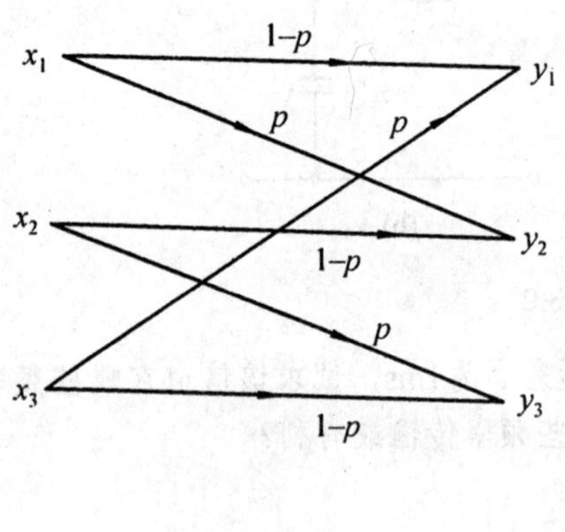

题图3.5

3.19 已知某标准音频线路带宽为3.4kHz。

(1) 设要求信道的S/N = 30dB，试求这时的信道容量是多少？

(2) 设线路上的最大信息传输速率为4800bit/s，试求所需最小信噪比为多少？

3.20 具有6.5MHz带宽的某高斯信道，若信道中信号功率与噪声功率谱密度之比为45.5MHz，试求其信道容量。

3.21 设高斯信道的带宽为4kHz，信号与噪声的功率比为63，试确定利用这种信道的理想通信系统之传信率和差错率。

3.22 已知黑白电视图像大约由3×10^5个像素组成，假设每个像素有10个亮度等级，它们出现的概率是相等的。若要求每秒传送30帧图像，而满意地再现图像所需的信噪比为30dB。试求传输此电视信号所需的最小带宽。

通信中的调制技术

在通信系统中，由消息变换产生的基带信号通常具有低通型频谱，它们大多适宜于直接在通信系统中传输。为了使信道能对基带信号多路复用以改善通信系统的性能，在其发送端需要进行调制，在其接收端需要解调。调制和解调是现代通信系统中普遍使用的技术。

若传输的信号是数字信号，则对应的调制为数字调制，以实现数字信号的模拟传输；若传输信号是模拟信号，则对应的调制为模拟调制，以实现模拟信号的模拟传输。

本章讨论模拟调制技术和数字调制技术，二者都属于模拟传输技术内容。其中模拟调制分为线性调制(幅度调制)和非线性调制(角度调制)，数字调制则分为二进制和多进制数字调制。

4.1　模拟信号线性调制技术

4.1.1　幅度调制[1][6]

幅度调制(Amplitude Modulation)是用模拟基带信号去控制正弦波的幅度作连续变化。幅度调制一般采用双边带(Double-side band，DSB)调幅、单边带调幅(Single-side band，SSB)和残留边带(Vestigial-side band，VSB)调幅三种常用的调制方式。它主要用于广播、载波通信、无线电台、数传、传真等。

1. 双边带调幅信号的调制

双边带调幅分为常规双边带调幅(AM)和抑制载波双边带调幅(DSB–SC)。

(1) AM

在AM中，输出已调信号同输入调制信号的时域表达式为

$$s_{AM}(t)=[A_0+f(t)]\cos(\omega_c t+\theta_c) \tag{4.1}$$

式中，A_0为外加的直流分量，$f(t)$为调制信号，可以是确知信号，也可以是随机信号。ω_c为载波信号的角频率，θ_c为载波信号的初始相位。

有了信号的时域表达式，自然就有了产生信号的办法。由式(4.1)可得到产生$s_{AM}(t)$的方案，如图4.1所示。它由载波振荡器、放大器、平衡调制器和加法器组成。载波信号加在增益为$G=A_0$放大器的输入端和平衡调制器输入端，平衡调制器具有相乘的功能，也叫模拟乘法器，它的另一个输入端加入调制信号$f(t)$，由图可知，对放大器和乘法器的输出信号进行加法运算可获得标准调幅信号。

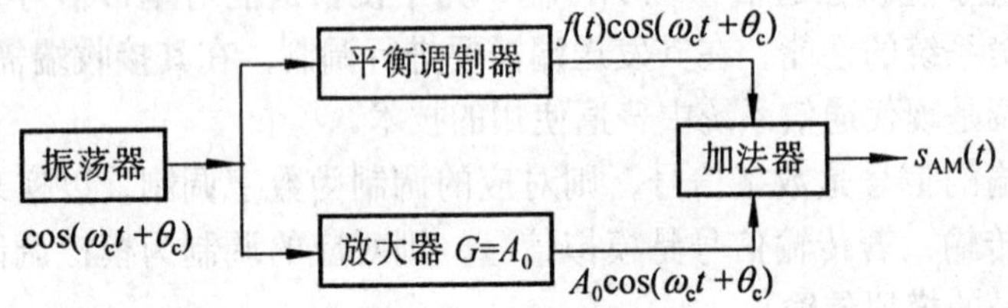

图4.1　AM调制器

有时为了说明信号的特性，往往需要找出信号的频谱，即对信号进行频域分析。时域表示和频域表示是表征同一事物的两个方面。有了频域表示就可方便地确定传输信道的带宽。

假设调制信号$f(t)$为确知信号，存在傅氏变换，且$f(t)\leftrightarrow F(\omega)$。根据尤拉公式将式(4.1)展开成指数形式：

$$s_{AM}(t)=\left[A_0+f(t)\right]\mathrm{e}^{\mathrm{j}(\omega_c t+\theta_c)}+\mathrm{e}^{-\mathrm{j}(\omega_c t+\theta_c)}/2 \tag{4.2}$$

再利用如下傅氏变换式，即

$$A_0\mathrm{e}^{\mathrm{j}\omega_c t}\longleftrightarrow 2\pi A_0\delta(\omega-\omega_c)$$

$$f(t)\mathrm{e}^{\mathrm{j}\omega_c t}\longleftrightarrow F(\omega-\omega_c)$$

就可以求得$s_{AM}(t)$的频谱表达式

$$s_{AM}(\omega)=\frac{1}{2}\left[2\pi A_0\delta(\omega-\omega_c)+F(\omega-\omega_c)\right]\mathrm{e}^{\mathrm{j}\theta_c}$$

$$+\frac{1}{2}\left[2\pi A_0\delta(\omega+\omega_c)+F(\omega+\omega_c)\right]\mathrm{e}^{-\mathrm{j}\theta_c} \tag{4.3}$$

其中，$F(\omega)$为$f(t)$的频谱。

常规双边带调幅(AM)过程的波形及其相应的频谱如图4.2所示(令$\theta_c = 0$)。

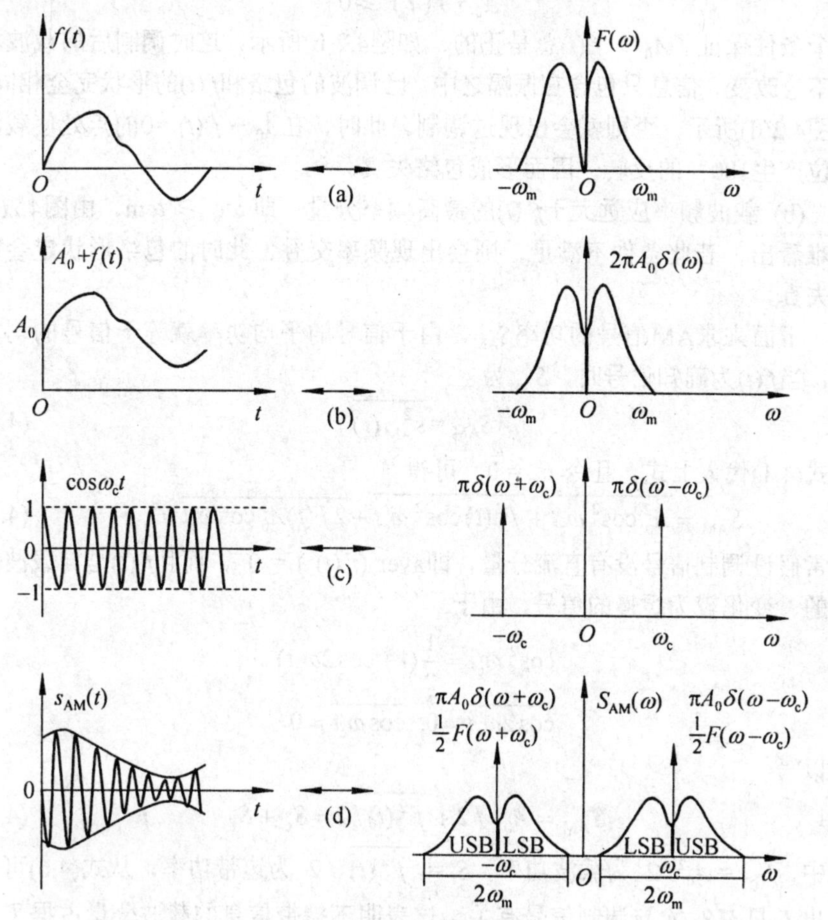

图4.2　AM过程的波形及其相应的频谱

从上图可以看出如下几点：

① 调幅过程使原始频谱$F(\omega)$搬移了$\pm\omega_c$，且频谱中包含载频分量$\pi A_0\left[\delta(\omega-\omega_c)+\delta(\omega+\omega_c)\right]$和边带分量$\frac{1}{2}\left[F(\omega-\omega_c)+F(\omega+\omega_c)\right]$两部分。

② 标准调幅信号的频谱包含两个频带且$|s_{AM}(\omega)|$对于$\pm\omega_c$是对称的。通常把大于ω_c或小于$-\omega_c$的频带叫做上边带(Upper-side band，USB)，把大于$-\omega_c$或小于ω_c的频带叫做下边带(Lower-side band，LSB)。

③ AM波占用的带宽是消息带宽的2倍，即$2\omega_c$。

④ 为了实现不失真的调幅，必须满足下列两个条件：

(a) 对于所有 t，必须满足

$$A_0+f(t) \geqslant 0$$

这个条件保证了$A_0+f(t)$总是正的，如图4.2(b)所示。这时调制后的载波相位不会改变，信息只包含在振幅之中。已调波的包络和$f(t)$的形状完全相同，如图4.2(d)所示，否则就会出现过调制。此时，在$A_0+f(t)=0$的点处使载波相位产生180° 的反转，因而形成包络失真。

(b) 载波频率应远大于$f(t)$的最高频率分量，即 $\omega c \geqslant \omega m$。由图4.2(d)不难看出，若此条件不满足，则会出现频率交叠，此时的包络形状定会产生失真。

下面来求AM信号的功率S_{AM}。由于信号的平均功率就等于信号的均方值，当$f(t)$为确知信号时，S_{AM}为

$$S_{AM}=\overline{s_{AM}^2(t)} \tag{4.4}$$

将式(4.1)代入上式，且令 $\theta_c=0$，可得

$$S_{AM}=\overline{A_0^2\cos^2\omega_c t}+\overline{f^2(t)\cos^2\omega_c t}+\overline{2f(t)A_0\cos\omega_c t} \tag{4.5}$$

通常假设调制信号没有直流分量，即aver $(f(t))=0$ ，而且$f(t)$是与载波无关的、变化较为缓慢的信号。由于

$$\cos^2\omega_c t=\frac{1}{2}(1+\cos 2\omega_c t)$$

$$\overline{\cos 2\omega_c t}=0,\ \overline{\cos\omega_c t}=0$$

所以

$$S_{AM}=A_0{}^2/2+\overline{f^2(t)}/2=S_c+S_f \tag{4.6}$$

其中，$S_c=A_0{}^2/2$ 为载波功率，$S_f=\overline{f^2(t)}/2$ 为边带功率。从式(4.6)可以看出，只有S_f 才与调制信号有关，这表明不携带信息的载波分量占据了大部分的功率。为了抑制载波分量的传送，一种叫做抑制载波双边带调幅(DSB-SC)的调制方式被提出。

(2) 双边带调幅信号的调制(DSB-SC)

在AM中不附加直流分量A_0就可得到抑制载波的双边带调幅。DSB-SC的时域表达式为

$$s_{DSB}(t)=f(t)\cos(\omega_c t+\theta_c) \tag{4.7}$$

当$f(t)$为确知信号时，已调信号的频谱(令$\theta_c=0$)为

$$S_{DSB}(\omega)=\frac{1}{2}F(\omega-\omega_c)+\frac{1}{2}F(\omega+\omega_c) \tag{4.8}$$

其中，$F(\omega)$为$f(t)$的频谱。由于$A_0=0$，故$S_{DSB}=S_f$。这就达到了节省载波功率的目的。

(3) AM 和DSB–SC的调制信号的形成

由AM 的时域表达式式(4.1)和DSB–SC的时域表达式式(4.7)可得到它们的调制模型，分别如图4.3(a)和图4.3(b)所示。

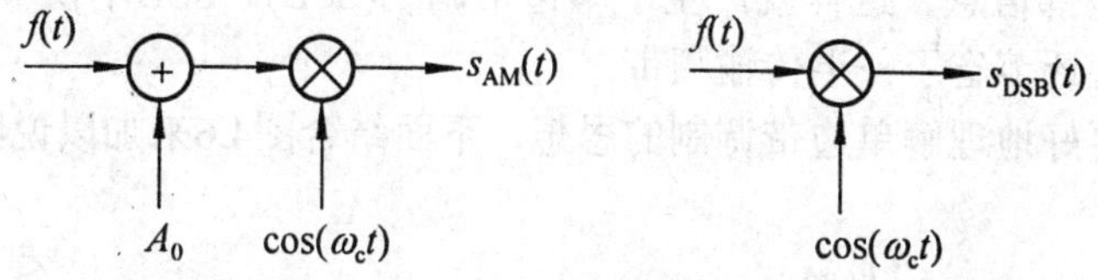

(a) AM 的调制模型　　(b) DSB-SC 的调制模型

图4.3　AM和DSB-SC调制模型

从图4.3中可以看出：AM的实质就是调制信号叠加直流分量后与载波信号相乘，而DSB则是调制信号与载波信号直接相乘。

抑制载波双边带调制最常用的调制电路为平衡调制器，其原理如图4.4所示，其中的一对非线性器件要求性能完全对称。

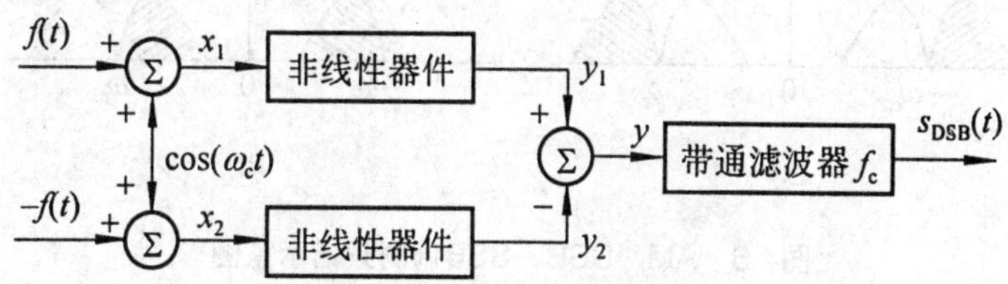

图4.4　平衡调制器原理框图

图4.5所示的环形调制器也是一种常用的调制电路。图中的载波为方波，加在输入和输出变压器的两个中心抽头上，图中的4个二极管的开关特性若很理想，则图中的环形调制器可看做是载波与调制信号的理想相乘器。

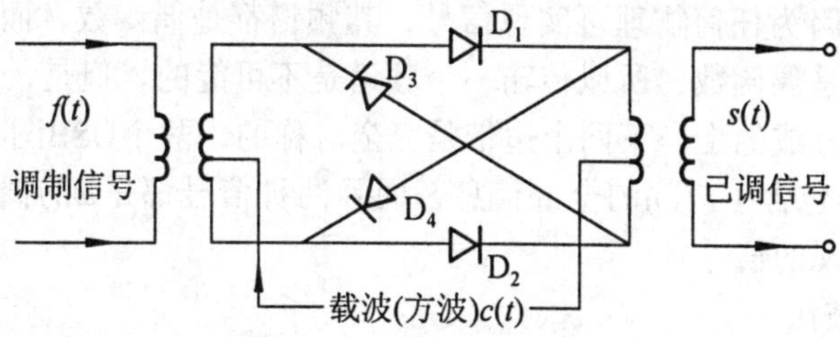

图4.5　环形调制器原理框图

实际的调制电路种类很多，上述两种仅是示例。

2. 单边带调制(SSB)

抑制载波的双边带调幅尽管节省了载波功率，但与常规双边带调幅一样，上下两个边带是完全对称的，所携带的信息完全相同，用一个边带就可以传输全部信息，这样就产生了单边带调制(SSB)。SSB不仅节省了载波功率，而且还节省了一半传输频带。

为了更好地理解单边带调制的思想，下面结合图4.6来加以说明。

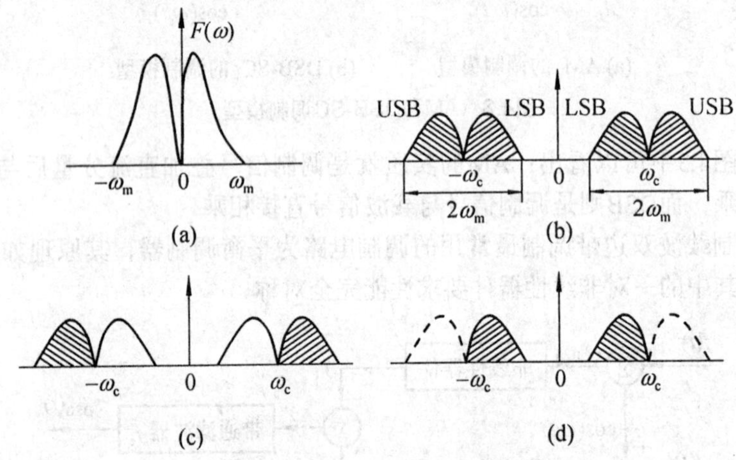

图4.6　AM、DSB、SSB调制频谱示意图

由图4.6(a)、(b)可以看出，由AM和DSB调制的结果是：

① 将原始频谱搬移了$\pm\omega_c$，同时使得已调信号的带宽为原始信号的两倍；

② 在$\pm\omega_c$处出现了两个与$F(\omega)$形状完全相同的频谱，也就是说，所携带的信息完全相同。那么是否可以传输图4.6(b)中的一个频谱就可以传输全部信息呢？因为任何物理可实现信号，其频谱都是偶函数，而图中的一个完整频谱不是偶函数，所以传输一个频谱是不可能的。但是，由以$\pm\omega_c$为中心的频谱分成的上、下两个边带是完全对称的，两个USB图4.6(c)或两个LSB图4.6(d)包含了$F(\omega)$的全部信息，而且两种信号都是ω的偶函数，都是物理上可实现的信号。

(1) 滤波法

得到单边带的一种最常用也是最简单的方法就是滤波法，滤波法的原理如图4.7所示。滤波法的实质就是让双边带信号通过一个单边带滤波器

$H_{SSB}(\omega)$，滤除其中一个边带信号，保留另一个边带信号。

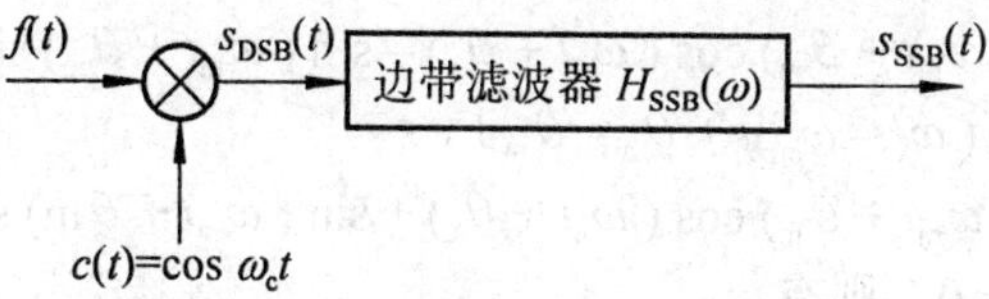

图4.7　滤波法产生单边带信号

当需要保留上边带时，

$$H_{SSB}(\omega)=\begin{cases}1, & |\omega|>\omega_c\\ 0, & |\omega|\leqslant\omega_c\end{cases} \tag{4.9}$$

当需要保留下边带时，

$$H_{SSB}(\omega)=\begin{cases}1, & |\omega|<\omega_c\\ 0, & |\omega|\geqslant\omega_c\end{cases} \tag{4.10}$$

根据正负符号函数的特性，传递函数$H_{SSB}(\omega)$可以写成

$$H_{SSB}(\omega)=〔\mathrm{sgn}(\omega+\omega_c)-\mathrm{sgn}(\omega-\omega_c)〕/2$$

式中sgn(·)为正负符号函数。这样，单边带信号的频谱表达式就可以写成

$$S_{SSB}(\omega)=S_{DSB}(\omega)\cdot H_{SSB}(\omega)$$

也就是说，双边带信号频谱经某一边带滤波器滤波就可求得单边带信号。

要实现式(4.9)、(4.10)所表示的传递函数$H_{SSB}(\omega)$是不可能的。实际的滤波器从通带到阻带必定有一个过渡带。过渡带相对载波的归一化值越小，则获得单边带信号的滤波器就越难实现。当载波频率提高到一定的值时，需要采用多级滤波法进行调制。另外，需要指出的是，对于含有直流及低频分量的调制信号，不可能用滤波法将上、下两个边带分割开来，而必须用过渡带为0 的理想滤波器。

(2) 相移法

先以单频调制为例，引出相移法，然后给出一般情况下的单边带调制的相移法的模型。设

$$f(t)=\cos(\omega_m t+\theta_m)$$

由DSB-SC的调制模型可知

$$\begin{aligned}s_{DSB}(t)&=f(t)\cos(\omega_c t+\theta_c)\\&=\cos(\omega_m t+\theta_m)\cos(\omega_c t+\theta_c)\\&=\frac{1}{2}\{\cos〔(\omega_c+\omega_m)t+\theta_c+\theta_m〕+\cos〔(\omega_c-\omega_m)t+\theta_c-\theta_m〕\}\end{aligned}$$

若边带滤波器的增益为2，则有

$$s_{USB}(t)=\cos[(\omega_c+\omega_m)t+\theta_c+\theta_m]$$
$$=\cos(\omega_m t+\theta_m)\cos(\omega_c t+\theta_c)-\sin(\omega_m t+\theta_m)\sin(\omega_c t+\theta_c)$$
$$s_{LSB}(t)=\cos[(\omega_c-\omega_m)t+\theta_c-\theta_m]$$
$$=\cos(\omega_m t+\theta_m)\cos(\omega_c t+\theta_c)+\sin(\omega_m t+\theta m)\sin(\omega_c t+\theta_c)$$

令 $\theta_c=0$ ，$\theta_m=0$，则有

$$s_{SSB}(t)=\cos(\omega_m t)\cos(\omega_c t)\pm\sin(\omega_m t)\sin(\omega_c t)$$
$$=\cos(\omega_m t)\cos(\omega_c t)\pm\cos(\omega_m t-\pi/2)\cos(\omega_c t-\pi/2) \tag{4.11}$$

其中“－”号表示取上边带，“+”号表示取下边带，式(4.11)就是单频调制相移法的时域表达式。任意波形$f(t)$相移法的时域表达式为

$$s_{SSB}(t)=f(t)\cos(\omega_c t+\theta_c)\pm\hat{f}(t)\sin(\omega_c t+\theta_c) \tag{4.12}$$

式(4.12)中的$\hat{f}(t)$是调制信号$f(t)$的希尔伯特变换，即

$$\hat{f}(t)=\frac{1}{\pi}\int_{-\infty}^{\infty}\frac{f(\tau)}{t-\tau}\mathrm{d}\tau$$

令 $\theta_c=0$，则频域表达式为

$$S_{SSB}(\omega)=\frac{1}{2}[F(\omega+\omega_c)+F(\omega-\omega_c)]$$
$$\pm\frac{1}{2}[\hat{F}(\omega+\omega_c)+\hat{F}(\omega-\omega_c)] \tag{4.13}$$

利用相移法产生单边带信号的方法如图4.8所示。

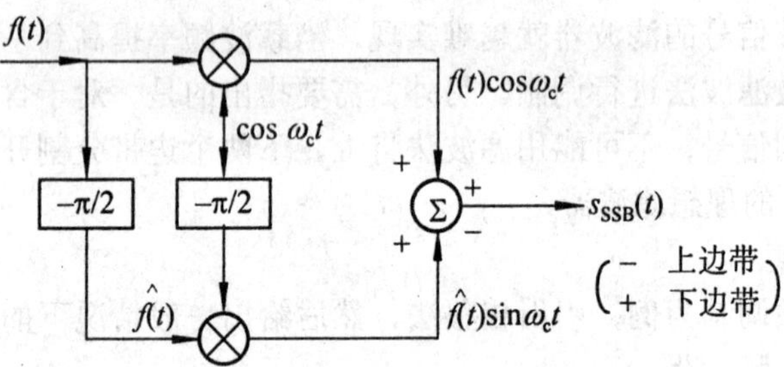

图4.8 相移法产生单边带信号

3. 残留边带调幅(VSB)

那些具有丰富的低频分量的基带信号$f(t)$不宜采用单边带调制，残留边带调幅就是为了解决这类信号的调制传输问题。VSB不是对一个边带完全滤除不要，而是使它逐渐截止，是一种界于双边带和单边带之间的“折衷”

方法。VSB综合了单边带和双边带两者的优点：在节省带宽方面几乎和SSB相同，其低频基带特性同DSB一样良好。

最常用、最简单的产生VSB信号的方法也是滤波法。用滤波法产生VSB信号的方法如图4.9所示，其原理同产生SSB信号一样。只是滤波器边带特性不同，其不同之处可以从它的频率特性曲线图4.10看出：滤波器的频率传递函数$H_{VSB}(\omega)$在载频ω_c附近范围内具有以$|H_{VSB}(\omega)|=1/2$这一点为中心呈互补对称(奇对称)的截止特性。这种互补对称截止特性使得残留的那小部分频谱正好用来补偿传送边带在ω_c附近被衰减的那部分频谱。从而使接收端在解调时能够恢复调制信号的完整频谱。而在边带范围内其他处是平坦的，在边带范围外是可选择的。残留边带滤波器实现起来比要求具有陡峭截止特性的单边带滤波器容易得多。

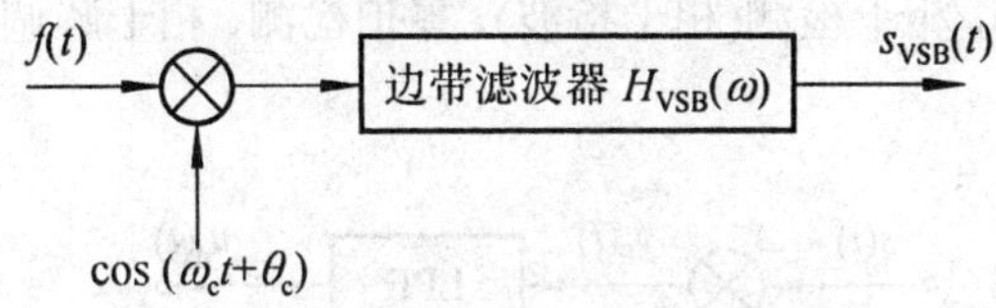

图4.9 滤波法产生VSB信号

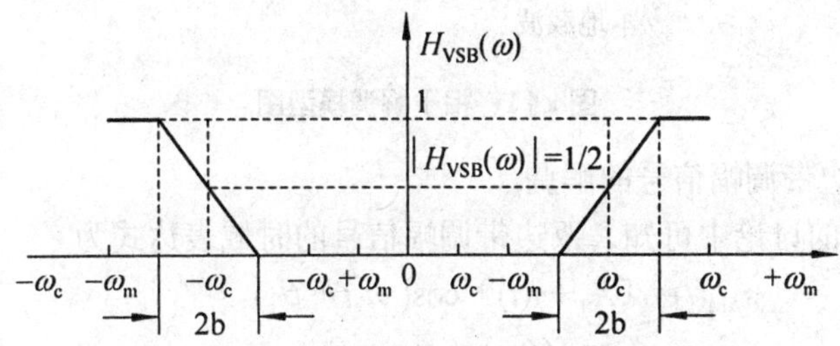

图4.10 $H_{VSB}(\omega)$的频率特性曲线图

VSB信号的时域表达式为

$$s_{VSB}(t)\approx f(t)\cos(\omega_c t+\theta_c)\pm \hat{f}(t)\sin(\omega_c t+\theta_c) \tag{4.14}$$

VSB信号的频谱表达式为

$$S_{VSB}(\omega)=\frac{1}{2}H_{VSB}(\omega)\left[e^{j\theta_c}F(\omega-\omega_c)+e^{-j\theta_c}F(\omega+\omega_c)\right]$$

4.1.2　调幅信号的解调[1] [6]

解调是调制的逆过程，在通信系统的接收端从已调信号中恢复基带信号的过程就叫解调。从频域上看，解调就是将调制时搬移到载频附近的调制信号频谱搬回到原来的基带范围内。调幅信号的解调方法分相干解调和非相干解调两大类。所谓相干解调，就是利用已调信号的相位变化来恢复调制信号，而非相干解调则是从已调信号的幅度变化中提取调制信号。

1. 相干解调

相干解调对于AM、DSB、SSB及VSB都适用，没有门限效应，但它要求本地载波和接收信号的载波必须保持同频和同相。故相干解调又叫同步检测 (同步检波)、相干检测(相干检波)、零拍检测。相干解调的原理如图4.11所示。

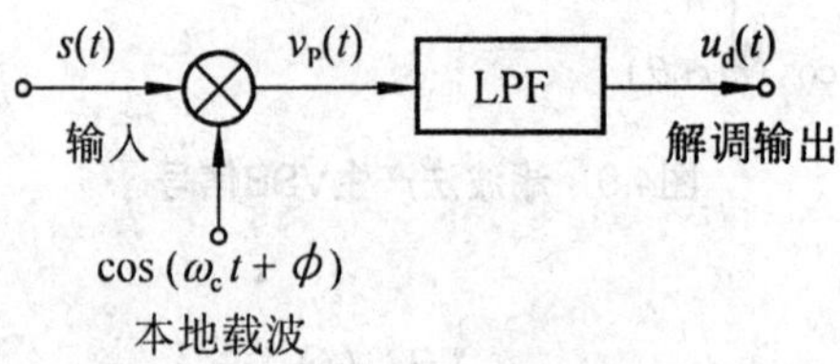

图4.11　相干解调模型图

(1) 双边带调幅信号的解调

从前面的讨论中可知，双边带调幅信号的时域表达式为

$$s_{AM}(t)=\left[A_0+f(t)\right]\cos(\omega_c t+\theta_c) \tag{4.15}$$

$$s_{DSB}(t)=f(t)\cos(\omega_c t+\theta_c) \tag{4.16}$$

不失一般性，假设图4.11中的输入信号为$s_{AM}(t)$，则$v_P(t)$为

$$\begin{aligned} v_P(t)&=\left[A_0+f(t)\right]\cos(\omega_c t+\theta_c)\cos(\omega_c t+\phi) \\ &=\frac{1}{2}\left[A_0+f(t)\right]\left[\cos(\theta_c-\phi)+\cos(2\omega_c t+\theta_c+\phi)\right] \end{aligned} \tag{4.17}$$

$v_P(t)$信号经LPF作用后，其中的$2\omega_c$频率分量被滤除，得到的输出信号为

$$u_d(t)=\frac{1}{2}\left[A_0+f(t)\right]\cos(\theta_c-\phi) \tag{4.18}$$

从式(4.18)可以看出θ_c、ϕ决定着能否从已调信号中无失真地恢复出原基带信号$f(t)$。下面分几种情况来分析。

① 若$\theta_c=\phi$=常数，则

$$u_d(t)=\frac{1}{2}\left[A_0+f(t)\right]$$

直流成分$A_0/2$可以通过隔直电路消除，因而可以无失真地恢复出原信号$f(t)$。

② 若θ_c=常数，ϕ=常数，但$\theta_c\neq\phi$且$\theta_c-\phi\neq\pi/2$，则此时也可以无失真地恢复出原信号$f(t)$，只是对幅度有所影响。

③ 若$\theta_c-\phi=\pi/2$，则此时没有输出信号。

④ 若$\theta_c-\phi=\pm\pi$，则此时输出原信号$f(t)$的反值。

⑤ 若$\theta_c-\phi=\omega_\xi t+\phi_\xi$(式中$\omega_\xi$表示频率误差，$\phi_\xi$表示固定相位误差)，则

$$u_d(t)=\frac{1}{2}\left[A_0+f(t)\right]\cos(\omega_\xi t+\phi_\xi) \tag{4.19}$$

此时，就不能无失真地恢复出原信号$f(t)$。

双边带调幅信号的相干解调的波形及其频谱，如图4.12所示。

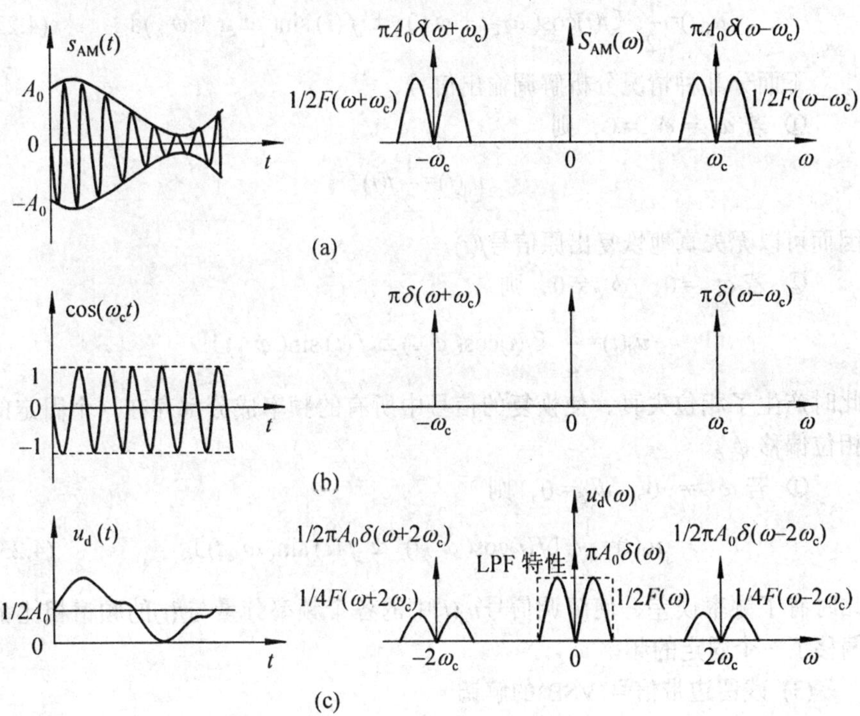

图4.12　双边带调幅信号的相干解调的波形及其频谱图

图4.12(c)频谱图中的虚线部分表示理想低通滤波器的传输特性，它的截止频率应等于或大于最高调制频率，但远小于载波ω_c。

(2) 单边带调幅信号的解调

单边带调幅(SSB)信号(式(4.12))与本地载波$\cos(\omega_c t+\phi)$相乘后得

$$v_p(t)=\frac{1}{2}\left[f(t)\cos(\theta_c-\phi)\pm\hat{f}(t)\sin(\theta_c-\phi)\right]$$

$$+\frac{1}{2}\left[f(t)\cos(2\omega_c t+\theta_c+\phi)\pm\hat{f}(t)\sin(2\omega_c t+\theta_c+\phi)\right] \tag{4.20}$$

经低通滤波器作用后，$v_p(t)$中的$2\omega_c$频率成分被滤除，这时的输出信号就成了

$$u_d(t)=\frac{1}{2}\left[f(t)\cos(\theta_c-\phi)\pm\hat{f}(t)\sin(\theta_c-\phi)\right] \tag{4.21}$$

若令

$$\theta_c-\phi=\omega_\xi t+\phi_\xi$$

则

$$u_d(t)=\frac{1}{2}\left[f(t)\cos(\omega_\xi t+\phi_\xi)\pm\hat{f}(t)\sin(\omega_\xi t+\phi_\xi)\right] \tag{4.22}$$

下面分几种情况分析解调输出信号。

① 若$\omega_\xi=\phi_\xi=0$，则

$$u_d(t)=\frac{1}{2}f(t)$$

因而可以无失真地恢复出原信号$f(t)$。

② 若$\omega_\xi=0$，$\phi_\xi\neq0$，则

$$u_d(t)=\frac{1}{2}\left[f(t)\cos(\phi_\xi)\pm\hat{f}(t)\sin(\phi_\xi)\right]$$

此时产生了相位失真，使恢复的信号中所有的频率成分都存在一个固定的相位偏移ϕ_ξ。

③ 若$\omega_\xi\neq0$，$\phi_\xi=0$，则

$$u_d(t)=\frac{1}{2}\left[f(t)\cos(\omega_\xi t)\pm\hat{f}(t)\sin(\omega_\xi t)\right] \tag{4.23}$$

此时有了频率误差，使解调信号$u_d(t)$中的各个频率分量与$f(t)$的频谱相比都偏移了一个固定的频率ω_ξ。

(3) 残留边带信号(VSB)的解调

当已调信号为VSB信号时，相干解调所得到的解调信号的频域表达式为

$$U_d(\omega)=\frac{1}{4}F(\omega)H_d(\omega)\left[H_{VSB}(\omega-\omega_c)e^{-j(\theta_c-\phi)}\right.$$

$$\left.+H_{VSB}(\omega+\omega_c)e^{j(\theta_c-\phi)}\right] \tag{4.24}$$

当 $\theta_c=\phi$ 时，则

$$U_d(\omega)=\frac{1}{4}F(\omega)H_d(\omega)\left[H_{VSB}(\omega-\omega_c)+H_{VSB}(\omega+\omega_c)\right] \tag{4.25}$$

若满足 $|\omega|<\omega_m$，则

$$H_{VSB}(\omega-\omega_c)+H_{VSB}(\omega+\omega_c)=\text{常数}$$

输出频谱就不会产生失真。上式是无失真恢复原信号 $f(t)$ 的必要条件。

2. 非相干解调

非相干解调实现起来比较简单，但它只适用于包含有载波的普通调幅信号，且存在门限效应。

(1) AM信号的解调

① 包络检波器。由于包络检波器电路简单，检波效率高，因而AM信号的解调几乎都用到了它。串联型包络检波器的电路如图4.13所示。用图4.13所示的包络检波器进行AM信号的解调，对 RC 的选取有所要求：若 RC 太大，则由于放电期间电容 C 上的电压下降太慢，跟不上已调信号包络变化的速度，使得输出信号产生失真。因此，要求 $RC\leqslant 1/\omega_m$；若 RC 太小，则由于放电时间太快，导致在载波周期电容器两端电压下降很快，使得输出信号电平降低，纹波增大。因此，要求 $RC\geqslant 1/\omega_c$。

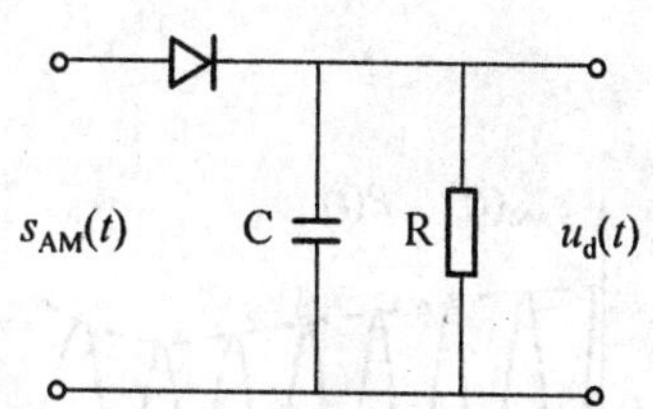

图4.13　串联型包络检波器的电路图

若满足下面两个条件

$$A_0+f(t)\geqslant 0$$

$$1/\omega_c\leqslant RC\leqslant 1/\omega_m$$

则包络检波器的输出信号与 $f(t)$ 的关系可用下式表示

$$u_d(t)\approx A_0+f(t)$$

② 整流检波器。图4.14是一种整流检波器的电路示意图。

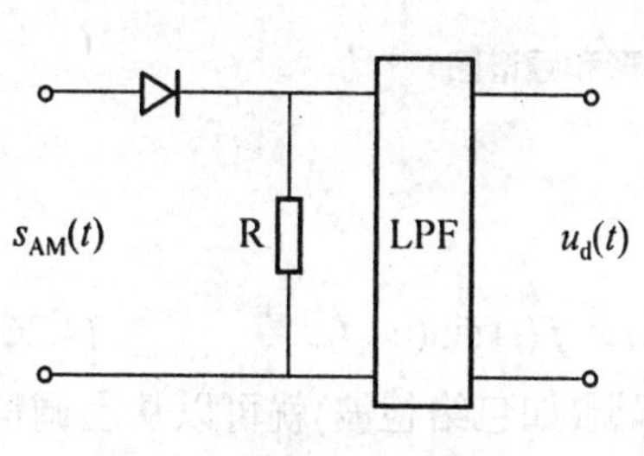

图4.14　整流检波器电路图

这种检波电路实际上相当于将已调信号在正值时乘以1，而在负值时乘以0，因此，整流相当于将已调信号和频率为 ω_c 的方波 $p(t)$ 相乘。这样，已整流信号的频谱就等于已调信号频谱和 $p(t)$ 频谱的卷积。检波过程的波形和频谱如图4.15所示。由图4.15可见，已整流信

号通过低通滤波器后就可以恢复出原信号$f(t)$，采用适当的隔直电路就可以消除其中的直流项。

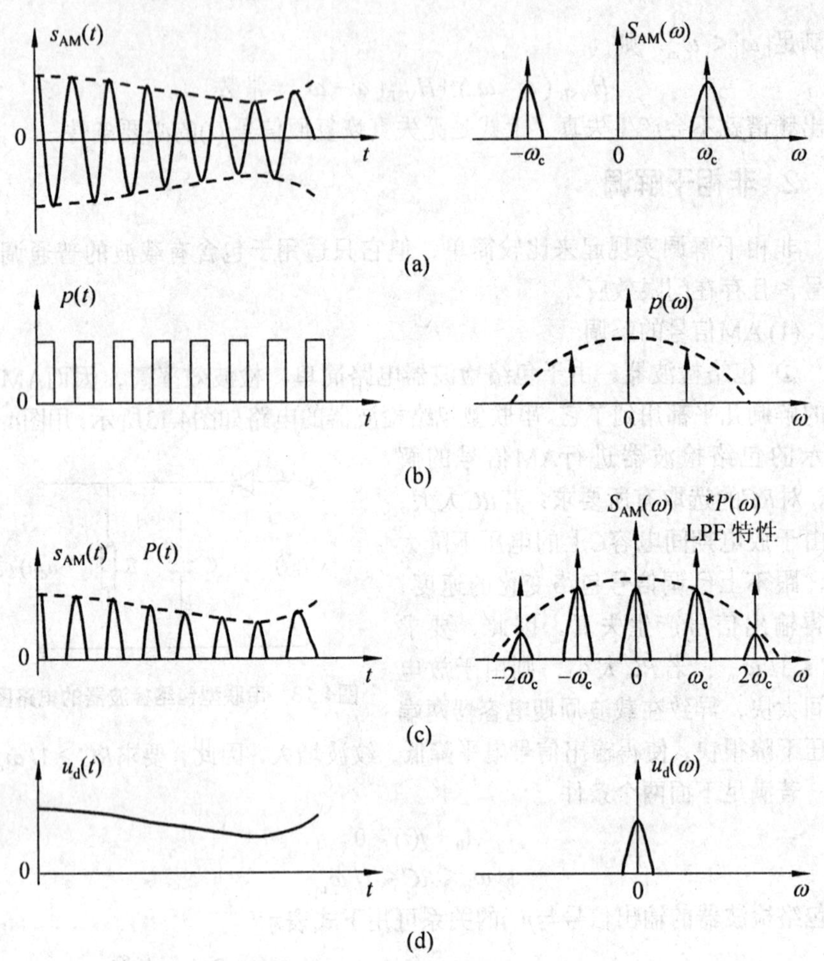

图4.15 检波过程的波形和频谱图

(2) 具有大载波单边带信号的解调

对于具有载波的单边带信号

$$s_{SSB}(t)=A_0\cos(\omega_c t)+[f(t)\cos(\omega_c t)\pm\hat{f}(t)\sin(\omega_c t)] \quad (4.26)$$

如果载波的振幅A_0足够大，则用非相干解调(如包络检波)就可以从已调信号中恢复出原信号$f(t)$。这一点可以从下面的叙述中得到证明。

证明

$$
\begin{aligned}
s_{SSB}(t) &= A_0\cos(\omega_c t)+[f(t)\cos(\omega_c t)\pm\hat{f}(t)\sin(\omega_c t)] \\
&= [A_0+f(t)]\cos(\omega_c t)\pm\hat{f}(t)\sin(\omega_c t) \\
&= A(t)\cos(\omega_c t+\phi)
\end{aligned}
\tag{4.27}
$$

其中

$$A(t)=\{[A_0+f(t)]^2+\hat{f}^2(t)\}^{1/2}$$

$$\phi=\arctan\{\pm\hat{f}(t)/[A_0+f(t)]\}$$

显然，$A(t)$是单边带信号的包络。若将$s_{SSB}(t)$加到包络检波器输入端，则输出为

$$A(t)=A_0[1+2f(t)/A_0+f^2(t)/A_0^2+\hat{f}^2(t)/A_0^2]^{1/2}$$

如果$A_0\geqslant|f(t)|$，则$A_0\geqslant|\hat{f}(t)|$，并且$f^2(t)/A_0^2$和$\hat{f}^2(t)/A_0^2$项可以忽略，于是

$$A(t)\approx A_0[1+2f(t)/A_0]^{1/2}$$

利用牛顿二项式展开，忽略高阶项，则

$$A(t)\approx A_0[1+f(t)/A_0]=A_0+f(t) \tag{4.28}$$

可见，在大载波情况下，$s_{SSB}(t)$的包络具有$f(t)$的形状，故可以用包络检波器解调出原基带信号$f(t)$。

(3) 具有大载波残留边带信号的解调

也可以用包络检波器从具有大载波的残留边带信号中解调出原信号$f(t)$来。用包络检波器解调会引入一些失真。为了减少失真，可以采用下面两种方法：一是减少调制度，即使$A_0\geqslant|f(t)|_{max}$；二是增加残留边带宽度。

3. 载波插入法解调

载波插入法，就是在接收到的DSB，SSB或VSB信号频谱内插入比较强的载波分量，然后用包络检波器解调恢复出调制信号，其解调性能与相干解调相同。

调幅抑制载波信号可以采用载波插入法进行解调，解调模型如图4.16所示。解调过程是这样的：首先将接收信号和插入本地载波信号相加，其次对相加得到的信号进行检波，最后便得到解调结果。为了避免失真，插入法载波的相位和频率必须准确地和接收信号同步。

(1) 双边带抑制载波信号

对于此类信号，根据图4.16有

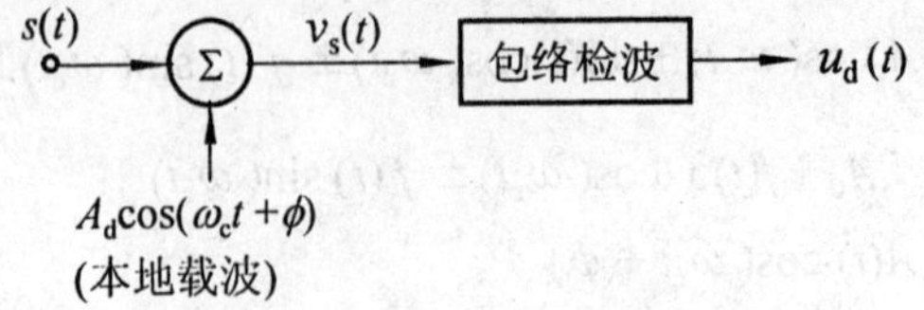

$s(t)$ → Σ → $v_s(t)$ → 包络检波 → $u_d(t)$

$A_d\cos(\omega_c t+\phi)$
(本地载波)

图4.16 载波插入法解调模型

$$v_s(t)=A_d\cos(\omega_c t+\phi)+f(t)\cos(\omega_c t+\theta_c)]$$
$$=A(t)\cos(\omega_c t+\phi) \tag{4.29}$$

其中

$$A(t)=[A_d^2+f^2(t)+2A_d f(t)\cos(\theta_c-\phi)]^{1/2}$$
$$\phi=\arctan\{[A_d\sin\phi+f(t)\sin\theta_c]/[A_d\cos\phi+f(t)\cos\theta_c]\}$$

若$A_d >> |f(t)|_{max}$，则

$$A(t)\approx A_d+f(t)\cos(\theta_c-\phi) \tag{4.30}$$

包络检波器输出近似等于$A(t)$，故

$$u_d(t)\approx A(t)\approx A_d+f(t)\cos(\theta_c-\phi) \tag{4.31}$$

将上式与式(4.18)相比较，可以看出，除了因子1/2外，两者基本相同，从相干性和稳定性来看两者相同，故在相干解调中讨论过的所有结论对于载波插入法也同样适用。

(2) 单边带信号、残留边带信号解调

对于此类信号有

$$v_s(t)=A_d\cos(\omega_c t+\phi)+f(t)\cos(\omega_c t+\theta_c)\pm\hat{f}(t)\sin(\omega_c t+\theta_c)$$
$$=A(t)\cos(\omega_c t+\phi) \tag{4.32}$$

其中

$$A(t)=[A_d^2+\hat{f}^2(t)+f^2(t)+2A_d f(t)\cos(\theta_c-\phi)$$
$$\pm 2A_d\hat{f}(t)\sin(\theta_c-\phi)]^{1/2}$$
$$\phi=\arctan\{[A_d\sin\phi+f(t)\sin\theta_c\pm\hat{f}(t)\cos\theta_c]$$
$$/[A_d\cos\phi+f(t)\cos\theta_c\pm\hat{f}(t)\sin\theta_c]\}$$

SSB信号的幅度为

$$|s_{SSB}(t)|=[f^2(t)+\hat{f}^2(t)]^{1/2}$$

若$A_d >> |s_{SSB}(t)|_{max}$，则

$$U_d(t)\approx A(t)\approx A_d+f(t)\cos(\theta_c-\phi)\pm\hat{f}(t)\sin(\theta_c-\phi) \tag{4.33}$$

除了因子1/2和直流项之外，上述结果与相干解调结果式(4.18)相同。

4.1.3　调幅系统的性能[1]

设计和评价一个通信系统的性能有两个重要指标，那就是它的有效性和可靠性。有效性考核的是系统传输信号效率的高低；可靠性考核的是系统传输信号抗干扰性的强弱。在模拟通信系统中，系统的可靠性通常用整个通信系统的输出信噪比来衡量。输出信噪比指输出信号平均功率与噪声平均功率之比值，用来表示由加性干扰产生的误差。

1. 相干解调的噪声性能

考虑到噪声影响时的相干解调器模型如图4.17所示。图中的加法器代表加性干扰的作用，同时假设本地载波与已调信号完全同步。BPF用来代替解调器前的通道，其带宽保证已调信号能够无失真地通过，同时能够将信号外的噪声滤除掉。BPF对AM和DSB来说，其带宽为$2\omega_m$，但对SSB和VSB来说，其带宽则为ω_m。在计算噪声性能之前，先对几个符号加以说明：S_i、S_o 分别表示解调器输入和输出端的有用信号的功率；N_i、N_o分别表示解调器输入和输出端的噪声功率。G表示信噪比得益，定义为输出信噪比和输入信噪比的比值，即

$$G=\frac{S_o/N_o}{S_i/N_i} \tag{4.34}$$

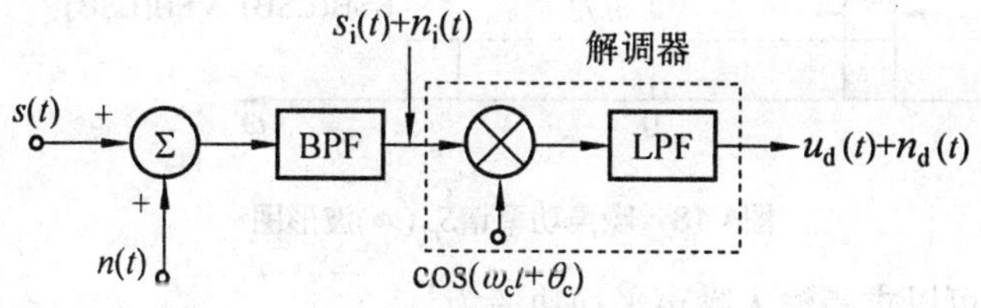

图4.17　噪声影响时的相干解调器模型

G用来考察解调器对输入信噪比影响的好坏程度。G越大，说明在一定的S_i/N_i下，解调后的输出信噪比就越大，这种解调方式就越有效。

(1) 输入信号平均功率

输入信号平均功率就等于输入信号的均方值，几类调幅信号的平均功率分别可从它们各自的时域表达式

AM：$s_{AM}(t)=[A_0+f(t)]\cos(\omega_c t+\theta_c)$

DSB：$s_{DSB}(t)=f(t)\cos(\omega_c t+\theta_c)$

SSB：$s_{SSB}(t)=f(t)\cos(\omega_c t+\theta_c)\pm\hat{f}(t)\sin(\omega_c t+\theta_c)$

VSB：$s_{VSB}(t)\approx f(t)\cos(\omega_c t+\theta_c)\pm\hat{f}(t)\sin(\omega_c t+\theta_c)$

求得，即

AM：$S_i=[A_0^2+\overline{f^2(t)}]/2$

DSB：$S_i=\overline{f^2(t)}/2$

SSB：$S_i=\overline{f^2(t)}$

VSB：$S_i=\overline{f^2(t)}$

(2) 输入噪声平均功率

假设噪声是高斯白噪声，其功率谱为$n_0/2$，则接收机输入噪声功率谱$S_{ni}(\omega)$的波形如图4.18所示。

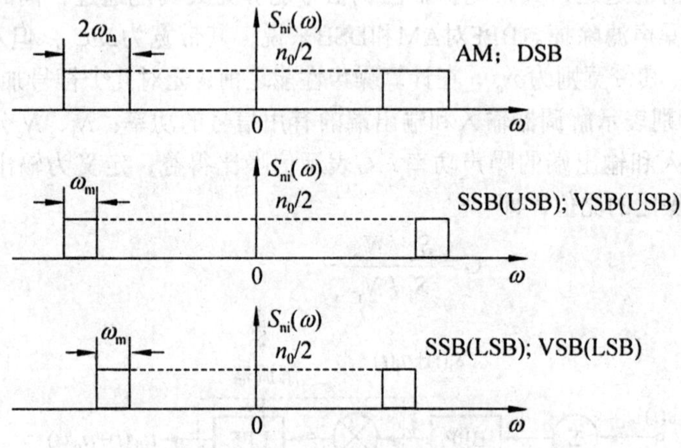

图4.18　噪声功率谱$S_{ni}(\omega)$波形图

这样就可以求得输入噪声平均功率为

AM：$N_i=(1/2\pi)\int S_{ni}(\omega)\mathrm{d}\omega=n_0\omega_m/\pi$

DSB：$N_i=n_0\omega_m/\pi$

SSB：$N_i=n_0\omega_m/2\pi$

VSB：$N_i=n_0\omega_m/2\pi$

(3) 输入信噪比

根据前述就可以得出几种调幅信号的输入信噪比如下：

AM：$S_i/N_i=\pi[A_0^2+\overline{f^2(t)}]/2n_0\omega_m$

DSB：$S_i/N_i=\pi\overline{f^2(t)}/2n_0\omega_m$

SSB：$S_i / N_i = 2\pi \overline{f^2(t)} / n_0 \omega_m$

VSB：$S_i / N_i = 2\pi \overline{f^2(t)} / n_0 \omega_m$

(4) 输出信号平均功率

在求输出信号平均功率时，假定解调是线性过程，也就是说，可以认为输出信号分量就是输入信号单独作用到解调器输入端的输出响应；输出噪声分量就是输入噪声单独作用到解调器输入端的输出响应。在调幅信号的相干解调中已经指出：各种调幅信号经过乘法器和低通滤波器后，相干解调的输出(假定直流分量已被隔除)为

$$U_i = \frac{1}{2} f(t)$$

这样，输出信号的平均功率为

$$S_o = \frac{1}{4} \overline{f^2(t)} \qquad (4.35)$$

(5) 输出噪声平均功率

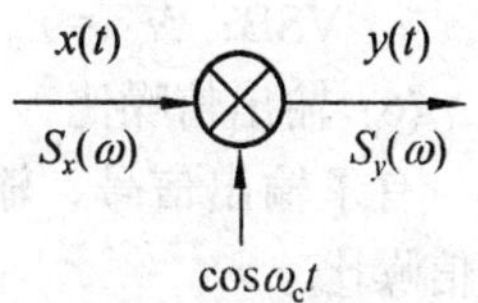

图4.19 乘法运算示意图

在求输出噪声功率之前，先讲述一下乘法器的噪声响应。在通信系统中，线性调制器和相干解调器的基本功能是实现乘法运算，如图4.19所示。$x(t)$为广义平稳随机过程，$y(t)$为输入$x(t)$的响应。$S_x(\omega)$、$S_y(\omega)$分别为输入和输出的功率谱。为了求$S_y(\omega)$，先求出自相关函数，然后进行傅氏变换。由自相关函数的定义得

$$\begin{aligned} R_y(t, t+\tau) &= E\,[y(t)y(t+\tau)] \\ &= E\,[x(t)x(t+\tau)\cos(\omega_c t)\cos\omega_c(t+\tau)] \\ &= E\,[x(t)x(t+\tau)]\,[\cos(\omega_c\tau)+\cos(2\omega_c t+\omega_c\tau)] \\ &= R_x(\tau)/2\,[\cos(\omega_c\tau)+\cos(2\omega_c t+\omega_c\tau)] \end{aligned} \qquad (4.36)$$

其中，$R_x(\tau) = E\,[x(t)x(t+\tau)]$，因为$x(t)$是平稳随机过程，故$R_x(\tau)$与时间无关。但从式(4.36)可以看出，$R_y(t, t+\tau)$与时间$t$有关，故输出不是平稳随机过程。非平稳随机过程的功率谱可定义为

$$S_y(\omega) = \int_{-\infty}^{\infty} A\,[R_y(t, t+\tau)]\,e^{-j\omega_c\tau}d\tau$$

对$R_y(t, t+\tau)$取时间平均，有

$$A\,[R_y(t, t+\tau)] = R_x(\tau)/2\cos(\omega_c\tau)$$

这样便得出

$$S_y(\omega)=\int_{-\infty}^{\infty}R_x(\tau)/2\cos(\omega_c\tau)\mathrm{e}^{-\mathrm{j}\omega_c\tau}\mathrm{d}\tau$$

利用欧拉公式将$\cos(\omega_c\tau)$展开成指数形式，然后根据傅氏变换的频移性质，便可得

$$S_y(\omega)=\frac{1}{4}\left[S_x(\omega+\omega_c)+S_x(\omega-\omega_c)\right] \tag{4.37}$$

有了式(4.37)，便可以求得调幅信号的相干解调器的输出噪声功率谱为

$$S_{nd}(\omega)=\frac{1}{4}\left[S_{ni}(\omega+\omega_c)+S_{ni}(\omega-\omega_c)\right] \tag{4.38}$$

相应的平均输出噪声功率为

AM：$N_o=\dfrac{1}{2\pi}\int_{-\infty}^{\infty}S_{nd}(\omega)\mathrm{d}\omega=n_0\omega_m/(4\pi)=n_i/4$

DSB：$N_o=n_0\omega_m/4\pi=n_i/4$

SSB：$N_o=n_0\omega_m/8\pi=n_i/8$

VSB：$N_o=n_0\omega_m/8\pi=n_i/8$

(6) 输出信噪比

有了输出信号、输出噪声平均功率，根据定义便可得出调幅信号的输出信噪比

AM：$S_o/N_o=\pi\overline{f^2(t)}/n_0\omega_m=\overline{f^2(t)}/\left[A_0^2+\overline{f^2(t)}\right]\dfrac{2\pi S_i}{n_0\omega_m}$

DSB：$S_o/N_o=\pi\overline{f^2(t)}/n_0\omega_m=2\pi S_i/(n_0\omega_m)$

SSB：$S_o/N_o=2\pi\overline{f^2(t)}/(n_0\omega_m)=2\pi S_i/(n_0\omega_m)$

VSB：$S_o/N_o=2\pi\overline{f^2(t)}/(n_0\omega_m)=2\pi S_i/(n_0\omega_m)$

从上面的各种调幅信号的输出信噪比表达式可以看出，在相同的输入信号功率、ω_m和n_0的情况下，除了AM外，其他3种系统的噪声性能是相同的。这是由于在AM中，不携带消息的载波功率至少占总功率的一半以上，而对解调后的输出信噪比的改善不会带来任何好处。

(7) 信噪比得益G

AM：$G=(S_o/N_o)/(S_i/N_i)=2\overline{f^2(t)}/\left[A_0^2+\overline{f^2(t)}\right]$

DSB：$G=2$

SSB：$G=1$

VSB：$G=1$

必须指出，信噪比得益只适合于在同类调制系统内用来衡量不同解调器对输入信噪比的影响，而不能作为不同调制系统噪声性能的比较。从上

面4种调幅信号的G值来看，似乎DSB优于SSB，但这是不正确的。因为SSB信号的带宽仅为DSB的一半，所以DSB的输入噪声功率N_i是SSB时的两倍。因此，实际上，对给定的输入信号功率，DSB和SSB输出端的信噪比是相同的。从S/N改善观点来看，DSB和SSB的性能是相同的。

2. AM系统包络检波器的噪声性能

考虑到噪声影响的包络检波器的模型如图4.20所示。其中带通滤波器BPF的带宽恰好能通过信号频谱，同时滤除掉带外噪声。

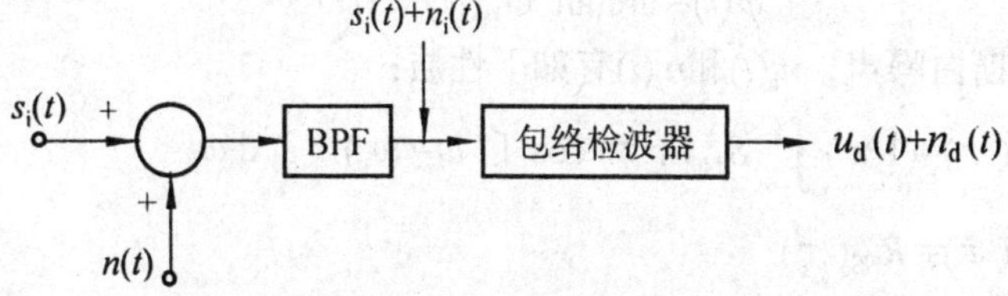

图4.20　考虑到噪声影响的包络检波器的模型图

在计算噪声性能之前，先讲述一下有关窄带白噪声的知识。当白噪声通过一个窄带系统时，其输出噪声只能集中在中心频率ω_c附近的带宽ω之内。这种噪声称为窄带噪声。窄带系统可用带通滤波器来模拟，如图4.21(a)所示。窄带噪声如图4.21(c)所示，其频率集中在ω_c附近，系统带宽越窄，则窄带噪声越接近于频率ω_c。其波形如图4.21(d)所示，是一个接近频率ω_c的正弦波，振幅和相位却在缓慢地波动。因此，窄带噪声可以写成如下的形式：

$$n(t)=R(t)\cos[\omega_c t+\phi(t)] \tag{4.39}$$

式中，$R(t)$和$\phi(t)$分别表示随机包络和相位。

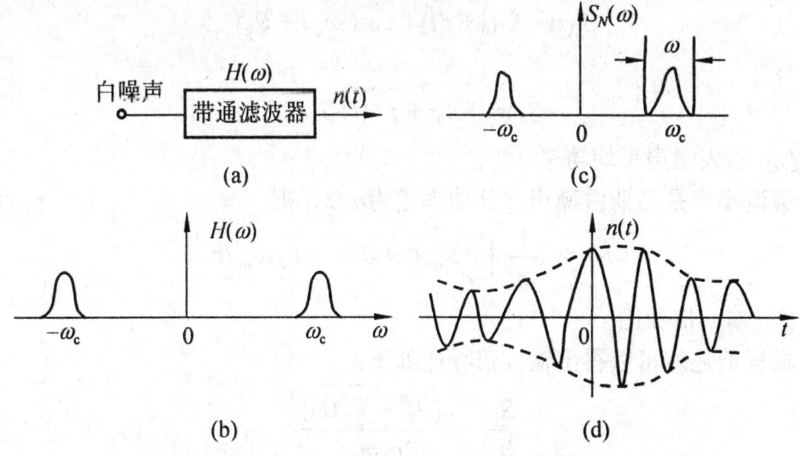

图4.21　窄带白噪声有关示意图

式(4.39)还可以改写成另一种形式

$$n(t) = n_c(t)\cos(\omega_c t) - n_s(t)\sin(\omega_c t) \tag{4.40}$$

其中，$n_c(t)$与载波$\cos(\omega_c t)$同相，称为$n(t)$的同相分量；

$n_s(t)$与载波$\cos(\omega_c t)$相差$\pi/2$，称为$n(t)$的正交分量。则有

$$n_c(t) = R(t)\cos\phi(t)$$

$$n_s(t) = R(t)\sin\phi(t)$$

$$R(t) = \sqrt{n_c^2(t) + n_s^2(t)}$$

$$\phi(t) = \arctan〔n_s(t)/n_c(t)〕$$

对于高斯白噪声，$n_c(t)$和$n_s(t)$有如下性质：

① $R_{NC}(\tau) = (1/\pi)\int_{-\infty}^{\infty} S_{NC}(\tau)\cos〔(\omega-\omega_c)\tau〕\mathrm{d}\omega$

② $R_{NC}(\tau) = R_{NS}(\tau)$

③ $R_{NCNS}(\tau) = (1/\pi)\int_{-\infty}^{\infty} S_N(\omega)\sin〔(\omega-\omega_c)\tau〕\mathrm{d}\omega$

④ $S_{NC}(\omega) = S_{NS}(\omega)$

⑤ $S_{NC}(\omega) = S_{NS}(\omega) = \begin{cases} S_N(\omega-\omega_c) + S_N(\omega+\omega_c), & |\omega| < \omega/2 \\ 0, & \text{其他} \end{cases}$

⑥ $E〔n_c^2(t)〕= E〔n_s^2(t)〕= E〔n^2(t)〕$

⑦ $E〔n_c(t)n_s(t)〕= 0$

下面开始计算与噪声性能有关的指标。

(1) 输入信号平均功率

因为包络检波器的输入信号为AM信号，即

$$s_i(t) = 〔A_0 + f(t)〕\cos(\omega_c t + \theta_c)$$

故

$$S_i = 〔A_0^2 + \overline{f^2(t)}〕/2$$

(2) 输入噪声平均功率

假设噪声是高斯白噪声，其功率谱为$n_0/2$，则

$$N_i = \frac{1}{2\pi}\int_{-\infty}^{\infty} S_{ni}(\omega)\mathrm{d}\omega = n_0\omega_m/\pi$$

(3) 输入信噪比

根据前述就可以得出输入信噪比如下：

$$\frac{S_i}{N_i} = \frac{\pi[A_0^2 + \overline{f^2(t)}]}{2n_0\omega_m}$$

(4) 输出信号、噪声平均功率，输出信噪比及信噪比得益

输出信号、噪声平均功率取决于包络检波器的响应。为了求解调器的输出，必须求出输入信号同输入噪声的合成包络。前面的叙述已经指出，窄带高斯白噪声可以表示为

$$n_i(t) = n_c(t)\cos(\omega_c t + \theta_c) - n_s(t)\sin(\omega_c t + \theta_c) \tag{4.41}$$

那么包络检波器输入信号与噪声之和便可写成

$$\begin{aligned} s_i(t) + n_i(t) &= [A_0 + f(t) + n_c(t)]\cos(\omega_c t + \theta_c) - n_s(t)\sin(\omega_c t + \theta_c) \\ &= a(t)\cos[\omega_c t + \theta_c + \theta(t)] \end{aligned} \tag{4.42}$$

其中

$$a(t) = \{[A_0 + f(t) + n_c(t)]^2 + n_s^2(t)\}^{1/2}$$

$$\theta(t) = \arctan\{n_s(t) / [A_0 + f(t) + n_c(t)]\}$$

现在分两种情况来分析$a(t)$，一是大信噪比情况，二是小信噪比情况。

① 大信噪比情况：$[A_0 + f(t)] >> n_i(t)$。若$[A_0 + f(t)] >> n_i(t)$，则

$$|A_0 + f(t)| >> \sqrt{n_c^2(t) + n_s^2(t)}$$

那么

$$\begin{aligned} A(t) &= \{[A_0 + f(t) + n_c(t)]^2 + n_s^2(t)\}^{1/2} \\ &= [A_0 + f(t)]\{1 + 2n_c(t)/(A_0 + f(t)) \\ &\quad + (n_c^2(t) + n_s^2(t))/[A_0 + f(t)]^2\}^{1/2} \\ &\approx [A_0 + f(t)]\{1 + 2n_c(t)/(A_0 + f(t))\}^{1/2} \end{aligned}$$

利用牛顿二项式

$$(1 + x)^m \approx 1 \pm mx \quad , \quad |x| << 1$$

则$A(t)$可进一步简化为

$$A(t) \approx A_0 + f(t) + n_c(t)$$

假设包络检波器的输出等于$A(t)$，那么

输出信号$u_d(t) = f(t)$

输出噪声$n_d(t) = n_c(t)$

因此，输出信号平均功率为

$$S_o = \overline{f^2(t)}$$

输出噪声平均功率为

$$N_o = \overline{n_c^2(t)} = \overline{n_i^2(t)} = N_i$$

所以输出信噪比和信噪比得益分别为

$$\begin{aligned} S_o / N_o &= \pi\, \overline{f^2(t)} / (n_0 \omega_m) \\ &= \{\overline{f^2(t)} / [A_0 + \overline{f^2(t)}]\}(2\pi S_i / (n_0 \omega_m)) \end{aligned}$$

$$G = (S_o / N_o) / (S_i / N_i)$$

$$=2\overline{f^2(t)}\ /\ [A_0^2+\overline{f^2(t)}]$$

② 小信噪比情况：$[A_0+f(t)] \ll N_i(t)$。此种情况下，有

$$|A_0+f(t)| \ll \sqrt{n_c^2(t)+n_s^2(t)}$$

那么

$$A(t)=\{[A_0+f(t)+n_c(t)]^2+n_s^2(t)\}^{1/2}$$
$$=[A_0+f(t)]\{1+2n_c(t)/(A_0+f(t))+(n_c^2(t)+n_s^2(t))/[A_0+f(t)]^2\}^{1/2}$$
$$\approx [A_0+f(t)]\{1+2n_c(t)/(A_0+f(t))\}^{1/2}$$

利用牛顿二项式展开得

$$A(t)\approx\sqrt{n_c^2(t)+n_s^2(t)}+\frac{A_0 n_c(t)}{\sqrt{n_c^2(t)+n_s^2(t)}}+\frac{n_c(t)f(t)}{\sqrt{n_c^2(t)+n_s^2(t)}}$$

可见，在大噪声情况下，$a(t)$中不存在与$f(t)$成正比的项，结果是噪声信号完全被包络检波器毁坏掉了，因此不能通过包络检波器来恢复原信号$f(t)$。

前面讨论了输入信噪比处于两种极端情况下的包络检波器的噪声性能。在这里引入一个叫做“门限值”的概念，用“门限值”表示一个临界值：当输入信噪比大于该值时，包络检波器能正常工作，消息信号能够无失真地从调制信号中恢复出来；当小于该值时，包络检波器就不能正常工作，消息信号将完全不能恢复。包络检波器存在“门限值”的现象叫门限效应。门限效应在所有的非相干解调中都存在，这种现象当输入噪声功率接近载波功率时就会明显地表现出来。在相干解调中就不存在门限效应。

3. 载波插入法解调的噪声性能

如果本地载波电平很高，则利用载波插入法解调时的噪声性能与调幅信号利用相干法进行解调时的结果相同。

幅度调制目前在模拟通信中仍广泛使用，它在节省频带、提高信道频带利用率方面具有明显的优越性。最后对不同的幅度调制系统作如下归纳：

AM系统调制解调电路简单，但功率利用率低，抗噪声性能差；DSB系统的功率利用率为100%，抗噪声性能好，但所占用的频带仍与AM相同，都是$2f_m$，且相干解调电路复杂；SSB系统的功率利用率为100%，抗噪声性能好，频带利用率高，所占用的频带只是AM和DSB的一半，但调制、解调电路复杂；VSB系统性能基本与SSB系统性能相近，VSB信号比较容易产生，占用的频带比SSB稍宽。

4.2 模拟信号非线性调制

频率调制和相位调制合称为角度调制，又称为非线性调制。频率调制(FM)和相位调制(PM)二者都是用基带信号控制载波的相角变化。只不过，频率调制是已调信号的瞬时值，受调制信号$f(t)$的频率控制而变化；相位调制则是已调信号的瞬时相位受调制信号$f(t)$的相位控制而变化。调制后，两种已调信号频谱相对于基带信号都产生了新的频率成分，所以FM和PM属于非线性调制。

调频和调相无论在原理上还是在技术上都密切相关，相互联系，所以，下面将二者放在一起来讨论和分析。角度调制所用到的载波称为角调波。定义角调波为

$$s(t)=A\cos\theta(t) \tag{4.43}$$

式中，A为角调波的恒定振幅，$\theta(t)$为瞬时相角。瞬时频率$\omega(t)$为

$$\omega(t)=\frac{\mathrm{d}\theta(t)}{\mathrm{d}t} \tag{4.44}$$

这样就可以在此基础上定义调相波、调频波了。

(1) 调相波

若角调波的瞬时相角$\theta(t)$与基带信号$f(t)$呈线性关系，就称之为调相波，此时的$\theta(t)$记为$\theta_{\mathrm{PM}}(t)$。则

$$\theta_{\mathrm{PM}}(t)=\omega_c t+\theta_c+K_P f(t) \tag{4.45}$$

式中，ω_c、θ_c分别为角调波的角频率和初始相位。K_P为调制常数，表示调相器的灵敏度，单位为rad / v。$K_P f(t)$称为瞬时相位偏移，其最大值常用$\Delta\theta_{\mathrm{PM}}$即

$$\Delta\theta_{\mathrm{PM}}=K_P f(t)\,|\,f(t)\,|_{\max}$$

$$\omega_{\mathrm{PM}}(t)=\mathrm{d}\,\theta_{\mathrm{PM}}(t)/\mathrm{d}t=\omega_c+K_P\,\mathrm{d}f(t)/\mathrm{d}t$$

于是调相波的时域表达式为

$$s_{\mathrm{PM}}(t)=A\cos[\omega_c t+\theta_c+K_P f(t)] \tag{4.46}$$

对于单频调制

$$f(t)=A_m\cos\omega_m t \tag{4.47}$$

则

$$\begin{aligned}s_{\mathrm{PM}}(t)&=A\cos[\omega_c t+\theta_c+K_P A_m\cos\omega_m t]\\&=A\cos[\omega_c t+\theta_c+\beta_{\mathrm{PM}}\cos\omega_m t]\end{aligned} \tag{4.48}$$

其中，$\beta_{\mathrm{PM}}=A_m K_P$ 叫做调相指数，它代表调相波的最大相位偏移$\Delta\theta_{\mathrm{PM}}$。

可见，$\Delta\theta_{PM}$只取决于调制信号$f(t)$的幅度，而与调制频率无关。

(2) 调频波

若角调波的瞬时频率$\omega(t)$与基带信号$f(t)$呈线性关系，就称其为调频波，此时的$\omega(t)$记为$\omega_{FM}(t)$。那么

$$\omega_{FM}(t)=\omega_c t+K_f f(t) \tag{4.49}$$

式中，K_f为调制常数，表示调频器的调制灵敏度，单位为rad /(V · s)。

$$\theta_{FM}(t)=\int\omega_{FM}(t)\mathrm{d}t=\omega_c t+\theta_c+K_f\int f(t)\mathrm{d}t \tag{4.50}$$

于是调频波的时域表达式为

$$s_{FM}(t)=A\cos\left[\omega_c t+\theta_c+K_f\int f(t)\mathrm{d}t\right] \tag{4.51}$$

对于单频调制，则

$$\begin{aligned}s_{FM}(t)&=A\cos\left[\omega_c t+\theta_c+K_f A_m/\omega_m\sin\omega_m t\right]\\&=A\cos\left[\omega_c t+\theta_c+\beta_{FM}\sin\omega_m t\right]\end{aligned} \tag{4.52}$$

其中，$\beta_{FM}=K_f A_m/\omega_m$ 叫做调频指数，它代表调频波的最大相位偏移$\Delta\theta_{FM}$。调频波的最大频率偏移$\Delta\omega_{FM}$为

$$\Delta\omega_{FM}=K_f\,|f(t)|_{max} \tag{4.53}$$

对于单频调制

$$\Delta\omega_{FM}=A_m K_f$$

所以

$$\beta_{FM}=\Delta\omega_{FM}/\omega_m \tag{4.54}$$

(3) 调相波与调频波之间的关系

比较式(4.46)和式(4.51)，得

$$s_{PM}(t)=A\cos\left[\omega_c t+\theta_c+K_P f(t)\right]$$

$$s_{FM}(t)=A\cos\left[\omega_c t+\theta_c+K_f\int f(t)\mathrm{d}t\right]$$

便可以发现，如果如图4.22(a)那样，将$f(t)$先积分后用它对载波进行相位调制(PM)，便可以得到FM波；而如图4.22(b)那样将$f(t)$先微分后再用它对载波进行频率调制(FM)，便可以得到PM波。这说明PM和FM形式不同，但本质上相同。这是因为，载波相位的任何变化都将引起频率的变化，反之亦然。FM和PM是不可分割的，只是在PM中，角度随调制信号作线性变化；在FM中，角度随调制信号的积分作线性变化。两者的频率和相位变化的规律不同，从而两种调制方法的系统性能也就有所不同。

就单频率而言，在稳态情况下，对于固定的ω_m和K_P，当$K_P=K_f/\omega_m$时，无法区分已调波是PM波还是FM波。但通过改变ω_m而使A_m保持不变的方法

还是可以将它们分别开来的。这是因为，在PM中，最大相位偏移$\Delta\theta_{PM}$不变，而最大频偏$\Delta\omega_{PM}$与ω_m成正比。在FM中，$\Delta\omega_{FM}$不变，而$\Delta\theta_{FM}$与ω_m成正比。

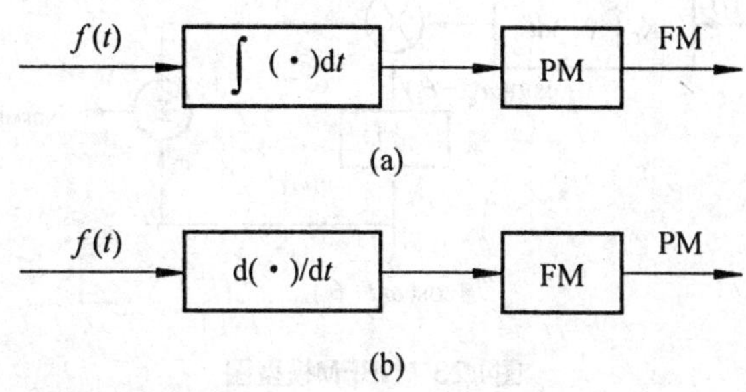

图4.22 PM和FM关系图

4.2.1 频率调制

频率调制常用的方式有窄带调频(NBFM)和宽带调频(WBFM)两种，下面就对NBFM和WBFM作些介绍。

1. 窄带调频

如果FM信号的调频指数满足$|K_f\int f(t)\mathrm{d}t|_{max}$<< π/6，则称为窄带调频，记作NBFM。NBFM在无线电通信系统中主要用于业务通信、军用通信等，在数字通信中的重要应用是移频键控。

大家知道，当$x\to0$ 时，$\cos x\to1$，$\sin x\to x$，所以在分析NBFM时，先假定$|K_f\int f(t)\mathrm{d}t|_{max}<<1$，因为这样就可以从式(4.51)中得到简化的NBFM时域表达式

$$\begin{aligned}s_{FM}(t)&=A\cos[\omega_c t+\theta_c+K_f\int f(t)\mathrm{d}t]\\&=A\cos(\omega_c t+\theta_c)\cos[K_f\int f(t)\mathrm{d}t]-\sin(\omega_c t+\theta_c)\sin[K_f\int f(t)\mathrm{d}t]\\&\approx A\cos(\omega_c t+\theta_c)-A K_f[\int f(t)\mathrm{d}t]\sin(\omega_c t+\theta_c)\end{aligned}\tag{4.55}$$

图4.23就是根据式(4.55)得到的NBFM的模型图。

对式(4.55)进行傅氏变换便得到NBFM的频谱表达式：

$$S_{NBFM}(\omega)=\pi A[\delta(\omega-\omega_c)\mathrm{e}^{\mathrm{j}\theta_c}+\delta(\omega-\omega_c)\mathrm{e}^{-\mathrm{j}\theta_c}]$$

$$+ (A K_f/2)[F(\omega-\omega_c)/(\omega-\omega_c)e^{j\theta_c} - F(\omega+\omega_c)/(\omega+\omega_c)e^{-j\theta_c}] \quad (4.56)$$

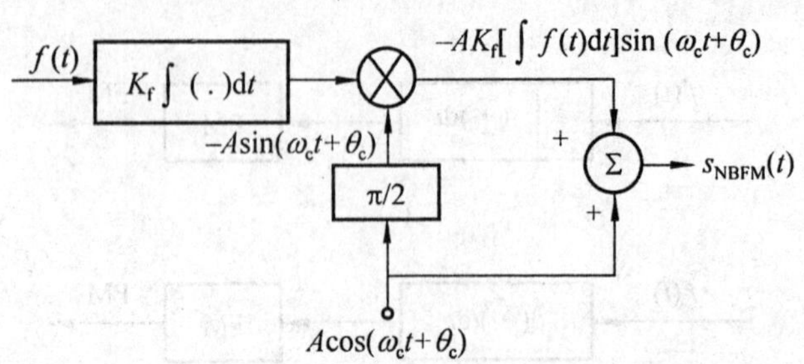

图4.23　NBFM模型图

比较$S_{AM}(\omega)$和$S_{NBFM}(\omega)$便可以看出，AM信号的频谱和NBFM信号的频谱很相似，都包含有载频分量$\pm\omega_c$和以载频分量$\pm\omega_c$为中心的边带分量上边带$F(\omega-\omega_c)$和下边带$F(\omega+\omega_c)$，但它们又有所不同。NBFM信号频谱的边带分量要受到$1/(\omega-\omega_c)$或$1/(\omega+\omega_c)$的衰减，即边带频谱在正频域内要乘以因子$1/(\omega-\omega_c)$，在负频域内要乘以因子$1/(\omega+\omega_c)$，而AM只是将$F(\omega)$在频率轴上进行线性搬移；负频域的边带频谱$F(\omega+\omega_c)$相对于载频分量要反转180°，而在AM频谱中不存在相位反转。

2. 宽带调频

宽带调频(WBFM)主要用于调频广播、电视伴音、微波通信和卫星通信等。WBFM的分析比较复杂，这里只以单频调制为例，给出它的一些基本表达式。

对于单频调制，有式(4.52)

$$s_{FM}(t) = A\cos[\omega_c t + \theta_c + K_f A_m/\omega_m \sin\omega_m t] = A\cos[\omega_c t + \theta_c + \beta_{FM}\sin\omega_m t]$$

令$\theta_c=0$，则可得出WBFM的时域表达式

$$s_{WBFM}(t) = A\sum_{n=-\infty}^{\infty}(-1)^n J_n(\beta_{FM})A\cos(\omega_c + n\omega_m)t \quad (4.57)$$

式中，$J_n(\beta_{FM})$称为n阶第一类Bessel函数，

$$J_n(\beta_{FM}) = \sum_{m=0}^{\infty}\frac{(-1)^m(\beta_{FM}/2)^{2m+n}}{m!(m+n)!}$$

对式(4.57)进行傅氏变换便得出WBFM的频谱表达式

$$S_{\text{WBFM}}(\omega)=\pi A\sum_{-\infty}^{\infty}(-1)^n J_n(\beta_{\text{FM}})[\delta(\omega-\omega_c-n\omega_m)$$

$$+\delta(\omega+\omega_c+n\omega_m) \tag{4.58}$$

式(4.58)表明，单频调制的WBFM信号的频谱由载频分量和以载频为中心的无穷多个边频分量所组成，各频率分量的幅度决定于$J_n(\beta_{\text{FM}})$；并且，奇数阶下边频分量与对应阶上边频分量反相。虽然WBFM信号包含有无穷多个边频分量，但实际上，其频谱的主要成分还是相当集中的。根据Bessel函数$J_n(\beta_{\text{FM}})$的关系曲线可以看出，当$n>\beta_{\text{FM}}$时，$J_n(\beta_{\text{FM}})$随n的增大而很快下降。一般当$n>\beta_{\text{FM}}+1$时，$J_n(\beta_{\text{FM}})<0.1$。实际中通常采用保留大于载频幅度10%的边频分量作为确定宽带调角信号带宽的标准(也采用1%的标准)。

由式(4.57)可得到WBFM的功率表达式

$$S_{\text{WBFM}}=s_{\text{WBFM}}{}^2(t)$$

$$=(A^2/2)[\sum_{n=-\infty}^{\infty}J_n^2(\beta_{\text{FM}})]$$

$$=(A^2/2)J_0^2(\beta_{\text{FM}})+\sum_{n=-\infty}^{\infty}A^2J_n^2(\beta_{\text{FM}})$$

$$=S_c+S_f$$

其中，$S_c=(A^2/2)J_0{}^2(\beta_{\text{FM}})$为载波功率，$S_f=\sum_{n=-\infty}^{\infty}A^2J_n^2(\beta_{\text{FM}})$为边带功率。

上述功率表达式表明，在已调波中，载频的功率已不再是未调波的$A^2/2$，而是随着不同的调制指数在变化，不同的调制指数对应有不同的边带功率S_f，也就是说，随着不同的调制指数，调角信号的载波功率与边带功率有着不同的分配，而保持总平均功率与未调时的载波功率相同。这与幅度调制时的功率分配情况是不同的。

4.2.2　相位调制

调相和调频同属角度调制，其本质是相同的，故可以用类似于分析FM的方法来分析PM。

1. 窄带调相

设$K_P\,|f(t)|_{\max}$较小，则可从式(4.46)

$$s_{\text{PM}}(t)=A\cos[\omega_c t+\theta_c+K_P f(t)]$$

得到简化的NBPM的时域表达式为

$$s_{\mathrm{NBPM}}(t) \approx A\cos(\omega_c t + \theta_c) - AK_P f(t)\sin(\omega_c t + \theta_c) \tag{4.59}$$

图4.24就是根据式(4.59)得到的NBPM原理框图。

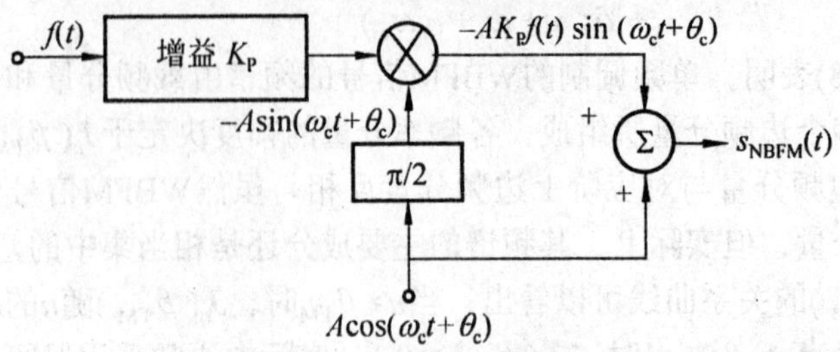

图4.24 NBPM原理框图

对式(4.59)进行傅氏变换，便得到NBPM的频谱表达式为

$$S_{\mathrm{NBPM}}(\omega) = \pi A[\delta(\omega-\omega_c)e^{j\theta_c} + \delta(\omega-\omega_c)e^{-j\theta_c}] + (jAK_p/2)[F(\omega-\omega_c)e^{j\theta_c} - F(\omega+\omega_c)e^{-j\theta_c}] \tag{4.60}$$

比较$S_{AM}(\omega)$和$S_{\mathrm{NBPM}}(\omega)$便可发现，AM和NBPM都有载频分量$\pm\omega_c$和位于$\pm\omega_c$附近的上、下边带$F(\omega-\omega_c)$和$F(\omega+\omega_c)$，但NBPM的上、下边带与载频分量是正交的。比较$S_{\mathrm{NBFM}}(\omega)$和$S_{\mathrm{NBPM}}(\omega)$便可看出，NBPM的频谱不会带来频率特性，即不乘以因子$1/(\omega-\omega_c)$和$1/(\omega+\omega_c)$。

2. 宽带调相(WBPM)

这里，仍以单频调制为例，给出它的一些基本表达式。对于单频调制，有式(4.48)

$$s_{\mathrm{PM}}(t) = A\cos[\omega_c t + \theta_c + K_P A_m\cos\omega_m t] = A\cos[\omega_c t + \theta_c + \beta_{\mathrm{PM}}\cos\omega_m t]$$

令$\theta_c=0$，则可得出WBPM的时域表达式为

$$s_{\mathrm{WBPM}}(t) = A\sum_{n=-\infty}^{\infty} J_n(\beta_{\mathrm{PM}})\cos[(\omega_c + n\omega_m)t + n\pi/2] \tag{4.61}$$

对式(4.61)进行傅氏变换，便得出WBPM的频谱表达式为

$$S_{\mathrm{WBPM}}(\omega) = \pi A\sum_{n=-\infty}^{\infty} J_n(\beta_{\mathrm{PM}})[e^{jn\pi/2}\,\delta(\omega-\omega_c-n\omega_m) + e^{-jn\pi/2}\,\delta(\omega+\omega_c+n\omega_m)] \tag{4.62}$$

比较WBPM和WBFM的表达式可以发现，两者的表达式基本相同，只是PM波的不同频率分量具有不同的相位，但都是π/2的整数倍。用β_{PM}代替S_{WBFM}公式中的β_{FM}，就可以用这些公式来求得WBPM的功率。

4.2.3　角调信号的解调

1. 窄带角调信号的解调

前面已经叙述过，乘法器可以调制出窄带角调信号，所以基带信号$f(t)$也就可以通过相干解调从已调信号中恢复出来。NBPM和NBFM的相干解调方案如图4.25所示。图中的BPF的作用是抑制噪声，LPF的作用是滤除由乘法器产生的不需要的频谱分量。

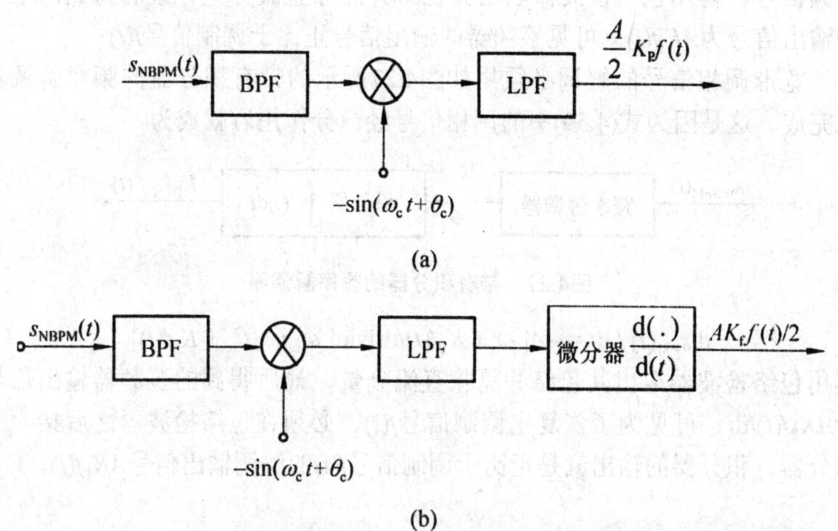

图4.25　NBPM和NBFM的相干解调

下面就要讲的宽带角调信号所用的非相干解调的方法也可以用来对NBPM和NBFM信号进行解调。

2. 宽带角调信号的解调

宽带角调信号不能用相干解调方法进行解调。下面介绍一种应用广泛、对宽带和窄带角调信号都适用的解调装置——鉴频器。

鉴频器的种类很多，但各种鉴频器的解调作用从原理上可等效为一个微分器后接一个包络检波器，其功能都是把输入信号的频率变化变成输出电压瞬时幅度的变化，鉴频器的等效电路框图如图4.26所示。

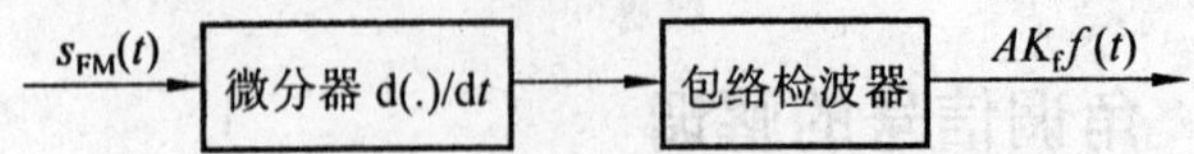

图4.26　鉴频器的等效电路框图

根据$s_{FM}(t)$的表达式，对FM信号进行微分可得(A为常数)

$$\mathrm{d}\, s_{FM}(t)\, /\, \mathrm{d}t = \mathrm{d}\, A\cos[\,\omega_c t + \theta_c + K_f \int f(t)\,\mathrm{d}t]/\mathrm{d}t$$

$$= -A[\,\omega_c + K_f f(t)]\sin[\,\omega_c t + \theta_c + K_f \int f(t)\,\mathrm{d}t] \tag{4.63}$$

可见FM信号经微分器的作用后变成了幅度和相位都随$f(t)$变化的调幅调频信号，再用包络检波器取出其包络并隔除直流分量，最后得到的鉴频器输出信号为$AK_f f(t)$。可见鉴频器的输出信号正比于调制信号$f(t)$。

宽带调相信号的解调必须用如图4.27所示的带有积分器的频率解调器来完成。这是因为式(4.59)中的调相信号经微分作用后就成为

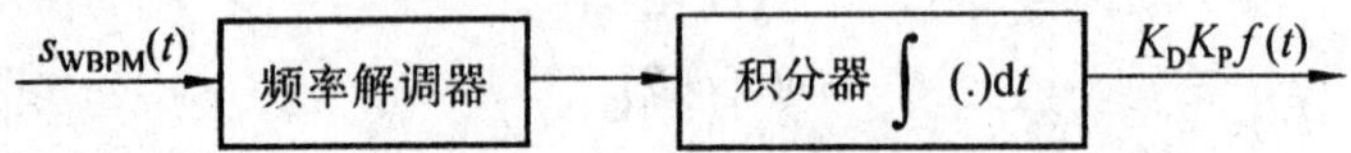

图4.27　带有积分器的频率解调器

$$\mathrm{d}\, s_{PM}(t)\, /\, \mathrm{d}t = -A[\,\omega_c + K_p f(t)/\mathrm{d}t]\sin[\,\omega_c t + \theta_c + K_p f(t)]$$

再用包络检波器取出其包络并隔除直流分量，最后得到的鉴频器输出信号为$AK_p f(t)/\mathrm{d}t$。可见为了恢复出调制信号$f(t)$，必须在包络检波器之后接一个积分器，积分器的输出就是正比于调制信号$f(t)$的解调输出信号$AK_p f(t)$。

4.3　角调系统的性能

4.3.1　窄带角调信号相干解调的噪声性能

1. NBPM的噪声性能

考虑到有噪声影响时的相干解调器模型如图4.28所示。图中的加法器代表加性干扰的作用，同时假设本地载波与已调信号完全同步。BPF用来代替解调器前的通道，其带宽保证已调信号能够无失真地通过，同时能够将信号外噪声滤除掉。

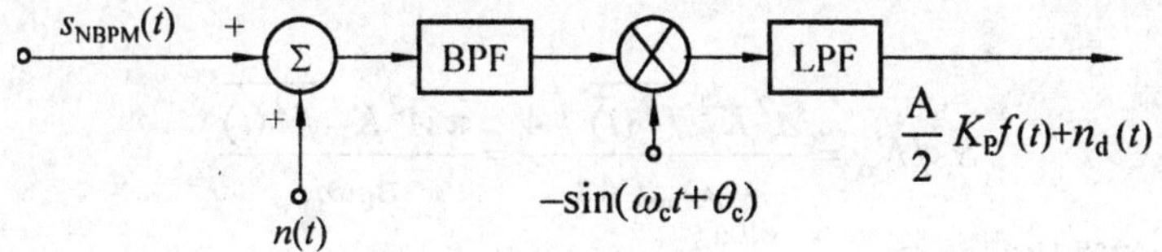

图4.28　有噪声影响时NBPM的相干解调器模型

(1) 输入信号平均功率

由于角调信号是一个等幅波，所以无论是PM还是FM，接收机的输入信号平均功率都为

$$S_i = A_0^2/2$$

(2) 输入噪声平均功率

假设噪声是高斯白噪声，其功率谱为$n_0/2$。由于信号频谱宽度为$\omega_{PM}=2\omega_m$，因此理想滤波器BPF的带宽$\omega=2\omega_m$。这样，输入的噪声功率为

$$N_i = \frac{1}{\pi}\int_{\omega_c-\omega_m}^{\omega_c+\omega_m}\frac{n_0}{2}\mathrm{d}\omega = \frac{n_0\omega_m}{\pi}$$

(3) 输入信噪比

根据(1)、(2)就可以得出输入信噪比

$$S_i/N_i = \frac{\pi A_0^2}{2n_0\omega_m}$$

(4) 输出信号平均功率

在求输出信号平均功率时，仍然假定解调是线性过程，这样就可以利用叠加原理从解调输出信号$\frac{A}{2}K_Pf(t)+n_d(t)$中求得输出信号平均功率为

$$S_o = \frac{A^2K_P^2\overline{f^2(t)}}{4}$$

(5) 输出噪声平均功率

利用乘法器的噪声响应的结论，便可以求得NBPM的相干解调器的输出噪声功率谱：

$$S_{nd}(\omega) = \frac{1}{4}[S_{ni}(\omega+\omega_c)+S_{ni}(\omega-\omega_c)],\ |\omega|<\omega_m$$

相应的平均输出噪声功率为

$$N_o = \frac{1}{2\pi}\int_{-\infty}^{\infty}S_{nd}(\omega)\mathrm{d}\omega = \frac{n_0\omega_m}{4\pi} = \frac{N_i}{4}$$

(6) 输出信噪比

有了输出信号噪声平均功率，根据定义便可得出NBPM信号的输出信

噪比

$$S_o/N_o=\frac{A^2K_P^2\overline{f^2(t)}/4}{n_0\omega_m/4\pi}=\frac{\pi A^2K_P^2\overline{f^2(t)}}{n_0\omega_m}$$

(7) 信噪比得益G

$$G=(S_o/N_o)(S_i/N_i)=2K_P^2\overline{f^2(t)}$$

定义$(\Delta\theta_{rms})^2=K_P{}^2\overline{f^2(t)}$为均方相位偏移，则

$$G_{NBPM}=2(\Delta\theta_{rms})^2$$

若用最大相位偏移表示，则

$$G_{NBPM}=2(\Delta\theta_{rms})^2\frac{\overline{f^2(t)}}{|f(t)|^2_{max}}$$

若进行单频调制，则

$$\overline{f^2(t)}=A_m{}^2/2$$

$$|f^2(t)|^2_{max}=A_m{}^2$$

因而

$$G_{NBPM}=(\Delta\theta_{rms})^2$$

在窄带条件下，设

$$\Delta\theta_{pm}\ll\pi/6$$

则

$$G_{NBPM}\approx(\pi/6)^2\approx0.27$$

这表明，NBPM不仅不能改善输入信噪比，反而损失信噪比。

2. NBFM的噪声性能

考虑到噪声影响时的相干解调器模型如图4.29所示。

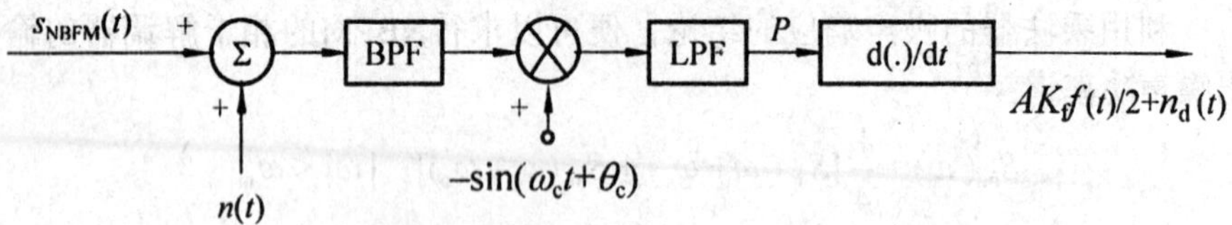

图4.29 噪声影响时NBFM的相干解调器模型

(1) 输入信号平均功率

$$S_i=\frac{A^2}{2}$$

(2) 输入噪声平均功率

$$N_{\mathrm{i}}=\frac{1}{\pi}\int_{\omega_{\mathrm{c}}-\omega_{\mathrm{m}}}^{\omega_{\mathrm{c}}+\omega_{\mathrm{m}}}\frac{n_0}{2}\mathrm{d}\omega=\frac{n_0\omega_{\mathrm{m}}}{\pi}$$

(3) 输入信噪比

$$S_{\mathrm{i}}/N_{\mathrm{i}}=\frac{\pi A^2}{2n_0\omega_{\mathrm{m}}}$$

(4) 输出信号平均功率

$$S_{\mathrm{o}}=\frac{A^2K_{\mathrm{P}}^2\overline{f^2(t)}}{4}$$

(5) 输出噪声平均功率

P点的功率谱可利用乘法器的噪声响应的结论求得

$$S_{\mathrm{np}}(\omega)=\frac{1}{4}[S_{\mathrm{ni}}(\omega+\omega_{\mathrm{c}})+S_{\mathrm{ni}}(\omega-\omega_{\mathrm{c}})]\qquad|\omega|<\omega_{\mathrm{m}}$$

而输出噪声功率谱是$S_{\mathrm{np}}(\omega)$经微分电路处理后的结果，根据微分电路的频率特性和功率谱的微分特性可得

$$\begin{aligned}S_{\mathrm{nd}}(\omega)&=S_{\mathrm{np}}(\omega)\,\omega^2\\&=\frac{1}{4}[S_{\mathrm{ni}}(\omega+\omega_{\mathrm{c}})+S_{\mathrm{ni}}(\omega-\omega_{\mathrm{c}})]\,\omega^2\qquad|\omega|<\omega_{\mathrm{m}}\end{aligned}$$

相应的平均输出噪声功率为

$$N_{\mathrm{o}}=\frac{1}{2\pi}\int_{-\infty}^{\infty}S_{\mathrm{nd}}(\omega)\mathrm{d}\omega=\frac{n_0\omega_{\mathrm{m}}^3}{12\pi}$$

(6) 输出信噪比

$$S_{\mathrm{o}}/N_{\mathrm{o}}=\frac{3\pi A^2K_{\mathrm{f}}^2\overline{f^2(t)}}{n_0\omega_{\mathrm{m}}^2}$$

(7) 信噪比得益G

$$G=(S_{\mathrm{o}}/N_{\mathrm{o}})/(S_{\mathrm{i}}/N_{\mathrm{i}})=\frac{6K_{\mathrm{f}}^2\overline{f^2(t)}}{\omega_{\mathrm{m}}^2}$$

定义$(\Delta\theta_{\mathrm{rms}})^2=K_{\mathrm{f}}^2\overline{f^2(t)}$为均方(角)频率偏移，则

$$G_{\mathrm{NBFM}}=6(\Delta\theta_{\mathrm{rms}}/\omega_{\mathrm{m}})^2$$

若用最大(角)频率偏移$\Delta\omega$表示，则

$$G_{\mathrm{NBFM}}=6\left(\frac{\Delta\omega}{\omega_{\mathrm{m}}}\right)^2\frac{\overline{f^2(t)}}{|f(t)|_{\max}^2}$$

若进行单频调制，则

$$\overline{f^2(t)} = A_m^2/2$$

$$|f(t)|^2_{max} = A_m^2$$

因而

$$G_{NBFM} = 3(\Delta\omega/\omega_m)^2 = 3\beta_{FM}^2$$

4.3.2　宽带角调信号非相干解调的噪声性能

1. 宽带调频的噪声性能

考虑到有噪声影响时的鉴频器解调器模型如图4.30所示。图中BPF的作用是保证WBFM波的有效频谱通过，其带宽应为2Δω。低通滤波器LPF的作用是将调制信号频率范围外的所有寄生分量和噪声滤除掉。

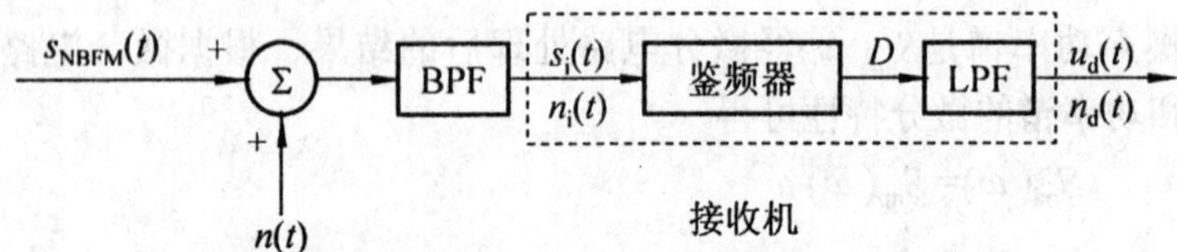

图4.30　噪声影响时WBFM的鉴频器解调器模型

(1) 输入信号平均功率

由于角调信号是一个等幅波，所以无论是PM还是FM，接收机的输入信号平均功率都为

$$S_i = \frac{A^2}{2}$$

(2) 输入噪声平均功率

假设噪声是高斯白噪声，其功率谱为$n_0/2$。则输入噪声功率为

$$N_i = \frac{1}{\pi}\int_{\omega_c-\Delta\omega}^{\omega_c+\Delta\omega}\frac{n_0}{2}\mathrm{d}\omega = \frac{n_0\Delta\omega}{\pi}$$

(3) 输入信噪比

根据(1)、(2)就可以得到输入信噪比为

$$S_i/N_i = \frac{\pi A_0^2}{2n_0\Delta\omega}$$

(4) 输出信号平均功率

虽然FM是个非线性过程，噪声和调制信号对输出噪声功率和输出信号功率都有影响，但是，当输入信噪比足够大时，噪声和调制信号对对方输

出功率的影响就可以忽略。

假定输入信噪比足够大，鉴频器增益为K_D。由于鉴频器输出电压与输入调频波的瞬时频率偏移成正比，这样输出信号就为

$$u_d(t) = K_D K_f f(t)$$

从而输出信号平均功率为

$$S_o = K_D{}^2 K_f^2 \overline{f^2(t)}$$

(5) 输出噪声平均功率

假定$f(t) = 0$，则此时鉴频器的输入为

$$A\cos(\omega_c t+\theta_c) + n_i(t) = [A+n_c(t)]\cos(\omega_c t+\theta_c) - n_s(t)\sin(\omega_c t+\theta_c)$$
$$= a(t)\cos[\omega_c t+\varphi(t)]$$

式中

$$A(t) = \{[A+n_c(t)]^2 + n_s^2(t)\}^{1/2}$$
$$\varphi(t) = \arctan\{n_s(t)/[A+n_c(t)]\}$$

在输入信噪比很大的情况下，$A>>|n_s(t)|$，$A>>|n_c(t)|$，有

$$\varphi(t) \approx n_s(t)/A$$

那么，瞬时频偏$\Delta\omega_i$就为

$$\Delta\omega_i = \mathrm{d}\varphi(t)/\mathrm{d}t = \mathrm{d}[n_s(t)/A]/\mathrm{d}t$$

由于解调器的输出正比于瞬时频偏，因此

$$n_d(t) = K_D\Delta\omega_i = \frac{K_D}{A}\frac{\mathrm{d}n_s(t)}{\mathrm{d}t}$$

由窄带高斯噪声的性质(5)可得$n_s(t)$的功率谱$S_{ns}(\omega)$为

$$S_{ns}(\omega) = \begin{cases} S_{ni}(\omega+\omega_c) + S_{ni}(\omega-\omega_c), & |\omega| < \Delta\omega \\ 0, & |\omega| > \Delta\omega \end{cases}$$

$S_{ns}(\omega)$的频谱如图4.31所示。

$n_d(t)$的功率谱$S_{nd}(\omega)$为

$$S_{nd}(\omega) = \begin{cases} \left(\dfrac{K_D}{\mathrm{A}}\right)^2 \omega^2 S_{ns}(\omega), & |\omega| < \Delta\omega_m \\ 0, & |\omega| > \Delta\omega_m \end{cases}$$

于是平均输出噪声功率为

$$N_o = \frac{1}{2\pi}\int_{-\omega_m}^{\omega_m} S_{nd}(\omega)\mathrm{d}\omega = \frac{K_D^2 n_0 \omega_m^3}{3\pi A^2}$$

(6) 输出信噪比

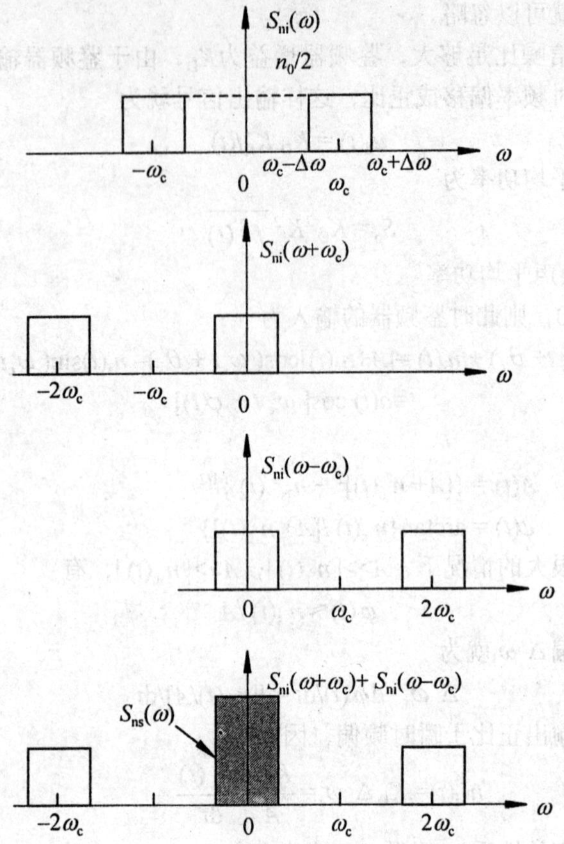

图4.31　$S_{ns}(\omega)$的频谱图

$$S_o/N_o=\frac{3\pi A^2K_f^2\overline{f^2(t)}}{n_0\omega_m^3}$$

(7) 信噪比得益G

$$G=(S_o/N_o)/(S_i/N_i)=\frac{6\Delta\omega K_f^2\overline{f^2(t)}}{\omega_m^3}$$

$$=6\left(\frac{\Delta\omega}{\omega_m}\right)^3\frac{\overline{f^2(t)}}{\left|f(t)\right|_{max}^2}$$

可见$\Delta\omega$越大，则G越大。也就是说传输带宽越宽，G就越大。

若进行单频调制，则

$$G_{\mathrm{NWFM}}=6\left(\frac{\Delta\omega}{\omega_{\mathrm{m}}}\right)^{3}\frac{\overline{f^{2}(t)}}{\left|f(t)\right|_{\max}^{2}}=3\beta_{\mathrm{FM}}$$

2. WBPM的噪声性能

考虑到噪声影响时的鉴频器解调器模型如图4.32所示。

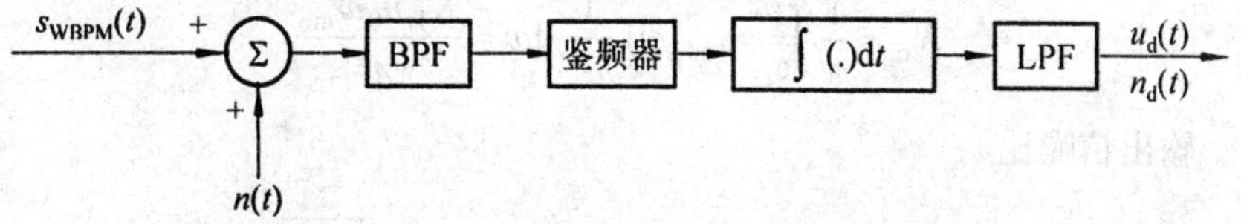

图4.32 噪声影响时WBPM的鉴频器解调器模型

(1) 输入信号平均功率

$$S_{\mathrm{i}}=\frac{A_0^2}{2}$$

(2) 输入噪声平均功率

假设噪声是高斯白噪声，其功率谱为$n_0/2$。则输入噪声功率为

$$N_{\mathrm{i}}=\frac{1}{\pi}\int_{\omega_{\mathrm{c}}-\Delta\omega}^{\omega_{\mathrm{c}}+\Delta\omega}\frac{n_0}{2}\mathrm{d}\omega=\frac{n_0\Delta\omega}{\pi}$$

(3) 输入信噪比

根据(1)、(2)就可以得到输入信噪比

$$S_{\mathrm{i}}/N_{\mathrm{i}}=\frac{\pi A_0^2}{2n_0\omega_{\mathrm{m}}}$$

(4) 输出信号平均功率

同分析WBFM一样，假定输入信噪比足够大，鉴频器增益为K_{D}。由于调相波的瞬时频率偏移$\Delta\omega_{\mathrm{i}}$为

$$\Delta\omega_{\mathrm{i}}=K_{\mathrm{P}}\frac{\mathrm{d}f(t)}{\mathrm{d}t}$$

从而，输出信号为

$$u_{\mathrm{d}}(t)=\int K_{\mathrm{D}}K_{\mathrm{P}}\frac{\mathrm{d}f(t)}{\mathrm{d}(t)}\mathrm{d}t=K_{\mathrm{D}}K_{\mathrm{P}}f(t)$$

因此，输出信号平均功率为

$$S_{\mathrm{o}}=K_{\mathrm{D}}{}^{2}K_{\mathrm{p}}{}^{2}\overline{f^{2}(t)}$$

(5) 输出噪声平均功率

假定$f(t)=0$，利用在讨论WBFM噪声性能时已求出的鉴频器的输出噪

声功率谱

$$S_{\text{nd}}(\omega)=\begin{cases}(K_{\text{D}}/A)^2\omega^2 S_{\text{ns}}(\omega), & |\omega|<\omega_{\text{m}}\\ 0, & |\omega|>\omega_{\text{m}}\end{cases}$$

可得出平均输出噪声功率为

$$N_{\text{o}}=\frac{1}{\pi}\int_0^{\omega_{\text{m}}} S_{\text{nd}}(\omega)\frac{1}{\omega^2}\text{d}\omega=\frac{K_{\text{D}}^2 n_0\omega_{\text{m}}}{\pi A^2}$$

输出信噪比

$$S_{\text{o}}/N_{\text{o}}=\frac{\pi A^2}{n_0\omega_{\text{m}}}\cdot K_{\text{P}}^2=\frac{\pi A^2}{n_0\omega_{\text{m}}}(\Delta\omega)^2\frac{\overline{f^2(t)}}{\left|\frac{\text{d}f(t)}{\text{d}t}\right|_{\max}^2}$$

可见，输出信噪比与已调信号带宽的平方成正比。

(7) 信噪比得益G

$$G=(S_{\text{o}}/N_{\text{o}})/(S_{\text{i}}/N_{\text{i}})=\frac{2\Delta\omega K_{\text{P}}^2\overline{f^2(t)}}{\omega_{\text{m}}}$$

$$=2\frac{\Delta\omega^3}{\omega_{\text{m}}}\cdot\frac{\overline{f^2(t)}}{\left|\frac{\text{d}\overline{f^2(t)}}{\text{d}t}\right|_{\max}^2}$$

若进行单频调制，则

$$G_{\text{NWPM}}=\beta_{\text{PM}}^3$$

4.4 二进制数字调制

数字调制是用基带信号控制载波的某些参数作离散变化，将数字基带信号变换成适于信道传输的数字频带信号。数字调制有三种方式，即幅度键控(ASK)、频率键控(FSK)和移相键控(PSK和DPSK)。二进制数字信号的状态只有“1”、“0”两种，由它们决定着变化状态。本节主要介绍二进制数字调制系统的调制原理和性能。

4.4.1　幅度键控

1. 调制

幅度键控是用基带信号控制载波的幅度作离散变化。例如，当信号为1码时，输出载波为$A\cos(\omega_c t)$；为0码时，输出载波幅度为0。假设二进制基带信号为单极性非归零的矩形脉冲序列。ASK信号的产生原理如图4.33(a)所示，图4.33(b)所示为$f(t)$及ASK信号的波形图。

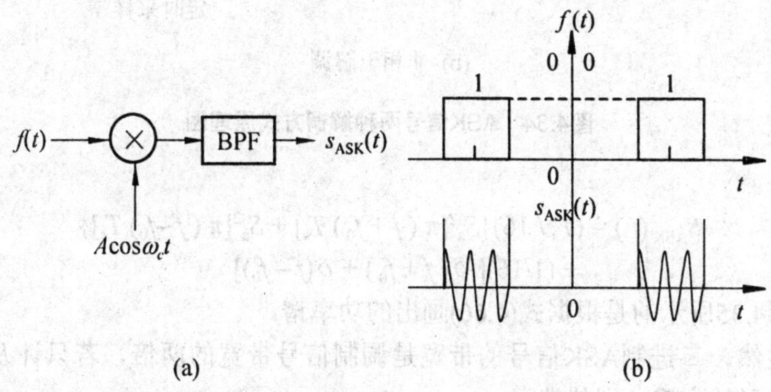

图4.33　ASK信号原理及波形图

ASK信号的时域表达式为

$$s_{\mathrm{ASK}}(t)=\begin{cases}A\cos\omega_{\mathrm{c}}t, & 1\\ 0, & 0\end{cases}$$

2. 解调

ASK信号有两种解调方式，即相干解调与非相干解调。图4.34所示为这两种解调方式的原理图：图(a)为相干解调，图(b)为非相干解调。图中的采样判决器用于提高接收机性能，恢复原数字信号。

3. 功率谱

二进制ASK信号的功率谱为

$$S_{\mathrm{ASK}}(f)=(1/4)[S_{\mathrm{f}}(f+f_0)+S_{\mathrm{f}}(f-f_0)] \tag{4.64}$$

其中，$S_{\mathrm{f}}(f)$为$f(t)$的功率谱。当$f(t)$为1和0等概率出现的单极性矩形随机脉冲序列(码元间隔为T_{s})时，

$$S_{\mathrm{f}}(f)=(T_{\mathrm{s}}/4)S_{\mathrm{a}}^{2}(\pi fT_{\mathrm{s}})+(1/4)\,\delta(f) \tag{4.65}$$

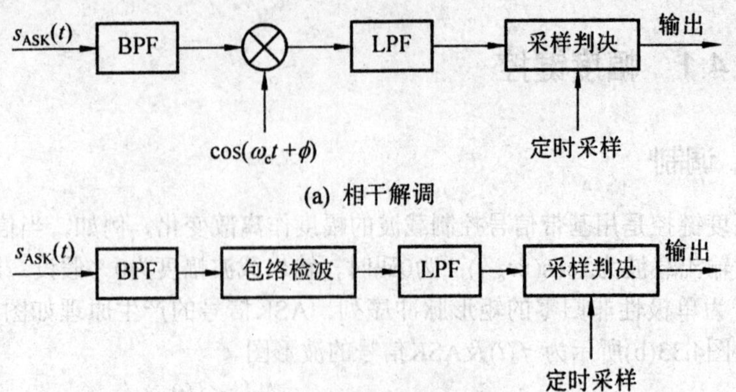

图4.34　ASK信号两种解调方式原理图

于是

$$S_{ASK}(f)=(T_s/16)\{S_a^2[\pi(f+f_0)T_s]+S_a^2[\pi(f-f_0)T_s]\}$$
$$+(1/16)[\delta(f+f_0)+\delta(f-f_0)] \tag{4.66}$$

图4.35所示的是根据式(4.66)画出的功率谱。

显然，二进制ASK信号的带宽是调制信号带宽的两倍。若只计及基带脉冲波形的主瓣，则其带宽

$$B=2f_s=2/T_s$$

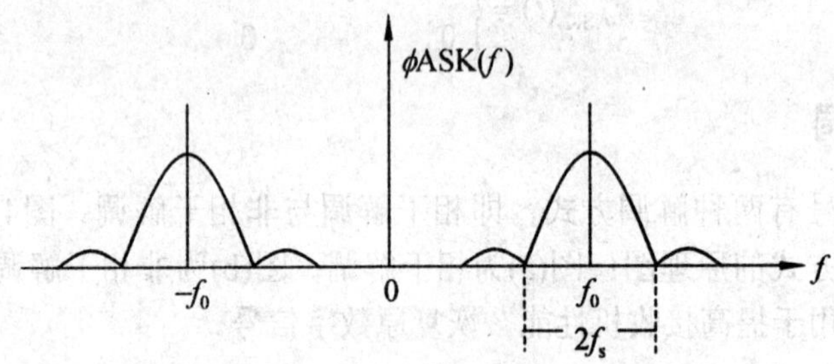

图4.35　ASK信号的功率谱图

其中

$$f_s=1/T_s$$

4.4.2 频率键控

1. 调制

频率键控是用数字基带信号控制载波的频率变化。例如，1码用频率f_1来传输，0码用频率f_2来传输。因此，FSK信号可看做是两个交错的ASK信号之和，其中一个载频为f_1，另一个载频为f_2。产生FSK信号的一种方法是用数字信号去控制两个开关电路的通断，使其输出f_1或f_2的振荡。其原理及波形如图4.36所示。假定1码时K_1闭合，K_2打开，输出f_1；假定0码时K_2闭合，K_1打开，输出f_2。用这种方法产生的FSK信号一般相位不连续。FSK信号的时域表达式为

$$s_{\mathrm{FSK}}(t)=\begin{cases}A\cos(\omega_1 t), & 1\\ A\cos(\omega_2 t), & 0\end{cases}$$

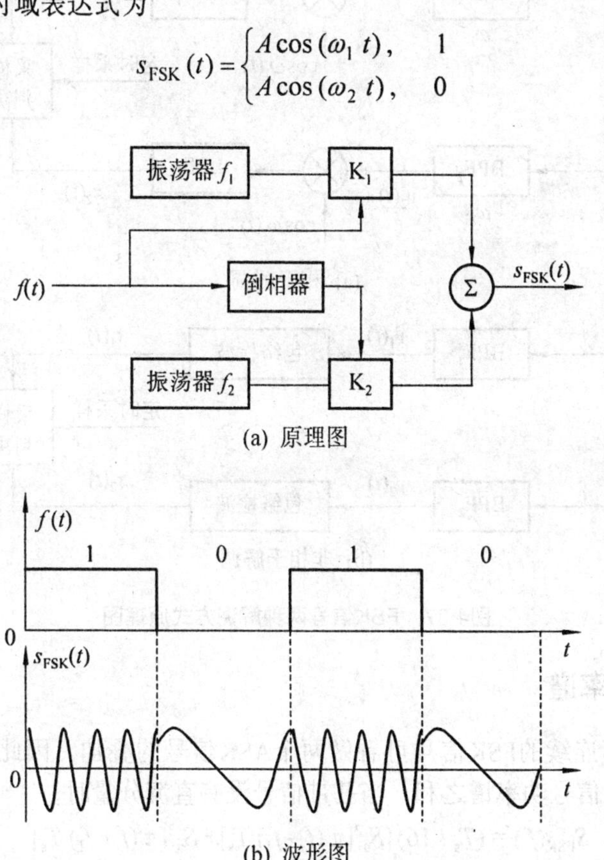

(a) 原理图

(b) 波形图

图4.36 频率键控的原理及波形图

2. 解调

FSK信号也有两种解调方式，即相干解调与非相干解调。根据FSK信号的特点，常用的是非相干解调的方法，虽然它的性能略比相干解调差一些，但解调时不需要接收端提供相干载波，因而设备简单。FSK信号的非相干解调又分为鉴频器解调、零交点鉴频解调、差分检波解调以及采用动态滤波器的最佳非相干解调等。图4.37所示为这两种解调方式的原理图。图中若 ω_1 代表1码，ω_2 代表0码，则采样判决准则为：$x_1 > x_2$ 判为1，$x_1 < x_2$ 判为0。x_1，x_2 为采样时刻LPF的输出。非相干解调方法还有鉴频法、过零检测法等。

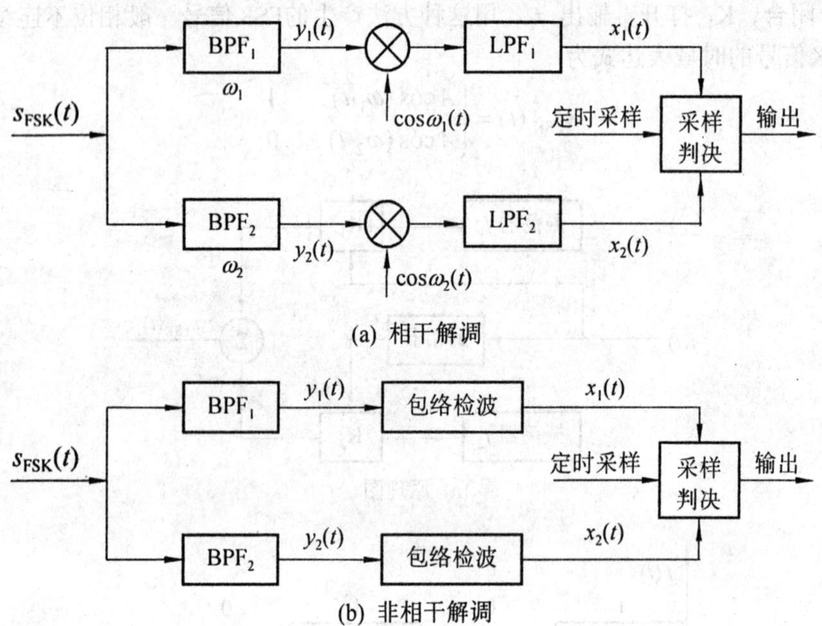

图4.37 FSK信号两种解调方式原理图

3. 功率谱

相位不连续的FSK信号可看做两个ASK信号的叠加。因此，其功率谱是两个ASK信号功率谱之和。当基带信号没有直流分量时，

$$S_{FSK}(f) = (T_s / 16)\{S_a^2[\pi (f-f_1) T_s]+ S_a^2[\pi (f+f_1) T_s] +S_a^2[\pi (f-f_2) T_s]+ S_a^2[\pi (f+f_2) T_s]\} \tag{4.67}$$

FSK信号功率谱图(如图4.38所示)是根据式(4.67)所画的。

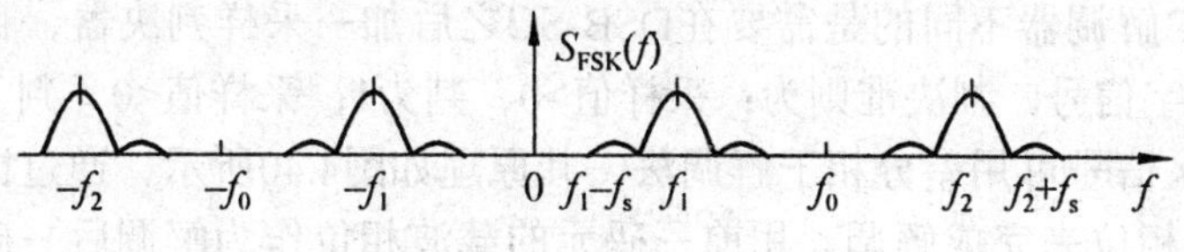

图4.38 FSK信号功率谱

4.4.3 移相键控

1. 调制

移相键控是用数字基带信号控制载波的相位作振荡变化，分绝对调相和相对(差分)调相两种。绝对调相(PSK)利用载波相位(初相)的绝对值来表示数字信号。例如，1码用0相位表示，0码用π 相位表示。相对调相(DPSK)又称差分调相，是利用相邻码元的载波相位的相对变化来表示数字信号。相位的相对变化指本码元载波初相与前一码元载波终相的相位差。例如，1码载波相位变化π ，即与前一码元载波终相相位相差π ；0码载波相位不变，即与前一码元载波终相相位相同。PSK信号和DPSK信号产生的原理如图4.39所示。图(a)为PSK信号产生原理图，图(b)为DPSK信号产生原理图。

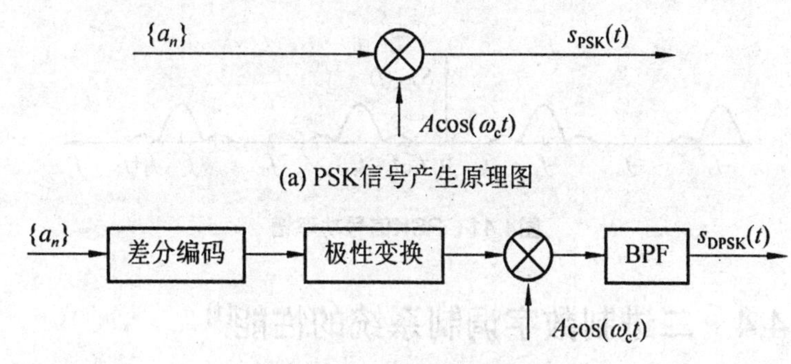

图4.39 PSK、DPSK信号产生原理图

PSK信号的时域表达式为

$$s_{PSK}(t)=\begin{cases}A\cos(\omega_c t), & 1\\ A\cos(\omega_c t+\pi), & 0\end{cases}$$

2. 解调

PSK信号具有恒定的包络，因而不能采用包络解调，要采用相干解调，

与DSB-SC解调器不同的是需要在DSB-SC之后加一采样判决器，目的在于恢复原数字信号。判决准则为：采样值>0，判为1；采样值<0，判为0。

DPSK信号可用差分相干解调法，其原理如图4.40所示，通过比较前后码元的初相位来完成解调，用前一码元的载波相位作为解调后一码元的参考相位。解调器输出的是绝对码，要求载波频率要为码元速率的整数倍。

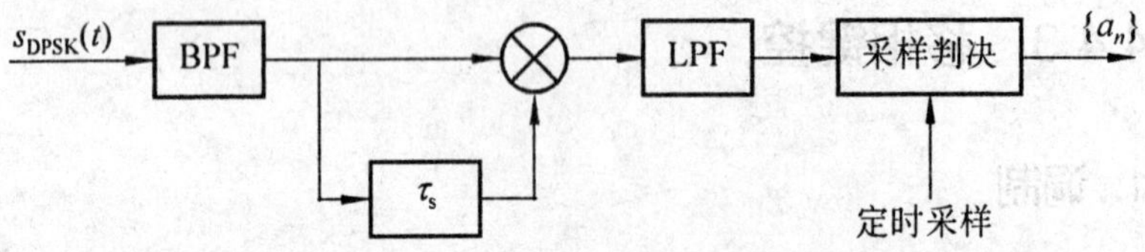

图4.40　DPSK信号差分相干解调法原理图

3. 功率谱

当调制信号为双极性NRZ数字信号时，PSK信号实际上就是一种DSB-SC信号，故其功率谱为

$$S_{PSK}(f) = (T_s / 4)\{S_a^2[\pi (f-f_0) T_s] + S_a^2[\pi (f+f_0) T_s]\} \tag{4.68}$$

其带宽与ASK相同。PSK信号功率谱图(如图4.41所示)是根据式(4.68)所画的。

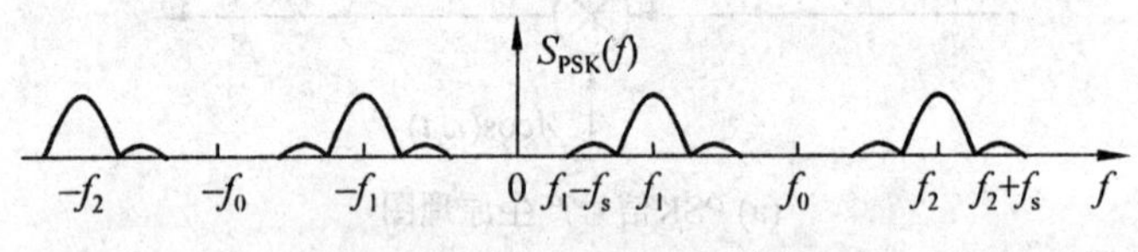

图4.41　PSK信号功率谱

4.4.4　二进制数字调制系统的性能[1]

在数字信号载波传输系统中，信道噪声的存在会造成误码。因此，通常用误码率来衡量系统的抗噪声性能。

1. 振幅键控ASK系统

(1) 非相干解调

二进制ASK系统非相干解调原理已示于图4.34(b)中。当信道中存在高斯白噪声，并且BPF恰好可以让ASK信号顺利通过时，包络检波器的输入波形可表示为

$$s_i(t)=\begin{cases}A\cos(\omega_c t+\theta_c)+n_i(t), & 1\\ n_i(t), & 0\end{cases} \tag{4.69}$$

式中，$n_i(t)=n_c(t)\cos\omega_c t-n_s(t)\sin\omega_c t$。所以其包络

$$v(t)=\begin{cases}\left\{[A+n_c(t)]^2+n_s^2(t)\right\}^{1/2}, & 1\\ [n_c^2(t)+n_s^2(t)]^{1/2}, & 0\end{cases} \tag{4.70}$$

发1码时包络的一维概率密度函数为赖斯分布，即

$$P_1(v)=(v/\sigma_n^2)\,I_0(Av/\sigma_n^2)\exp[-(v^2+A^2)/2\sigma_n^2] \tag{4.71}$$

发0码时包络的一维概率密度函数为瑞利分布，即

$$P_0(v)=(v/\sigma_n^2)\exp[-(v^2+A^2)] \tag{4.72}$$

上两式中，σ_n^2为$n_i(t)$的方差，$I_0(x)$是第一类零阶修正贝塞尔函数。$P_1(v)$和$P_0(v)$曲线示于图4.42中。将包络检波器的输出加到采样判决器上，由于判决门限电平取为$A/2$，当包络的采样值大于$A/2$时，判为1；采样值小于等于$A/2$时，判为0。所以，发1而错判为0的概率为

$$P_{e1}=P(v\leqslant A/2)=\int(v/\sigma_n^2)I_0(Av/\sigma_n^2)\exp[-(v^2+A^2)/2\sigma_n^2]\mathrm{d}v \tag{4.73}$$

同理，发0而错判为1的概率为

$$P_{e0}=P(v>A/2)=\int(v/\sigma_n^2)\exp[(-v^2)/2\sigma_n^2]\mathrm{d}v \tag{4.74}$$

若发1的概率为$P(1)$，发0的概率为$P(0)$，并且$P(1)=P(0)=1/2$时，系统的总误码率为

$$P_e=P(1)P_{e1}+P(0)P_{e0}=(1/2)\Big\{\int(v/\sigma_n^2)I_0(Av/\sigma_n^2)\cdot\exp[-(v^2+A^2)/2\sigma_n^2]\mathrm{d}v+\int(v/\sigma_n^2)\exp[(-v^2)/2\sigma_n^2]\mathrm{d}v\Big\} \tag{4.75}$$

由图4.42可见，P_e等于两块阴影面积的一半。在$v=A/2$直线左边的阴影面积等于P_{e1}，其值的一半表示漏报概率；在$v=A/2$直线右边的阴影面积等丁P_{e0}，其值的一半表示虚报概率。采用包络检波的接收系统，通常是工作在大信噪比的情况下。这时，可利用下列近似关系式：

$$I_0(x)\approx e^x/\sqrt{2\pi x}\qquad x>>1 \tag{4.76}$$

$$\mathrm{Erfc}(x)\approx e^{-x2}/\sqrt{\pi x}\qquad x>>1 \tag{4.77}$$

求得P_e为

$$P_e\approx(1/2)e^{-r/4} \tag{4.78}$$

式中，$r=A^2/(2\sigma_n^2)$为输入信噪比。该式表明，非相干解调的误码率将随输入信噪比近似地按指数规律下降。

(2) 相干解调

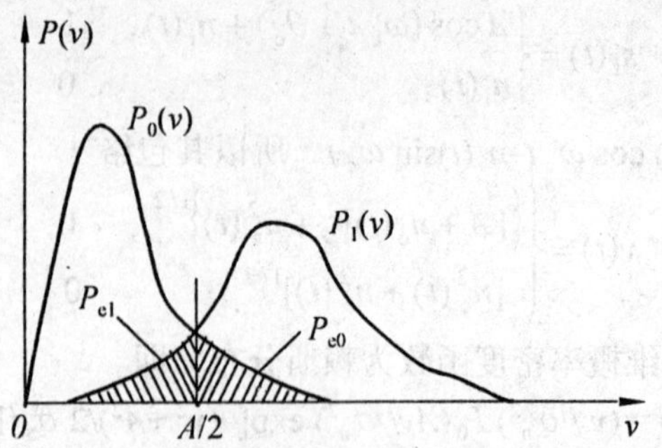

图4.42　$P_1(v)$和$P_0(v)$曲线图

相干解调原理如图4.34(a)所示。当乘法器的输入为式(4.69)所表示的信号时，LPF的输出为

$$x(t)=\begin{cases} A+n_c(t), & 1 \\ n_c(t), & 0 \end{cases} \tag{4.79}$$

为了方便起见，上式右边去掉了系数1/2。这是一基带信号，当噪声的均值为0，方差为 $\sigma_n{}^2$的高斯白噪声，且发1和发0等概率时，系统的总误码率也可由下式表示：

$$P_e=\text{erfc}\left[\frac{A}{2\sqrt{2}\,\sigma_n}\right]\Big/2$$

式中，$\text{erf}c(x)=(2/\sqrt{\pi})\int_0^x e^{-y^2}dy$ 称为误差函数。$\text{erfc}(x)=1-\text{erfc}\,(x)$是互补误差函数。erfc (x)是单值函数，x增大，erfc (x)也增大。

求得

$$P_e=\frac{1}{2}\text{erfc}\left(\frac{A}{2\sqrt{2}\,\sigma_n}\right)=\frac{1}{2}\text{erfc}(\sqrt{r}/2) \tag{4.80}$$

在大信噪比的情况下，运用式(4.77)的近似关系可得系统的误码率为

$$P_e\approx(1/\sqrt{\pi r})e^{-r/4} \tag{4.81}$$

该式表明，随着输入信噪比的增加，系统的误码率将更迅速地按指数规律下降。与式(4.78)相比较可看出，相干解调系统的性能优于非相干解调系统。这是由于相干解调时利用了载波与信号的相关性，起到了增强信号、抑制噪声作用的缘故。但相干解调设备复杂，非相干解调设备简单，大信噪比情况下多采用非相干解调。只有小信噪比才采用相干解调。

2. 频率键控系统

(1) 非相干解调

假定信道噪声为高斯白噪声，两路BPF的输出分别为

$$y_1(t)=\begin{cases}[A+n_{c1}(t)]\cos\omega_1 t-n_{s1}(t)\sin\omega_1 t, & 1\\ n_{c1}(t)\cos\omega_1 t-n_{s1}(t)\sin\omega_1 t, & 0\end{cases} \tag{4.82}$$

$$y_2(t)=\begin{cases}n_{c2}(t)\cos\omega_2 t-n_{s2}(t)\sin\omega_2 t, & 1\\ [A+n_{c2}(t)]\cos\omega_2 t-n_{s2}(t)\sin\omega_2 t, & 0\end{cases} \tag{4.83}$$

两包络检波器的输出分别是$y_1(t)$和$y_2(t)$的包络，记为$x_1(t), x_2(t)$，其中

$$x_1(t)=\begin{cases}\left\{[A+n_{c1}(t)]^2+n_{s1}(t)\right\}^{1/2}, & 1\\ [n_{c1}{}^2(t)+n_{s1}{}^2(t)]^{1/2}, & 0\end{cases} \tag{4.84}$$

$$x_2(t)=\begin{cases}[n_{c2}{}^2(t)+n_{s2}{}^2(t)]^{1/2}, & 1\\ \left\{[A+n_{c2}(t)]^2+n_{s2}(t)\right\}^{1/2}, & 0\end{cases} \tag{4.85}$$

由前面的讨论可知，发1时，$x_1(t)$的概率密度函数$P_1(x_1)$服从赖斯分布；发0时，$P_0(x_1)$服从瑞利分布。发1时，$x_2(t)$的概率密度函数$P_0(x_2)$服从瑞利分布；发0时，$P_0(x_2)$服从赖斯分布。显然，发1时，如果$x_1(t)$的采样值x_1小于$x_2(t)$的采样值x_2，则产生错误判决，其错误概率为

$$\begin{aligned}P_{e1}&=P(x_1<x_2)=\int P_1(x_1)[\int_0^{\infty}P_1(x_2)\mathrm{d}x_2]\mathrm{d}x_1\\&=\int_0^{\infty}(x_1/\sigma_n^2)I_0(Ax_1/\sigma_n^2)\exp(-x_1^2/\sigma_n^2)\exp(A^2/2\sigma_n^2)\mathrm{d}x_1\end{aligned} \tag{4.86}$$

令$t=\sqrt{2x_1}/\sigma_n$，$\alpha=A/\sqrt{2}\sigma$，代入上式得

$$P_{e1}=\mathrm{e}^{-a^2/2}\int_0^{\infty}tI_0(at)\mathrm{e}^{-(t^2+a^2)/2}\mathrm{d}t$$

上式中的积分项称为Q函数，其定义为

$$Q(\alpha,\beta)=\int_0^{\infty}tI_0(at)\mathrm{e}^{-(t^1+a^2)/2}\mathrm{d}t$$

根据其性质

$$Q(\alpha,0)=\int_0^{\infty}tI_0(at)\mathrm{e}^{-(t^1+a^2)/2}\mathrm{d}t=1$$

所以有

$$P_{e1}=\mathrm{e}^{-t^2/2}=\mathrm{e}^{-r/2}/2 \tag{4.87}$$

同理可求出发0时的错误概率为

$$P_{e0} = P(x_1 > x_2) = \int_0^\infty P_0(x_2)\int_{x_2}^\infty P_0(x_1)\mathrm{d}x_1\mathrm{d}x_2 = P_{e1} \quad (4.88)$$

系统的总误码率为

$$P_e = P(1)P_{e1} + P(0)P_{e0} = \mathrm{e}^{-r/2}/2 \quad (4.89)$$

上式表明，包络解调时FSK系统的误码率将随输入信噪比的增加按指数规律下降。

(2) 相干解调

两路BPF的输出$y_1(t)$和$y_2(t)$分别与式(4.8.2)和式(4.8.3)相同。LPF的输出分别为

$$x_1(t) = \begin{cases} A + n_{c1}(t), & 1 \\ n_{c1}(t), & 0 \end{cases} \quad (4.90)$$

$$x_2(t) = \begin{cases} n_{c2}(t), & 1 \\ A + n_{c2}(t), & 0 \end{cases} \quad (4.91)$$

与前面的情况相同，这里也没有考虑系数的影响。因为$n_{c1}(t)$和$n_{c2}(t)$都是高斯随机过程，故$x_1(t)$和$x_2(t)$的概率密度函数都为高斯分布，则

$$P_1(x_1) = \frac{1}{\sqrt{2}\pi\sigma_n}\mathrm{e}^{-(x_1-A)^2/2\sigma_n^2},$$

$$P_0(x_1) = \frac{1}{\sqrt{2}\pi\sigma_n}\mathrm{e}^{-x_1^2\sigma_n^2},$$

$$P_1(x_2) = \frac{1}{\sqrt{2}\pi\sigma_n}\mathrm{e}^{-x_2^2/2\sigma_n^2},$$

$$P_0(x_1) = \frac{1}{\sqrt{2}\pi\sigma_n}\mathrm{e}^{-(x_2-A)^2/2\sigma_n^2},$$

发1时的错误概率P_{e1}是当$x_1 < x_2$时，把1错判为0的概率，为

$$P_{e1} = P(x_1 < x_2) = P(A + n_{c1} - n_{c2} < 0) \quad (4.92)$$

令$Z = A + n_{c1} - n_{c2}$，由于$n_{c1}(t)$和$n_{c2}(t)$在同一时刻是互相独立的，且都是均值为0，方差为σ_n^2的高斯过程，因此，Z也是高斯过程，其均值为A，方差为$\sigma_z^2 = 2\sigma_n^2$，概率密度函数

$$P(Z) = \frac{1}{\sqrt{2}\pi\sigma_n}\mathrm{e}^{-(Z-A)^2/2\sigma_n^2}$$

则

$$P_{e1} = \int_{-\infty}^0 P(Z)\mathrm{d}Z = \mathrm{erfc}(\sqrt{r/2}) \quad (4.93)$$

同理，可求得发0错判为1的概率为

$$P_{e0} = P(x_1 - x_2 > 0) = P(n_{c1} - A - n_{c2} > 0) = \text{erfc}(\sqrt{r/2})/2 \tag{4.94}$$

系统的总误码率

$$P_e = P(1)P_{e1} + P(0)P_{e0} = \text{erfc}(\sqrt{r/2})/2 \tag{4.95}$$

当$r>>1$时，

$$P_e \approx (1/\sqrt{2}\,\pi\, r)\text{e}^{-r/2} \tag{4.96}$$

3. PSK和DPSK系统

(1) PSK信号的相干解调

假定信道噪声为高斯白噪声，在一个码元时间内BPF的输出为

$$Y_1(t) = \begin{cases} A\cos\omega_0 t + n_c(t)\cos\omega_0 t - n_s(t)\sin\omega_0 t\,, & 1 \\ -A\cos\omega_0 t + n_c(t)\cos\omega_0 t - n_s(t)\sin\omega_0 t\,, & 0 \end{cases} \tag{4.97}$$

LPF输出(未考虑系数)为

$$x(t) = \begin{cases} A + n_c(t)\,, & 1 \\ -A + n_c(t)\,, & 0 \end{cases} \tag{4.98}$$

由于$x\,(t)$呈高斯分布，所以

$$P_1(x) = \frac{1}{\sqrt{2}\,\pi\,\sigma_n^2}\int_{-\infty}^{0} \text{e}^{-(x-A)^2/2\sigma_n^2}\,\text{d}t\,, \quad 1 \tag{4.99}$$

$$P_0(x) = \frac{1}{\sqrt{2}\pi\,\sigma_n^2}\int_{-\infty}^{0} \text{e}^{-(x-A)^2/2\sigma_n^2}\,\text{d}t\,, \quad 0 \tag{4.100}$$

其曲线如图4.43所示。判决门限电平为0，$x>0$判为1，$x<0$判为0。系统的总误码率$P_e=P(1)\,P_{e1}+P(0)\,P_{e0}$。由于$P_1\,(x)$和$P_0\,(x)$对于纵轴对称，因此有$P_{e1}(x<0) = P_{e0}\,(x>0)$。

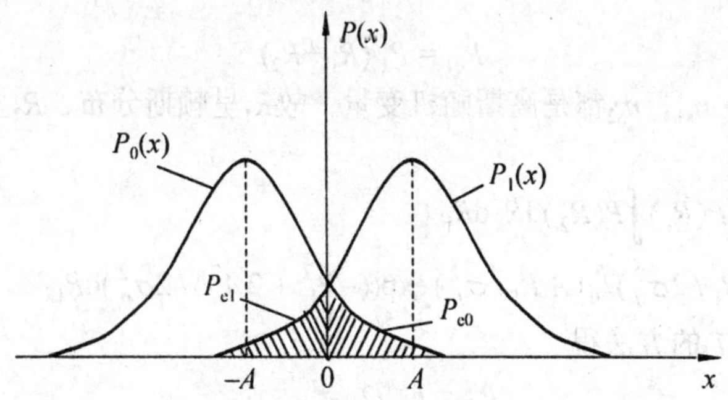

图4.43 $P_1(x)$和$P_0(x)$曲线图

所以

$$P_e = \int P_{e0}(x)\mathrm{d}x[P(1)+P(0)] = \mathrm{erfc}(\sqrt{r})/2 \tag{4.101}$$

当r>>1时，

$$P_e \approx (1/\sqrt{2}\,\pi r)\mathrm{e}^{-r} \tag{4.102}$$

(2) DPSK信号的差分相干解调

假定加到乘法器的混有噪声的前后两码元信号为

$$\phi_1(t) = A\cos\omega_0 t + n_{c1}(t)\cos\omega_0 t - n_{s1}(t)\sin\omega_0 t \tag{4.103}$$

$$\phi_2(t) = A\cos\omega_0 t + n_{c2}(t)\cos\omega_0 t - n_{s2}(t)\sin\omega_0 t \tag{4.104}$$

式中，$\phi_1(t)$表示无延时支路的信号，$\phi_2(t)$表示延时支路信号。乘法器输出为

$$y(t)=[A+n_{c1}(t)][A+n_{c2}(t)]\cos^2\omega_0 t - [A+n_{c1}(t)]n_{s2}(t)\sin\omega_0 t\cos\omega_0 t - [A+n_{c2}(t)]n_{s1}(t)\sin\omega_0 t\cos\omega_0 t + n_{s1}(t)n_{s2}(t)\sin^2\omega_0 t \tag{4.105}$$

将$\cos^2\omega_0 t$和$\sin^2\omega_0 t$展开，可得LPF输出为

$$x(t)= \{[A+n_{c1}(t)][A+n_{c2}(t)] + n_{s1}(t)n_{s2}(t)\}/2 \tag{4.106}$$

判决规则为：x>0为1, $x\leqslant 0$为0。发1错判为0的概率为

$$P_{e1} = P_1[(A+n_{c1})(A+n_{c2})+n_{s1}n_{s2}<0] \tag{4.107}$$

利用恒等式

$$x_1x_2+y_1y_2=\{[(x_1+x_2)^2+(y_1+y_2)^2]-[(x_1-x_2)^2+(y_1-y_2)^2]\}/4$$

将上式P_{e1} 变换为

$$P_{e1} = P_1\{[(A+n_{c1}+A+n_{c2})^2+(n_{s1}+n_{s2})^2-(A+n_{c1}-A-n_{c2})^2+(n_{s1}-n_{s2})^2]<0\}$$

令

$$R_1=[(2A+n_{c1}+n_{c2})^2+(n_{s1}+n_{s2})^2]^{1/2}$$

$$R_2=[(n_{c1}-n_{c2})^2+(n_{s1}-n_{s2})^2]^{1/2}$$

有

$$P_{e1} = P_1(R_1+R_2)$$

因为n_{c1}，n_{c2}，n_{s1}，n_{s2}都是高斯随机变量，故R_1呈赖斯分布，R_2呈瑞利分布，则

$$\begin{aligned} P_{e1} &= \int P(R_1)\int P(R_2)\mathrm{d}R_2\mathrm{d}R_1 \\ &= (R_1/2\sigma_n^2)I_0(AR_1/\sigma_n^2)\exp((-R_1^2+2A^2)/2\sigma_n^2)\mathrm{d}R_1 \end{aligned} \tag{4.108}$$

按照求式(4.87)的方法得

$$P_{e1} = \mathrm{e}^{-r}/2 \tag{4.109}$$

同理可求得发0错判为1的概率为

$$P_{e0} = \mathrm{e}^{-r}/2 \tag{4.110}$$

系统的总误码率为

$$P_e = P(1)\,P_{e1}\Delta + P(0)\,P_{e0} = e^{-r}/2 \tag{4.111}$$

4.5 多进制数字调制

4.5.1 振幅调制

1. 调制

多进制振幅调制(MASK)是指用具有多个电平的随机基带脉冲序列对载波进行振幅调制。MASK信号的时域表达式为

$$s_{\text{MASK}}(t) = \left[\sum a_n g(t - nT_s)\right]\cos(\omega_c t) \tag{4.112}$$

其中

$$a_n = \begin{cases} 0\,, & \text{概率为}P_0 \\ 1\,, & \text{概率为}P_1 \\ 2\,, & \text{概率为}P_2 \\ \vdots & \quad\vdots \\ n-1, & \text{概率为}P_{n-1} \end{cases}$$

$g(t)$是高度为1，宽度为T_s的矩形脉冲，且有$\sum_i P_i = 1$。

2. 解调

MASK信号与二进制ASK信号产生的方法相同，解调方式也相同，可采用相干解调和非相干解调两种方式。

3. 功率谱

M进制ASK信号的功率谱等于M个二进制ASK信号功率谱之和。叠加后的MASK信号的功率谱的带宽等于每一个二进制ASK信号的功率谱的带宽，即

$$B_m = 2f_s = 2/T_s \tag{4.113}$$

4.5.2 频率调制(MFSK)

1. 调制

多进制频率调制是指用多个频率不同的正弦波分别代表不同的数字信号，在某一码元时间内只发送其中一个频率。产生MFSK信号的一般方法可用图4.44来表示。

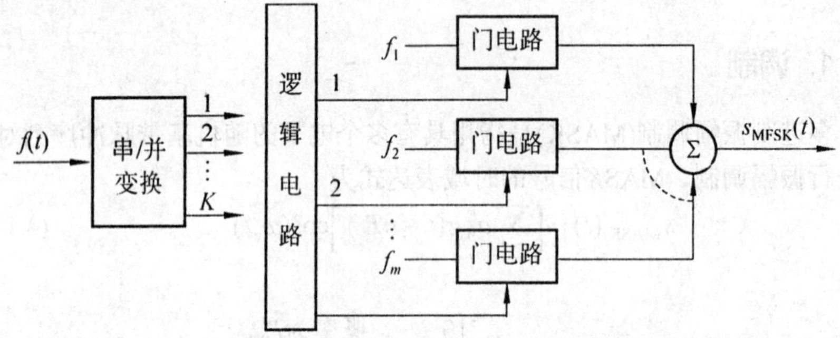

图4.44 产生MFSK信号的一般方法

调制原理是这样的：输入的二进制码首先由串/并变换电路按每K位分为一组，然后由逻辑电路转换成具有多种状态的多进制码。当某组二进制码来到时，相应的门电路打开，其他门电路关闭，仅使被打开的门电路所对应的载波发送出去。这样，当一组二进制码输入时，加法器的输出便是一个MFSK波形。

2. 解调

相对于用图4.44所示方法产生的调制信号，可采用图4.45所示的方法进行解调。

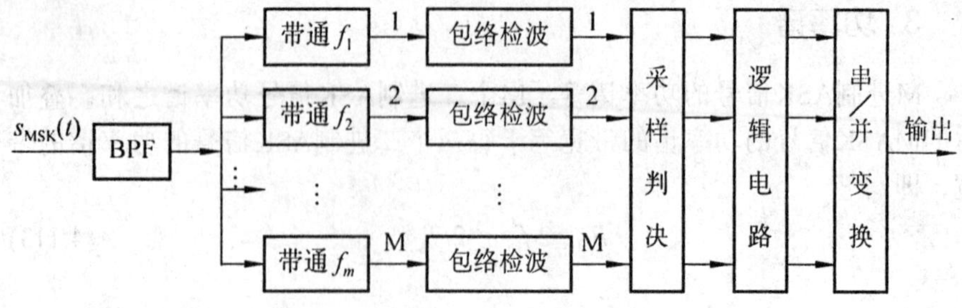

图4.45 MFSK信号的解调方法

解调原理是这样的：当某一载频到来时，只有相应的某个带通滤波器有信号和噪声通过，而其他的带通滤波器只有噪声通过。采样判决器通过比较某一时刻所有包络检波器的输出电压，判断哪一路的输出最大(据此判决频率)，将最大者输出，就得到一个多进制码元，经逻辑电路转换成K位二进制并行码，再经变换电路转换成串行二进制码，从而实现解调。

MFSK信号还可以采用分路滤波相干解调方法进行解调。分路滤波解调方法用乘法器和低通滤波器来替换图4.45中的包络检波器，且要求各路乘法器有不同频率的相干本地载波输人。

3. 功率谱

用图4.44所示方法产生的MFSK信号，可看做是M个振幅相同、载波不同、时间上互不相容的二进制ASK信号的叠加，故其带宽为

$$B_{\mathrm{MFSK}}=f_{\mathrm{H}}-f_{\mathrm{L}}+2f_{\mathrm{s}} \tag{4.114}$$

其中f_{H}为最高载频，f_{L}为最低载频，$2f_{\mathrm{s}}$为码元速率。

4.5.3 相位调制(MPSK)

1. 调制

多进制相位调制用具有多个相位状态的正弦波来代表多组二进制信息码元，即用载波的一个相位对应于一组二进制信息码元。多进制相位调制又可分为多进制相移键控和多进制相对(差分)相移键控。

MPSK信号的时域表达式可表示为

$$s_{\mathrm{MPSK}}(t)=A\cos(\omega_{\mathrm{c}}t+\theta_{\mathrm{n}}) \tag{4.115}$$

其中

$$\theta_{\mathrm{n}}=n2\pi/m\ ,\ n=0,\ 1,\ 2,\ \cdots,\ \mathrm{M}-1。$$

假定载波频率ω_{c}是基带数字信号速率f_{s}的整数倍，则式(4.115)可改写为

$$\begin{aligned}s_{\mathrm{MPSK}}(t)&=A\cos(\omega_{\mathrm{c}}t+\theta_{\mathrm{n}})\\&=A\sum_{n=0}^{M-1}g(t-nT_{\mathrm{s}})\cos(\omega_{\mathrm{c}}t+\theta_{\mathrm{n}})\\&=A\cos(\omega_{\mathrm{c}}t)\sum_{n=0}^{M-1}\cos(\theta_n)g(t-nT_{\mathrm{s}})\\&\quad-A\sin(\omega_{\mathrm{c}}t)\sum_{n=0}^{M-1}\sin(\theta_n)g(t-nT_{\mathrm{s}})\end{aligned} \tag{4.116}$$

式(4.116)表明，MPSK信号可等效为两个正交载波进行多电平双边带调幅所得的已调波信号，其产生也可按类似于产生双边带正交调制信号的方式进行。下面以4PSK信号为例简要给出其产生的办法。

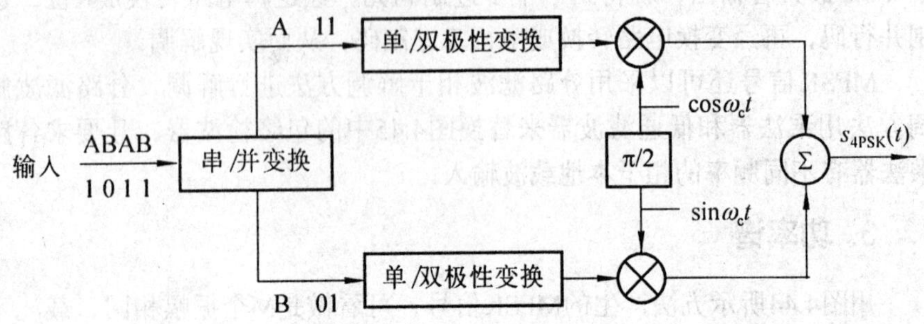

图4.46 4PSK信号形成方法

4PSK信号可采用如图4.46所示的方法产生。4PSK信号形成的过程是这样的：首先对串行二进制码进行分组，每两位码元为一组(图中前一位用A表示，后一位用B表示)，经过串/并变换使其成为宽度加倍的并行码(A、B在时间上是对齐的)，然后，再分别进行极性变换，并把由单极性码得到的双极性码与载波相乘，形成正交的双边带信号，最后由加法器输出的信号便是π/4系统PSK信号。

2. 解调

4PSK信号的解调可采用如图4.47所示的正交相干解调法(又称极性比较法)。用两个正交的相干载波分别检测A和B两个分量，然后还原成串行的二进制数字信号。图中采样判决器的判决准则为：采样值 >0，判为1；采样值 <0，判为0。

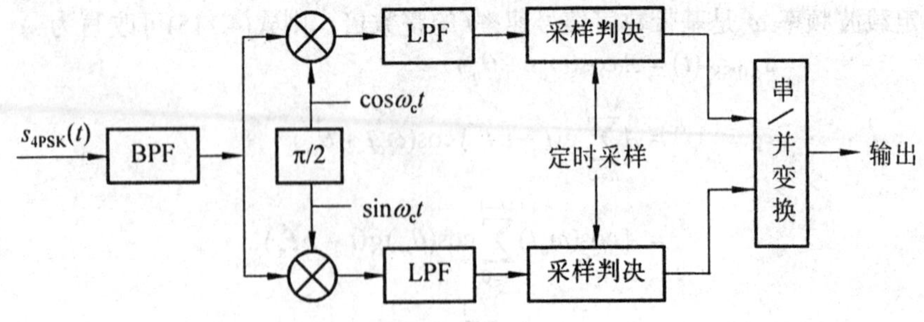

图4.47 4PSK信号的正交相干解调

3. 功率谱

由式(4.117)可知，MPSK信号的带宽与MASK信号的带宽相同，即

$$B_{\mathrm{MPSK}} = 2f_{\mathrm{s}} = 2/T_{\mathrm{s}} \tag{4.117}$$

习　题

4.1　设调制信号为单频余弦信号，即

$$f(t) = A_{\mathrm{m}}\cos\omega_{\mathrm{m}}t$$

用它进行标准调幅，求

(1) 时域表达式及波形；

(2) 频域表达式及频谱图；

(3) 调制指数及频率的表达式。

4.2　已知一台AM广播电台输出功率是50kW，并且采用调制指数为0.707的余弦信号进行调制，试计算

(1) 载波功率；(2) 调制效率；(3) 如果天线用50Ω的电阻负载表示，求载波信号的峰值幅度。

4.3　用0~3.0kHz的信号调制频率为20.000MHz的载波，产生SSB信号。对该信号用超外差接收机进行解调，接收机如图P4.3所示。f_0为本机振荡频率（高于输入信号）。中频放大器通过频率范围为10.000~10.003MHz，假定：(1) SSB信号是上边带；(2) SSB信号是下边带，试确定f_0，f_{d}的数值为多少时才能正确解调SSB信号。

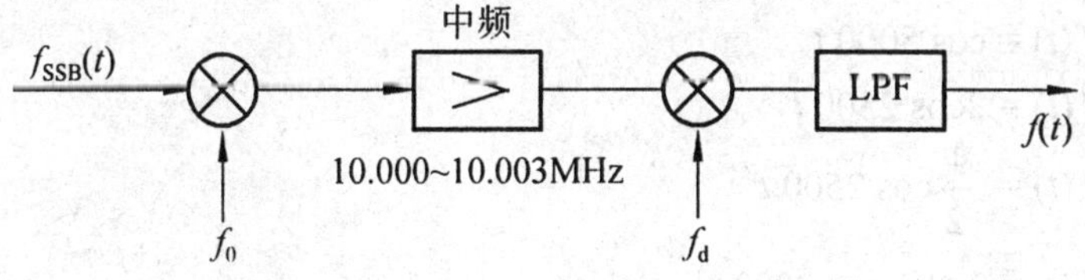

图P4.3

4.4　已知信号$f(t)=\cos 2000\pi t$ 调制于$2\cos 10^4\pi t$的载波上，分别画出

(1) 标准调幅　(2) DSB　(3) SSB下边带　(4) SSB上边带

4.5　定性解释用包络检波器（或整流检波器）解调双边带-抑制载波信号将发生什么现象。

4.6　某一电台应用功率为P瓦的双边带-抑制载波信号以满足某一区域的

需要。若决定用单边带-抑制载波代替，则以同一强度满足同一区域的需要时，所需功率是多少？假设在两种情形下同步解调的本机振荡载波强度一样。

4.7　现有一振幅调制信号$s_{AM}(t)=(1+A\cos\omega_m t)\cos\omega_c t$，如$A=0.5$，试问此信号能否用包络检波器解调？包络检波器的输出信号是什么？

4.8　设一双边带信号$s_{DSB}(t)=f(t)\cos\omega_c t$，用相干解调恢复$f(t)$，本地载波为$\cos(\omega_c t+\varphi)$。如果所恢复的信号是其最大可能值的90%，试问相位φ的最大允许值是多少？

4.9　在角度调制中，如果调制信号是单频正弦波（$A\cos\omega_m t$），试论证绝对没有一种方法能从接收载波中确定它是频率调制还是相位调制。

4.10　有一角调信号$s(t)=A\cos[\omega_c t+100\cos(\omega_m t)]$

(1) 如果调制为PM，且$K_P=2$，试求$f(t)$及$f(t)$所导致的峰值角频率变化$\Delta\omega$。

(2) 如果调制为FM，且$K_f=2$，试求$f(t)$及$f(t)$所导致的峰值角频率变化$\Delta\omega$。

4.11　100MHz的载波，由5kHz的正弦波进行频率调制，如果最大频偏是50kHz，试求FM波占据的近似带宽为多少。

4.12　某一角调波由下式描述：

$$s(t)=10\cos(2\times10^6\pi t+10\cos2000\pi t)$$

试确定：

(1) 已调信号的功率；(2) 最大频偏；(3) 最大相移；(4) 信号带宽

你能确定这是调频波还是调相波吗？

4.13　一载波被正弦信号$f(t)$调制频率。调制常数$K_f=30000$。针对下列每种情况试确定载波携带的功率和所有边带携带的总功率：

(1) $f(t)=\cos 5000t$

(2) $f(t)=2\cos 2500t$

(3) $f(t)=\dfrac{1}{2}\cos 2500t$

(4) $f(t)=2.405\cos 3000t$

(5) $f(t)=10\sin(1000t+\theta)$

(6) $f(t)=5.52\sin(30000t+\varphi)$

4.14　设调制信号$f(t)=\cos 4000\pi t$，对载波$c(t)=2\cos 2\times10^6\pi t$分别进行调幅和窄带调频。

(1) 写出已调信号的时域和频域表达式；

(2) 画出频谱图；

(3) 讨论两种调制方式的主要异同点。

4.15 某单频调制的调频波通过鉴频器、调频波的最大相位偏移为5 rad，调制频率为15kHz，鉴频系数K_D=0.1v/kHz，试求输出信号的平均功率。

4.16 设一宽带调频系统，载波幅度为100V，频率为100MHz，调制信号$f(t)$的频带限制在5kHz，其均方值$\overline{f^2(t)}=5000$。调制常数$K_f=500\pi$，最大频偏$\Delta f=75\text{kHz}$，信道中白噪声的功率谱$S_n(\omega)=10^{-3}$。试求：

(1) 接收机输入端理想带通滤波器的传输特性。

(2) 解调器输入端的信噪比。

(3) 解调器输出端的信噪比。

(4) 若$f(t)$以标准调幅方式传输并以包络检波，试比较在输出信噪比和所需带宽方面与调频系统有何不同。

4.17 设用单正弦信号进行调频，调制频率为15kHz，最大频偏为75kHz，用鉴频器解调。输入信噪比为20dB，试求输出信噪比。

4.18 若数字消息序列为{11011100010}，试画出二进制ASK，FSK，PSK和DPSK信号的波形图。

4.19 一相位不连续的二进制FSK信号，发1码时的波形为$A\cos(2000\pi t+\theta_1)$，发0码时的波形为$A\cos(8000\pi t+\theta_0)$，码元速率为600波特。求系统的频带宽度最小为多少？

4.20 对PSK信号，若比特率为1200波特，载波频率为1800Hz，分别对下列两种情况画出数字消息序列{00110101}的波形。

(1) 绝对移相：0相位用“0”表示。
　　　　　　　π 相位用“1”表示。

(2) 相对移相：相位无变化用“1”表示。
　　　　　　　相位有变化用“0”表示。

4.21 某FSK系统的传码率为2×10^6波特，数字消息为“1”时的频率f_1为10MHz，数字消息为“0”时的频率f_2为10.4MHz。接收端输入信号的振幅A=40μV，输入高斯型白噪声的单边功率谱为6×10^{-18}。试求：

(1) FSK信号的频带宽度；(2) 非相干接收时系统的误码率；

(3) 相干接收时系统的误码率。

4.22 已知数字消息为“1”时发送端的信号功率为1kW，信道衰减为60dB，接收端解调器输入端上的噪声功率为10^{-4}W。试求非相干ASK系统和相干PSK系统的误码率。

4.23 已知接收机的输入信噪比r=10dB，试求四进制FSK相干解调和非相干解调的系统的误码率。

第5章 模拟信号编码技术

模拟信号经采样变成离散时间信号以后，再经量化、编码就成为数字信号。这种数字信号经传输后，在接收端进行上述过程的逆变换就可恢复出原模拟信号。基于这种原理所构成的数字通信系统在很多性能上都要比模拟通信系统优越。随着数字技术与计算机的迅速发展，数字通信应用日益广泛，已成为现代通信的主要手段之一。

本章主要讲述模拟信号的采样、量化及编码的基本原理，同时讲述脉冲振幅调制、脉冲编码调制、增量调制、差分脉冲编码调制的有关内容。

5.1 信号采样

所谓“采样”就是利用采样脉冲序列 $p(t)$从连续信号 $f(t)$中“抽取”一系列的离散信号(采样信号) $f_s(t)\big|_{t=nT_s}$，如图5.1所示。采样点的函数值$f_s(nT_s)$

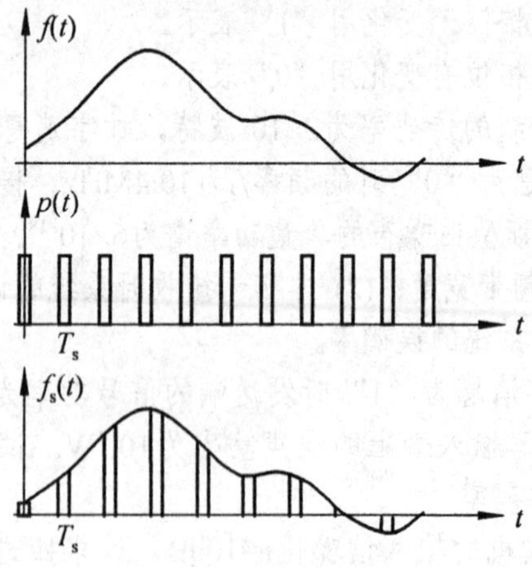

图5.1 采样信号的波形

称为样值。T_s为采样点之间的时间间隔，称为“采样间隔”。当T_s为常数时，它又被称为“采样周期”，此时的采样称为“均匀采样”，T的倒数$f_s=1/T_s$称为“采样频率”，单位为Hz，或写成采样角频率 $\omega_s=2\pi f_s=2\pi/T_s$，单位为rad/s。采样过程如图5.2所示。

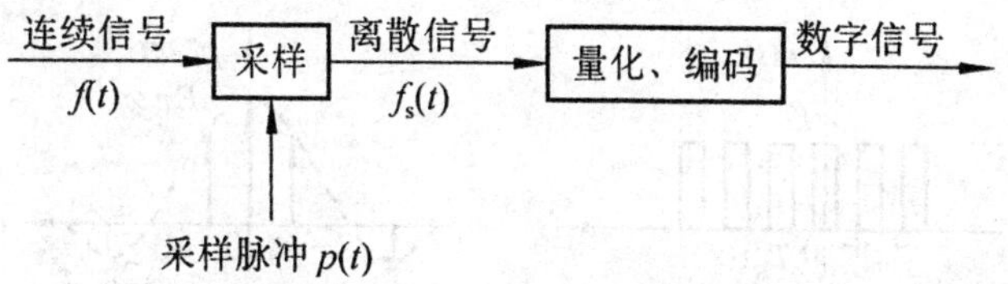

图5.2 采样过程方框图

下面介绍两种典型的采样过程：自然采样和冲激采样。

5.1.1 自然采样

自然采样(或斩波采样)的模型如图5.3所示，其实质就是连续信号$f(t)$与矩形采样脉冲$p(t)$相乘。自然采样的时域表达式为

$$f_s(t)=f(t)\,p(t) \tag{5.1}$$

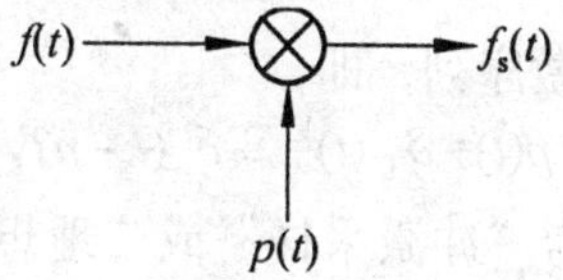

$f(t)$ → ⊗ → $f_s(t)$

$p(t)$

图5.3 自然采样的数学描述

假设矩形脉冲$p(t)$的脉冲幅度为E，脉宽为 τ，采样间隔为T_s (采样角频率为 ω_s)，则由式(5.1)可以得出自然采样的频域表达式为

$$F_s(\omega)=(E\tau/T_s)\sum_{n=-\infty}^{\infty}\mathrm{Sa}\,(n\omega_s\tau/2)\,F(\omega-n\omega_s) \tag{5.2}$$

式(5.2)表明，自然采样得到的采样信号的频谱$F_s(\omega)$是原连续信号频谱$F(\omega)$的周期性重复，重复周期为采样频率 $\omega_s=2\pi/T_s$，并且在重复过程中被载波$p(t)$的傅立叶系数加权，如图5.4所示。

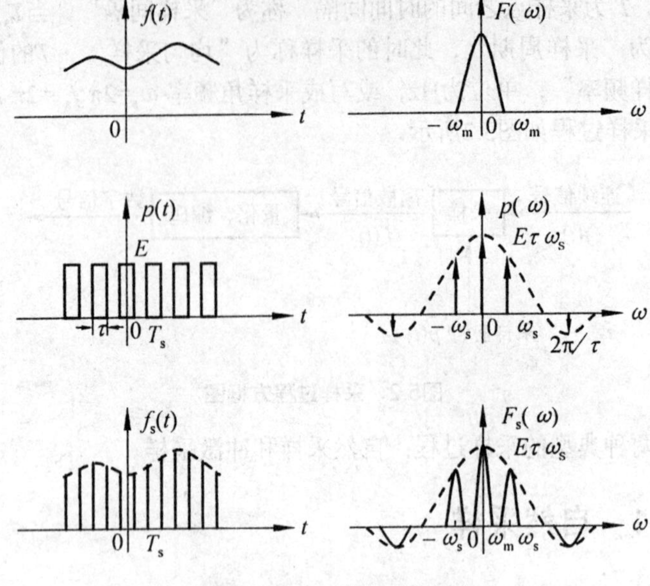

图5.4　自然采样信号的频谱

5.1.2　冲激采样

若采样脉冲$p(t)$是冲激序列，即

$$p(t)=\delta_{\mathrm{T}}(t)=\Sigma\,\delta\,(t-nT_{\mathrm{s}})$$

则此时的采样过程被称为“冲激采样”或“理想采样”。冲激采样的时域表达式为

$$f_{\mathrm{s}}(t)=f(t)\,p(t)=f(t)\,\delta_{\mathrm{T}}\,(t) \tag{5.3}$$

式(5.3)表明，冲激采样所产生的采样信号$f_{\mathrm{s}}(t)$是由一序列冲激函数构成的，每个冲激的间隔为T_{s}，而强度等于连续信号的采样值 $f(nT_{\mathrm{s}})$。由式(5.3)可以得出该采样信号的频域表达式为

$$F_{\mathrm{s}}(\omega)=(1/T_{\mathrm{s}})\sum_{n=-\infty}^{\infty}F\,(\omega-n\,\omega_{\mathrm{s}}) \tag{5.4}$$

式(5.4)表明，冲激采样得到的采样信号的频谱$F_{\mathrm{s}}(\omega)$是原连续信号频谱$F(\omega)$的周期性重复，重复周期为采样频率 $\omega_{\mathrm{s}}=2\pi/T_{\mathrm{s}}$。如图(5.5)所示。

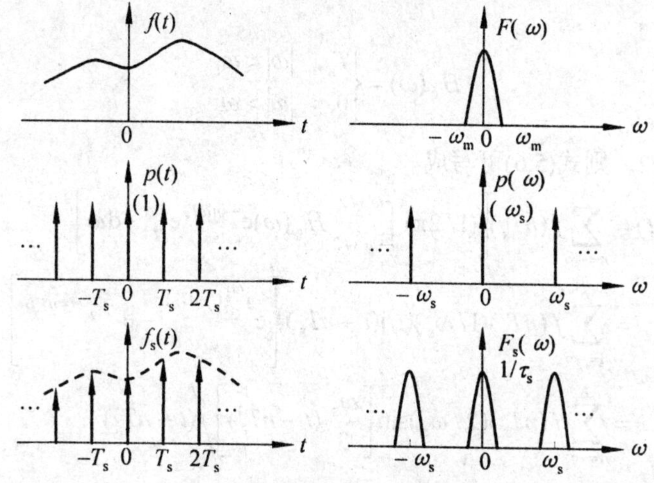

图5.5　冲激采样信号的频谱

5.1.3　抽样定理

采样定理的时域描述为：若 $f(t)$是一个频谱受限信号(即当$|\omega|\geqslant \omega_m$时，$F(\omega)=0$)，则当采样间隔$T_s\leqslant 1/2f_m$(其中 $\omega_m=2\pi f_m$)时，$f(t)$就可以用其等间隔的采样值$f(nT_s)$来唯一地表示。用时域表达式表示则为

$$f(t)=\sum_{n=-\infty}^{\infty} f(nT_s)\mathrm{Sa}\,[\omega_s(t-nT_s)/2)] \tag{5.5}$$

现在对式(5.5)进行证明：令冲激采样信号$f_s(t)$通过频率响应为$H_c(\omega)$的理想低通滤波器，则输出为

$$\begin{aligned}
f(t) &= L^{-1}[F_s(\omega)H_c(\omega)] \\
&= L^{-1}\left\{\left[\sum_{n=-\infty}^{\infty} f(nT_s)\,\delta(t-nT_s)\right]H_c(\omega)\right\} \\
&= L^{-1}\left\{\left[\sum_{n=-\infty}^{\infty} f(nT_s)\,\mathrm{e}^{-\mathrm{j}n\omega T_s}\right]H_c(\omega)\right\} \\
&= \sum_{n=-\infty}^{\infty} f(nT_s)\,L^{-1}\left[H_c(\omega)\mathrm{e}^{-\mathrm{j}n\omega T_s}\right] \\
&= \sum_{n=-\infty}^{\infty} f(nT_s)\left[(1/2\pi)\int_{-\infty}^{\infty} H_c(\omega)\mathrm{e}^{-\mathrm{j}n\omega T_s}\mathrm{e}^{\mathrm{j}\omega t}\,\mathrm{d}\omega\right]
\end{aligned} \tag{5.6}$$

若

$$H_c(\omega)=\begin{cases}T_s, & |\omega|\leqslant\omega_c \\ 0, & |\omega|>\omega_c\end{cases}.$$

取 $\omega_c=\omega_s/2$，则式(5.6)可写成

$$\begin{aligned}f(t)&=\sum_{n=-\infty}^{\infty}f(nT_s)\left[(1/2\pi)\int_{-\omega s/2}^{\omega s/2}H_c(\omega)\mathrm{e}^{-\mathrm{j}n\omega T_s}\mathrm{e}^{\mathrm{j}\omega t}\cdot\mathrm{d}\omega\right]\\&=\sum_{n=-\infty}^{\infty}f(nT_s)(1/\omega_s)\big(1/\mathrm{j}(t-nT_s)\big)\left[\mathrm{e}^{\mathrm{j}\frac{\omega_s}{2}(t-nT_s)}-\mathrm{e}^{-\mathrm{j}\frac{\omega_s}{2}(t-nT_s)}\right]\\&=\sum_{n=-\infty}^{\infty}f(nT_s)(2/\omega_s)\sin\left[\frac{\omega_s}{2}(t-nT_s)\right]\Big/(t-nT_s)\\&=\sum_{n=-\infty}^{\infty}f(nT_s)\mathrm{Sa}\big[\omega_s/2(t-nT_s)\big]\end{aligned}\tag{5.7}$$

式(5.7)说明，任何一个带限的连续信号完全可以用其采样值来表示，同时指出了如何从采样信号中恢复原连续信号。通常把最低允许的采样频率 $\omega_s=\omega_m$称为奈奎斯特(Nyquist)频率，把最大允许的采样间隔$T_s=\pi/\omega_m=1/2f_m$称为奈奎斯特间隔。

从上面采样定理的叙述和证明过程中可以看出，采样定理有三个要求：① 信号是严格带限的；② 采样用理想冲激序列；③ 用理想低通滤波器来恢复原连续信号。

然而，工程上的许多信号都不是带宽受限的，这时，不管T_s 怎样小，只要是有限值，频谱混叠现象就不可避免，混叠误差必然存在。因此，在实际的采样系统中，采样前经常加一个频带宽度为ω_c的“抗混叠滤波器”，以迫使消息信号成为带限信号。其次，实际采样用的是具有一定宽度的采样脉冲，因此会存在孔径效应。再者，理想滤波器是物理上不可实现的，实际的滤波器不会有理想的那样陡峭的截止特性，而总有一个过渡带，所以恢复出的信号中仍保留少量高于ω_c的频率分量，会产生一定的混叠。

因此，工程上，一般取采样频率

$$\omega_s=(2\sim5)2\,\omega_m\tag{5.8}$$

5.2 采样信号的量化[5]

模拟信号$f(t)$经采样作用后变成了在时间上离散的采样信号$f_s(nT_s)$，这

种采样信号只有经过量化、编码处理，成为数字信号后，才能用于实际的数字系统。所谓量化，就是将一个数用一个作为单位的数去分割，并取其最接近原数的整数值。这个量化过程可以用图5.6来说明，图中Δ是量阶，虚线表示模拟信号$f(t)$。图5.6(a)表示采样信号$f_s(nT_s)$，图5.6(b)表示经过处理后的量化信号$f_s(nT_s)$。从图5.6中可以看出量化的过程体现了分层的思想：把采样信号的样值的变化区别划分成若干“层”(若干个量阶)。每个样值都按“四舍五入”的规则归到其最为接近的那个量阶的整数层上。例如，图5.6(a)中的$f_s(3T_s) = 4.25\Delta$，量化后取$f_s'(3T_s) = 4\Delta$。

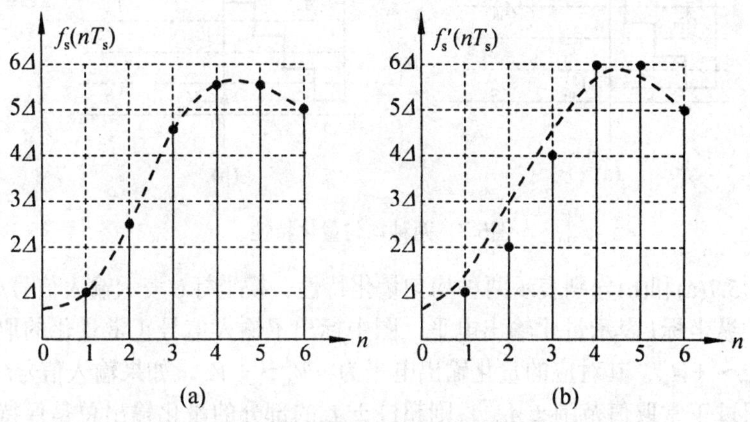

图5.6　量化过程示意图

很显然，原本只在时间上离散，样值仍然是模拟量的采样信号经过量化处理后变成了在时间上、样值上都离散的量化信号。在实际应用中，量阶数目总是有限的，所以每一个量化信号值都可以用一定位数的代码(二进制或多进制)来表示。这种把量化信号转变成有限状态的数字信号的过程叫编码。但也正是由于量阶的有限性，在量化过程中就不可避免地会造成实际信号值与量化信号值之间的误差。这种由于量阶的有限性造成的误差被称为量化误差，记为$e(t)$。把由量化误差产生的噪声叫做量化噪声。定义信号平均功率与量化噪声平均功率之比为量化信噪比。

根据量阶在量化过程中是否跟随样值的大小而改变，量化可分为均匀量化和非均匀量化。

5.2.1　均匀量化

均匀量化，就是将模拟信号$f(t)$的取值范围进行等间隔分层，使相邻量化电平的间隔即量阶Δ在整个信号变化范围内固定不变。均匀量化亦称线性量化。

设信号$f(t)$的幅度范围是$-A_m \sim +A_m$，量化级数为M，则定义量阶为

$$\Delta = 2A_m / M$$

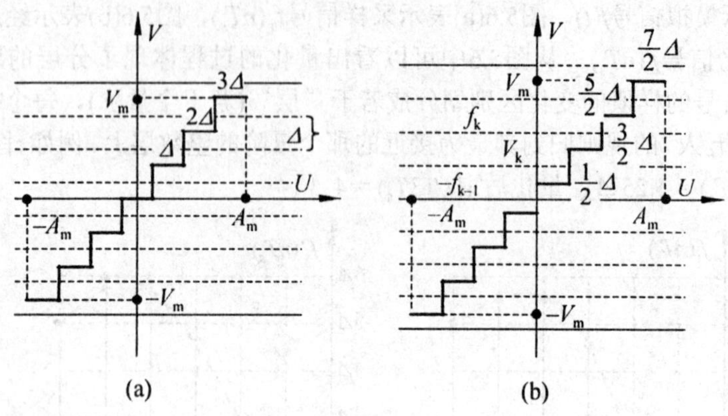

图5.7　两种均匀量化特性

图5.7(a)和(b)分别表示两种均匀量化特性，横坐标U表示输入信号$f(t)$的幅度，纵坐标V表示量化输出电平。图中标出了输入信号正常量化的取值范围$-A_m \sim +A_m$，其对应的量化输出电平为$-V_m \sim +V_m$。如果输入信号$f(t)$的幅度超过正常取值范围$\pm A_m$，则超过$\pm A_m$的部分的量化输出总是保持为正的最大或负的最大量化电平$\pm V_m$，从而出现限幅过载并引起限幅过载失真。

从图5.7可以看出，当量化电平分别取各层的中间值时，量化过程所形成的量化误差不超过$\pm \Delta/2$，定义信号的相对量化误差为

$$\delta = \frac{\pm \Delta/2}{A} \cdot 100\% \tag{5.9}$$

式中，A为信号幅度。显然，均匀量化在大信号时的相对量化误差小，而在小信号时的相对误差很大。比如最大幅度$A_m=(M/2)\Delta$时的相对量化误差δ为$\pm(1/M)100\%$。以$M=2^7$为例，这时$\delta < \pm 10\%$。而当信号幅度为一个量阶Δ时，其相对量化误差δ为50%，这将使小信号严重失真。很明显，均匀量化时，小信号的量化信噪比很低，难以达到给定的要求，通常把满足一定量化信噪比要求时输入信号的取值范围定义为动态范围，一般要求在40dB。对于均匀量化，信号的动态范围将受到很大限制，而实际系统中的模拟调制信号出现小信号的概率相当大。比如话音信号，大约在一半时间里，其瞬间幅度均低于其有效值的1/4，如果采用均匀量化，则其所产生的量化噪声相当大。

在均匀量化中，量阶Δ保持不变。量化误差$e(t)$与实际输入的样值无关，

量化误差的最大瞬时值等于量阶的一半，$e(t)$分布在$\pm\Delta/2$之间。如果Δ与样值的最大变化量相比小得多时，则可认为量化噪声的振幅在$-\Delta/2$～$+\Delta/2$范围内大致是等概率分布的。这种量化噪声与样值大小的无关性决定了样值越小，信噪比越小。为了满足小样值时的信噪比要求，必须加大量阶的数目，也就是要增加编码位数。

5.2.2　非均匀量化

为了克服上述均匀量化的缺点，通常采用非均匀量化。在非均匀量化中，量阶Δ跟随样值的大小而改变。即在小样值时，Δ就变小；大样值时，Δ相应变大。和均匀量化相比，非均匀量化将使小信号时的相对量化误差减少，而大信号时的相对误差本来就很小。因此，非均匀量化提高了整个信号取值范围内的平均信噪比，从而就可以在较宽的信号动态范围内满足给定的量化信噪比要求。在实践中，人们利用压扩技术，即模拟压扩法和数字压扩法，来实现非均匀量化。下面分别介绍其基本原理。

1. 模拟压扩法

模拟压扩法就是先将采样信号进行压缩，而后再进行均匀量化。对信号进行压缩-均匀量化，其效果就相当于对信号进行非均匀量化。压缩电路是一个非线性放大器，它对大信号的放大倍数小，而对小信号的放大倍数大，从而使大信号受到压缩。图5.8中曲线①为压缩电路的压缩特性，图中$f_q'(t)$为经过压缩后的量化信号，解调时，将解码后的压缩量化信号$f_q'(t)$先经过扩张电路，其作用正好与压缩相反，使受到压缩的量化信号$f_q'(t)$复原为$f_q'(t)$，再经LPF即可恢复模拟信号$f'(t)$。扩张电路的扩张特性如图5.8中曲线②所示，它与曲线①正好相反，即相匹配，以便能真实地复原量化信号。

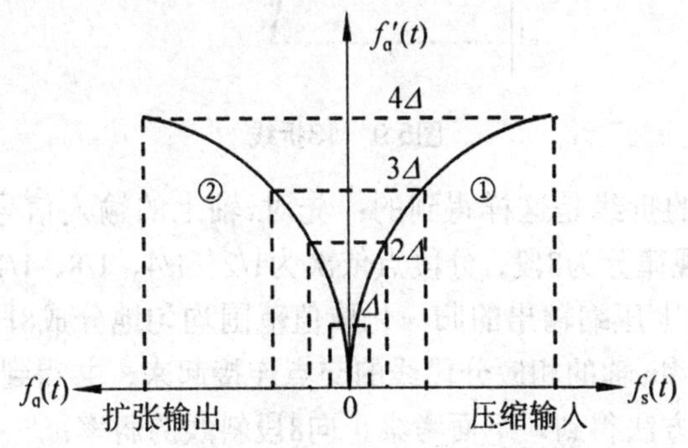

图5.8　模拟压扩法

压缩电路的压缩特性主要有两种：A律压缩特性和μ律压缩特性，二者都属于对数式压缩。归一化的A律压缩特性表示为

$$y=\begin{cases} A|x|/(1+\ln A)\cdot \operatorname{sgn}(x), & 0\leqslant |x| \leqslant (1/A) \\ (1+\ln A|x|)/(1+\ln A)\cdot \operatorname{sgn}(x), & (1/A)\leqslant |x| \leqslant 1 \end{cases}$$

归一化的μ律压缩特性表示为

$$\ln(1+\mu|x|)/\ln(1+\mu)\cdot \operatorname{sgn}(x),\quad 0\leqslant|x|\leqslant 1$$

模拟压扩特性可以用非线性器件如二极管来近似实现，但不易做到压扩特性严格匹配，且易受温度等环境因素影响而使特性不稳定，因此这种压扩技术的应用受到了一定的限制。

2. 数字压扩法

数字压扩法就是用数字电路形成许多相连接的折线来近似模拟对数压扩特性，从而直接对样本信号进行非均匀量化编码。下面以13折线A律压缩特性为例，说明数字压扩的基本原理。

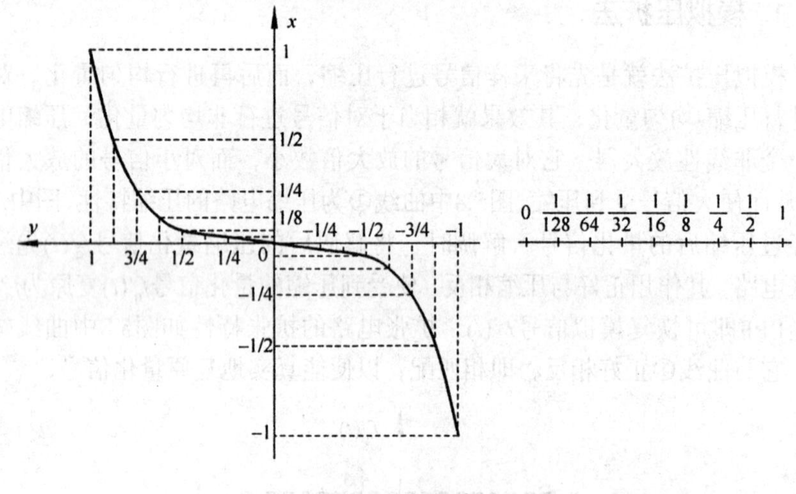

图5.9 13折线

图5.9所示的折线是这样得到的：先对x轴上的输入信号归一化取值范围，按1/2递减规律分为8段，分段点依次为1/2，1/4，1/8，1/16，1/32，1/64，1/128，再把y轴上压缩输出的归一化取值范围均匀地分成8段，即每段长为1/8，然后把x轴和y轴的相应分段线的交点连接起来，共得到8段斜线。负向8段斜线按同样方法得到。下面考察正向8段斜线的斜率：

第1段斜率为 $1/8 \div 1/128=16$ ； 第2段斜率为$1/8 \div \left(\frac{1}{64}-\frac{1}{128}\right)=16$ ；

第3段斜率为 $1/8 \div 1/64=8$ ； 第4段斜率为$1/8 \div 1/32=4$ ；

第5段斜率为 $1/8 \div 1/16=2$ ； 第6段斜率为$1/8 \div 1/8=1$ ；

第7段斜率为 $1/8 \div 1/4=1/2$； 第8段斜率为$1/8 \div 1/2=1/4$ ；

从以上各段斜率可看出，第1、2段斜率是相同的，因此第1、2段可连成一条直线。故实际得到7段不同斜率的折线。负向的7段折线与正向的折线呈奇对称。由于负向第1、2段与正向第1、2段斜率相同，因此可将它们连成一条折线。这样共得到13段折线。这13段折线是逼近A律压缩特性的，通常称之为A87.6/13折线律压缩特性。图5.10列出了当x为各段起始点坐标值时对应的A律和13折线律的输出y值。可以看出，它们十分接近。

段号		1	2	3	4	5	6	7	8
x	0	$1/128$	$1/64$	$1/32$	$1/16$	$1/8$	$1/4$	$1/2$	1
y(13 折线)	0	$1/8$	$2/8$	$3/8$	$4/8$	$5/8$	$6/8$	$7/8$	1
y(A:87.6)	0	$1/8$	$210/876$	$321/876$	$432/876$	$543/876$	$654/876$	$765/876$	1

图5.10 13折线与A律压扩特性比较

13折线的量化方案是：对x轴上的8段，每段再均匀分为16个量化间隔。如图5.10所示，这样共有128个量化间隔，而各段的量化间隔互不相同，分别用$\Delta 1, \Delta 2, \cdots, \Delta 8$表示，对$y$轴上的8段，则每段再均匀地分成16层。于是总共被均匀分为128层，分别与x轴上的128个量化间隔相对应。这样就相当于对输入信号进行不均匀量化，即小信号时量阶小，大信号时量阶大。最小量阶 $\Delta 1=1/(128\times 16)=1/2048$，最大量阶 $\Delta 8=1/(2\times 16)=1/32=64\Delta 1$，其他各段的量阶分别为

$\Delta 2=1/(128\times 16)=1/2048=\Delta 1$； $\Delta 3=1/(64\times 16)=1/1024=2\Delta 1$

$\Delta 4=1/(32\times 16)=1/512=4\Delta 1$ ； $\Delta 5=1/(16\times 16)=1/256=8\Delta 1$

$\Delta 8=1/(8\times 16)=1/128=16\Delta 1$； $\Delta 7=1/(4\times 16)=1/64=32\Delta 1$

显然，如果按这时所用的最小量阶$\Delta 1$对信号进行均匀量化，则所需的量化级为

$$M=16(\Delta 1+\Delta 1+2\Delta 1+4\Delta 1+8\Delta 1+16\Delta 1+32\Delta 1+64\Delta 1)=2048\Delta 1=2^{11}\Delta 1$$

也就是说，在保持小信号时量阶相同的情况下，128级非均匀量化相当于2048级均匀量化。

对信号进行压扩以实现非均匀量化，能带来的量化信噪比的改善是十

分显著的。图5.11所示为采用压扩技术后测得的话音信号量化信噪比与输入信号强度的实验曲线，从图中可以看出，为满足量化信噪比大于26dB的要求，无压扩时输入信号需要大于$-18\text{dB}_\text{m}\text{W}$，而采用压扩后输入信号只要大于$-38\text{dB}_\text{m}\text{W}$即可。这相当于输入信号的动态范围增加了70 $\text{dB}_\text{m}\text{W}$。

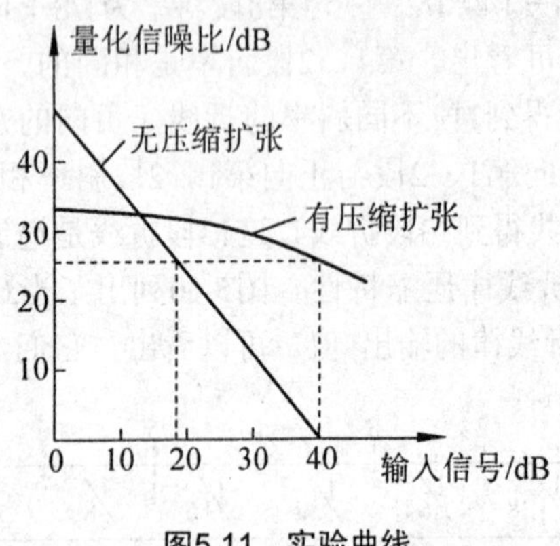

图5.11　实验曲线

另外，还有用折线法近似μ律压缩特性的数字压扩法，即μ255/15折线律压扩。其原理与上述87.6/13折线律原理相仿。

5.3　脉冲振幅调制(PAM)

脉冲调制以脉冲序列作为载波。由于脉冲序列有幅度、宽度、时间位置等参量可供携带信息，所以派生出脉冲振幅调制(PAM)、脉冲宽度调制(PDM或PWM)和脉冲位置调制(PPM)这3种调制方式。脉冲调制正是以采样定理作为理论依据的。应当指出，由于脉冲序列的参数随模拟基带信号的采样值连续地变化，所以，脉冲调制仍属于模拟调制。本节只讨论PAM。

PAM是指脉冲载波的幅度随调制信号$f(t)$而变化的一种调制方式。所用的脉冲载波是周期为T_s、幅度为E、宽度为τ的脉冲序列，用$p(t)$表示。实际上，PAM是采样定理的直接应用。自然采样(斩波采样)的过程就是脉冲幅度调制的过程，自然采样信号$f_s(t)$被称为PAM(Pulse Amplitude Modulation)信号。

PAM的时域表达式是

$$s_{\text{PAM}}(t)=f_s(t)=f(t)\,p(t) \tag{5.10}$$

其中，$p(t)$为矩形周期脉冲。

PAM的频域表达式是

$$S_{\mathrm{PAM}}(\omega)=F_{\mathrm{s}}(\omega)=(E\tau/T_{\mathrm{s}})\sum_{n=-\infty}^{\infty}Sa(n\omega_{\mathrm{s}}\tau/2)F(\omega-n\omega_{\mathrm{s}}) \tag{5.11}$$

只需要用理想LPF便可从$S_{\mathrm{PAM}}(\omega)$信号中恢复出原信号$f(t)$。

5.4　脉冲编码调制(PCM)

脉冲编码调制就是用脉冲码组代表模拟调制信号的采样值，是把模拟信号转换为数字信号的一种脉冲数字调制方式。PCM方式的突出优点就是抗干扰性能好，便于时分多路复用，便于计算机处理，能够把各种输入信号(如声音、图像、数据)进行量化处理，变为代码进行传输，可以实现传输和变换一体化的综合通信方式，还可以实现数据传输与数据处理一体化的综合通信处理。PCM系统原理如图5.12所示。当然，PCM系统还需要同步电路。

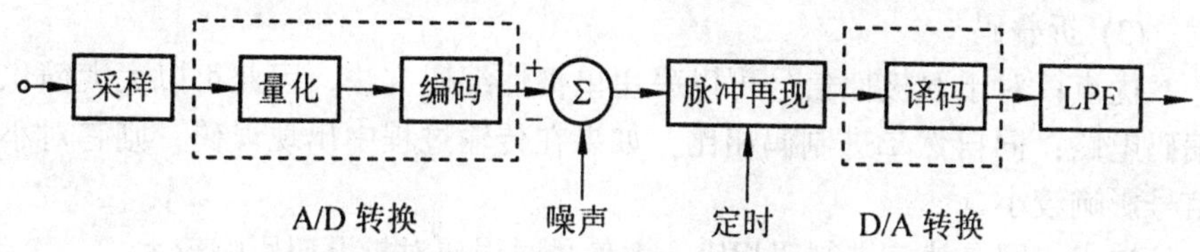

图5.12　PCM系统原理图

5.4.1　PCM编码

模拟信号经采样、量化等处理后，就可以进行编码，使量化信号变为编码信号，也就是PCM的基带信号。

在实际的数字系统中，一个数字信号是用二进制数来表示的。在PCM中广泛使用的二进制码有：自然二进制码，格雷码，折叠码。表5.1列出了量阶数为8时这三种编码的关系。

(1) 自然二进制码

优点：与最普通的二进制数相对应，不仅编码操作简便，而且译码也可逐位进行，可简化译码器的结构。

缺点：在编码过程中，无论哪一位判决有误，都有可能使量阶数产生大的误差。

表5.1　三种编码的关系

量化单位数	自然二进制码			格雷码			折叠码		
0	0	0	0	0	0	0	0	1	1
1	0	0	1	0	0	1	0	1	0
2	0	1	0	0	1	1	0	0	1
3	0	1	1	0	1	0	0	0	0
4	1	0	0	1	1	0	1	0	0
5	1	0	1	1	1	1	1	0	1
6	1	1	0	1	0	1	1	1	0
7	1	1	1	1	0	0	1	1	1

(2) 格雷码

优点：在编码过程中，如果判决有误，使量阶数产生的误差较小。

缺点：译码时不能逐位独立进行，还要转换为自然二进制码后再译码。

(3) 折叠码

优点：对于双极性信号可以采用单极性编码方法，因此可以大大简化编码电路；同自然二进制码相比，如果在传输过程中出现误码，则它对小信号影响较小。

缺点：同自然二进制码相比，大信号时误码对折叠码影响较大。

下面以逐次比较式工作的A/D转换器为例，介绍PCM编码的基本工作原理。PCM本质上就是A/D转换，A/D转换的过程和秤量东西的过程很类似。秤量东西时有个基准重量单位 ω_R， 例如以市斤或两为单位。待测的重量为 ω_A， 则当天平平衡时， ω_A是 ω_R的倍数，令 $\omega_A/\omega_R=D$。若 ω_R是两，ω_A是8斤3两3钱，则D=83.3。若 ω_R是斤， ω_A是8斤3两3钱，则D=8.33。取整数，前者D=83，量化误差为0.3两；后者D=8，量化误差为3.3两。这说明基准单位 ω_R越大，量化误差也越大。

进行A/D转换时，输入模拟量就相当于待测重量 ωA， A/D转换时的参考量R，相当于基准单位 ωR，则输入模拟量A中包含的模拟参考量的个数就是A/D转换的结果D，用D=〔A/R〕表示，〔A/R〕表示最接近A/R的正整数。

逐次比较式的原理图如图5.13所示。A/D转换过程就是输入模拟电压和一系列的标准电压相比较，由高位至低位逐位地确定各位数码是1还是0，其转换过程如下。

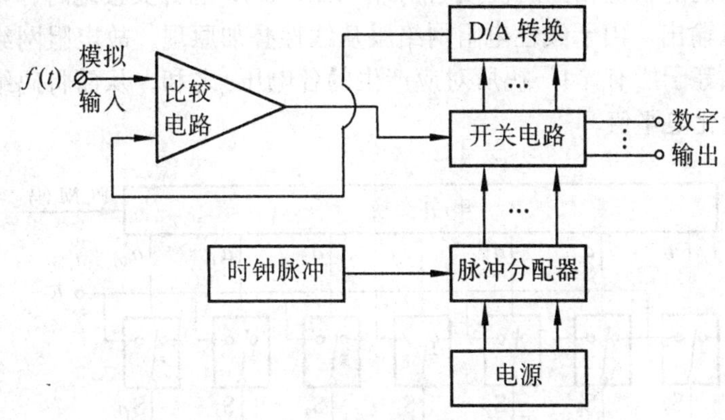

图5.13　逐次比较式A/D原理图

假定输入模拟电压的范围是0～5V，转换成8位数字量，基准电压要用8个。现使用2.5V、1.25V、0.625V、0.313V、0.156V、0.078V、0.039V、0.020V作为基准电压。

对输入模拟电压3.33V进行量化，其过程为：

第一步比较，3.33V>2.5V，二进制最高位D_7=1，保留2.5V；

第二步比较，3.33V<2.5V+1.25V，D_6=0 不保留1.25V；

第三步比较，3.33V>2.5V+0.625V，D_5=1 保留0.625V；

第四步比较，3.33V<3.125V+0.313V，D_4=0 不保留0.313V；

第五步比较，3.33V>3.125V+0.156V，D_3=1 保留0.156V；

第六步比较，3.33V<3.281V+0.078V，D_2=0 不保留0.078V；

第七步比较，3.33V>3. 281V+0.039V，D_1=1 保留0.039V；

第八步比较，3.33V<3. 32V+0.020V，D_0=0 不保留0.020V.

最后得到量化数值为10101010，其中左边为高位，右边为低位。

5.4.2　PCM译码

译码的作用就是实现D/A转换，把PCM码还原为PAM信号。

常用的译码器大致可分为3种类型：加权网络型、级联型和混合型。这里就如图5.14所示的加权网络型译码器简述译码原理。加权电阻网络型解码器主要由串/并变换电路、控制开关组S_1～S_n和电阻网络组成。输入的PCM码组(线性码)先进入串/并变换电路，当最后一位码进入后，串/并变换电路即输出并行码组a_{n-1}，a_{n-2}，…，a_1a_0。每位码控制一个开关，即“1”码使开关接标准电压E，“0”码使开关接地。当开关S_i接地时，电阻网络即产生与该位码的权值相应的模拟电压$e_i(i=1,2,\cdots,n)$。当开关接地时，则电阻网络无电压输出。由于线性电阻网络服从线性叠加原理，故电阻网络的总输出电压V_o等于所有“1”码所对应产生的各电压e_i之和，从而将码组转换为对应的量化电平值。

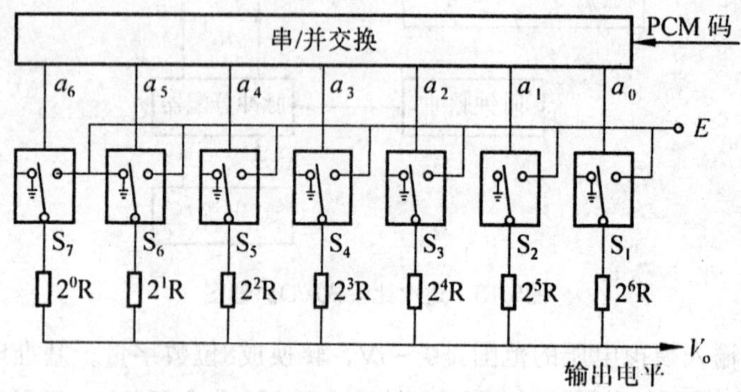

图5.14　加权网络型译码器原理图(n=7)

5.4.3　PCM系统的噪声性能

影响PCM系统性能的主要噪声有两种：一种是由量化误差产生的量化噪声，一种是由传输引起的信道噪声。下面先分别讨论由这两种噪声引起的输出信噪比，然后给出总的信噪比。

1. 量化噪声引起的输出信噪比

在“均匀量化”一节中，已经指出：如果量阶Δ比$f(t)$的动态范围小得多时，则可认为量化噪声的振幅在$(-\Delta/2\sim+\Delta/2)$范围内基本呈等概率分布。其概率分布密度为

$$P(e)=\begin{cases}1/\Delta, & |e|\leqslant\Delta/2\\ 0, & \text{其它}\end{cases} \tag{5.12}$$

因此量化噪声的平均功率

$$\begin{aligned}N_q&=\int_{-\Delta/2}^{\Delta/2}e^2P(e)\mathrm{d}e\\&=1/\Delta\int_{-\Delta/2}^{\Delta/2}e^2P(e)\mathrm{d}e=\Delta^2/12\end{aligned} \tag{5.13}$$

由量化噪声引起的输出信噪比为

$$S_o / N_o = \overline{f^2(t)} / N_q \tag{5.14}$$

2. 信道噪声引起的输出信噪比

信道噪声的影响表现为使PCM信号产生误码。如果发生误码，则被恢复的采样值便与原采样值不同，从而引起误差，带来新的输出噪声——误码噪声。假设信道噪声为加性高斯白噪声，则可以认为每一码组中的码元出现的误码是彼此独立的，并设每个码元的误码率皆为P_e，则由信道噪声引起的输出信噪比为$P_e/4$。

5.5　增量调制(DM)

5.5.1　增量调制原理

增量调制是指将信号瞬时值与前一个采样时刻的量化值之差进行量化，而且只对这个差值的符号进行编码，不对差值的大小编码。因此，量化只限于正和负两个电平，只用1bit传输一个样值。如果差值是正的，就发1码，若差值是负的就发0码。因此，数码1和0只是表示信号相对于前一时刻的增减，不代表信号的绝对值。图5.15所示为增量调制过程的波形图。

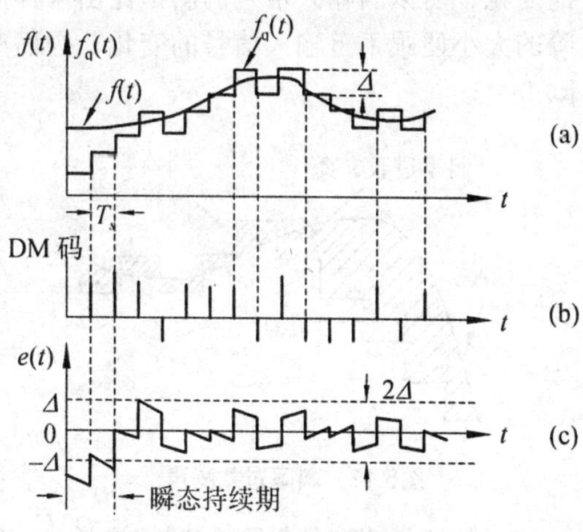

图5.15　增量调制过程的波形图

在接收端，每收到一个1码，译码器相对于前一时刻的值就上升一个量阶；每收到一个0码，译码器相对于前一时刻的值就下降一个量阶。当收到连1码时，表示信号连续增长；当收到连0码时，表示信号连续下降。译码器的输出再经过低通滤波器滤除高频量化噪声，从而恢复出原信号。只要采样频率足够高，量化阶距大小适当，接收端恢复的信号与原信号就会接近，量化噪声也可以比较小。

增量调制通常采用单纯的积分器作译码器。图5.16所示为单路消息DM系统简化方框图。若多路消息进行复用，则各路消息的脉冲序列可在A点合并，在接收端B点进行分离。

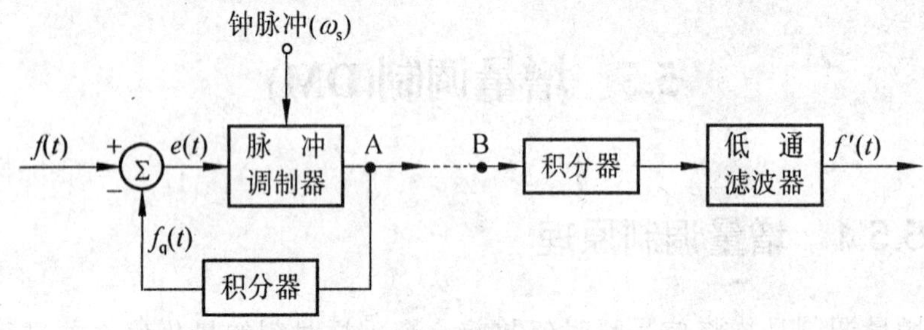

图5.16　单路消息DM系统简化方框图

在DM中量化误差产生的噪声可分为一般量化噪声(颗粒噪声) 和斜率过载(量化)噪声。前者是由电平的量化产生的，而后者是由于当输入信号的斜率较大，调制器跟踪不及而产生的。因为在DM中每个采样间隔内只允许有一个量化电平的变化，所以当输入信号的斜率比由采样周期决定的固定斜率大时，量化阶的大小便跟不上输入信号的变化，因而产生斜率过载噪声，如图5.17所示。

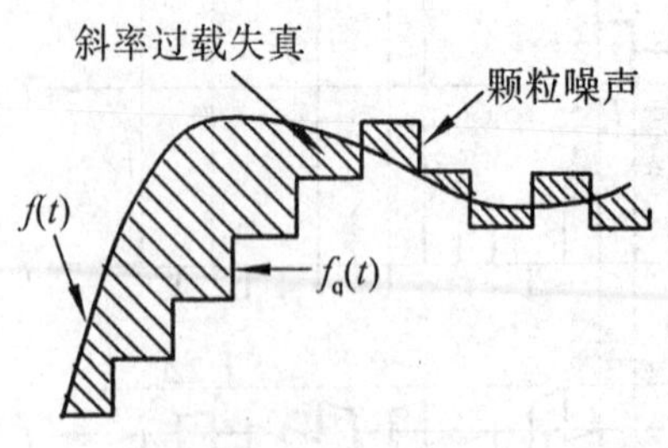

图5.17　斜率过载噪声

由图5.16可见，$f_q(t)$的增长速度是每隔T_s 时间增长Δ，即其最大可能斜率为Δ/T_s 。因此，为了避免斜率过载，必须使得

$$|\mathrm{d}f(t)/\mathrm{d}t|_{max} \leqslant \Delta / T_s \tag{5.15}$$

其中，$|\mathrm{d}f(t)/\mathrm{d}t|_{max}$是$f(t)$的最大斜率。

在不发生过载的情况下，DM的量化噪声为$\dfrac{\Delta^2}{3}$。

当输入信号为正弦信号，即

$$f(t)=A\sin \omega t$$

时，则由式(5.15)可得到不发生斜率过载的条件为

$$f_s \geqslant (A/\Delta)\,\omega \tag{5.16}$$

由于$A>>\Delta$，所以为了不致发生过载现象，DM的采样频率要比PCM的采样频率高得多。

5.5.2　自适应增量调制

为改善DM中的斜率过载和颗粒噪声，人们采取了一些改进的办法，使量阶Δ的大小自适应地随着输入信号增减快慢的变化而改变，即当输入信号增长较快时（斜率大）使量阶Δ变大，以改善斜率过载；当输入信号改变率较小时，使量阶Δ减小，以改善颗粒噪声。这样就可以克服由于Δ固定不变而导致量化信噪比随着信号功率下降而降低的缺点。若量阶能随着信号进行瞬时压扩，则称为瞬时压扩增量调制；若量阶能随着时间间隔中信号的平均斜率变化，则称为可变斜率增量调制。

5.6　差分脉冲编码调制DPCM

5.6.1　DPCM概述

DPCM的方框图如图5.18所示，它综合了PCM和DM的特点。它与PCM的区别是：在PCM中是利用信号采样值进行量化、编码后传输，而DPCM则是对信号采样值与信号预测值的差值进行量化、编码后传输。它与DM的不同之处是：在DM中是用一位二进制码表示增量。而在DPCM中是用n位二进制码表示增量。因此，它是介于DM和PCM之间的一种调制方式。由于信号差值的动态范围一般比信号小，所以如果输入信号统计特性已知，则进行适当预测可使差值范围更小。实验表明，在预测性能较好的情况下，每一采样的差值只需4bit就够了，因此大大压缩了传送的比特率。另一方面，

如果比特率相同，则DPCM比PCM的信噪比可改善14~17dB。与DM相比，由于它增加了量化级，因此在改善量化噪声方面也优于DM。DPCM的缺点是较易受到传输线路噪声的干扰。因为DPCM能减小比特率的实质是由于图像信号相邻样值之间存在着明显的相关性，因此用一般PCM传输时，信号含有冗余信息。采用DPCM预测减少了冗余信息，所以其抗传输噪声的能力必然降低。而且在抑制信道噪声方面不如DM。因为当发生误码时在DM中只产生一个增量的变化，而在DPCM中就可能产生几个量阶的变化，从而造成较大的输出噪声。

5.6.2 预测编码

所谓预测编码，就是根据过去的信号样值预测下一个样值，并仅把预测值与现实的样值之差(预测误差)加以量化、编码以后进行传输的方式，如图5.18所示。在接收端，经过和发信端的预测完全相同的操作，可以得到量化的原信号，然后通过低通滤波器便可恢复原信号的近似波形。

在这种情况下，如果能进行较好可信度的预测，便可期望预测误差的幅度变化范围比信号自身的振幅变化范围小。因此，如果解调后的量化噪声相同，则传输预测误差的方式所需的量化比特数将比传输信号瞬时振幅值的一般PCM方式所需的量化比特数少；或者说，在比特数与PCM方式相同情况下，可获得更高的传输质量。

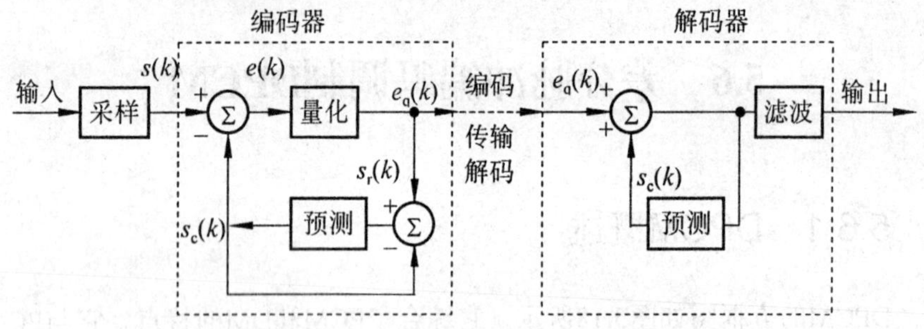

图5.18 DPCM原理框图

图中$s(k)$是采样信号值，$s_r(k)$是预测器的输入值，$s_c(k)$是预测器的输出值，$e(k)$是$s(k)$与$s_c(k)$的差值，$e_q(k)$是量化后的差值。

从以上分析可见，DPCM的核心在预测，预测越好，信号与预测的差值就越小，压缩数据量的效果就越显著。下面就以线性预测器为例简要介绍预测器模型。

线性预测器根据其传递函数的特点可分为极点预测器和零点预测器。

(1) 极点预测器

若图5.18中的预测器的输出和输入信号之间的关系为

$$s_c(k)=\sum_{i=1}^{N}a_i s_r(k-i) \tag{5.17}$$

式中，N为预测器的阶数，$\{a_i\}$是一组预测系数，$s_r(k-i)$为不同时间i时的输入信号值。假设量化器的传递函数为1，则编码器部分的z传递函数

$$D(z)=e_q(z)/S(z)=\frac{1}{1+\dfrac{\sum_{i=1}^{N}a_i z^{-i}}{1-\sum_{i=1}^{N}a_i z^{-i}}}=1-\sum_{i=1}^{N}a_i z^{-i} \tag{5.18}$$

假设DPCM的总量化误差为零，则解码器的输出$S_r(z)$就等于$S(z)$。于是

$$S_r(z)=e_q(z)/D(z) \tag{5.19}$$

这表明解码器的Z传递函数

$$H(z)=1/D(z) \tag{5.20}$$

该式只有极点，因此称这种预测器为极点预测器。

(2) 零点预测器

零点预测器DPCM的原理框图如图5.19所示。

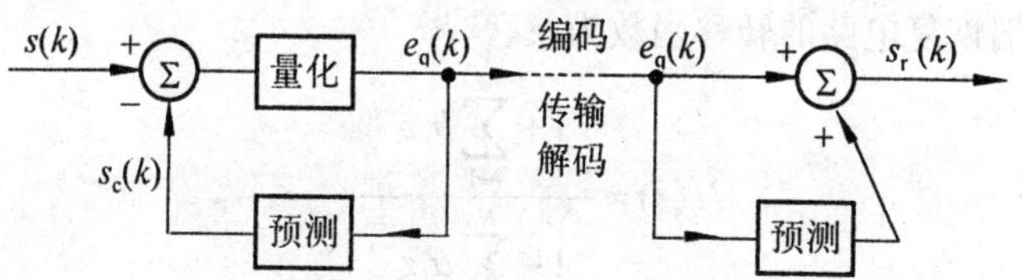

图5.19　零点预测器DPCM原理图

若上图中的预测器的输出与输入之间满足

$$s_c(k)=\sum_{i=1}^{M}b_i e_q(k-i) \tag{5.21}$$

式中，N为预测器的阶数，$\{b_i\}$是一组预测系数，则解码器的Z传递函数

$$H(z)=S_r(z)/e_q(z)=1+\sum_{i=1}^{M}b_i z^{-i} \tag{5.22}$$

这表明解码器的传递函数只有零点，因此称为零点预测器。

(3) 零极点预测器

极点预测器和零点预测器可以组合在一起，成为零极点预测器。组合后的原理电路如图5.20所示。

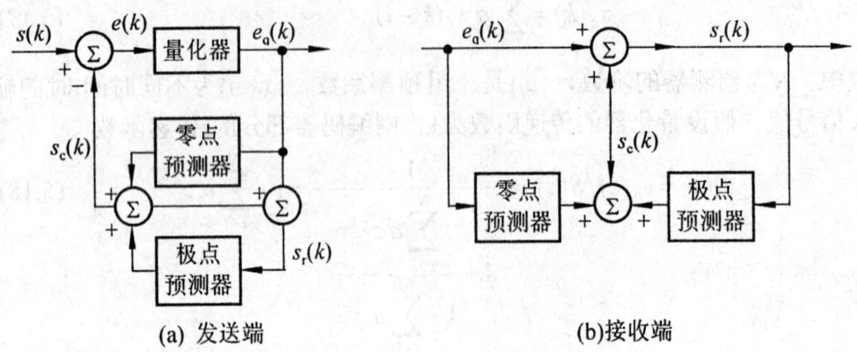

图5.20 零极点预测器DPCM系统原理图

在图5.20(a)中，输入信号的预测值由零点预测器预测值和极点预测器预测值共同组合而成，即

$$s_c(k)=\sum_{i=1}^{M} b_i e_q(k-i)+\sum_{i=1}^{N} a_i s_r(k-i) \tag{5.23}$$

接收端恢复出的信号为

$$s_r(k)=e_q(k)+s_c(k) \tag{5.24}$$

接收端恢复电路的转移函数为

$$H(z)=\frac{1+\sum_{i=1}^{M} b_i z^{-i}}{1-\sum_{i=1}^{N} a_i z^{-i}} \tag{5.25}$$

4. 最佳线性预测器

在DPCM系统中关键是要设计出最佳的线性预测器。

衡量线性预测器性能的主要技术指标是实际值与预测值的均方误差，使此均方误差达到最小的预测器即为最佳线性预测器，通过它能获得最大的信噪比SNR。

以极点预测器为例，欲设计出最佳线性极点预测器，即对预测器选择一组最佳系数，使均方误差$E[e^2]$达到最小。选择过程如下：

均方误差为

$$\mathrm{E}[e^2]=\mathrm{E}\left[(s(k)-s_{\mathrm{c}}(k))^2\right]=\mathrm{E}\left[\left(s(k)-\sum_{i=1}^{N}a_i s(k-i)\right)^2\right] \tag{5.26}$$

令 $\dfrac{2\mathrm{E}[e^2]}{2a_i}=0\ (i=1,2,\cdots,N)$，可得到如下一套关于$a_i$的线性方程组：

$$\begin{bmatrix} R(1)\\ R(2)\\ \vdots\\ R(N)\end{bmatrix}=\begin{bmatrix} R(0) & R(1) & \cdots & R(N-1)\\ R(1) & R(0) & \cdots & R(N-2)\\ \vdots & \vdots & \vdots & \vdots\\ R(N-1) & R(N-2) & \cdots & R(0)\end{bmatrix}\begin{bmatrix} a_1\\ a_2\\ \vdots\\ a_N\end{bmatrix} \tag{5.27}$$

式中，$R(i)$为相关函数，定义为$R(i)=\mathrm{E}[s(k)\cdot s(k-i)]$。

由(5.27)式可得

$$\begin{bmatrix} a_1\\ a_2\\ \vdots\\ a_N\end{bmatrix}=\begin{bmatrix} R(0) & R(1) & \cdots & R(N-1)\\ R(1) & R(0) & \cdots & R(N-2)\\ \vdots & \vdots & \vdots & \vdots\\ R(N-1) & R(N-2) & \cdots & R(0)\end{bmatrix}^{-1}\cdot\begin{bmatrix} R(1)\\ R(2)\\ \vdots\\ R(N)\end{bmatrix} \tag{5.28}$$

解此线性方程组即可获得最佳线性预测系数$(a_1, a_2, \cdots, a_N)$。

习　题

5.1　设有信号$f(t)=2\cos 400\pi t+6\cos 640\pi t$，以$f_s=500\text{Hz}$进行理想采样，已采样信号通过一截止频率为400Hz的低通滤波器，求该滤波器的输出端有哪些频率成分？

5.2　对基带信号$f(t)=\cos(2\pi t+2\cos 4\pi t)$进行理想采样。(1) 为了在接收端不失真地从已采样信号$f_s(t)$中恢复$f(t)$，采样间隔应如何选择？(2) 若采样间隔取为0.2s，试画出已采样信号的频谱图。

5.3　已知信号$f(t)=\cos 2\pi t+0.1(\cos 5\pi t+\cos 7\pi t)$以4Hz的速率进行理想采样，然后用一个理想低通滤波器将采过样的波形限制在频带2Hz内，试写出其输出信号的表达式。

5.4　设以每秒75次的速率对下述两个信号进行采样，

$$f_1(t)=10\cos(100\pi t)$$
$$f_2(t)=10\cos(50\pi t)$$

试证明两个信号所对应的采样序列是相同的。

5.5　量化有哪几种？试说明其优缺点。

5.6 设信号$f(t)=9+A\cos\omega t$，式中，$A \leqslant 10\text{V}$，$f(t)$被均匀量化为41个准确的二进制电平。试求：

(1) 所需二进码的位数和量化电平数；

(2) 若将输入信号放在所有量化电平的中心处，试问量化后的最高、最低电平是多少。

5.7 设有一个信号电压，带限在3kHz以内，峰-峰值限制为2V，假定将此电压变换为256个均匀间隔电平进行二进制编码。试计算：

(1) 所需的最小带宽；

(2) 峰值信号对均方根量化噪声的信噪比。

5.8 某一PCM量化器具有均匀分隔开的量化电平，它用来使某一消息产生50dB的信号量化噪声功率比。如果使用压缩器，使消息的峰值系数减小一半，试问现在可能的信号量化噪声功率比是多少？

5.9 如果传送的信号是$A\sin\omega t$，$A \leqslant 10\text{V}$，要求编码成64个量化级的PCM信号，试问：

(1) 采用普通二进制码需要几位？

(2) 采用折叠二进制码，除了极性码以外还需要几位？

(3) 采用单极性码、双极性码，其量化信噪比各为多少？

5.10 采用双极性的PCM信号，要求P_e不大于10^{-3}，信号幅度A为1V，试求噪声的平均功率。

5.11 采用A律13折线法编码译码电路。设接收端收到的码为"01010011"，并已知段内码为折叠二进制码（第一位为极性码，第2~4位码为段落码，第5~8位码为段内码），最小量化单位为一个单位，试求：

(1) 译码器输出为多少单位？

(2) 写出对应于7位码（不包括极性码）的均匀量化11位码。

5.12 已知某信号经抽样后，用13折线法编码，得到8位代码为"01110101"，求该代码的量化电平，并说明译码后最大可能的量化误差是多少？

5.13 单路话音信号的最高频率为4kHz，采样频率为8kHz。将所得的脉冲由PAM系统或PCM系统传输。信号码元为矩形脉冲，占空比为1/2。

(1) 计算PAM系统的最小带宽；

(2) 在PCM系统中，抽样后信号按8级量化，求PCM系统的最小带宽，并与(1)的结果相比较；

(3) 若采样后信号按128级量化，问PCM系统的最小带宽又为多少？

5.14 对信号$f(t)=A\sin\omega_0 t$进行基本的增量调制传输，若选择增量（即量化阶）Δ和一定的采样频率，使得该系统不致过载，也不会因信号幅度太小而不能正常编码，试证明采样频率$f_s>\pi f_0$。

5.15　分别设计一个PCM系统和一个DM系统，使两个系统的输出信噪比都满足30dB的要求，已知f_m=4kHz，

(1) 比较两个系统所要求的带宽（不考虑误码所引起的噪声）；

(2) 若信号最低频率f_l与最高频率f_m之比f_l/f_m=0.04，误码率为P_e，PCM系统的码位数n=5，并使DM系统的传输带宽与PCM系统相同，试计算两系统由于误码引起的输出信噪功率之比。

第6章 数字基带传输系统[8][9][15]

基带传输是解决数字信号传输的一种方式。

不经调制变换的原始数据信号称为基带信号，基带信号的频带是从直流到某个截止频率的基本频带，类似于经过相应带宽低通滤波后的频带，其波形称为基带波形，例如直接由“0”和“1”原始数据信息组成的随机序列。直接利用基带信号通过传输信道进行传输的方式称为基带传输，直接传送这种基带信号的系统称为基带传输系统。

6.1 基带传输系统结构

基带传输系统的基本组成结构如图6.1所示。

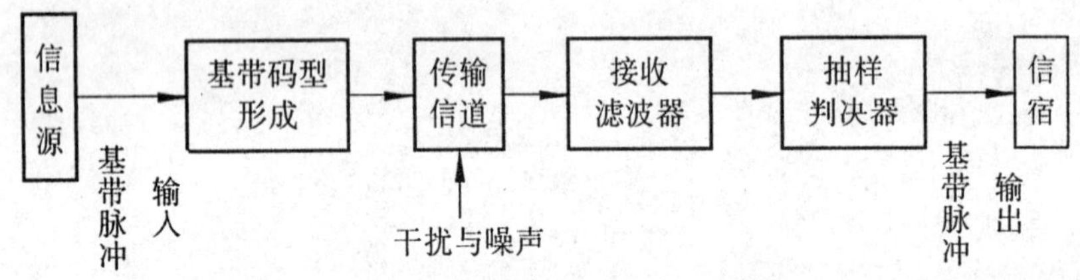

图6.1 基带传输系统组成结构

图中的信息源相当于用户的数据终端设备，它产生数据脉冲序列输入系统；基带码型形成部件对输入数据序列进行码型处理，使其适合于信息传输的需要，例如减少前后信号码之间的串扰等。信号在信道中传输时会受到外界干扰或叠加入不同程度的噪声，使信号波形受到影响，产生失真或错误，所以在接收端设置接收滤波器，对信号予以滤波，消除噪声，消除波形失真和串扰。最后经过抽样判决器对序列码一个个地作出正确判决，恢复出基带信号，以供信宿接收使用。

这种基带传输系统既适用于传输低速数据，也适用于传输高速数据。在近距离数据通信（例如计算机网络）中基带传输方式被广泛采用。

6.2　数字基带信号

6.2.1　数字基带信号

数字基带信号可以有很多种类型，因为二进制符号0、1，只有两种形式，容易用不同的方式表示。例如用电位的形式表示二进制符号0、1时，低电平表示0，高电平表示1；或者负电平表示0，正电平表示1；或者用电平的升降变化来表示0、1等等。此处主要介绍几种最基本的基带信号波形。

1. 单极性波形

单极性波形是由0电平表示二进制符号0，用正电位表示二进制符号1，如图6.2所示。

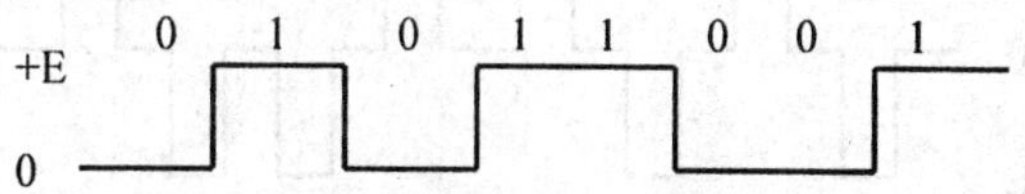

图6.2　单极性波形表示

可以看出，这种信号在一个码元时间内或者有电压（电流），或者无电压（电流），电极性单一（无负极性），码元之间无时间间隔。

2. 双极性波形

双极性波形是由正电位表示二进制符号1、负电位表示二进制符号0，如图6.3所示。

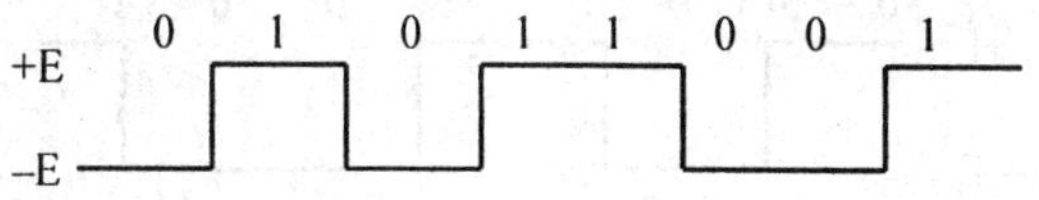

图6.3　双极性波形表示

可见双极性波形的码元之间也无时间间隔，若符号0、1以等概率出现，则使用此波形的系统将没有直流成分。

3. 单极性归零波形

单极性归零波形是用正向脉冲（方形）表示二进制符号1，用0电平表示二进制符号0；正向脉冲即是在码元间隔时间内电平上升为高电位后紧接着又返归为零，正向脉冲宽度小于码元的宽度。其波形如图6.4所示。

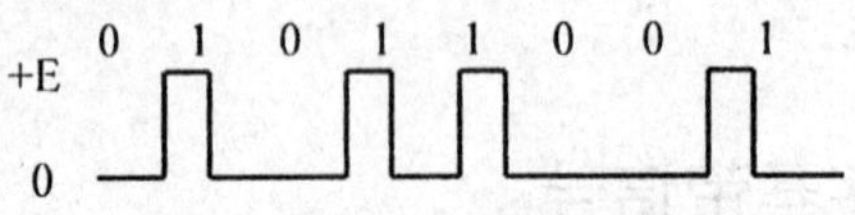

图6.4　单极性归零波形

4. 双极性归零波形

双极性归零波形是由正向脉冲表示二进制符号1，由负向脉冲表示二进制符号0，正向脉冲和负向脉冲都在码元间隔时间内返归到零。波形如图6.5所示。

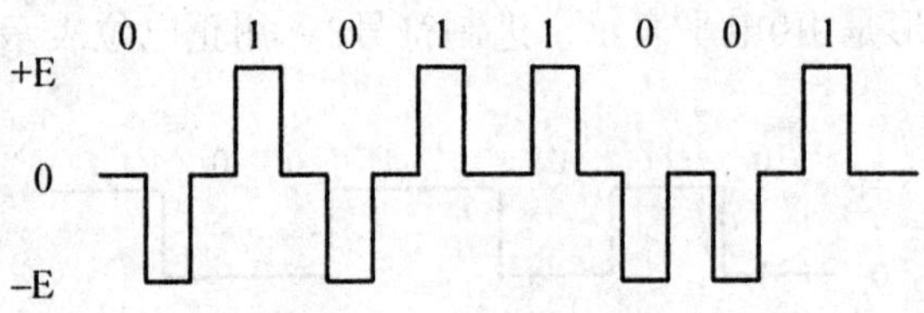

图6.5　双极性归零波形

5. 差分波形

差分波形是以相邻码元的电平变化（可以是下降也可以是上升）来表示二进制符号1，电平不变化（可以是0电平也可以是正电平）表示二进制符号0，如图6.6所示。

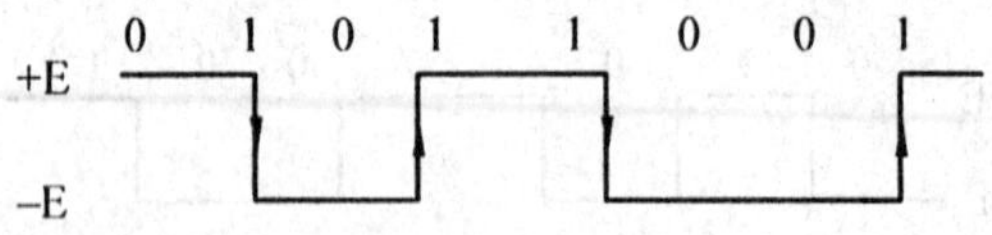

图6.6　差分波形

差分波形代表的信息符号仅与相邻码元的电位变化有关而与电平的极性无关，所以可称这种码形为相对码波形，而称前述另几种为绝对码波形。

6. 多电平波形

在一个码元间隔时间内信号电平应不限制为有无、高低或正负两种码形式，事实上电平的高低可以是任意的，例如可以为1E、2E、3E等（其中E为单电平电位）。这种在一个码元时间间隔内的多电平可以用于表示信息的多种符号，可以达到更高速率的数据传输。

例如，在图6.7所示波形中，使用4种电平00、01、10、11表示4种信息符号，图中用+E表示01，用–E表示10，用+3E表示11，用–3E表示00。

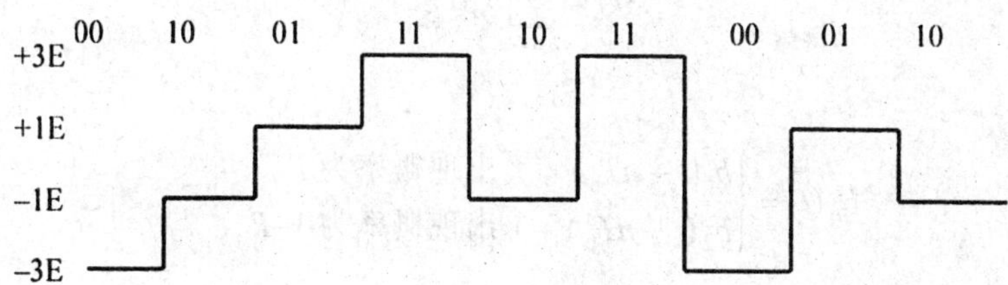

图6.7 多电平波形

可见此种波形相当于在一个码元间隔时间内传送了两位二进制符号，使信息速率增加了一倍，但是为了有效区分多种符号，电平高低应相差得比较显著，如图中相邻码元的电平至少相差2E，所以系统中对电平的使用要求比较高。

除了用这种矩形波形表示基带信号外，也可以用其他波形表示基带信号，例如用三角波、高斯形波、半余弦波、升余弦波等等来表示。为了统一表示这些波形，此处引进表示函数。设用$b_1(t)$表示代表二进制符号“0”的波形，用$b_2(t)$表示代表二进制符号“1”的波形，码元的时间宽度用T_b表示，则基带信号序列可以写成表示式：

$$s(t)=\sum_{n=-\infty}^{\infty}a_n b(t-nT_b) \tag{6.1}$$

该信号序列表达式中，$b(t)$表示波形，a则表示波形的幅值大小（或电平高低）。其中，

$$b(t-nT_b)=\begin{cases}b_1(t-nT_b), & \text{出现符号“0”时}\\ b_2(t-nT_b), & \text{出现符号“1”时}\end{cases}$$

a_n表示第n个信息符号对应的电平值。

根据前述6种基带波形的电平情况，a_n可为0、1、$-E$或$+E$等。

6.2.2 基带信号的频谱特性

由于基带信号是一个随机的脉冲序列，所以有关基带信号频谱特性的研究属于随机序列谱分析问题。

设有一个二进制随机脉冲序列，在任一码元时间T_b可能出现“0”、“1”符号的概率为P和$1-P$，设$b_1(t)$出现的概率为P，$b_2(t)$出现的概率为$1-P$，且$b_1(t)$、$b_2(t)$的出现是相互独立的，则这一序列可以表示成

$$s(t)=\sum_{n=-\infty}^{\infty}b_n(t) \tag{6.2}$$

其中，

$$b_n(t)=\begin{cases}b_1(t-nT_b)\text{，} & \text{出现概率为 }P\\ b_2(t-nT_b)\text{，} & \text{出现概率为 }1-P\end{cases}$$

式中，$b_n(t)$的幅值简化为1。

设$b_n(t)$的傅氏变换为$B_T(\omega)$，即$B_T(\omega)$为$b_n(t)$的频谱函数，则统计意义下的$s(t)$的功率谱密度为

$$P_s(\omega)=\lim_{T\to\infty}\frac{E[|B_T(\omega)|^2]}{T} \tag{6.3}$$

设T为有限时间，即

$$T=(2N+1)T_b \tag{6.4}$$

则序列$s(t)$截短成为

$$S_T(t)=\sum_{n=-N}^{N}b_n(t) \tag{6.5}$$

则式(6.3)变成

$$P_s(\omega)=\lim_{N\to\infty}\frac{E[|B_T(\omega)|^2]}{(2N+1)T_b} \tag{6.6}$$

6.3 基带传输用的码型

研究码型的目的是使基带信号在信道中传输时不容易发生畸变，不产生误差积累，并且还能从码型决定的基带信号流中提取出接收定时信号，比如上节中的单极性基带波形就会使信道中事实上存在一个正平均值的直流成分，它会改变电路和系统的一些工作特性；又比如如果持续的“0”或“1”

的时间太长，则会使接收定时信号不准确。人们期望一方面确定适合于在信道中传输的信号波形，一方面确定适合于表示原始信息符号的传输码型。

合适的传输码型应能较好地满足以下几个特性：

① 码型所对应的基带信号无直流成分，如果有低频成分也只能很小；

② 接收端能从码型对应的基带信号中提取定时信号；

③ 码型的传输效率应尽可能地高；

④ 码型结构含有内在的检错能力；

⑤ 码型能同时适应不同统计特性的信息源。

本节介绍几种典型的传输码型。

6.3.1　传号交替反转码（AMI码）

AMI码在将信息码编成传输码时遵循以下规则：

原信息码的“0”仍编为传输码的“0”；

原信息码的“1”，在编为传输码时，把信息序列中的前一个“1”编为+1，下一个“1”编为–1；

例如，信息码序列：010010001 101…

AMI码：0+100–1000+1 –10+1…

可见，AMI型式的传输码中，0电位保持不变，而正负脉冲交替，使得信号序列无直流成分，比较适宜于在信道中传输；同时编译码关系简单，误码容易分辨。

上述AMI序列中有0、+1、–1、3种符号，相当于把一个二进制符号序列变换成了三进制符号序列，常称为1B/1T码型。

AMI的缺点在于，当出现长的连0串时不利于提取定时信号。可以采用4B/3T码，其性能比1B/1T码更好，此处不多作介绍。

6.3.2　三阶高密度双极性码（HDB_3码）

HDB_3码是改进的AMI码，它克服了AMI码的缺陷而保留了其合理性能。

HDB_3码是先把原始信息代码变换成AMI码，然后检查其序列中连续0串的长度，长度<4时，AMI码不变；长度≥4时，把该串的第4个0变换成与该串之前的非0符号（+1或–1）同极性的符号。这个符号用V表示，对应+1记为+V，–1记为–V。它被称为破坏符号，因为它有可能破坏“极性交替反转”的规律，该规律能使系统无直流特性。为此，也使V符号极性交替。

但是，仅当相邻V之间有奇数个非0符号时，极性交替才能保证；相邻V间非0符号若为偶数个，则极性交替不成。这时应再将该串的第一个“0”变换成+B或–B，使B的符号与前一非0符号相反，又让后面的非0符号从V符号开始交替反转。

例如，原代码：0　10010000　10000 1　1 0000 1

先编成AMI码：0+1 00　–1 0 000+10000 –1　+10000 –1

改进成HDB3码：0+100　–1000–V +1000+V–1 +1–B00+V –1

解码时只需注意将全部的V、B恢复成0，再将–1变成1即可。

可以看到，HDB3码最多只有3个0，使连0串的长度得以减小。

HDB3码是国际通信标准化组织CCITT推荐使用的传输码。

6.3.3　三进码（PST码）

PST码是先将原始二进制代码序列中每2个码元划分成一组，再将每一码组编码成两个三进制数字，三进制数字是+、–、0。两位三进制数字可以组合成9种状态，所以选择编码时比较灵活。

两位二进制数字的组合只有00、01、10、11共4种状态，编码时从9种状态中选出4种与其对应是可以有多种组合供选择的，现选取命名为“+模式”和“–模式”的两种组合对应列，如表6.1所示。

表6.1　CMI码编码表

二进制代码	+ 模式	– 模式
00	– +	– +
01	0 +	0 –
10	+ 0	– 0
11	+ –	+ –

由表6.1可见，对00、11都用– +、+ –表示；对01和10中的“1”在+模式时取+，在– 模式时取–。

PST码的优越性是：无直流成分，编码简单，容易提取定时信息；不足之处是，原符号序列必须每两个进行分组，解码时需有帧同步信息。PST码编码举例如表6.2所列。

表6.2 PST码编码表

原始代码	01	11	00	10	10	01	00	11
+模式编码	0+	+ –	– +	+ 0	–0	0+	– +	+ –
–模式编码	0–	+ –	– +	– 0	+0	0 –	– +	+ –

在PST编码中，每个2位码组都注意了电平的变化，但当“10”或“01”这种码组在序列中连续出现时可能导致“+0”或“0+”、“– 0”或“0 –”连续出现，从而带来直流分量，所以应注意在“10”或“01”连续出现时，对其交替使用“+模式”“–模式”编码，如表6.2中“1010”处所示。

6.3.4 双相码（Manchester码）

采用双相码编码时，将原始序列中的符号“0”编成“01”，将符号“1”编成“10”。“01”与“10”可以看做是相位相反的两组方波。

双相码编码表如表6.3所列。

表6.3 双相码编码表

原始代码	0	1	1	0	1	1	0	0	1
双 相 码	01	10	10	01	10	10	01	01	10

双相码的优点是只使用两种电平，编码简单，无直流漂移，容易提取定时信息。其缺点是原来的每位符号变成了两位符号，要求系统提供的带宽应增加1倍。

双相码编码可用波形表示，如图6.8所示。

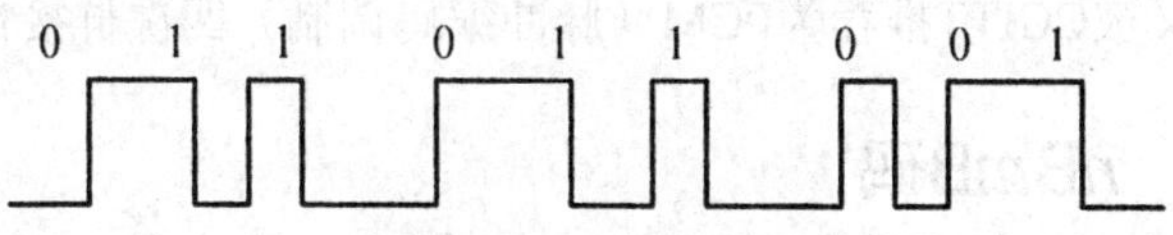

图6.8 双相码波形图

从图中可见，双相码编码的波形相当于对“0”用上升沿，对“1”用下降沿。

6.3.5　延迟调制码（Miller码）

Miller码是一种变形双相码。编码时，对原始符号“1”用下降沿或上升沿表示，即用“10”或“01”表示；对原始符号“0”则分成单个0还是连续0予以不同处理。单个“0”时，保持0前的电平不变，即在码元边界处电平不跃变，在码元间隔内电平也不跃变；对于连续“0”，则使连续两个“0”的中间边界处发生电平跃变。

Miller码编码波形如图6.9所示。

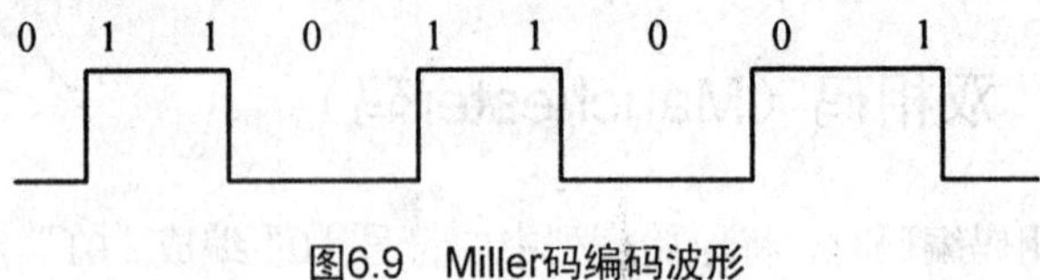

图6.9　Miller码编码波形

6.3.6　传号反转码（CMI码）

CMI码的编码规则是：对符号“1”用“11”和“00”交替表示，对符号“0”用“01”表示。其波形如图6.10所示。

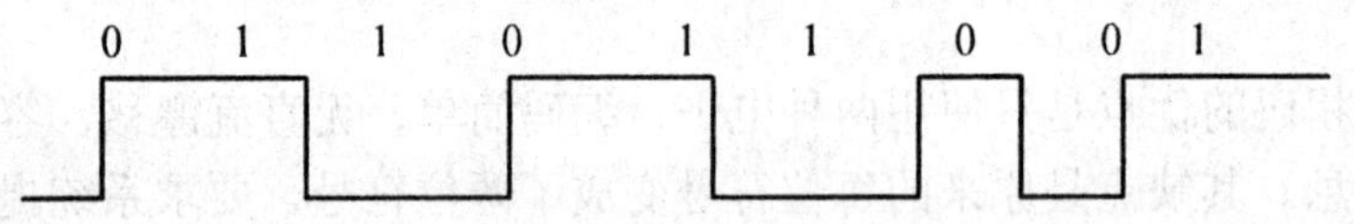

图6.10　CMI码编码波形

CMI码有较多的跃变，容易提取定时信息。

CMI码又被CCITT推荐为PCM（脉冲编码调制）四次群接口的码型。

6.3.7　*n*B*m*B码

采用*n*B*m*B码编码时先把原始符号序列分为*n*位一组，再对该组编成*m*位的传输码，且$m>n$。

前*n*位码可有2^n种组合，后*m*位码有2^m种组合，$2^m>2^n$，故第二次编码时可从2^m种码组中选出部分性能好的码组与2^n种码组对应编码，获得较好的特性。一般常选择$m=n+1$。

常用的*n*B*m*B码类型有 1B2B码、2B3B码、3B4B、5B6B、5B7B、6B8B、

7B8B码等。

其中1B2B码的典型例子就是前面讲到的CMI码，它是将1位二进制数"1"、"0"用2位二进制数表示。另外还有伪双极性码DMI码，其编码方法详见2.3节"光纤通信系统概述"。表6.4、表6.5、表6.6给出了2B3B、3B4B、5B6B码的变换规则表。

表6.4　2B3B码变换规则

2B	3B	
	模式1	模式2
00	001	001
01	010	010
10	100	100
11	110	000

表6.5　3B4B码变换规则

3B	4B	
	模式1	模式2
000	0100	1011
001	0011	0011
010	0101	0101
011	0110	0110
100	1001	1001
101	1010	1010
110	1100	1100
111	0010	1101

表6.6　5B6B码变换规则

5B	6B	
	模式1	模式2
00000	110010	110010
00001	110011	100001
00010	110110	100010

续表

5B	6B	
	模式1	模式2
00011	100011	100011
00100	110101	100100
00101	100101	100101
00110	100110	100110
00111	100111	000111
01000	101011	101000
01001	101001	101001
01010	101010	101010
01011	001011	001011
01100	101100	101100
01101	101101	000101
01110	101110	000110
01111	001110	001110
10000	110001	110001
10001	111001	010001
10010	111010	010010
10011	010011	010011
10100	110100	110100
10101	010101	010101
10110	010110	010110
10111	010111	010100
11000	111000	011000
11001	011001	011001
11010	011010	011010
11011	011011	001010
11100	011100	011100
11101	011101	001001
11110	011110	001100
11111	001101	001101

6.4　基带传输系统的特性

将原始信号变换成相应的波形后送入信道传输，一般认为会受到两种影响：一是信道特性的限制，使信号波形发生一定程度的畸变，再就是在信道传输中受外界影响，叠加进了噪声。所以在接收端应采取措施，正确恢复出原始信号：一方面使用滤波器滤除噪声，一方面对信号波形进行再生识别处理。再生识别过程包括限幅整形和抽样判决，如图6.11所示。

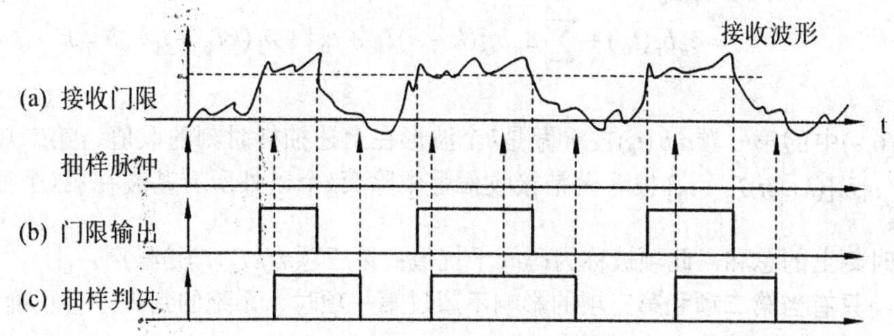

图6.11　接收波形的再生识别过程

图中，(a)表示接收端收到的波形，可见既有变形又叠加有噪声；(b)表示对噪声限幅、对输入波形整形后的结果；(c)表示对限幅整形波形进行抽样判决，得到再生基带信号。

注意图中的抽样脉冲应与发端时间同步，并从接收端定时信号中提取获得。基带传输过程可用图6.12予以描述。

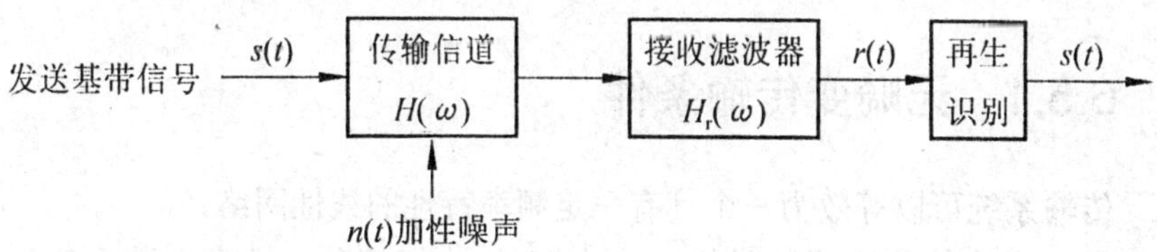

图6.12　基带传输过程

$$s(t)=\sum_{n=-\infty}^{\infty}a_n b_{\mathrm{T}}(t-nT_{\mathrm{b}}) \tag{6.7}$$

式中，$b_{\mathrm{T}}(t)$为发送传输码波形，a_n为传输码电平幅度取值，如0、1、+1、−1等。

接收滤波器输出为$r(t)$，它相对于$s(t)$来说含有畸变和叠加噪声。

$$r(t)=\sum_{n=-\infty}^{\infty}a_n b_{\mathrm{r}}(t-nT_{\mathrm{b}})+n_{\mathrm{r}}(t) \tag{6.8}$$

注意：$b_{\mathrm{r}}(t)$是接收滤波器输出的码形，它相对于$b_{\mathrm{T}}(t)$是有畸变和受到干扰的。

$b_{\mathrm{r}}(t)$被送入再生识别系统进行处理，设在其中进行抽样判决时的抽样时刻为（$kT_{\mathrm{b}}+T_0$），k是指第k个时刻，则

$$\begin{aligned}r(kT_{\mathrm{b}}+t_0)&=\sum_{n=-\infty}^{\infty}a_n b_{\mathrm{r}}(kT_{\mathrm{b}}+t_0-nT_{\mathrm{b}})+n_{\mathrm{r}}(kT_{\mathrm{b}}+t_0)\\&=a_k b_{\mathrm{r}}(t_0)+\sum a_n b_{\mathrm{r}}[(k-n)T_{\mathrm{b}}+t_0]+n_{\mathrm{r}}(kT_{\mathrm{b}}+t_0),n\neq k\end{aligned} \tag{6.9}$$

式(6.9)中的第一项$a_k b_{\mathrm{r}}(t_0)$被看做是k个波形在上述抽样时刻的取值，第二项$\sum_{n\neq k}a_n b_{\mathrm{r}}[(k-n)T_{\mathrm{b}}+t_0]$被看做是接收信号中除第$k$个以外所有基波在第$k$个抽样时刻上的总和，此项被称为码间干扰值；第三项$n_{\mathrm{r}}(kT_{\mathrm{b}}+t_0)$是噪声。

只有当第二项和第三项的影响不超过第一项时，系统的判决才会正确，系统总的误码率才会达到要求。

6.5　基带传输的奈奎斯特准则

由于信道存在缺陷，又有外界干扰，所以它对传输系统性能影响很大，因此人们又来研究输入信号如何与传输系统配合才可能减少和消除这些影响。

6.5.1　无畸变传输条件

传输系统可以等效为一个具有一定频率特性的线性网络。

假定网络的传递函数是$H(\omega)=|H(\omega)|\mathrm{e}^{-\mathrm{j}\phi(\omega)}$，设输入激励信号是$s_{\mathrm{i}}(t)$，相应的输出响应为$s_{\mathrm{o}}(t)$，若输出波形无失真，只存在线性衰减和时延，则

$$s_{\mathrm{o}}(t)=KS_{\mathrm{i}}(t-t_{\mathrm{d}})$$

其中，K为幅度的比例常数，一般$K<1$；t_{d}为群时延。

可得到输出信号的频谱为

$$S_o(\omega)=\int_{-\infty}^{\infty}s_o(t)e^{-j\omega t}dt=Ke^{-j\omega t_d}\cdot s_i(\omega) \tag{6.10}$$

其中，$S_i(\omega)$是$S_i(t)$的频谱，则网络传递函数为

$$H(\omega)=\frac{S_o(\omega)}{S_i(\omega)}\doteq K\cdot e^{-j\omega t_d} \tag{6.11}$$

可见传递函数的模

$$|H(\omega)|=K$$

传递函数的相位

$$\phi(\omega)=\omega t_d$$

这就是传输网络不失真时其传递函数的特性，即传递函数的模为常数，传递函数的相位是线性特性。

6.5.2　理想低通特性的传输网络

一个传输系统，其频带总是有限的，其传递函数的频率响应自然也有限制，即认为存在一个截止频率。所以传输系统可以被看做是一个低通网络，传递函数可以写成为

$$H(\omega)=\begin{cases}e^{-j\omega t_d}, & |\omega|\leqslant\omega_h\\ 0, & |\omega|>\omega_h\end{cases} \tag{6.12}$$

其中，ω_h为系统的截止频率。则这个网络的冲激响应为

$$\begin{aligned}h(t)&=\frac{1}{2\pi}\int_{-\infty}^{\infty}H(\omega)e^{-j\omega t}d\omega\\&=\frac{1}{2\pi}\int_{-\omega_h}^{\omega_h}e^{-j\omega t_d}\cdot e^{j\omega t}d\omega\\&=\frac{\omega_h}{\pi}\cdot\frac{\sin\omega_h(t-t_d)}{\omega_h(t-t_d)}\end{aligned} \tag{6.13}$$

单个冲激响应的波形如图6.13所示。

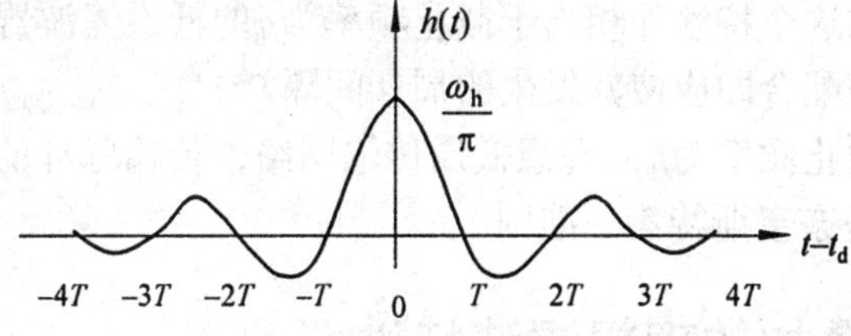

图6.13　理想低通系统的冲激响应

图中，$1/T=2f_{\rm h}$，T可看做衰减振荡的周期，$\omega_{\rm h}/\pi$是该响应的最大幅值。从图6.13中可见，$h(t)$除在$t=t_{\rm d}$即$(t-t_{\rm d})=0$时刻发生最大的冲激外，其他时刻也出现了$h(t)$的响应，只是时间离$t=t_{\rm d}$愈远，影响愈小，其规律按$\sin t/t$发生。

如果在传输网络的输入端以T为周期输入冲激脉冲序列

$$s(t)=\sum_{n=-\infty}^{\infty}a_{\rm n}\delta(t-nT) \tag{6.14}$$

那么根据叠加原理，每一个δ脉冲都应在输出端产生如图6.13所示波形的响应，其最大值分别出现在（$nT+t_{\rm d}$）的地方，此时网络的输出响应为

$$\begin{aligned}g(t)&=\sum_{n=-\infty}^{\infty}a_n h(t-nT)\\&=\sum_{n=-\infty}^{\infty}a_n\cdot\frac{\omega_{\rm h}}{\pi}\cdot\frac{\sin\omega_{\rm h}(t-t_{\rm d}-nT)}{\omega_{\rm h}(t-t_{\rm d}-nT)}\end{aligned} \tag{6.15}$$

由于这些响应的每个最大值都发生在$t=nT+t_{\rm d}$的时刻，该时刻其他数值的响应波形都在零点（$n=0$，±1，±2，…），即没有产生影响，所以响应$g(t)$在$t=nT+t_{\rm d}$时的所有取样值组成了序列

$$g(t)\Big|_{t=nT+t_{\rm d}}=g(nT+t_{\rm d})=\sum_{n=-\infty}^{\infty}a_n\cdot\frac{\omega_{\rm h}}{\pi}\quad(n=0,\pm1,\pm2,\cdots) \tag{6.16}$$

此序列即是由输入脉冲$s(t)$序列引起的。式中，a_n为基带波形的电平取值。

由以上分析可见，如果基带传输系统具有式（6.12）的传递函数，那么在输入端加入周期为$T=1/2f_{\rm h}$的δ脉冲序列（基带数据信号）时，可以在接收端获得$\sum\limits_{n}a_n$的基带波形序列，只要传输脉冲间隔与传输网络的传递函数配合得好，即可使在每个输出脉冲的取样时刻，其他脉冲的响应正好过零而未能发生影响，达到前后脉冲对该时刻的响应不产生影响的效果。

传输网络的这个特性即相当于截止频率为$f_{\rm h}$的低通滤波器。

传输脉冲的配合即应使其发生的周期间隔$T=1/2f_{\rm h}$。

所以对于截止频率为$f_{\rm h}$的理想低通传输网络，传输脉冲的最佳发生频率应为$2f_{\rm h}$。这就是奈奎斯特第一准则。

6.5.3　叠加的理想滤波特性

上述情况是基于理想低通滤波器特性而进行讨论的，但实际情况往往

受到很多限制。例如系统延迟时间t_d只要稍微有一点偏差，则几乎所有已出现的基带波形都会在该时刻残留影响，叠加起来就不可忽视。实际的传输系统总会存在定时误差，所以应进一步寻求解决方案。

一般，基带信号总是存在一定带宽的，可以考虑将其定义在 $[-2\pi/T_b, 2\pi/T_b]$区间上，只要考察定义在此区间上的$H(\omega)$即可。

对应于$H(\omega)$系统的冲激响应就为

$$h(t)=\frac{1}{2\pi}\int_{-\infty}^{\infty}H(\omega)\cdot \mathrm{e}^{\mathrm{j}\omega t}\mathrm{d}\omega \tag{6.17}$$

所谓无码间干扰，即对$h(t)$在$t=kT_b$时刻抽样，只有$k=0$时$h(t)$不为0，其他所有时刻$h(t)$均为0，即

$$h(kT_b)=\begin{cases}1, & k=0\\ 0, & k\neq 0\end{cases} \tag{6.18}$$

现在来看满足式（6.18）的$H(\omega)$。由式（6.17）得

$$h(kT_b)=\frac{1}{2\pi}\int_{-\infty}^{\infty}H(\omega)\mathrm{e}^{\mathrm{j}\omega kT_b}\mathrm{d}\omega \tag{6.19}$$

将其积分区间分割成若干个$2\pi/T_b$，得到

$$h(kT_b)=\frac{1}{2\pi}\sum_{n}\int_{(2n-1)\pi/T_b}^{(2n+1)\pi/T_b}H(\omega)\mathrm{e}^{\mathrm{j}\omega kT_b}\mathrm{d}\omega \tag{6.20}$$

注意到

$$\omega=\frac{2n\pi}{T_b}\pm\frac{\pi}{T_b}\xlongequal{\text{令 }\Omega=\frac{\pi}{T_b}}\frac{2n\pi}{T_b}\pm\Omega,$$

则

$$\mathrm{d}\omega=\mathrm{d}\Omega$$

于是

$$\begin{aligned}h(kT_b)&=\frac{1}{2\pi}\sum_{n}\int_{-\pi/T_b}^{\pi/T_b}H(\Omega+\frac{2n\pi}{T_b})\mathrm{e}^{\mathrm{j}\Omega kT_b}\cdot\mathrm{e}^{\mathrm{j}2n\pi k}\mathrm{d}\Omega\\&=\frac{1}{2\pi}\sum_{n}\int_{-\pi/T_b}^{\pi/T_b}H(\Omega+\frac{2n\pi}{T_b})\mathrm{e}^{\mathrm{j}\Omega kT_b}\cdot\mathrm{d}\Omega\\&=\frac{1}{2\pi}\int_{-\pi/T_b}^{\pi/T_b}\sum_{n}H(\Omega+\frac{2n\pi}{T_b})\mathrm{e}^{\mathrm{j}\Omega kT_b}\cdot\mathrm{d}\Omega\\&=\frac{T_b}{2\pi}\int_{-\pi/T_b}^{\pi/T_b}\frac{1}{T_b}\sum_{n}H(\Omega+\frac{2n\pi}{T_b})\mathrm{e}^{\mathrm{j}\Omega kT_b}\cdot\mathrm{d}\Omega\end{aligned} \tag{6.21}$$

由傅氏变换原理知，上式相当于对$H[\Omega+(2n\pi)/T_b]$进行傅氏逆变换，可由其整理出对应的傅氏变换式为

$$\sum_k h(kT_b)e^{-j\Omega kT_b}=\frac{1}{T_b}\sum_n H(\Omega+\frac{2n\pi}{T_b}) \tag{6.22}$$

由（6.18）式的无码间干扰要求，可得

$$\frac{1}{T_b}\sum_n H(\Omega+\frac{2n\pi}{T_b})=1,\quad |\Omega|\leqslant\frac{\pi}{T_b} \tag{6.23}$$

或写成

$$\sum_n H(\omega+\frac{2n\pi}{T_b})=T_b,\quad |\omega|\leqslant\frac{\pi}{T_b} \tag{6.24}$$

此即无码间干扰时，基带传输系统的特性．对（6.24）式，仅取$n=-1$，0，+1时的3段情况，可得图6.14中的各图：

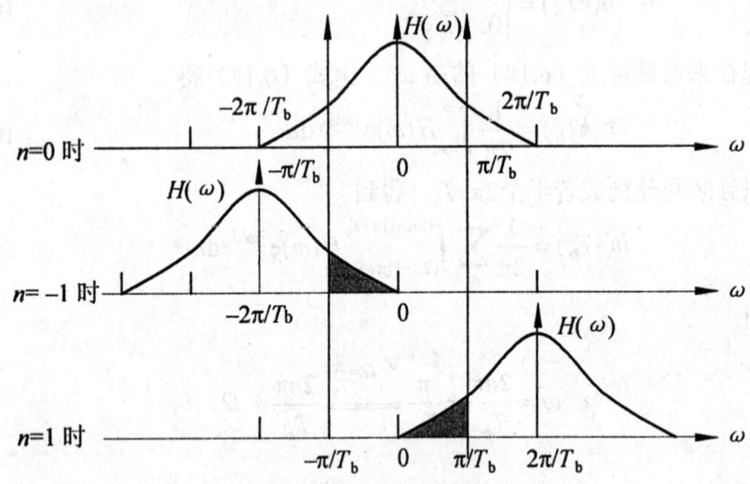

图6.14　基带传输系统的特性

以上3个特性在（$-\pi/T_b$，π/T_b）区间叠加的结果，形成图6.15所示的理想滤波特性．

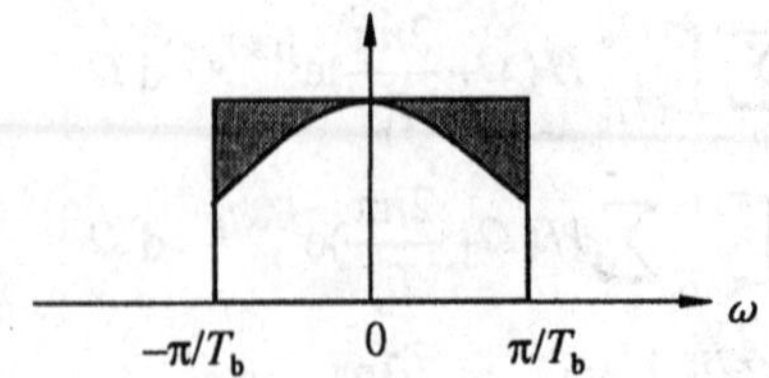

图6.15　利用前后波形叠加的理想滤波特性

可见能达到利用前后波形的影响叠加出理想滤波特性的基带传输系统

同样是无码间干扰系统。

6.6　部分响应的基带传输系统

奈奎斯特第二准则讲述的是另外一个道理：在某些码元的抽样时刻进行控制，使其存在码间干扰，而在其余码元抽样时刻无码间干扰，能使频带利用率提高到理论上的最大值，同时还能降低对定时精度的要求。达到这种性能的基带传输系统称为部分响应系统。

例如，有两个时间间隔为一个码元宽度T_b的$\dfrac{\sin x}{x}$波形，即$\dfrac{\sin 2\pi\omega\left(t-\dfrac{T_b}{2}\right)}{2\pi\omega\left(t-\dfrac{T_b}{2}\right)}$和$\dfrac{\sin 2\pi\omega\left(t+\dfrac{T_b}{2}\right)}{2\pi\omega\left(t-\dfrac{T_b}{2}\right)}$，使它们相加，则波形如图6.16所示。

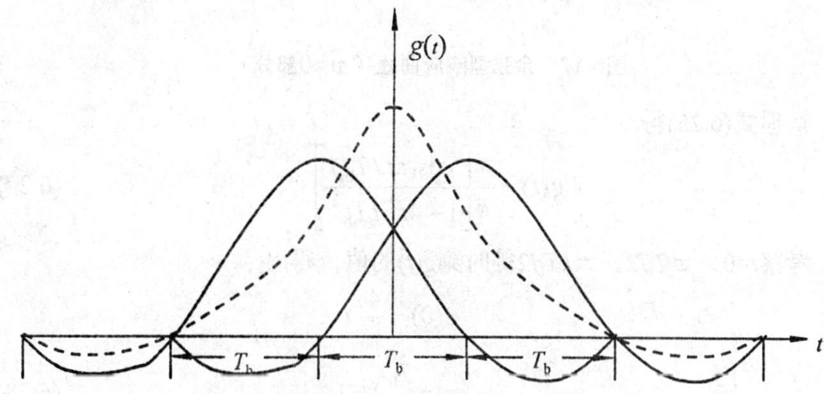

图6.16　相隔时间为T_b的两个sinX/X波形叠加

设相加后的波形为$g(t)$，则

$$g(t)=\frac{\sin 2\pi\omega\left(t-\dfrac{T_b}{2}\right)}{2\pi\omega\left(t-\dfrac{T_b}{2}\right)}+\frac{\sin 2\pi\omega\left(t+\dfrac{T_b}{2}\right)}{2\pi\omega\left(t+\dfrac{T_b}{2}\right)}$$

在上式中代入　$\omega=\dfrac{1}{2T_b}$，得

$$g(t)=\frac{\sin\frac{\pi}{T_b}\left(t-\frac{T_b}{2}\right)}{\frac{\pi}{T_b}\left(t-\frac{T_b}{2}\right)}+\frac{\sin\frac{\pi}{T_b}\left(t+\frac{T_b}{2}\right)}{\frac{\pi}{T_b}\left(t+\frac{T_b}{2}\right)} \tag{6.25}$$

可以求出$g(t)$的频谱函数为

$$G(\omega)=\begin{cases}2T_b\cos\frac{\omega T_b}{2}, & |\omega|\leqslant\frac{\pi}{T_b}, \\ 0, & |\omega|>\frac{\pi}{T_b},\end{cases} \tag{6.26}$$

此乃余弦型响应，其正频率部分如图6.17所示。

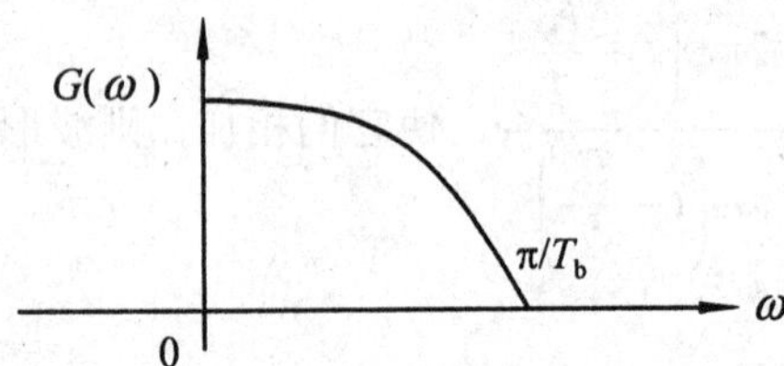

图6.17 余弦型响应曲线（ω>0部分）

整理式(6.25)得

$$g(t)=\frac{4}{\pi}\left[\frac{\cos(\pi t/T_b)}{1-4t^2/T_b^{\ 2}}\right] \tag{6.27}$$

考察t=0、$\pm T_b/2$、$\pm kT_b/2$等时刻$g(t)$的值，得出

$$g(0)=\frac{4}{\pi}$$

$$g(\pm\frac{T_b}{2})=1 \tag{6.28}$$

$$g(\frac{kT_b}{2})=\begin{cases}0, & k=\pm3,\quad \pm5\dots \\ \frac{4}{\pi}\times\frac{1}{1-k^2}, & k=\pm2,\quad \pm4\dots\end{cases}$$

这样一来，可看出其具有以下规律：

① $g(t)$波形的峰值在t=0时刻出现；

② $g(t)$在半个T_b时刻的值均为0，即不发生相互影响；

③ $g(t)$在整数T_b时刻的值为$(4/\pi)\cdot(1/k^2-1)$，$k=\pm2$，$\pm4\cdots$，它随k的增大按k^2规律减小，即波形尾巴衰减很快。亦即其对前后波形的影响愈来愈

小。$g(t)$波形如图6.18所示。

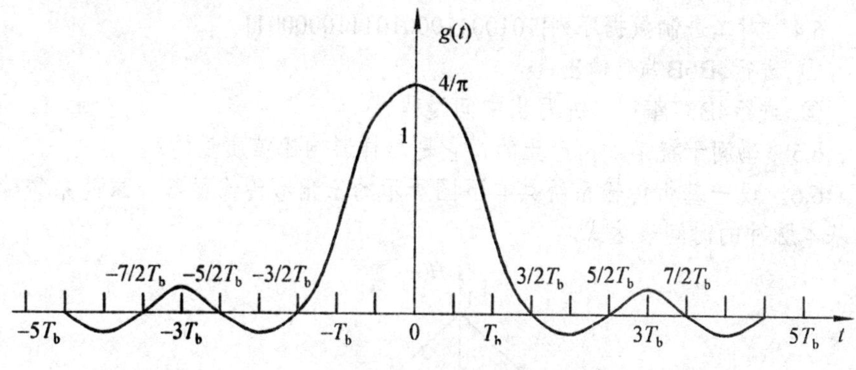

图6.18　$g(t)$波形图

使用$g(t)$作传送波形时，码元间的干扰情况如图6.19所示。

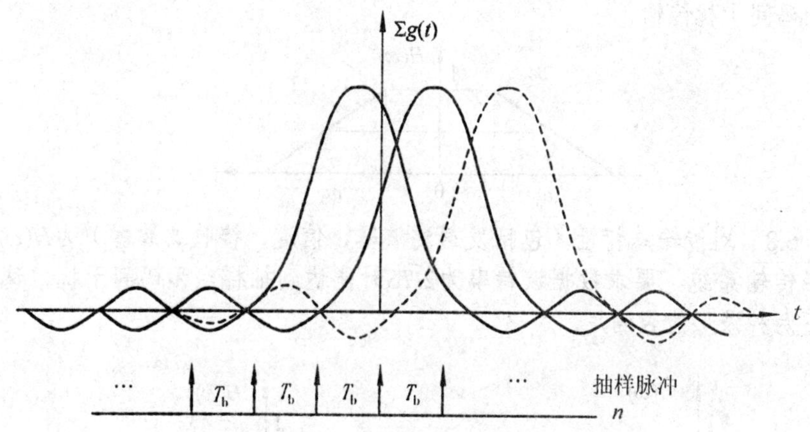

图6.19　$g(t)$作传送波形的前后干扰情况

由图6.19可见，在每个抽样时刻仅前后两个波形产生叠加影响，其他码元波形在该时刻正好过零，无干扰发生。

习　题

6.1　试述数字基带传输系统的基本结构。

6.2　设有二进制数据序列[10100110001011100000 1]；分别画出对应的单极性不归零码、单极性归零码、双极性不归零码、双极性归零码、传号差分码、差分双相码、密勒码及多电平码的波形。

6.3　什么叫HDB_3码？它的主要特点是什么？

6.4　对二进制数据序列[101001100010111000001]

① 进行5B6B编码输出；

② 进行4B3T编码，并写出中间过程。

6.5　码间干扰是如何产生的？它是怎样影响通信质量的？

6.6　设一基带传输系统具有下图所示的三角形传输函数，求此系统输出基本脉冲的时间表达式。

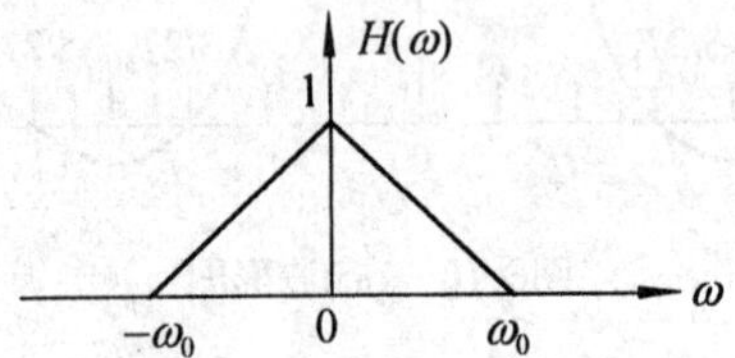

6.7 设某数字基带传输系统的传输特性如下图所示，试验证其能否达到无码间干扰传输。

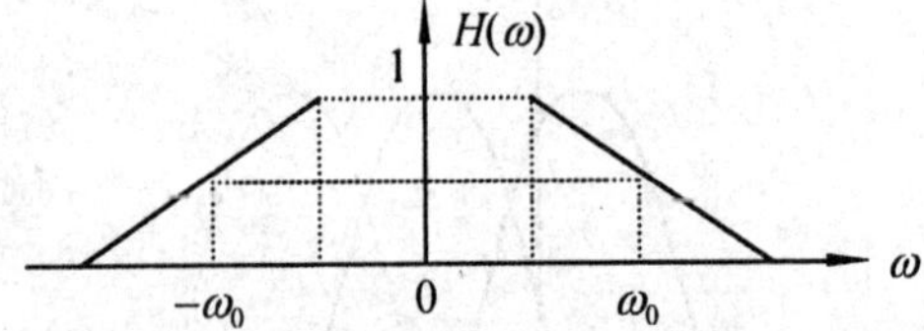

6.8　对传输总特性（包括发送滤波器、信道、接收滤波器）为$H(\omega)$的基带传输系统，要求数据波特率为$2/TS$时能达到抽样点无码间干扰，试看以下两种波形能否满足。

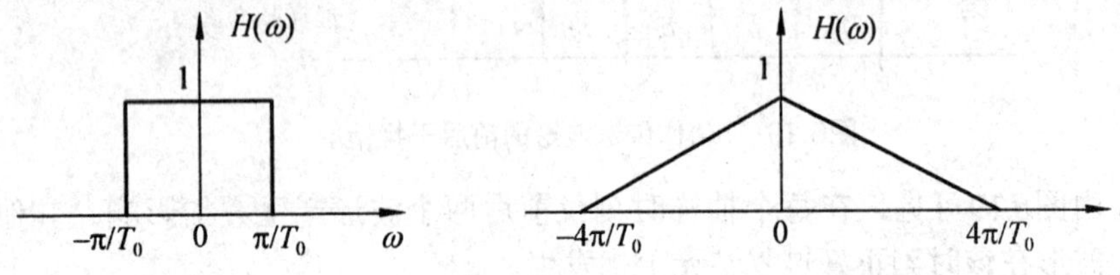

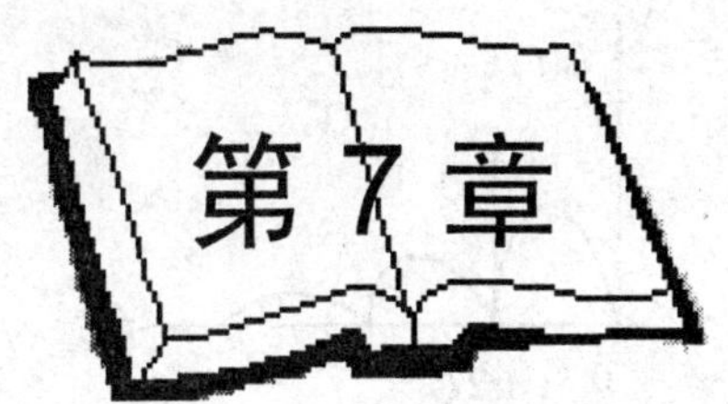

第 7 章 数字通信系统中信号传输的同步

在同步数字通信系统中同步是很重要的工作，它是进行信息传输的前提。同步系统的性能直接影响着通信系统的性能。

在数字通信中，信号的码元组成序列向对方传送，接收端解码时必须知道各个码元的起止时刻。产生与码元的频率和相位一致的定时脉冲序列的过程称为位同步。

信号码元序列由若干码元组成一个“字”，又由若干字组成一个“句”。在接收信息时，也必须明确这些“字”、“句”的起止时刻，产生与这种起止时间相一致的定时脉冲序列则称为“字”、“句”同步或称“帧同步”。

在通信的收发双方之间一般只要求位同步、帧同步，在通信网上则存在多用户相互同步问题，这就是网同步，也就是使整个通信网遵循一个统一的时间节拍。

7.1 位 同 步

若基带信号是随机的二进制不归零脉冲序列，则信号本身没有包含位同步信号。为获得位同步信号，可以在基带信号中插入位同步导频信号，也可以通过对基带信号进行处理来提取，前者称为插入导频法，后者称为直接法。

7.1.1 插入导频法

在基带信号频谱的零点处插入导频信号，基带信号频谱的第一个零点在1/T处或者1/2T处，如图7.1所示。

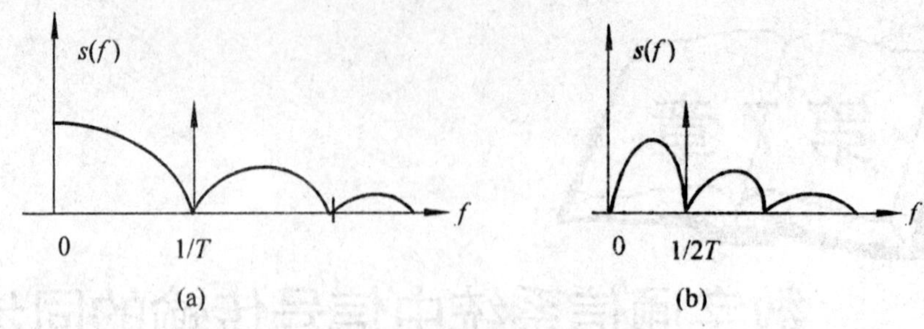

图7.1　导频信号插入点示意图

若信号频谱的零频处幅度达到最大值，则在频谱的第一个零点处应为$f=1/T$，如图7.1(a)所示，以$1/T$作为插入导频处；若基带信号频谱的零频处幅度为零，则$f=1/2T$作为频谱的第一个零点，如图7.1(b)所示，此时应在$1/2T$处插入导频信号。

当导频信号在$1/T$处时，在接收端解调后的基带信号经中心频率为$f=1/T$的窄带滤波器滤波提取位同步信号，且位同步脉冲与插入导频频率相同。当导频信号在$1/2T$处时，就应使用中心频率为$f=1/2T$的窄带滤波器，滤出导频后对其进行倍频，以获得需要的位同步脉冲。

提取导频信号的原理过程如图7.2所示。

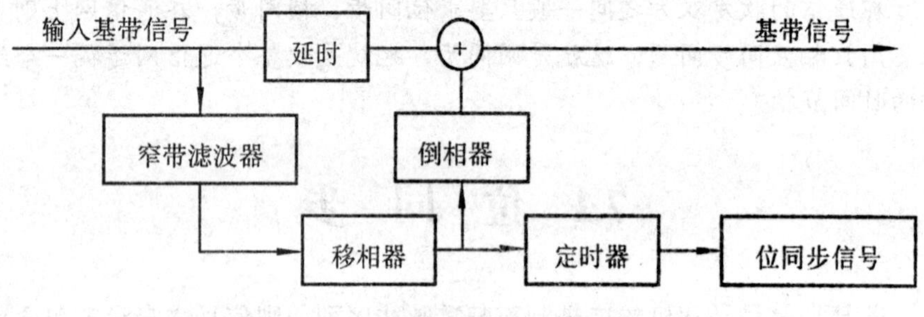

图7.2　提取导频同步信号框图

由图7.2可以看出，导频信号从基带信号（原已插入导频信号）中提取，然后又从基带信号中清除，且同时获得单独位同步信号。

提取时，将输入基带信号经窄带滤波器滤出导频，经移相后，又经倒相等再插入基带信号中，使得相位相反的导频与原导频抵消，达到最后的基带信号中导频被清除的目的。相移器只矫正被窄带滤波器引起的相对于导频信号的相位偏移。

对于相移键控或频移键控通信系统，发送端如果对已调信号附加了幅度调制，则接收端只需进行包络检波就可获得位同步信号。获取过程大致如下：

设相移信号为

$$A(t)=\cos[\omega_c t+u(t)] \tag{7.1}$$

对其使用升余弦波形进行调制，

$$B(t)=1/2(1+\cos\Omega t) \tag{7.2}$$

其中，$\Omega=2\pi/T$, T为码元宽度，则调幅后的信号为

$$M(t)=\frac{1}{2}(1+\cos\Omega t)\cos[\omega_c t+u(t)] \tag{7.3}$$

接收端对$M(t)$检波,输出为$\frac{1}{2}(1+\cos\Omega t)$，其中$\frac{1}{2}\cos\Omega t$即为位同步信号，从输出中消除直流分量1/2后即可获得。

7.1.2　直接法

采用直接法，接收端直接从数字信号中提取位同步信号。

1. 滤波法

对于不归零的随机二进制序列信号，提取位同步信号的步骤为：

① 对该信号进行变换，使其变成归零脉冲；

② 使用窄带滤波器，滤出$f=1/T$的位同步信号分量；

③ 使该信号通过一移相器调整相位，形成位同步脉冲。

此过程的框图及分步骤的信号特点表示在图7.3和图7.4中。

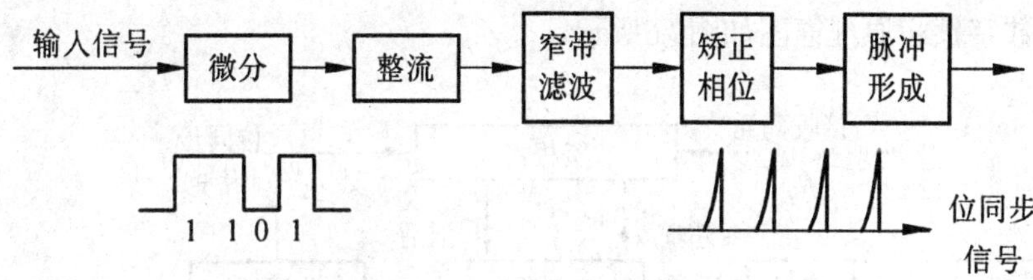

图7.3　滤波法提取位同步信号的框图

图中，输入信号经过了限幅放大、微分电路、整流电路等后的波形变化如图7.4所示。限幅放大突出信号的上升、下降变化，达到对信号进行顺利的微分、整形的目的。整流波形经窄带滤波、矫正相位后，再予以脉冲整理，即成为位同步信号。

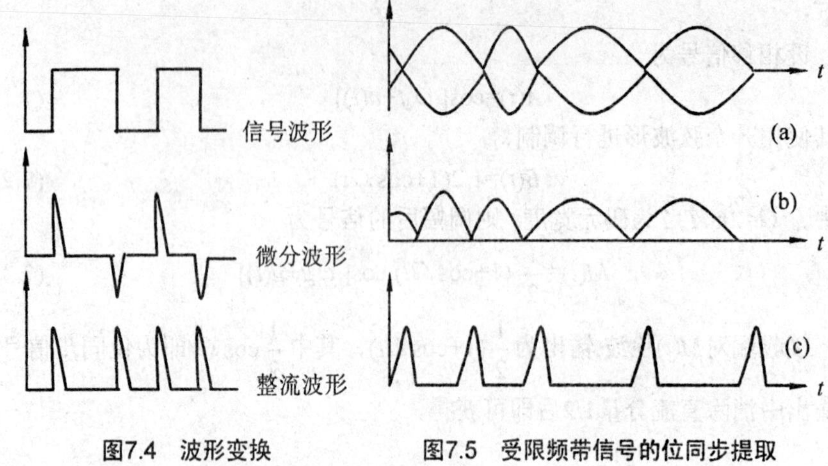

图7.4　波形变换　　图7.5　受限频带信号的位同步提取

图7.5(a)示出了受限频带信号的包络波形，其中相邻码元相位变换点处的幅度降低；经包络检波得到图7.5(b)所示的波形，再使用一直流信号与图7.5(b)的波形相减即得到图7.5(c)所示的波形，(c)中已基本得到位同步信号，对其加以整形滤波，就可提取出位同步信号。

2. 数字锁相法

在数字通信中常采用数字锁相法来提取位同步信号。

接收端利用鉴相器比较接收到的码元信号和本地产生的位同步信号的相位，两者相位不一致时，鉴相器输出误差信号来调整本地位同步信号的相位，直到准确地获得位同步信号。

数字锁相原理框图如图7.6所示。

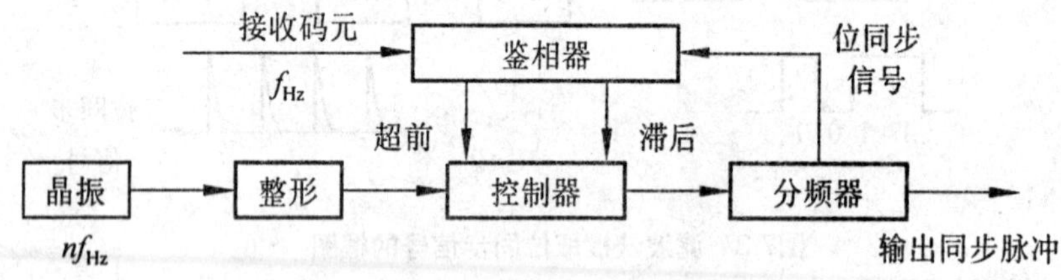

图7.6　数字锁相原理框图

图7.6中晶振产生高稳定度振荡输出，若接收信号速率为f波特，则晶振设计为nf波特；经整形得到同频率的窄脉冲，经控制调相后再分频得到与接收码元同步的位同步脉冲。

在相位比较器中对接收码元与分频器的输出进行相位比较，若同步脉冲超前于接收码的相位，则“超前”输出使控制器滞后nf的相位（扣减一个脉冲）；若输出同步脉冲相位滞后于接收码元，则“滞后”输出使控制器提前nf的相位（插补一个脉冲）。nf相对于f的倍数越高，调整精度越高。如此反复调整，可使分频器输出相对于接收码元达到位同步。

7.2 帧　同　步

在数字通信中，数据（信号码元）应以帧的形式组织起来，以便于接收和识别处理。但在长时间的通信过程中，数据一帧一帧接连不断，所以必须要从数据流中区分出帧，识别出帧的“开头”和“末尾”时刻，实现帧同步。帧同步也有多种方法：一种是在数字信号流中插入特殊码组作为帧的头、尾标记，接收端按照这些标记实现帧同步；另一种相当于直接法，发送端不用增加特殊标记，接收端直接利用数据本身的特性实现自同步。

在帧同步中插入特殊码组的方法用得比较多，常用的有连贯式插入法、间隔式插入法等。本节中也简要介绍自同步法。

7.2.1 连贯式插入法

连贯式插入法就是在每数据帧的开头插入帧同步码组。

作同步用的特殊码组常是局部自相关函数，其主要应具有尖锐单峰特性，由该码组产生的尖锐单峰输出使同步时刻明确，容易自动识别。

设所使用的特殊码组$\{X_1, X_2, X_3, \cdots, X_N\}$是一个有限序列，序列的自相关关系为

$$R(j)=\sum_{i=1}^{N-j} x_i x_{i+j} \tag{7.4}$$

其中，j为元素的延时，j=0表示无延时。

由式(7.4)可看出，j=0时，序列中全部元素都参加相关运算；$j\neq 0$时,序列中只有部分元素参加相关运算。

例如，巴克码组便是一常用的帧同步码组，它是一种非周期序列。

设N位巴克码组$\{X_1, X_2, X_3, \cdots, X_N\}$中$X_i$的取值为+1或–1，其局部自相关函数为

$$R(j)=\sum_{i=1}^{N-j} x_i x_{i+j}=\begin{cases} N, & j=0 \\ 0\text{或}\pm 1, & 0<j<N \\ 0, & j\geqslant N \end{cases} \tag{7.5}$$

常用的巴克码组如表7.1所列。

表7.1 巴克码组

N	巴 克 码 组
2	+ +
3	+ + −
4	+ + + −; + + − +
5	+ + + − +
7	+ + + − − + −
11	+ + + − − − + − − + −
13	+ + + + + − − + + − + − +

以其中7位巴克码组{+ + + − − + −}为例，求出其自相关函数值为

$$j=0,\qquad R(j)=\sum_{i=1}^{7} x_i^2=1+1+1+1+1+1+1=7$$

$$j=1,\qquad R(j)=\sum_{i=1}^{6} x_i x_{i+1}=1+1-1+1-1-1=0$$

$$j=2,\qquad R(j)=\sum_{i=1}^{5} x_i x_{i+2}=1-1-1-1+1=-1$$

$$j=3,\qquad R(j)=\sum_{i=1}^{4} x_i x_{i+3}=-1-1+1+1=0$$

$$j=4,\qquad R(j)=\sum_{i=1}^{3} x_i x_{i+4}=-1+1-1=-1$$

$$j=5,\qquad R(j)=\sum_{i=1}^{2} x_i x_{i+5}=+1-1=0$$

$$j=6,\qquad R(j)=x_i x_{i+6}=-1$$

$$j=7,\qquad R(j)=0$$

可见巴克码组在j=0时其自相关函数值与其他的函数值差别很大，在数值大小上出现了尖锐的单峰。按巴克码组可组成帧识别器电路，如图7.7所

示，该电路由7位移位寄存器、相加器和判决器组成。

当输入数据的“1”存入移位寄存器时，其Q端输出电平为+1，$\overline{Q}$端输出电平为0；当“0”存入移位寄存器时，其Q端输出电平为0，$\overline{Q}$端输出电平为+1；使各移位寄存器输出端按巴克码规律接入加法器，即可实现相关运算，最后经判决器输出。

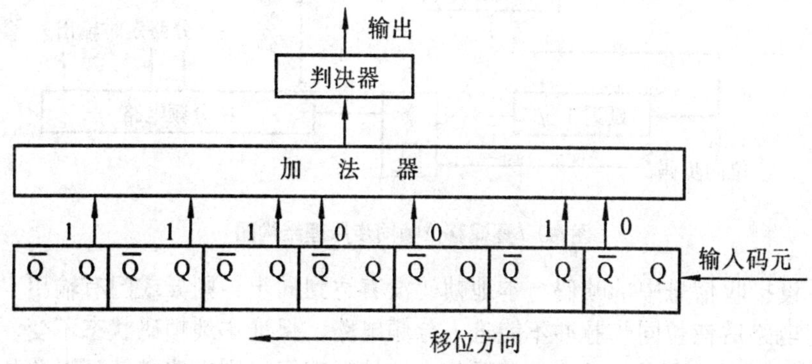

图7.7　巴克码识别器

当7位巴克码在t_1时刻全部进入7级移位寄存器时，它们的输出经相加后得到+7，若判决器的门限值定为+6，则在第7位进入时，判决器就会输出一同步脉冲，表示一帧数据的开始。输出波形图如图7.8所示。

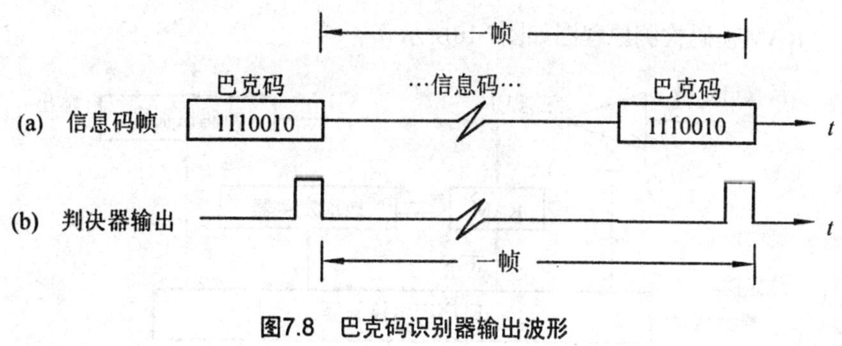

图7.8　巴克码识别器输出波形

7.2.2　间隔式插入法

帧同步码组不集中插入信息码流，而是分散插入，即每隔一定数量的信息码元插入一个帧同步码元，这种方法叫做间隔式插入法。

1. 逐码移位法

其原理结构如图7.9所示。

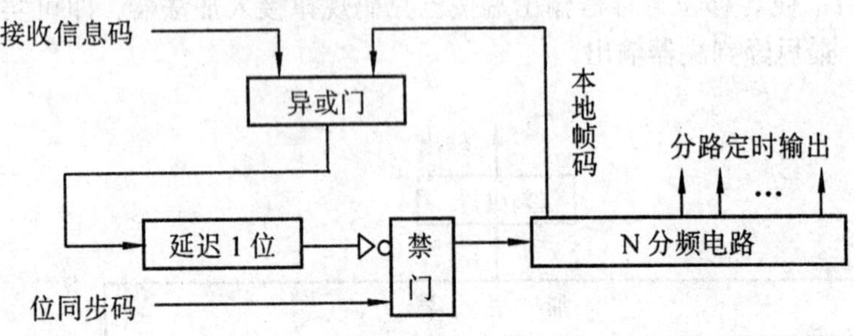

图7.9 逐码移位帧同步原理结构图

设接收信息中的帧码与本地帧码没有达到同步，则异或门有输出，经延迟电路后使位同步脉冲不能进入分频电路，保证本地帧码状态不变，等待后续收码；只要收码中的帧码与本地帧码不同，则电路继续延迟移位；一旦收到的信息帧码与本地帧码相同，即帧同步时刻到达，异或门无输出，禁门被打开，则位同步码顺利进入分频电路，达到本地帧码与接收信息同步的工作状态，同时准确地提供各分路定时脉冲。

2. RAM帧码检测法

RAM帧码检测原理图如图7.10所示。

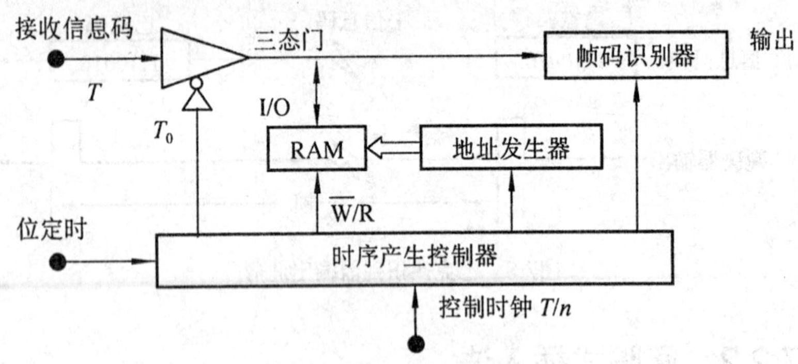

图7.10 RAM帧码检测同步法

设接收信息码每位码元的时间宽度为T，控制时钟的时钟周期为T/n，即后者的频率为前者的n倍。三态门有输出时，控制RAM为写状态，使接收的信息码进入RAM；三态门为高阻态时，控制RAM为读状态，从RAM

中读出寄存的帧码信息到帧码识别器中识别检查，读出时RAM的地址由地址发生器指示。

设第一个信息码元到达，控制信号T_0，使三态门输出，控制RAM为写状态，同时地址按递减计数，码元的第一个宽为T/n的信息进入RAM；之后，在$(n-1)/n \times T$时间内三态门输出高阻，控制读出RAM数据，进入帧码识别器。经接收多个信息码元后，在RAM中写入完整的同步码，同步码正确，则帧码识别器会有脉冲输出。同步码不正确则继续接收，继续记载，继续识别，帧同步总是能达到的。

3. 帧自同步法

自同步是对所发送信息先进行适当编码，使所发送的码中除包括全部应传送的数据信息外，又具有帧自分能力，使接收端可直接实现帧同步，分出帧信息。

例如，网络通信介质有明线、双绞线、同轴电缆、光纤等几种，对它们使用代码时有若干种编码方法，可以编成等长码，也可以编成非等长码，但不是所有这些可能的编码都适用于此处，都可达到自分和自同步。编码时应遵循两个最主要的原则：一个是“码字立即可译”，一个是“码字可达到同步”。例如设上述4种介质分别为M_1、M_2、M_3、M_4，编码为M_1=1，M_2=01，M_3=001，M_4=000。当接收端收到001 01 1 01 000时，各码字可立即被正确地译成是：“同轴电缆、双绞线、明线、双绞线、光纤”。因为此处编码中“短码不是长码的码头”，收到短码立即可译，收到长码也不会错译成短码。

构成此种立即可译码，可以用树图的方法予以实现，如图7.11所示。画此树图的原则是：已被编成短码的节点不能再进行分枝，如图中的1、01、001、000；对于有分枝的节点，不能利用其码字作为编码，即图中的0、00不能用作单独的编码。

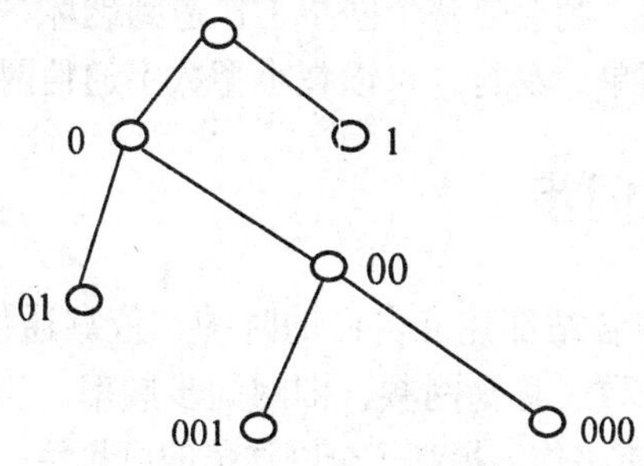

图7.11　编码树图

上列编码立即可译其实是有条件的，即开头的符号即使丢失或者发生错误，仍不影响后边码字被正确同步、正确辨认、正确翻译。例如，若收到的码字丢失第1个0，成为“01 0 1 101 000”，则译成：“双绞线、双绞线、明线、双绞线、光纤”，仅仅第一个被翻译错误，而从第2个开始都翻译正确。

7.3 网 同 步

一个通信网常常包含许多站点和通信支路，在它们之间进行数字传输、交换、复接时，建立起全网的时间同步是必要的。

实现网同步主要有建立同步网和异步复接两大类方法。建立同步网就是使网内各站的时钟互相同步，使时钟的频率和相位都相同。同步网又可分为主从同步和相互同步两种。异步复接即独立时钟法，各支路参与复接的数字流是非同步的，各自具有独立的时钟，但他们的速率相差不多，在复接设备中对各支路数字流进行调整和处理后，能达到相互同步。实现异步复接可以使用码调整法和充分数据缓冲法两类方法。

7.3.1 主从同步

主从同步即在通信网的某一站（或主站）设置一个高稳定的主时钟源，该时钟逐站传送到网内各站，使它们的时钟频率和相位都相同。传送过程中产生的时延在各站自行调整，可以使全网达到一致。

该方法有比较明显的缺点：一是在时钟传送过程中，若传送路径因故障而中断，则此路径以后的各站都收不到主时钟，影响那些站点达到网同步；其次是主从同步时全网由主时钟唯一决定，这就对主时钟要求很高，若其有故障或不准确，则会使整个同步工作遭到破坏。

主从同步方法简单、易行，可以在小型数字通信网中使用。

7.3.2 相互同步

相互同步即网内各站都建立自己的时钟，依靠通信网的互相连接使这些时钟的频率保持一致，称为网频，即网同步频率。当一个站出现故障时，其他站仍然能保持正常工作，提高了全网通信的可靠性。

7.3.3　码速调整法

若网中各支路数字流是异步的，则在数据合帧时，对这些异步数据流进行调整，使其达到相互同步；在分路时，再对这些同步数据流分别进行码速恢复，复原出各支路原异步的数字流。

多路异步通信系统复接原理框图如图7.12所示。

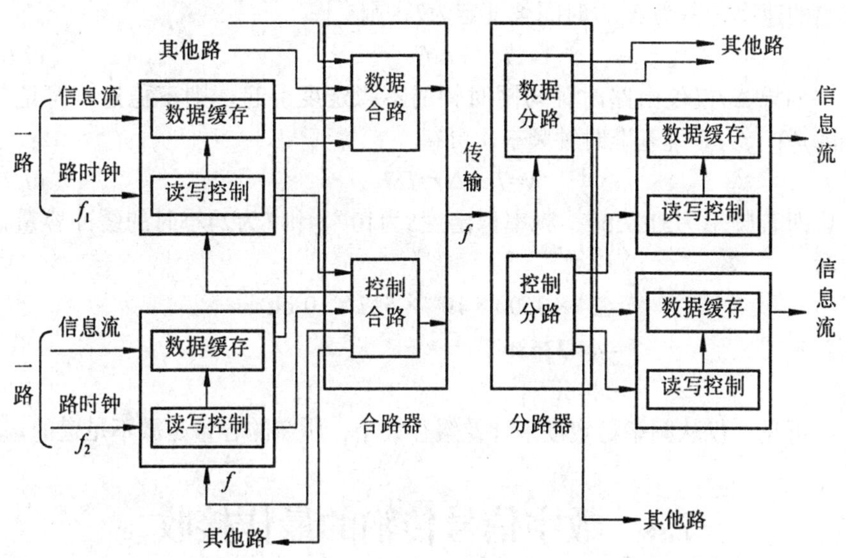

图7.12　多路异步通信系统复接原理

图7.12中，f_1、f_2…为各路时钟，f为合路系统时钟；系统中各路数据分别以f_1、f_2…速率送入，以f速率合路送出。对每一路来说，若送入时间慢，取出时间快，则数据缓冲器会出现取空的时候，导致系统出错。可以控制缓冲器数据减少到一定程度时，禁止取出，只在该时刻送出一“取空”的填充脉冲。经过这样的码速调整后，能使各路数据与合路传输在整体上达到同步。

接收端分路器分出各个支路，控制各个支路在“填充脉冲”时刻不向数据缓存器写入数据，该支路再以均匀速率读出，恢复出支路原速率的数据流。

7.3.4　充分数据缓冲

在通信网的各个节点站都设置有容量足够大的缓冲存储器，以保证在一定时间内不会发生取空或溢出现象。

考察缓冲存储器存满或取空的时间长度，可确定所需的存储容量。

设存储器容量为2Nbit，其中N是存储器的半满状态。而存储器写入和读出的速率之差为Δf，时间长度定为T，则

$$T=N/\Delta f \tag{7.6}$$

如果Δf仅仅由路时钟与网时钟的不稳定度引起，则不稳定度可记为$S=|\Delta f/f|$，f为系统基准时钟频率，可得

$$N=T\cdot\Delta f=TSf \tag{7.7}$$

即若频率为512Kbit，频率稳定度S为10^{-9}，则T为24小时的缓冲容量估计为

$$\begin{aligned} N &= 24\times3600\times10^{-9}\times512\times10^{3}\text{bit} \\ &= 44.2368\text{bit} \\ &\approx 44\text{bit} \end{aligned}$$

可见，仅从频率稳定度来计及缓存大小，所需的容量是微不足道的。

7.4　数字信号传输的最佳接收

7.4.1　数字信号接收的统计性能

对于通信系统中的接收机来说，在某个瞬时接收到什么信号是不确定的，一方面发送端发送的是什么信号不确定，所发送的信号在传输途中被干扰成什么样子也不确定。但是信号、信道、噪声都是有规律的，是遵循某些特性的，可以借此研究出它们的接收性能。

设发送端发送的消息为$x_1, x_2,\cdots,x_n$，它们发生的概率分别为$P(x_1), P(x_2),\cdots, P(x_n)$，则有

$$\sum_{i=1}^{n}P(x_i)=1 \tag{7.8}$$

若$x_1, x_2,\cdots,x_n$，发生的概率相等，则

$$P(x_1)=P(x_2)=\cdots=P(x_n)=1/n$$

设s代表噪声，在k个不同时刻，噪声取值为s_1，s_2，…，s_k，则s_1，…，s_k的联合概率密度函数为

$$P(s)=P(s_1, s_2,\cdots,s_k)$$

一般地，噪声的统计特性是互相独立的，且满足高斯噪声特性，即

$$P(s)=P(s_1)P(s_2)\cdots P(s_k)=\frac{1}{(\sqrt{2\pi}\delta_s)^k}\exp(-\frac{1}{2\delta_s^2}\sum_{i=1}^{k}s_i^2) \tag{7.9}$$

其中，δ_s^2 是噪声的方差。

当k足够大时，在时间T内噪声的平均功率可记为

$$\frac{1}{2f_h T}\sum_{i=1}^{k}S_i^2 \tag{7.10}$$

其中，f_h为噪声中的最高频率。

根据Paseval能量定理，进一步应有

$$\frac{1}{T}\int_0^T s^2(t)\mathrm{d}t=\frac{1}{2f_h T}\sum_{i=1}^{k}S_i^2$$

以此代入（7.9）式，得

$$\begin{aligned}P(s)&=\frac{1}{(\sqrt{2\pi}\delta_s)^k}\exp[-\frac{f_h}{\delta_s^2}\int_0^T s^2(t)\mathrm{d}t]\\&=\frac{1}{(\sqrt{2\pi}\delta_s)^k}\exp[-\frac{1}{S_o}\int_0^T s^2(t)\mathrm{d}t]\end{aligned} \tag{7.11}$$

其中，$S_o=\delta_s^2/f_h$ 是噪声的单边功率谱密度。

设接收到的信号为y，y=x+s，由于噪声s的均值为0，故y_i的均值应为x_i。

对于二进制情况，设信号x_1=0, x_2=1，出现x_1时，y的概率为

$$P(s)=\frac{1}{(\sqrt{2\pi}\delta_s)^k}\exp[-\frac{1}{S_o}\int_0^T y^2(t)\mathrm{d}t] \tag{7.12}$$

由于$y(t)$=$x(t)$+$s(t)$, 此处$y(t)$=$s(t)$，因而有

$$P_{x_1}(y)=\frac{1}{(\sqrt{2\pi}\delta_s)^k}\exp[-\frac{1}{S_o}\int_0^T s^2(t)\mathrm{d}t] \tag{7.13}$$

同理，出现x_2时，$y(t)$=$s(t)$+1, $s(t)$=$y(t)$−1, y的概率为

$$P_{x_2}(y)=\frac{1}{(\sqrt{2\pi}\delta_s)^k}\exp[-\frac{1}{S_o}\int_0^T [y(t)-1]^2\mathrm{d}t] \tag{7.14}$$

7.4.2　最佳接收准则

在一个数字通信系统中，若发送端发送的消息x_1, x_2,⋯,x_n，在接收端都被100%准确地接收，这是最理想的一种情况。事实上，由于传输信道的影响以及传输过程中干扰和噪声的影响，会使消息发生畸变或失真，使得接收端在接收时对消息发生错判。例如，发送的低电平消息受到比较强的正脉冲干扰，而接收的取样和判断也正好在该干扰到达时刻发生，则可能错判为1；又如发送端发送的高电平1，在传输过程中若受到比较大的衰减，且可能还叠加有比较大的负向干扰，则在接收后有可能取样判断为低电平。总之，发送的消息x_1被错判为x_2乃至x_n的可能都是存在的，但期望错判愈少愈好，即错误接收的概率愈小愈好。

设发送消息为x_i、在接收时错判为x_j的概率是$P(x_j/x_i)$，则应成立$P(x_i/x_i)>P(x_j/x_i)$。

设收到x_i的概率为$P(x_i)$，接收到x_j的概率为$P(x_j)$，若$P(x_i)>P(x_j)$, 则发送的消息为x_i, $i, j = 1, 2,\cdots, n$，$i\neq j$。

或者，若$[P(x_i)]/[P(x_j)]>1$，则接收时判之为消息x_i，反之，则判为消息x_j。此即最大似然比准则。

对于二进制数字系统，则有：

若$\dfrac{P(1)}{P(0)}>1$，则判为收到符号“1”；

若$\dfrac{P(1)}{P(0)}<1$，则判为收到符号“0”。

其中$P(1)$、$P(0)$分别为收到二进制符号“1”、“0”的概率。

习　题

7.1　试述位同步的基本原理和关键技术。

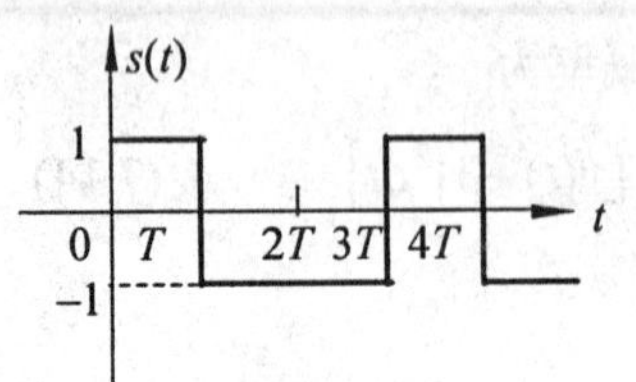

7.2　试述帧同步的基本原理和关键技术。

7.3　试述网同步的基本原理和关键技术。

7.4　右图所示为一基带信号，用一带限滤波器可使其变为带限信号，试画出从带限信号中提取位同步信号的原理图和波形。

7.5　试述在不归零二进制序列信号中提取位同步信号的步骤。

7.6　试对7位巴克码“1 1 0 1 0 0 1”画出同步识别电路，使其具有同步输出。

7.7　设一数字通信系统采用缓冲法进行码速调整，在数据传输速率为512Kb/s时，存储器的容量为256bit，设时钟频率稳定度为$\frac{\Delta f}{f}=10^{-8}$，求对系统进行稳定校正的最大时间。

第8章 纠错编码

在通信系统中，信号在信道中传输会受到各种干扰，因而数据在传输过程中发生错误是不可避免的。有错误发生就必须想办法进行处理，控制错误的出现，对于发生了的错误要能够检测，甚或还能纠正错误，这里的检测和纠正错误都称为差错控制。

8.1 差错控制

本节介绍差错控制的基本概念和主要方法。

在通信系统中信道是用来传送信号的通路。信号在信道中传送会受到各种干扰，这既包括信道本身特性的影响，又包括外部的干扰。这些干扰使传输的数据发生错误。根据实际统计，这些错误主要分为两种类型。一种是随机错误，这种错误发生的位置是随机的，而且数字序列中前后之间是否发生错误，彼此无关。多数情况下是独立的单个数据发生错误。以随机错误为主的信道称为随机信道。另一种是突发错误，即一个错误的出现往往导致后面错误的出现。也就是说，出现错误的位之间有相关性，错误突发出现，密集成群。把第一位错误与最后一位错误之间(中间的某些位可能是正确的)的长度称为突发长度b。例如，设发送的信号为11111111，由于有干扰而变成10100110，则b=7(第2~第8位之间有错误)。以这种突发错误为主要错误形式的信道称为突发信道。实际信道所产生的错误往往不是单纯的某一种，而是以上两种错误并存。平常说某个信道是某种类型的信道，仅是指它所产生的错误是以某种错误为主而已。

实际信道的分类，只有通过大量的统计工作才能划分准确。信道不同，则错误的类型不同。针对不同类型的错误，只有采用不同的纠错编码才能奏效。因此，“对症下药”是差错控制中关键性的一环。

在计算机通信系统中，人造卫星转播、微波中继基本上属于随机信道，而磁盘、光盘等存储器则属于典型的突发信道。

抛开各种实际通信系统的差别，突出纠错编码的过程，可以抽象出含有差错控制的通信系统的框图，如图8.1所示。

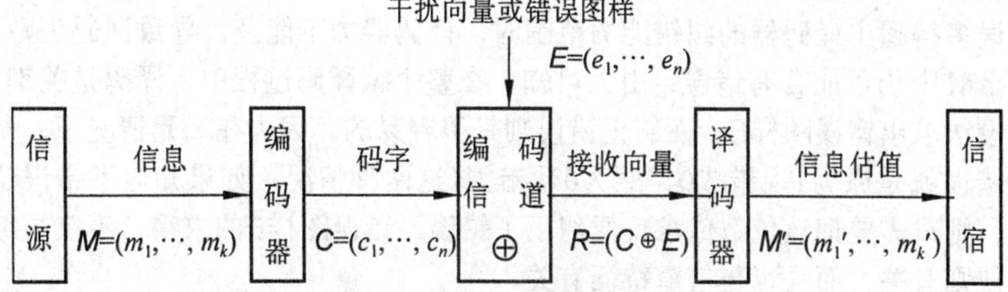

图8.1 一般数字通信系统框图

纠错编码是增强通信抗干扰能力，提高通信系统可靠性的主要技术措施之一。

纠错编码的基本思想是，在待传信息中人为地按一定规则加入一些冗余的但又是有用的数字信号，使所传信号满足一定的规律。在接收端按此规律进行检查，从而达到能够自动发现或纠正错误的目的。

信源发出的数字信息可用一个向量M来表示，$M=(m_1,\cdots,m_k)$，在二进制情况下，$m_i=0$或1。编码器按照某种规则在待传信息序列M中加入一些冗余的但却是有用的数字位，使之变成一个更长的二元序列C，$C=(c_1,\cdots c_n)$。称C为信息M所对应的码字(Codeword)，C中的每一位二元数字叫作一个码元。这一过程叫作编码(Coding)。码字经编码信道传输必将受到各种干扰。如果一个实际干扰比较微弱，不至于使所传码字发生错误，则可将其忽略，认为没有干扰发生，也就是说，通常只考虑那些引起码字传输错误的干扰。作用于传输码字上的干扰也可以用一个向量E表示，$E=(e_1,\cdots e_n)$，其中$e_i=0$或1。当对于某一码元存在一个干扰，或者说当干扰使某一码元产生错误时，则相应的$e_i=1$，否则$e_i=0$。反过来说，向量E中哪些位为1，就表示在哪些位上存在着干扰，使码字中哪些对应位上发生了错误。这样，向量E就不仅表示了干扰的分布情况，而且也表明了所传码字中的错误分布，所以把E称为干扰向量或错误图样(Error Pattern)。码字经过信道受到干扰，到达译码器输入端时已经成为码字和干扰共同作用的结果，称之为接收向量R。

$$R=C\oplus E \tag{8.1}$$

如果没有干扰，$E=0$，则$R=C$，没有错误发生；如果有干扰，$E\neq 0$，则$R\neq C$，传输产生了错误。译码器的任务是设法从可能包含有错误的接收向量R

中恢复出信息M。根据式(8.1)可知，得到了C就可得到M，因为M包含在C之中。具体做法是：译码器根据编码规则对接收向量R进行检查，看其中是否发生了错误，并在自己力所能及的范围内进行纠正。译码器的输出只是对原始信息的一个估值，记作M'。之所以称为估值，是因为只有当传输无错误或虽有错误但在译码器纠错能力范围内时，M'才等于M。否则，当错误多得超出译码器的纠错能力范围时，译码器力不能及，导致译码失败，那么M'中仍可能含有错误。由上可知，在整个编译码过程中，译码是关键，应设法求出错误图样E，而纠正错误则是很容易的。因为在二元情况下，所谓错误就是原为1现错成0，原为0现错为1这两种情况。如果知道了错误位置，则只需要把该位数值求反便纠正了错误。错误图样E的求得，不仅与编码规则有关，而且也与信道特征有关。

人们在长期的理论和实际工作中，总结出多种行之有效的处理错误的办法，即差错控制技术。现将主要方法分述如下。

8.1.1　前向纠错FEC(Forward Error Correction)

所谓前向纠错就是自动纠错。即在传输信息时，发送端对原始信息进行纠错编码，然后再把已编码的信号发送出去。接收端收到信号以后，根据编码规则自动发现并自动纠正传输中的错误。

前向纠错的优点是传输控制简单，缺点是传输效率低，而且一般来说编译码器较复杂。大规模集成电路的迅速发展，使得原来很复杂的编译码器有可能做成一个集成电路，从而使纠正多位错误的复杂编码成为可能。例如，IBM–390计算机存储器已采用了纠正两个错误，同时检测3个错误的纠错编码技术。

8.1.2　自动反馈重发纠错ARQ(Automatic Repeat Request)

为了说明自动反馈重发纠错的原理，先举一个日常生活中的例子。我们打电话时，有时会受到严重干扰而听不清对方的话音。这时我们自然会说：“喂！听不清楚，请你再说一遍。”于是对方重复一遍刚才的发话，直到我们听清为止。这个例子虽然简单，可它包含的原理却与ARQ的原理是一样的。

所谓ARQ就是指在传输信息时，发送端对原始信息进行检错(不纠错)编码。接收端收到信号后，自动检查判断是否发生了错误。如果发生了错误，则要求发送端重发。发送端根据接收端的要求，将包含错误的部分信号重发，从而达到纠正错误的目的。

目前，这种方法在实际通信中应用最为普遍。国际电信电报业统一采用ARQ技术，用“7中取3”定比码检错。实际证明，采用这种方法使通信的误码率比原来降低10^{-2}–10^{-9}。在计算机通信网中也广泛采用ARQ技术。

在一定的误码率的要求下，ARQ所需的设备费用和复杂性要比前向纠错方式低，它对信道的干扰状况有自适应性，一般来说效率比较高。缺点是控制比较复杂，要求具有双向信道。理论和实践证明，一般情况下ARQ技术比前向纠错技术优越。

8.1.3 混合纠错HEC(Hybrid Error Correction)

所谓混合纠错就是把前向纠错和ARQ相结合。在传输信息时，发送端先把原始信息编成既能纠正部分错误又能检测较多错误的码，再进行传输。接收端收到信号后，自动检测错误。如果错误位于码的纠错能力之内，就自动纠正。如果错误超出码的纠错能力，则要求发送端重发，以纠正错误。

由于混合纠错方法在设备复杂程度和通信效率等方面都较折衷，所以实际应用也较普遍。预计这种方法今后会越来越广泛地得到应用。

8.2 线性分组码

8.2.1 线性分组码的概念

所谓编码就是对待传信息人为地按一定规则加入一些附加的数码，使所传信号满足一定的规律。为了方便起见，把待传信息按k位一组划分为信息组，然后在每一信息组内加入r位冗余数字，形成长为n位的码字，这就是分组码。如果把r个冗余数字直接附加在信息位后面，就构成了系统分组码，简称为系统码，其结构如图8.2所示。

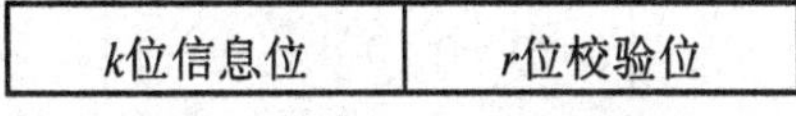

图8.2 系统码的码字结构

但是，怎样获得这r位冗余数字呢？或者说编成的码字应该满足怎样的规律呢？

考虑码长为n，信息位数为k，冗余位数为r的(n, k)线性分组码。设待传信息$M=(m_1, m_2,\cdots, m_k)$，编码就是把它变换成码字$C=(c_1, c_2,\cdots,c_n)$，$n>k$。而这种变换所依据的规则或者说编成码字所满足的规律，就是如下的一组函数关系：

$$\left.\begin{aligned} c_1 &= f_1(m_1, m_2, \cdots, m_k) \\ c_2 &= f_2(m_1, m_2, \cdots, m_k) \\ c_n &= f_n(m_1, m_2, \cdots, m_k) \end{aligned}\right\} \tag{8.2}$$

如果函数f_1，f_2，…，f_n都是线性函数，则根据式(8.2)所编出的码叫做线性分组码。而其余的码都叫做非线性码。

下面举几个例子来作进一步说明。

例8.1　设n=7，k=4，按下面一组线性函数编码。

$$\begin{aligned} c_1 &= m_1 \\ c_2 &= m_2 \\ c_3 &= m_3 \\ c_4 &= m_4 \\ c_5 &= m_1+m_3+m_4 \\ c_6 &= m_1+m_2+m_3 \\ c_7 &= m_2+m_3+m_4 \end{aligned}$$

写成矩阵形式，则为

$$[c_1, c_2, c_3, c_4, c_5, c_6, c_7] = [m_1, m_2, m_3, m_4]\begin{bmatrix} 1 & 0 & 0 & 0 & 1 & 1 & 0 \\ 0 & 1 & 0 & 0 & 0 & 1 & 1 \\ 0 & 0 & 1 & 0 & 1 & 1 & 1 \\ 0 & 0 & 0 & 1 & 1 & 0 & 1 \end{bmatrix}$$

简记作

$C=MG$

其中

$$G = \begin{bmatrix} 1 & 0 & 0 & 0 & 1 & 1 & 0 \\ 0 & 1 & 0 & 0 & 0 & 1 & 1 \\ 0 & 0 & 1 & 0 & 1 & 1 & 1 \\ 0 & 0 & 0 & 1 & 1 & 0 & 1 \end{bmatrix}$$

于是得到

信息　$(m_1\ \ m_2\ \ m_3\ \ m_4)$ $\longleftrightarrow$ 码字　$(c_1\ \ c_2\ \ c_3\ \ c_4\ \ c_5\ \ c_6\ \ c_7)$

$0\ \ 0\ \ 0\ \ 0$ $\longleftrightarrow$ $0\ \ 0\ \ 0\ \ 0\ \ 0\ \ 0\ \ 0$

1 0 0 0	⟷	1	0	0	0	1	1	0
0 1 0 0	⟷	0	1	0	0	0	1	1
1 1 0 0	⟷	1	1	0	0	1	0	1
0 0 1 0	⟷	0	0	1	0	1	1	1
1 0 1 0	⟷	1	0	1	0	0	0	1
0 1 1 0	⟷	0	1	1	0	1	0	0
1 1 1 0	⟷	1	1	1	0	0	1	0
0 0 0 1	⟷	0	0	0	1	1	0	1
1 0 0 1	⟷	1	0	0	1	0	1	1
0 1 0 1	⟷	0	1	0	1	1	1	0
1 1 0 1	⟷	1	1	0	1	0	0	0
0 0 1 1	⟷	0	0	1	1	0	1	0
1 0 1 1	⟷	1	0	1	1	1	0	0
0 1 1 1	⟷	0	1	1	1	0	0	1
1 1 1 1	⟷	1	1	1	1	1	1	1

显然本码为(7, 4)系统码，$c_1\,c_2\,c_3\,c_4$为信息，$c_5\,c_6\,c_7$为冗余数字。由上述函数容易导出：

$$c_5=c_1+c_3+c_4$$
$$c_6=c_1+c_2+c_3$$
$$c_7=c_2+c_3+c_4$$

移项后得

$$c_1+c_3+c_4+c_5=0$$
$$c_1+c_2+c_3+c_6=0$$
$$c_2+c_3+c_4+c_7=0$$

写成矩阵形式，则为

$$\begin{bmatrix}1&0&1&1&1&0&0\\1&1&1&0&0&1&0\\0&1&1&1&0&0&1\end{bmatrix}\begin{bmatrix}c_1\\c_2\\c_3\\c_4\\c_5\\c_6\\c_7\end{bmatrix}=\begin{bmatrix}0\\0\\0\end{bmatrix}$$

简记作

$$HC^{\mathrm{T}}=0 \tag{8.4}$$

其中

$$H=\begin{bmatrix}1&0&1&1&1&0&0\\1&1&1&1&0&1&0\\0&1&1&1&0&0&1\end{bmatrix}$$

可见，关系式$C=MG$或者$HC^T=0$完全确定了编码规律，在这一意义上它们两者之间是互相等价的。这样，编码的问题就变为选择构造一个G矩阵或H矩阵的问题。

例8.2　把信息按1位1组划分为信息组，然后按下述函数编码。

$c_1=m_1$

$c_2=m_1$

$\vdots$

$c_n=m_1$

写成矩阵形式，$[c_1\ c_2\ \cdots\ c_n]=[m_1][1\ 1\ \cdots\ 1]$，其中$G=[1\ 1\ \cdots\ 1]$。不难求出，

$$H=\begin{bmatrix}1&1&0&0&\cdots&0\\1&0&1&0&\cdots&0\\1&0&0&1&\cdots&0\\1&0&0&0&\cdots&1\end{bmatrix}=\begin{bmatrix}1&\\1&\\\vdots&I_{n-1}\\1&\end{bmatrix}$$

这个（n，1）码就是平常所说的重复码或平凡码。它仅包含两个码字：$(00\cdots0)$, $(11\cdots1)$。

例8.3　把信息按$n-1$位1组划分成信息组，每组增加一位冗余数字。

$c_1=m_1,$

$c_2=\quad m_2$

$\vdots$

$c_{n-1}=\qquad m_{n-1}$

$c_n=m_1+m_2+\cdots+m_{n-1}+m_n$

写成矩阵形式

$$[c_1c_2\cdots c_n]=[m_1m_2\cdots m_k]\begin{bmatrix}100\cdots01\\010\cdots01\\\cdots\cdots\\000\cdots11\end{bmatrix}$$

显然，

$$G=\begin{bmatrix}100\cdots01\\010\cdots01\\\cdots\cdots\\000\cdots11\end{bmatrix}=\begin{bmatrix} & 1\\ & 1\\ I_{n-1} & \vdots\\ & 1\end{bmatrix},$$

$$H=[11\cdots1]$$

这个码就是通常所说的奇偶校验码。

例8.2和例8.3是线性分组码中两个特殊的例子。重复码的编码效率为$1/n$，这是所有线性分组码中编码效率最低的码，但是从直观上可以看出它却有很强的纠检错能力。奇偶校验码的编码效率为$n-1/n$，这是所有线性分组码中编码效率最高的码，但是它的纠错能力却是最低的。纠错码理论的主要任务就是要在这两个极端类型的码之间寻找一些性能良好的码。

8.2.2　线性分组码的矩阵描述

在例8.1的分析中，已经知道关系式

$$C=MG$$

或

$$HC^{\mathrm{T}}=0$$

完全确定了编码规律，两者互相等价，而且编码的问题就是选择构造G矩阵或H矩阵的问题。

进一步考查例8.1的全部16个码字，可以发现它们构成二元域$GF(2)$上的7维线性空间中的一个4维子空间。

一般地说，一个$GF(2)$上的(n,k)线性分组码构成$GF(2)$上的n维线性空间中的一个k维子空间，任意k个线性无关的n维向量都可作为它的一组基底。用这组基底向量组成G矩阵便可确定这个(n,k)码。

为了使编成的(n,k)码是系统码，选择如下的k个线性无关向量作为基底构成G矩阵。

$$G=\begin{bmatrix}g_1\\g_2\\\vdots\\g_k\end{bmatrix}=\begin{bmatrix}1 & 0 & \cdots & 0 & P_{11} & P_{12} & \cdots & P_{1,n-k}\\0 & 1 & \cdots & 0 & P_{21} & P_{22} & \cdots & P_{2,n-k}\\ & \cdots & \cdots & \cdots & \cdots & & & \\0 & 0 & \cdots & 1 & P_{k1} & P_{k2} & & P_{k,n-k}\end{bmatrix}\tag{8.5}$$

其中$p_{ij}\in GF(2)$，$i=1,2,\cdots,k$，$j=1,2,\cdots,n-k$。令I_k为k阶单位矩阵，用P表示$k\times(n-k)$阶p_{ij}的矩阵，则式(8.5)可简记为

$$G=[I_kP]\tag{8.6}$$

设信息组为$M=(m_1, m_2,\cdots, m_k)$，则相应的码字为

$$C=(c_1, c_2, \cdots, c_n)=MG=(m_1, m_2, \cdots, m_k)[I_kP]$$

根据矩阵乘法规则，有

$$\begin{cases} c_i = m_i, \quad i=1,\ 2,\ \cdots,\ k \\ c_{k+j} = p_{1j}m_1 + p_{2j}m_2 + \cdots + p_{kj}m_k, \quad i=1,\ 2,\ \cdots,\ n-k \end{cases} \tag{8.7}$$

显然，所得的码字的前k位为k位信息，后$(n-k)$位为冗余数字，它们是k位信息位的线性函数。

由于G矩阵完全确定了线性分组码的编码规律，有了G矩阵便可生成线性分组码的全部码字，所以称G为线性分组码的生成矩阵。

根据式(8.7)可得

$$\begin{cases} p_{11}c_1 + p_{21}c_2 + \cdots + p_{k1}c_k + c_{k+1} = 0 \\ p_{12}c_1 + p_{22}c_2 + \cdots + p_{k2}c_k + c_{k+2} = 0 \\ p_{n-k}c_1 + p_{2n-k}c_2 + \cdots + p_{kn-k}c_k + c_n = 0 \end{cases} \tag{8.8}$$

写成矩阵形式，则有

$$HC^{\mathrm{T}}=0$$

其中

$$H=[P^{\mathrm{T}}I_{n-k}]=\begin{bmatrix} p_{11} & \cdots & p_{k1} & 100 & \cdots & 0 \\ p_{12} & \cdots & p_{k2} & 010 & \cdots & 0 \\ p_{13} & \cdots & p_{k3} & 001 & \cdots & 0 \\ & \cdots & \cdots\cdots & \cdots & & \\ p_{1,n-k} & \cdots & p_{k,n-k} & 000 & \cdots & 1 \end{bmatrix} \tag{8.9}$$

H中的P^{T}为子矩阵P的转置矩阵；I_{n-k}为$n-k$阶单位矩阵。

考察式(8.6)和式(8.9)可知，对于系统码而言，知道了G便可方便地求出H，反之亦然。这就是前面所说的两者之间互相等价的意思。

因为$(n，k)$线性分组码的所有合法码字都满足式(8.8)，而所有非法码字都不满足式(8.8)，因此式(8.8)在检验一个接收向量是否为一个合法码字方面起着关键的作用，所以称式(8.8)为线性分组码的校验方程，进而称H矩阵为线性分组码的校验矩阵。

8.3 线性分组码的纠错检错

设发送的码字为C，经过信道传输，受到干扰E的作用，到达接收端时变为接收向量$R=C+E$。为了检测接收向量R是否包含错误(是否是一个合法

码字)，计算RH^T，若$RH^T=0$，则R不包含错误(是合法码字)，若$RH^T\neq 0$，则R包含错误(不是合法码字)。由此可见，RH^T在检查错误方面起着决定性的作用。

为此，定义$S=RH^T$为接收向量R的伴随式(Syndrome)。

由于H为$(n-k)\times n$阶矩阵，从而H^T为$n\times(n-k)$阶矩阵，而R可视为$1\times n$阶矩阵，故S为$1\times(n-k)$阶矩阵，也就是说，S是一个$n-k$维向量，记作

$$S=(s_1, s_2, \cdots, s_{n-k})$$

例8.4　对于8.2节例8.1所给出的线性分组码

$$H=\begin{bmatrix}1&0&1&1&1&0&0\\1&1&1&0&0&1&0\\0&1&1&1&0&0&1\end{bmatrix}$$

设接收向量$R=(1\ 0\ 0\ 0\ 1\ 1\ 0)$，则

$$S=RH^T=(1\ 0\ 0\ 0\ 1\ 1\ 0)\begin{bmatrix}1&1&0\\0&1&1\\1&1&1\\1&0&1\\1&0&0\\0&1&0\\0&0&1\end{bmatrix}=[0\ 0\ 0]=0$$

说明$R=(1\ 0\ 0\ 0\ 1\ 1\ 0)$不包含错误，它是对应于信息组$M=(1\ 0\ 0\ 0)$的码字。

又设$R=(1\ 1\ 0\ 0\ 0\ 0\ 1)$，则有

$$S=RH^T=(1\ 1\ 0\ 0\ 0\ 0\ 1)\begin{bmatrix}1&1&0\\0&1&1\\1&1&1\\1&0&1\\1&0&0\\0&1&0\\0&0&1\end{bmatrix}=[1\ 0\ 0]\neq 0$$

这说明接收向量$R=(1\ 1\ 0\ 0\ 0\ 0\ 1)$包含错误。参考例8.1的全部码字，可知码字(1 1 0 0 1 0 1)在第5位上发生了错误。

伴随式$S=RH^T$的重要性不仅在于可以根据S是否为0来检查错误，而且还在于它包含了有关错误图样的信息。因此，存在着利用伴随式S进行纠错的可能性。对这一点可作如下说明。

由于

$$S=RH^T=(C+E)H^T=CH^T+EH^T=EH^T \tag{8.10}$$

因此，恰当选择H矩阵，可以使码具有纠正错误的能力。于是，H矩阵的构造问题就成为纠错编码的核心问题。

为了定量分析线性分组码的纠检错能力，下面引进两个重要概念。

称两个码字之间不相同的对应位的位数为这两个码字之间的汉明距离，并称一个线性分组码的全部码字中不同码字之间的汉明距离的最小值为该线性分组码的最小距离，简记为$d_{\min}$。

称一个码字中非零码元的数目为该码字的汉明重量，并称一个线性分组码的全部非零码字的汉明重量的最小值为该线性分组码的最小重量，简记作$W_{\min}$。

因为(n, k)线性分组码构成了线性子空间，任意两个码字之和仍是一个合法码字，所以两个码字的汉明距离等于其和向量码字的汉明重量。而且，线性分组码的最小汉明距离等于其最小汉明重量。

码字之间的汉明距离反映了两个码字之间的差异，两者之间的距离越大，则表明两者之间的差异越大。在受到干扰的情况下，由一个码字变成另一个码字的可能性就越小，也即抗干扰性就越好。

若要区分两个码字，则它们之间的距离至少应为1。例如，可以用1表示打开某开关的命令，用0表示关闭某开关的命令。这样的编码虽然可以区分打开和关闭两种状态，但却不能检测错误，也不能纠正错误。因为0和1都是合法码字，当0错成1或1错成0时不能发现其错误，更不能纠正。这是因为编码中未加入冗余数字。为了能够检测错误，可增加一位冗余数字，用11表示打开开关，用00表示关闭开关，其距离为2。当11或00发生一位错误时，变成10或01，则这两个码字都不是合法码字，因而能够检测出错误的发生。但当发生两位错时，11变成00或00变成11，它们都是合法码字，因而错误不能被检测。所以，这种距离为2的码能够检测1位错误，不能检测两位错误，更不能纠正错误。为了纠正错误，需再增加1位冗余数字，用111表示打开开关，用000表示关闭开关，其距离为3。当码字111发生1位错误时，变为110或101或011，它们都是非法码字，因而能够检测错误。不仅如此，当把它们分别与合法码字111和000进行比较时，可知它们与111的距离近，而与000的距离远，于是可判定它们就是111，从而纠正了1位错误。当发生了两位错误时，错误的结果也都是非法码字，因而能够检测，但不能纠正。可见，要纠正1位错误或检测两位错误，距离至少应为3。再增加冗余数字，即增大码字距离，码的纠检错能力还可增强。

由上可见，码的纠检错能力取决于码的距离。

可以证明以下重要的结论：

① 一个线性分组码能够检测l个错误的充要条件是其$d_{\min} \geqslant l+1$。

② 一个线性分组码能够纠正t个错误的充要条件是其$d_{\min} \geqslant 2t+1$。

③ 一个线性分组码能够纠正t个错误，同时检测 l个错误($l > t$)的充要条件是其$d_{\min} \geqslant t+l+1$。

我们已经知道，校验矩阵H和最小距离$d_{\min}$确定了码的纠检错能力，那么它们两者之间又有什么关系呢？

n维向量x为码的合法码字的充要条件是$xH^{\mathrm{T}}=0$。设$x=(x_1\, x_2,\cdots\, x_n)$，并记$H$矩阵的列为$h_i$，$i=1, 2,\cdots, n$。于是

$$H=[h_1\, h_2\cdots\ h_n]$$

$$\begin{aligned} xH^{\mathrm{T}} &= (x_1\, x_2\cdots\ x_n)[h_1\, h_2\cdots\ h_n]^{\mathrm{T}} \\ &= x_1 h + x_2 h_2 + \cdots + x_n h_n \end{aligned} \tag{8.11}$$

设H中任意d_0-1列线性无关，由式(8.11)可知没有一个重量小于d_0-1的n维向量使$xH^{\mathrm{T}}=0$。这也就是说码中没有重量小于等于d_0-1的码字。再没H中有d_0列线性相关，则同理可知码中有重量为d_0的码字。所以码的最小距离$d_{\min}=d_0$。反过来，设码的最小距离$d_{\min}=d_0$，这说明码中不存在重量小于等于d_0的码字。而存在重量等于d_0的码字。根据式(8.11)，这即说明不存在重量小于d_0的n维向量使式(8.11)成立，而存在重量等于d_0的n维向量使式(8.11)成立，于是说明H中任意d_0-1列线性无关而有任意d_0列线性相关。

由此得出如下重要结论：

一个线性分组码的最小距离$d_{\min}=d_0$的充要条件是其H矩阵中任意d_0-1列线性无关，而有d_0列线性相关。

这一结论的重要性在于，它把码的最小距离同其H矩阵列的线性无关性联系在一起。这样，要设计一个具有特定纠检错能力的码，就等于要构造一个具有特定线性相关性的H矩阵。许多著名的纠错编码都是根据这一思想设计出来的。

8.4 汉 明 码

汉明码是美国科学家Hamming在1950年提出来的[4]。

我们知道，要纠正1位错误，码的最小距离应为3。而一个(n, k)线性分组码的$d_{\min}=3$的充要条件是其H矩阵中任两列线性无关，有3列线性相关。在$GF(2)$的条件下，两个列向量线性无关的充要条件是每个列向量都不是零向量，且互不相等。于是得出如下重要结论：一个$GF(2)$上的(n, k)线性分组

码能够纠正一个错误的充要条件是其H矩阵不包含全零列且任两列互不相同。关于这一点可进一步作如下解释。

因为，$S=RH^{\mathrm{T}}$

所以，$S^{\mathrm{T}}=HR^{\mathrm{T}}=HE^{\mathrm{T}}$

记H矩阵的第i列为h_i，$i=1$，2，⋯，n。于是，$H=[h_1 h_2 \cdots\ h_n]$，则有

$$S^{\mathrm{T}}=\begin{bmatrix} S_1 \\ S_2 \\ \vdots \\ S_{n-k} \end{bmatrix}=HE^{\mathrm{T}}=[h_1\ h_2\ \ \cdots h_n]\begin{bmatrix} e_1 \\ e_2 \\ \vdots \\ e_n \end{bmatrix}=e_1h_1+e_2h_2+\cdots+e_nh_n \tag{8.12}$$

式(8.12)告诉我们，伴随式S^{T}是H矩阵中与出错位相对应的各列之和。

如果H矩阵中的某列为全零列，且单个错误发生在与此列对应的位置上，则仍有伴随式$S=0$。即错误不能被发现，更不能被纠正。

如果H矩阵中有两列相同，则在这两个位置之一所发生的单个错误与另一位置上所发生的单个错误具有相同的伴随式。因此，不能确定出错位置。如果硬性纠错，则出现误纠的可能性有50%。这样就不能保证译码正确。

线性分组码的H矩阵是一个$r\times n$阶矩阵，对于给定的r，显然最多有2^r-1个互不相同的非零列向量。把这2^r-1个互不相同的非零列向量组成H矩阵，便得到一个码长$n=2^r-1$的能够纠正单个错误的线性分组码，这便是著名的汉明码。

例8.5　冗余位数$r=4$，信息位数$k=11$，码长$n=15$的汉明码的校验矩阵为

$$H=\begin{bmatrix} 1&1&1&1&0&1&1&0&0&1&0&1&0&0&0 \\ 1&1&1&0&1&1&0&0&1&0&1&0&1&0&0 \\ 1&1&0&1&1&0&0&1&1&1&0&0&0&1&0 \\ 1&0&1&1&1&0&1&1&0&0&1&0&0&0&1 \end{bmatrix}$$

例8.6　对于例8.1中的汉明码，设码字$C=[1\ 0\ 1\ 0\ 0\ 0\ 1]$，在第2位上发生了错误，接收向量变为$R=[1\ 1\ 1\ 0\ 0\ 0\ 1]$。计算伴随式，得$S=[0\ 1\ 1]$，与其H矩阵的第2列相同，这恰好说明第2位上发生了错误。把接收向量R的第2位取反，便纠正了错误。

由例8.5可知，汉明码的译码过程为：

① 接收到向量R后，首先计算伴随式$S=RH^{\mathrm{T}}$。

② 若$S=0$，则认为没有错误发生。若$S\neq 0$，则肯定发生了错误。

③ 若$S\neq 0$且S^{T}等于H矩阵中的某一列，则认为接收向量中与这一列相对应的位上发生了错误。

④ 将接收向量R中的错误位取反，便纠正了错误。

实际上有时并不需要码长$n=2^r-1$，而只要$n<2^r-1$(如信息位少些)，这时可以从2^r-1个非零列向量中任意截去若干列。不管截去哪几列，码的最小距离都不会减小。如果截得巧妙，码的最小距离反而会增大。这是因为在短截汉明码的情况下，$n<2^r-1$，有2^r-1-n个非零列向量在H矩阵中不出现，从而可使多位错误的误纠概率更小。这是因为，若算得的伴随式$S\neq0$且不等于H矩阵中的任何一列，则可断定发生了两位或两位以上的多位错误。译码器检测到多位错误后不进行纠错，而是给出多位错标志信号。于是可进一步结合ARQ等其他技术进行纠错。可见，对汉明码施行短截是提高码的纠检错能力的一种可行途径。

美籍华人肖幕岳(M.Y.Hsiao)先生于1970年提出一种巧妙的短截方法，即截去汉明码H矩阵中所有含有偶数个1的列向量。短截之后的H矩阵中只含有奇数个1，故称为奇权码[5]。可以证明，奇权码的$d_{min}=4$，可以纠正1位错，同时检测两位错，俗称“纠1检2”。为了在工程中实现编译码器时节省电路，还要尽量减少H矩阵中1的个数。为了加快编译码的速度，还要求H矩阵各行中1的个数尽量相等。在满足了这两个工程要求后，奇权码达到最佳状态，故称为最佳奇权码。最佳奇权码自提出后，在相当长的时间内成为世界各国计算机内存储器的最主要的纠错方案。我国著名巨型计算机银河I的内存纠错采用的便是最佳奇权码。

现将最佳奇权码的H矩阵的特性归纳如下：

① 每列含有奇数个1，且无相同列。

② 总的1的个数尽量少。

③ 每行中1的个数尽量相等。

文献26给出了最佳奇权码H矩阵的一种生成算法。

8.5 循 环 码

8.5.1 循环码的概念

仔细考查例8.1所示的(7, 4)线性分组码，可以发现一个奇妙的特性：全部16个码字中的任何一个，循环右移一位后所得到的仍是一个合法码字，也就是说这个码在循环移位运算下具有封闭性。称具有这种循环特性的码为循环码(Cyclic Code)。因为一个线性分组码就是一个线性子空间，所以也称具有这种循环特性的子空间为循环子空间。

循环码是线性分组码中最有理论意义和实用价值的一种编码。理论上，几乎所有的线性分组码皆可等效于一个循环码。实际上，由于码具有循环特性而在工程上容易实现。循环码具有较好的代数结构，从而可以利用近世代数作为工具对它进行深入的研究。所以，循环码在编码理论中占有特殊而重要的地位。

人们已经习惯于用线性空间描述一个线性码。下面可以看到，循环码还可以用多项式来描述。特别是由于循环码具有特殊的代数结构，用多项式来描述循环码就更显得方便。

设码字$A=(a_0, a_1,\cdots, a_{n-1})$，显然它可以用码字多项式

$$A(x)=a_0+a_1x+\cdots+a_{n-1}x^{n-1}$$

来表示。只要在向量和多项式之间建立如下的一一映射即可：

$$(a_0, a_1,\cdots, a_{n-1}) \longleftrightarrow a_0+a_1x+\cdots+a_{n-1}x^{n-1}$$

今后将同时使用码向量和码多项式两种表达方式来描述同一个码字。

理论研究表明，设$f(x)$是$GF(2)$上的一个n次多项式，$f(x)$的每一个首1因式$g(x)$都可以生成一个(n, k)线性分组码$C=(g(x))$，特别地，当$f(x)=x^n-1$时C是循环码。C中的每一个码字都是$g(x)$的倍式，即

$$C=(g(x))=\{m(x)g(x)\mid \partial^\circ m(x)\leqslant n-r-1\}$$

反之，任意一个$g(x)$的次数小于等于$n-1$的倍式都是C的一个码字，并称$g(x)$为码C的生成多项式。

例 8.7 考虑$GF(2)$上的多项式$x^7-1=(x+1)(x^3+x+1)(x^3+x^2+1)$。取$g(x)=1+x+x^3$为生成多项式，于是可生成一个(7, 4)循环码，如下所示。

信息	码多项式	码向量
(0000)	$0\cdot g(x)=0$	(0000000)
(1000)	$1\cdot g(x)=g(x)=1+x+x^3$	(1101000)
(0100)	$x\cdot g(x)=x+x^2+x^4$	(0110100)
(1100)	$(1+x)g(x)=1+x^2+x^3+x^4$	(1011100)
(0010)	$x^2g(x)=x^2+x^3+x^5$	(0011010)
(1010)	$(1+x^2)g(x)=1+x+x^2+x^5$	(1110010)
(0110)	$(x+x^2)g(x)=x+x^3+x^4+x^5$	(0101110)
(1110)	$(1+x+x^2)g(x)=1+x^4+x^5$	(1000110)
(0001)	$x^3g(x)=x^3+x^4+x^6$	(0001101)
(1001)	$(1+x^3)g(x)=1+x+x^4+x^6$	(1100101)
(0101)	$(x+x^3)g(x)=x+x^2+x^3+x^6$	(0111001)
(1101)	$(1+x+x^3)g(x)=1+x^2+x^6$	(1010001)

信息	码多项式	码向量
(0011)	$(x^2+x^3)g(x)=x^2+x^4+x^5+x^6$	(0010111)
(1011)	$(1+x^2+x^3)g(x)=1+x+x^2+x^3+x^4+x^5+x^6$	(1111111)
(0111)	$(x+x^2+x^3)g(x)=x+x^5+x^6$	(0100011)
(1111)	$(1+x+x^2+x^3)g(x)=1+x^3+x^5+x^6$	(1001011)

8.5.2 循环的编译码

设$C(x)$是循环码C的任一码字，则

$$C(x)=m(x)g(x) \tag{8.13}$$

其中，$m(x)$是信息多项式，$g(x)$为生成多项式，且

$$m(x)=m_{k-1}x^{k-1}+m_{k-2}x^{k-2}+\cdots+m_1x+m_0$$

$$g(x)=g_rx^r+g_{r-1}x^{r-1}+\cdots+g_1x+g_0$$

所以，循环码的编码问题归结为信息多项式$m(x)$和生成多项式$g(x)$相乘的问题。

循环码的编码既可以用软件实现，也可以用硬件实现。软件实现比较简单，硬件编码器本质上是一个多项式乘法器。一种多项式乘法器电路如图8.3所示。

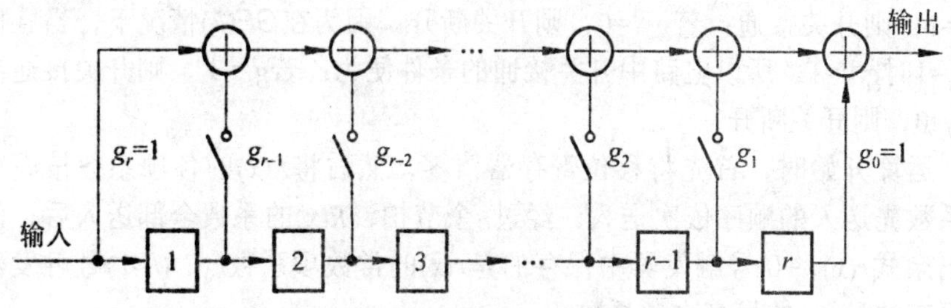

图8.3 一种多项式乘法器电路

整个电路由r个触发器组成r级移位寄存器。其中，若$g(x)$的系数$g_i=1$，则开关接通；若$g_i=0$，则开关断开。

运算开始时，首先将移位寄存器清零，然后再将$m(x)$的各系数按高次项系数先输入的方式依次送入，并从移位寄存器中移出，这样便得到$m(x)g(x)$，总共需要$k+r$个节拍完成运算。

设$C(x)$为发送码字，由于有信道干扰，可能会产生错误，并设$E(x)$为错误图样，则接收到的$R(x)$是$C(x)$和$E(x)$的和，即

$$R(x)=C(x)+E(x) \tag{8.14}$$

因为循环码的每一个合法码字都是$g(x)$的倍式，所以当且仅当$g(x)$除得尽$R(x)$时，$R(x)$才是一个合法码字。这说明要判定接收到的$R(x)$是否为一个合法码字，只要用$g(x)$去除$R(x)$，并且看看余数$r(x)$是否为零即可。若$r(x)=0$，则$R(x)$是合法码字，并认为传输没有产生错误；若$r(x)\neq 0$，则$R(x)$不是合法码字，传输中一定产生了错误。

于是，循环码译码的检错译码问题就归结为用生成的多项式$g(x)$去除$R(x)$，并判定余式是否为零的问题。

同样，循环码的检错译码既可以用软件实现，也可以用硬件实现。图8.4所示的是一种多项式除法电路。

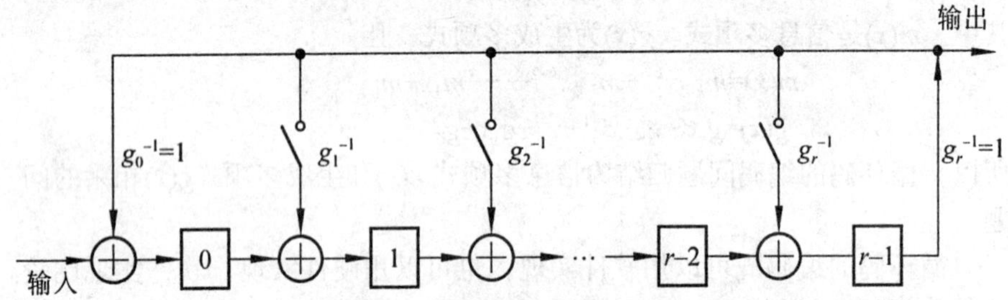

图8.4　一种多项式除法电路

电路共用r个触发器组成移位寄存器，其中若$g(x)$的系数g_i的乘法逆元$g_i^{-1}=1$，则开关接通；若$g_i^{-1}=0$，则开关断开。因为在$GF(2)$情况下，当且仅当$g_i=1$时$g_i^{-1}=1$。所以电路中开关接通的条件便为：若$g_i=1$，则开关接通；若$g_i=0$，则开关断开。

运算开始时，首先将移位寄存器清零，然后将$R(x)$的各项系数按高次项系数先送入的顺序依次送入。经过n个节拍，$R(x)$的系数全部送入后，便得出余式$r(x)$，0号触发器中保存的是$r(x)$的常数项系数r_0，$(r-1)$号触发器中保存的是$r(x)$的最高次项系数r_{r-1}。

例8.8　设$R(x)=x^6+x^4+x^2+1$，$g(x)=x^3+x+1$，用电路计算$g(x)$除$R(x)$后的余式和商式。

相应的除法电路如下：

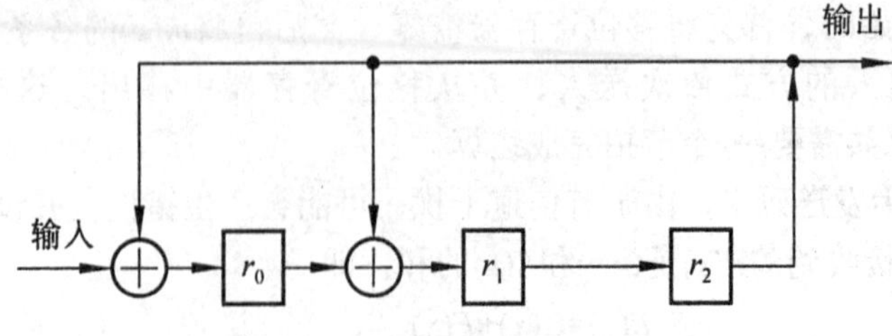

图8.5　$g(x)=x^3+x+1$的除法电路

相除的过程如表8.1所列。

表8.1　除法过程

节拍	输入	$r_0\,r_1\,r_2$ 触发器状态	输出
0	清零	0 0 0	0
1	1	1 0 0	0
2	0	0 1 0	0
3	1	1 0 1	0
4	0	1 0 0	1商
5	1	1 1 0	0
6	0	0 1 1	0
7	1	0 1 1(余式)	1式

可以证明，对于循环码，用$g(x)$去除$R(x)$所得的余式$r(x)$就是$R(x)$的伴随式$S(x)$，即

$$S(x)=R(x) \mod g(x)。\tag{8.15}$$

当用$g(x)$去除$R(x)$所得的余式$r(x)=0$时，则伴随式$S(x)=0$，故$R(x)$是合法码字，可认为传输无错误。而若余式$r(x)\neq 0$，则伴随式$S(x)\neq 0$，故$R(x)$不是合法码字，肯定发生了错误。这就更加证明了前面依据余式$r(x)$是否为零进行检错译码的合理性。

不仅如此，根据式(8.15)和式(8.14)，

$$S(x)=R(x)=C(x)+E(x)=E(x) \mod g(x)\tag{8.16}$$

式(8.16)说明，伴随式$S(x)$和错误图样$E(x)$关于模$g(x)$同余。也就是说，伴随式中包含着有关错误图样的信息。因此，可以利用$S(x)$设法找出$E(x)$，从而纠正错误。

循环码纠错译码的过程可概括为以下三个步骤：

① 计算$R(x)$的伴随式$S(x)$，这可以用一个除$g(x)$电路来实现，并称该电路为伴随式产生器。

② 通过伴随式$S(x)$找出相应的错误图样$E(x)$，这可以用一个组合电路来实现，并称之为错误图样产生器。

③ 将$E(x)$和$R(x)$模2相加，进行纠错。

还有许多具体的行之有效的循环码纠错译码算法和译码电路。这里就不再具体介绍了。

8.5.3　循环码的纠检错能力

已知循环码由$g(x)$生成，所以$g(x)$也就决定了由它生成的循环码的纠检

错能力。循环码有着极强的纠检错能力，在通信和计算机系统中有着广泛的应用。下面以分析$g(x)$的特性作为线索来研究循环码的纠检错能力。

结论1　如果生成多项式$g(x)$的项数大于1，则由其所生成的循环码能够检测所有的单个错误。

证明　设码字的第i位发生了错误，相应的错误图样为

$$E(x)=x^i$$

要检测这个错误的充要条件是伴随式$S(x)\neq 0$，由此又推出$g(x)\nmid R(x)$。根据式(8.16)又推出$g(x)\nmid E(x)$。而$E(x)=x^i$，只含有一项，但$g(x)$包含两项以上，所以肯定有$g(x)\nmid E(x)$。　证毕。

生成多项式$g(x)$中的x^r项的系数和常数项必不为0，否则无意义。因此，$g(x)$的项数总大于1，所以所有循环码都能检测单个错误。

项数大于1的最简单的生成多项式为$g(x)=x+1$。由下面的结论2可以看出由$g(x)=x+1$所生成的循环码就是偶校验码。

结论2　如果生成多项式$g(x)$含有因式$(x+1)$，则由其生成的循环码能够检测所有奇数个错误。

证明　因为任一合法码字都是$g(x)$的倍式，而$g(x)$含有因式$(x+1)$，所以任一合法码字必含有因式$(x+1)$。设$a(x)$为一合法码字，则$a(x)$可表示为

$$a(x)=q(x)(x+1)$$

将$x=1$代入，便得$a(1)=q(1)(1+1)$。在$GF(2)$中，$a(1)=q(1)0=0$，这说明每个合法码字都含有偶数项，即每个码字都具有偶重量。也就是说，由$g(x)$生成的循环码至少是偶校验码，所以能够检测所有奇数个错。　证毕。

结论3　若码长n不大于$g(x)$的周期l，则由$g(x)$所生成的循环码能检测所有单个错误和两个错误，即$d_{\min}\geqslant 3$，或者说至少能够纠正所有单个错误。

证明　结论1已经说明，所有循环码都能够检测所有单个错误。设码字发生了两位错误，则相应的错误图样为

$$E(x)=x^i+x^j=x^i(1+x^{j-i}),\ 0\leqslant i<j<n$$

为了保证能够检测所有这类两个错误，只需令$g(x)$除不尽$E(x)$即可。由于$g(x)$的常数项$g_0\neq 0$，所以$g(x)$不含x作因子，因此只需要让$g(x)$无法除尽$(1+x^{j-i})$即可。而这里$g(x)$的周期 $l\geqslant n$，当然 $l>j-i$，所以$g(x)\nmid(1+x^{j-i})$，得出$g(x)\nmid E(x)$。码能够检测所有单个和两个错误，即$d_{\min}\geqslant 3$，用于纠错可纠正所有单个错误。　证毕。

若$g(x)$为$GF(2)$上的本原多项式，则$g(x)$的周期 $l=2^r-1$，它所生成的循环码就是汉明码。

这里用到了多项式的周期和本原多项式两个概念。所谓多项式的周期，

就是使该多项式能够除得尽x^l+1的最小正整数l。如果多项式的次数为n，且其周期 $l=2^n-1$，则称该多项式为本原多项式。

多项式的周期和本原多项式是两个很重要的概念，它们在纠错编码和密码中都有着广泛的应用。

结论4 设$g(x)$的次数为r，则由$g(x)$所生成的循环码能够检测长度$b \leqslant r$的突发错误。

证明 任意长度为b的突发错误图样可表示为$E(x)= x^i E_1(x)$，其中$E_1(x)$是一个$b-1$次多项式。若$g(x)$除不尽$E(x)$，就能检测此突发错误。因为$g(x)$不含因式x，所以只要$g(x)$除不尽$E_1(x)$即可。因$E_1(x)$的次数$b-1<r$，即$E_1(x)$的次数小于$g(x)$的次数，所以必有$g(x) \nmid E_1(x)$。 证毕。

由此可见，为了检测尽量长的突发错误，生成多项式$g(x)$的次数应当尽量高。然而，$g(x)$的次数等于附加的冗余位数。生成多项式的次数尽量高意味着附加冗余位数尽量多，从而纠检错能力也会提高。所以上述结论是显然的。

根据以上结论可知，循环码具有极强的纠检错能力，因此在通信和计算机系统中它得到了广泛的应用。在计算机通信网络中，一般都采用循环码检错、反馈重传的ARQ差错控制方法，所选用的循环码有以下几种。

① 国际电报电话咨询委员会(CCITT)推荐的CRC- CCITT，用于8单位国际5号字母表传输时，用生成多项式$g(x)=x^{16}+x^{12}+x^5+1$生成循环码。

② 美国二进制同步系统中采用的CRC–16，用于8单位码传输检错时，使用的生成多项式为$g(x)=x^{16}+x^{15}+x^2+1$；采用CRC- 12，用于6单位码传输检错时，使用的生成多项式为$g(x)=x^{12}+x^{11}+x^3+x^2+x+1$。

③ 局域网中广泛应用的CRC- 32，生成多项式为

$$g(x)=x^{32}+x^{26}+x^{23}+x^{22}+x^{16}+x^{12}+x^{11}+x^{10}+x^8+x^7+x^5+x^4+x^2+x+1。$$

8.6 BCH码

自C.D.Hamming确定了纠正单个随机错误的码之后，大约经历了10年的漫长时间，纠正多个随机错误的码才由Hocquenghem和Bose、Chaudhuri于1960年独立地建立起来，人们简称之为BCH码。后来又经许多人推广和改进，至今它已成为一种应用广泛且最为有效的纠正多个随机错误的编码。BCH码也是循环码。

由前述可知，生成多项式$g(x)$完全确定着由它所生成的循环码。而$g(x)$

的全部根能够完全确定$g(x)$，因此从另外一个角度来说，$g(x)$的全部根完全确定着由$g(x)$生成的循环码。据此，可以通过适当选择$g(x)$的根来构造循环码。

设α是有限域$GF(2^m)$中的一个元素，则称以α为根且次数最低的$GF(2)$上的首1多项式为α的最小多项式，并简记为$M(x)$。如果α为$GF(2^m)$的本原元，则其最小多项式$M(x)$为本原多项式。最小多项式是唯一的，而且是既约多项式。

设α是$GF(2^m)$中的一个本原元，称$g(x)$以元素α，α^2，α^3，…，α^{2t}为根的循环码为本原BCH码。本原BCH码具有以下码参数：

① 码长$n=2^m-1$；

② 冗余位数$n-k \leqslant mt$；

③ 最小距离$d_{\min} \geqslant 2t+1$；

④ 生成多项式$g(x)=[M^{(1)}(x), M^{(2)}(x), M^{(3)}(x),\cdots, M^{(2t)}(x),]$。　　(8.17)

其中$M^{(i)}(x)$为α^i的最小多项式。

现在证明本原BCH码的最小距离$d_{\min} \geqslant 2t+1$，因此能够纠正t个随机错误。

本原BCH码的校验矩阵为

$$H=\begin{bmatrix} \alpha^{n-1} & \alpha^{n-2} & \cdots & \alpha & 1 \\ (\alpha^2)^{n-1} & (\alpha^2)^{n-2} & \cdots & \alpha^2 & 1 \\ \hdashline & & & & \\ (\alpha^{2t})^{n-1} & (\alpha^{2t})^{n-2} & \cdots & \alpha^{2t} & 1 \end{bmatrix} \tag{8.18}$$

要证明其$d_{\min} \geqslant 2t+1$，只需证明H矩阵中任意$2t$列线性无关。根据矩阵理论，只需证明H矩阵的任意一个$2t$阶子行列式$D\neq 0$。任意取出一个$2t$阶子行列式

$$D=\begin{vmatrix} \alpha^{j_1} & \alpha^{j_2} & \cdots & \alpha^{j_{2t}} \\ (\alpha^2)^{j_1} & (\alpha^2)^{j_2} & \cdots & (\alpha^2)^{j_{2t}} \\ \cdots & \cdots & \cdots & \\ (\alpha^{2t})^{j_1} & (\alpha^{2t})^{j_2} & \cdots & (\alpha^{2t})^{j_{2t}} \end{vmatrix}$$

提取各列的公因子，便得

$$D=\alpha^{j_1+j_2+\cdots+j_{2t}}\begin{vmatrix} 1 & 1 & \cdots & 1 \\ \alpha^{j_1} & \alpha^{j_2} & \cdots & \alpha^{j_{2t}} \\ \cdots & \cdots & \cdots & \\ (\alpha^{j_1})^{2t-1} & (\alpha^{j_2})^{2t-1} & \cdots & (\alpha^{j_{2t}})^{2t-1} \end{vmatrix}$$

上式右边的行列式是Vandermonde行列式，于是可计算得到

$$D=\alpha^{(j_1+j_2+\cdots+j_{2t})}\prod_{1\leqslant k\leqslant i\leqslant 2t}(\alpha^{j_i}-\alpha^{j_k})$$

因为α是本原元，α是2^m-1级元素，而j_k，$j_i\leqslant n-1<2^m-1$，所以对应于$1\leqslant k<i\leqslant 2t$都有$\alpha^{j_i}\neq\alpha^{j_k}$，有$D\neq 0$。

证毕。

如果所选α不是$GF(2^m)$的本原元，则所构造的BCH码称为非本原BCH码。

BCH码的译码算法已经解决，目前已有一些有效的译码算法。因其计算仍较复杂，故在这里就不介绍了，读者可参阅有关文献。

8.7　RS码

对于BCH码，$g(x)$的根α是$GF(2^m)$中的元素，而其码元仍是$GF(2)$中的元素，即生成多项式的根域和码元符号域不相同。

所谓RS码就是生成多项式的根域和码元符号域均为$GF(2^m)(m>1)$的本原BCH码。

设α为$GF(2^m)$的一个本原元，通常RS码的生成多项式$g(x)$以$\alpha, \alpha^2,\cdots,\alpha^{d_0-1}$为根。因为RS码的码元符号域与生成多项式的根域相同，所以元素α^i的最小多项式

$$M^{(i)}(x)=(x-\alpha^i)$$

于是，RS码的生成多项式

$$g(x)=(x-\alpha)(\alpha-\alpha^2)\cdots(x-\alpha^{d_0-1})\tag{8.19}$$

RS码的码长$n=2^m-1$，校验位数$n-k=d_0-1$，最小距离$d_{\min}=d_0$。

例8.9　对于$GF(2)$上的本原多项式$p(x)=x^2+x+1$生成的$GF(2^2)=\{0，1，a，a^2\}$，由$g(x)=(x-\alpha)$可以生成码长$n=3$，校验位为1位，最小距离$d_{\min}=2$的RS码。其全部合法码字如下：

$0\ 0\ 0$	$1\ \alpha\ 0$	$\alpha^2\ 0\ \alpha$	$\alpha^2\ \alpha\ 1$
$0\ 1\ \alpha$	$\alpha\ \alpha^2\ 0$	$1\ 0\ \alpha^2$	$1\ 1\ 1$
$0\ \alpha\ \alpha^2$	$\alpha^2\ 1\ 0$	$1\ \alpha^2\ \alpha$	$\alpha\ \alpha\ \alpha$
$0\ \alpha^2\ 1$	$\alpha\ 0\ 1$	$\alpha\ 1\ \alpha^2$	$\alpha^2\ \alpha^2\ \alpha^2$

计算机和数字通信系统广泛使用二进制数字，用RS码的码元符号却是$GF(2^m)$中的元素，那么研究RS码对计算机系统和数字通信系统有什么作用呢？根据近世代数理论，有限域$GF(2^m)$的元素可以表示成$GF(2)$上的m维向量，因此能够纠正$GF(2^m)$上的一个随机错误的码就能纠正一个$GF(2)$上的长度小于等于m的定段突发错误，能够纠正$GF(2^m)$上的t个随机错误的

码就能纠正t个$GF(2)$上的长度小于等于m的定段突发错误。这样，只要在$GF(2^m)$上构造一个合适的RS码，然后将其映射到$GF(2)$上，便可得到一个$GF(2)$上的合适的码。又由于在计算机系统和数字通信系统中数据主要以字节或帧等定段方式存储或传输，因此RS码对于计算机和数字通信系统具有特别重要的意义。它在计算机内存储器、磁盘、磁带、光盘和太空通信中得到了广泛应用，为确保数据的完整性和提高系统的可靠性发挥着积极作用。

设$p(x)=x^m+p_{m-1}x^{m-1}+\cdots+p_1x+p_0$为$GF(2)$上的本原多项式，其伴随矩阵为

$$T=\begin{bmatrix} 0 & 0 \ \cdots \ 0 & p_0 \\ & & p_1 \\ I_{m-1} & & \vdots \\ & & p_{m-1} \end{bmatrix} \tag{8.20}$$

定义 $T^i=\overbrace{T\times T\times\cdots\times T}^{i个}$ 。考查序列

$$T, T^2, T^3,\cdots,T^{2^m-2}, T^{2^m-1}=I \tag{8.21}$$

根据近世代数的理论可知集合$\{0, T, T^2,\cdots,T^{2^m-2}, I\}$构成有限域$GF(2^m)$。这样，该集合与$GF(2)$上全体$m$维向量组成的有限域同构。于是可以方便地用向量和矩阵这两种形式来描述RS码。

根据循环码的理论，循环码的校验矩阵可表示为

$$H=[(x^{n-1})_{g(x)}\ (x^{n-2})_{g(x)}\ \cdots\ (x)_{g(x)}\ (1)_{g(x)}] \tag{8.22}$$

其中，$(x^i)_{g(x)}$为用$g(x)$去除x^i所得的余数。

例8.10　$p(x)=x^3+x^2+1$为$GF(2)$上的本原多项式，用$p(x)$构造有限域$GF(2^3)$，并设计$GF(2^3)$上的$d_{\min}=4$的RS码。

设a为$GF(2^3)$上的一个本原元，则

$$GF(2^3)=\{0, 1, \alpha, \alpha^2, \alpha^3, \alpha^4, \alpha^5, \alpha^6\}$$

$GF(2^3)$上的乘法表容易排出，此处不作介绍。利用$\alpha^3+\alpha^2+1=0 \bmod p(x)$，可以列出如下$GF(2^3)$上的加法表：

+	0	1	α	α^2	α^3	α^4	α^5	α^6
0	0	1	α	α^2	α^3	α^4	α^5	α^6
1	1	0	α^3	α^6	α	α^5	α^4	α^2
α	α	α^3	0	α^4	1	α^2	α^6	α^5
α^2	α^2	α^6	α^4	0	α^5	α	α^3	1
α^3	α^3	α	1	α^5	0	α^6	α^2	α^4
α^4	α^4	α^5	α^2	α	α^6	0	1	α^3
α^5	α^5	α^4	α^6	α^3	α^2	1	0	α
α^6	α^6	α^2	α^5	1	α^4	α^3	α	0

因为要求码的$d_{min}=4$，根据式(8.19)，其生成多项式$g(x)=(x-\alpha)(x-\alpha^2)(x-\alpha^3)$。利用以上加法表化简得到

$$g(x)=x^3+\alpha^6x^2+\alpha x+\alpha^6$$

用$g(x)$分别去除x^6，x^5，x^4，x^3，可得到余式

$$(x^6)_{g(x)}=\alpha x^2+x+\alpha^2$$
$$(x^5)_{g(x)}=\alpha^3x^2+\alpha^4x+\alpha^5$$
$$(x^4)_{g(x)}=\alpha^6x^2+\alpha^2x+\alpha^5$$
$$(x^3)_{g(x)}=\alpha^6x^2+\alpha x+\alpha^6$$

于是，根据式(8.22)可得到校验矩阵

$$H=\begin{bmatrix}\alpha & \alpha^3 & \alpha^6 & \alpha^6 & 1 & 0 & 0\\ 1 & \alpha^4 & \alpha^2 & \alpha & 0 & 1 & 0\\ \alpha^2 & \alpha^5 & \alpha^5 & \alpha^6 & 0 & 0 & 1\end{bmatrix}$$

因为$p(x)=x^3+x^2+1$，根据式(8.20)，其伴随矩阵T及T^2，T^3，T^4，T^5，T^6如下：

$$T=\begin{bmatrix}0&0&1\\1&0&0\\0&1&1\end{bmatrix},\ T^2=\begin{bmatrix}0&1&1\\0&0&1\\1&1&1\end{bmatrix},\ T^3=\begin{bmatrix}1&1&1\\0&1&1\\1&1&0\end{bmatrix}$$

$$T^4=\begin{bmatrix}1&1&0\\1&1&1\\1&0&1\end{bmatrix},\ T^5=\begin{bmatrix}1&0&1\\1&1&0\\0&1&0\end{bmatrix},\ T^6=\begin{bmatrix}0&1&0\\1&0&1\\1&0&0\end{bmatrix}$$

于是码的校验矩阵

$$H=\begin{bmatrix}T & T^3 & T^6 & T^6 & I_3 & 0 & 0\\ I_3 & T^4 & T^2 & T & 0 & I_3 & 0\\ T^2 & T^5 & T^5 & T^6 & 0 & 0 & I_3\end{bmatrix}$$

通常都希望将其归一化，即希望将H矩阵的第一行非0元素都化为I_3，为此可从H矩阵各列中提出该列第一位非0元素作公因子。又因为提出的公因子不改变H矩阵各列之间的线性相关性，故经过归一化后的H矩阵与原H矩阵等价。于是，

$$H=\begin{bmatrix}I_3 & I_3 & I_3 & I_3 & I_3 & 0 & 0\\ T^6 & T & T^3 & T^2 & 0 & I_3 & 0\\ T & T^2 & T^6 & I_3 & 0 & 0 & I_3\end{bmatrix}$$

文献32给出了一类可以纠正$GF(2^m)$上t个随机错误的线性分组码，简记

为tEC码，将其映射到$GF(2)$上便可以纠正t个定段突发错误。

设$p(x)$为$GF(2)$上的m次本原多项式，T为其伴随矩阵，令d_0为设计参数，称d_0为设计距离，d_0的选择应满足

$$2^m \geqslant d_0 \geqslant 2 \tag{8.23}$$

作矩阵

$$H=\begin{bmatrix} I & I & I & I & \cdots & I & 0 & \cdots & 0 \\ I & T & T^2 & T^3 & \cdots & 0 & I & \cdots & 0 \\ I & T^2 & (T^2) & (T^3)^2 & \cdots & 0 & 0 & \cdots & 0 \\ \cdots & \cdots & \cdots & \cdots & & & & & \\ I & T^{d_0-2} & (T^2)^{d_0-2} & (T^3) & \cdots & (T^{2^m-2})^{d_0-2} & 0 & 0 \cdots & I \end{bmatrix} \tag{8.24}$$

以式(8.24)为校验矩阵的线性分组码是$GF(2^m)$上的码长$N=2^m+d_0-2$，冗余位数为d_0-1，实际最小距离$d_{\min}=d_0$，能够纠正t个随机错误的线性分组码，其中$d_0 \geqslant 2t-1$，将其映射到$GF(2)$上便能纠正t个定段突发错误。

与RS码相比，RS码的码长$n=2^m-1$，而式(8.24)的码的码长$n=2^m+d_0-2$，其中$2 \leqslant d_0 \leqslant 2^m$。可见，后者的码长大于前者，即后者的信息率高于前者。这一点对于光盘纠错有着重要意义。因为光盘的记录密度高，盘面上的微小缺损都将产生很长的突发错误。另外，码的实际距离等于设计距离以及H矩阵的规律性使用户能够很容易地设计出所需要的码。

例8.11　设计纠正一个字节错，同时检测两个字节错的线性分组码，其字节宽度为4位。

因为$m=4$，$d_0=4$，故选用$GF(2)$上的4次本原多项式$p(x)=x^4+x+1$，伴随矩阵为T，则根据式(8.24)可得

$$H=\begin{bmatrix} I & I & I & I & I & I & I & I & I & I & I & I & I & I & I & I & 0 & 0 \\ I & T & T^2 & T^3 & T^4 & T^5 & T^6 & T^7 & T^8 & T^9 & T^{10} & T^{11} & T^{12} & T^{13} & T^{14} & 0 & I & 0 \\ I & T^2 & T^4 & T^6 & T^8 & T^{10} & T^{12} & T^{14} & T & T^3 & T^5 & T^7 & T^9 & T^{11} & T^{13} & 0 & 0 & I \end{bmatrix}$$

8.8 卷　积　码

卷积码与分组码不同。在分组码中任何时间单位内编码器所产生的n个码元的码字，仅仅取决于该时间单位内k个输入信息位。而在卷积码中，编码器在任何时间单位内所产生的n个码元，不仅取决于该时间单位内的k个信息位，而且还取决于前$N-1(N>1)$个时间单位跨度内的信息位。对于卷积码来说，一般取k和n为小的整数。

和分组码一样，卷积码可用来纠正随机错误、突发错误或同时纠正这两类错误。研究表明，在很多实际差错控制系统中，卷积码在性能上优于分组码。

产生卷积码的一般编码器如图8.6所示。编码器输入信息序列m，输出的是相应的码字序列c。在任何时间单位内，k个信息数字组送入编码器，在编码器输出端生成一个有n位码元的码组，这里$k<n$。n位长的输出码组不仅取决于同一时间单位内的k位信息，而且还取决于前$N-1$个时间单位内的信息。称这一编码为约束长度为N个组的(n, k)卷积码。卷积码也是线性码。它既有系统码形式，也有非系统码形式。

图8.6　卷积码一般编码器

卷积码是线性码，因此它完全由其生成矩阵和校验矩阵确定。因为系统分组码的输出码字的前k位等于输入信息位，而校验位仅与本组输入信息位有关，因此根据式(8.6)，生成矩阵$G=[I_kP]$。而在系统卷积码中，输出码组的前k位仍等于输入信息位，而校验位不仅与本组输入信息位有关，而且还与前$N-1$组的信息组有关。因此，系统卷积码的基本生成矩阵为

$$g=[I_kP_0 \quad 0P_1 \quad 0P_2 \quad 0P_{N-1}] \tag{8.25}$$

其中，I_k为k阶单位矩阵，P_i表示第i组输入信息与第0组校验位之间的关系$(i=0, 1, \cdots, N-1)$，P_i是一个$k\times(n-k)$阶矩阵。0是$(n-k)$阶全0矩阵。

因为卷积码的输入和输出都是一个序列，因此根据式(8.25)，卷积码的生成矩阵可表示为

$$G=\begin{bmatrix} I_kP_0 & 0P_1 & 0P_2 & \cdots & 0P_{N-1} & & & & \\ & I_kP_0 & 0P_1 & \cdots & 0P_{N-2} & 0P_{N-1} & & & \\ & & I_kP_0 & \cdots & 0P_{N-3} & 0P_{N-2} & 0P_{N-1} & & \\ & & & \ddots & \vdots & \vdots & \vdots & & \\ & & & & I_kP_0 & 0P_1 & 0P_2 & \cdots & 0P_{N-1} \end{bmatrix} \tag{8.26}$$

其中空白地方均表示0矩阵。

由于卷积码的所有约束长度内的校验关系都是相同的，因此不失其一般性，只考虑码序列的前n个码元，并称其为初始短截码组。它是编码器初始状态为零时所编出的码组。根据式(8.26)，初始短截码组的生成矩阵为

$$G=\begin{bmatrix} I_kP_0 & 0P_1 & 0P_2 & \cdots & 0P_{N-1} \\ & I_kP_0 & 0P_1 & \cdots & 0P_{N-2} \\ & & I_kP_0 & \cdots & 0P_{N-3} \\ & & & \ddots & \vdots \\ & & & & I_kP_0 \end{bmatrix} \tag{8.27}$$

例8.12　考虑一个约束长度为N=4的(2，1)卷积码。它的基本生成矩阵和初始短截码组的生成矩阵分别是

$$g=[1\,1\,0\,1\,0\,0\,0\,1]$$

$$G=\begin{bmatrix} 11010001 \\ 110100 \\ 1101 \\ 11 \end{bmatrix}$$

令M_0=(1 0 0 1 1)，则相应的输出编码为

$$C_0=M_0G=(1\,1\,0\,1\,0\,0\,1\,0\,1\,0)$$

参照式(8.5)和式(8.8)之间的关系，可知有了卷积码的生成矩阵便可推出其校验矩阵。具体地，根据式(8.25)、式(8.26)、式(8.27)，可得卷积码的基本校验矩阵h、校验矩阵H_∞和初始短截码组的校验矩阵H分别如下，其中$r=n-k$。

$$h=[P_{N-1}^{\mathrm{T}}0\ \ P_{N-2}^{\mathrm{T}}0\ \cdots\ P_0^{\mathrm{T}}I_r] \tag{8.28}$$

$$H_\infty=\begin{bmatrix} P_0^{\mathrm{T}}I_r \\ P_1^{\mathrm{T}}0 & P_0^{\mathrm{T}}I_r \\ P_2^{\mathrm{T}}0 & P_1^{\mathrm{T}}0 & P_0^{\mathrm{T}}I_r \\ \cdots & \cdots & \cdots & \cdots \\ P_{N-1}^{\mathrm{T}}0 & P_{N-2}^{\mathrm{T}}0 & P_{N-3}^{\mathrm{T}}0 & \cdots & P_0^{\mathrm{T}}I_r \\ & P_{N-1}^{\mathrm{T}}0 & P_{N-2}^{\mathrm{T}}0 & \cdots & P_1^{\mathrm{T}}I_r & P_0^{\mathrm{T}}I_r \\ & & P_{N-1}^{\mathrm{T}}0 & \cdots & P_2^{\mathrm{T}}0 & P_1^{\mathrm{T}}0 & P_0^{\mathrm{T}}I_r \end{bmatrix} \tag{8.29}$$

$$H=\begin{bmatrix} P_0^{\mathrm{T}}I_r \\ P_1^{\mathrm{T}}0 & P_0^{\mathrm{T}}I_r \\ P_2^{\mathrm{T}}0 & P_1^{\mathrm{T}}0 & P_0^{\mathrm{T}}I_r \\ \cdots & \cdots & \cdots & \cdots \\ P_{N-1}^{\mathrm{T}}0 & P_{N-2}^{\mathrm{T}}0 & P_{N-3}^{\mathrm{T}}0 & \cdots & P_0^{\mathrm{T}}I_r \end{bmatrix} \tag{8.30}$$

虽然卷积码的输入信息和输出码组都是半无限序列，相应的错误图样

和伴随式也都是半无限序列，但因其在所有的约束长度内的校验关系都相同，所以初始短截码组反映了整个卷积码的编码规律。因此，为了方便起见，下面主要讨论初始短截码组。

与分组码一样，设发送码组为C、错误图样式为E，接收码组为R，则$R=C+E$，且伴随式

$$\begin{aligned}S&=RH^{\mathrm{T}}=(C+E)H^{\mathrm{T}}=EH^{\mathrm{T}}\\&=(e_{01}e_{02}\cdots e_{0n}\ e_{11}e_{12}\cdots e_{1n}\ e_{N-1,0}\ \ e_{N-1,1}\cdots e_{N-1,n})H^{\mathrm{T}}\\&=(s_{01}\,s_{02}\cdots s_{0n}\ s_{11}\,s_{12}\cdots s_{1n}\cdots s_{N-1,0}\ \ s_{N-1,1}\cdots s_{N-1,n})\end{aligned}\tag{8.31}$$

伴随式S反映了约束长度内错误图样的有关信息。因此，若$S=0$，则仅说明当前的n个码元的码组无错，不能说明前一个或后一个码组无错，因为前一个或后一个码组和前一个或后一个输入信息组有关。所以式(8.31)所给出的伴随式只能用于当前码组的译码。因而，卷积码的伴随式的计算和译码是以码组为单位进行的，每一时间单位完成一个码组的纠检错。

根据式(8.25)，将其中的P_l子矩阵具体表示如下：

$$P_l=\begin{bmatrix}g_l(1,1)\ \ g_l(1,2)\ \ g_l(1,3)\cdots g_l(1,n-k)\\g_l(2,1)\ \ g_l(2,2)\ \ g_l(2,3)\cdots g_l(2,n-k)\\\cdots\cdots\cdots\\g_l(k,1)\ \ g_l(k,2)\ \ g_l(k,3)\cdots g_l(k,n-k)\end{bmatrix}\tag{8.32}$$

其中，$l=0, 1, \cdots, N-1$。有了P_l子矩阵的具体形式，代入式(8.28)便可研究卷积码的编码方法。

设待编码的半无限信息序列为

$$\begin{aligned}m=(&m_0(1)\ \ m_0(2)\ \cdots\ m_0(k)\ \ m_1(1)\ \ m_1(2)\ \cdots\\&m_1(k)\,m_2(1)\,m_2(2)\ \cdots m_2(k)\cdots)\end{aligned}\tag{8.33}$$

其中，第l输入信息组m_l包含k个信息位，

$$m_l=(m_l(1)\,m_l(2)\ \cdots m_l(k))\tag{8.34}$$

对应的输出码组序列为

$$c_l=(c_l(1)\,c_l(2)\,c_l(k))\tag{8.35}$$

$$\begin{aligned}c=(&c_0(1)\,c_0(2)\ \cdots\ c_0(n)\,c_1(1)\,c_1(2)\cdots\\&c_1(n)\,c_2(1)\,c_2(2)\ \cdots\ c_2\ (n)\ \cdots)\end{aligned}\tag{8.36}$$

根据$c=mG_\infty$和式(8.26)可得第l码组的n位码元按如下方法求得：

$$
\begin{cases}
c_l(i) = m_l(i), \quad i = 1, 2, \cdots, k \\
c_l(k+j) = \sum_{i=1}^{k} m_l(i)\, g_0(i, j) + \sum_{i=1}^{k} m_{l-1}(i)\, g_1(i, j) + \cdots \\
\qquad + \sum_{i=1}^{k} m_{l-N+1}(i)\, g_{N-1}(i, j), \quad j = 1, 2, \cdots, n-k
\end{cases}
\tag{8.37}
$$

根据式(8.37)可以设计出产生卷积码的一种编码器。如图8.7所示。

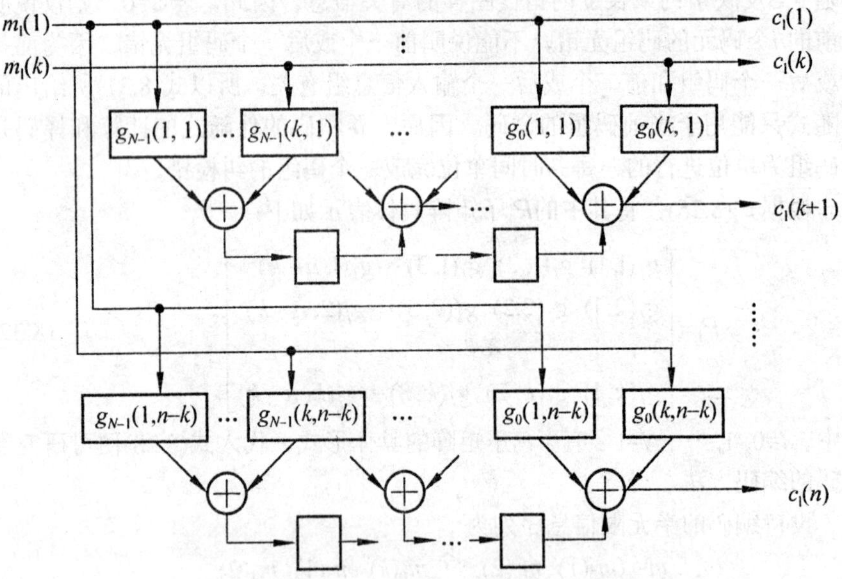

注：若$g_1(i,j)$=1，表示连接；若$g_1(i,j)$=0，表示断开。

图8.7　一种$(n-k)(N-1)$级编码器

例8.12给出的(2, 1)码的编码电络如图8.8所示。

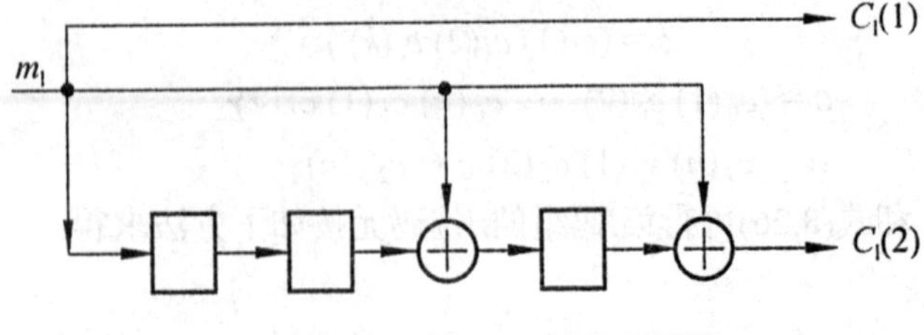

图8.8　例8.12中(2, 1)码的编码器

本节介绍了有关卷积码的一些基本概念。卷积码已在空间和卫星通信

系统中得到广泛应用，为此美国宇航局(NASA)还制定了相应的标准，美国国防卫星通信系统也采用了宇航局的标准卷积码。有关卷积码的知识十分丰富，读者可参阅有关文献。

习　题

8.1　多项式$P(x)=x^3+x^2+1$是一个本原多项式，试列出$GF(2^3)$的全部元素，并给出其加法和乘法表。

8.2　(a) 设发送码字C=(1 0 0 1 0)，接收向量R=(1 0 1 1 1)求错误图样。

(b) 已知接收向量R=(1 0 1 1 0 0 1 1 0)，错误图样E=(0 1 0 0 0 1 0 0 0)，求发送码字。

8.3　按4位为一组划分信息位，每组增加4个多余数字。

$c_1=m_1$

$c_2=m_2$

$c_3=m_3$

$c_4=m_4$

$c_5=m_1+m_2+m_4$

$c_6=m_1+m_3+m_4$

$c_7=m_1+m_2+m_3$

$c_8=m_2+m_3+m_4$

试求出：(a) 全部码字；

(b) G矩阵；

(c) H矩阵。

8.4　考虑一个(6，3)码的生成矩阵

$$G=\begin{bmatrix}1&0&1&0&1&1\\0&1&1&1&1&0\\0&0&0&1&1&1\end{bmatrix}$$

试求出：(a) 全部码字；(b) H矩阵。

8.5　设一个(6，3)码的校验矩阵

$$H=\begin{bmatrix}1&1&0&1&0&1\\1&1&0&0&1&0\\1&0&1&1&0&0\end{bmatrix}$$

试对R_1=（110110），R_2=（010100）译码。

8.6　求出下列二进制循环码的生成多项式：

$$C=(0000,\ 0101,\ 1010,\ 1111)$$

8.7　设(15, 7)的生成多项式为$g(x)=1+x^4+x^6+x^7+x^8$。试问$c(x)=1+x+x^5+x^{14}$是合法码字吗？若不是，求出其伴随式。

8.8　令n为多项式$g(x)$能整除x^n+1的最小整数。现在考虑一个用$g(x)$生成的长为n的循环码。证明该码的最小重量至少为3。

8.9　考虑一个(n, k)循环码，其生成多项式为$g(x)$。假设n为奇数且$x+1$不是$g(x)$的因式。试证明全1向量为一个码字。

8.10　证明纠正一个随机错误，同时检测两个随机错误的汉明码能够纠正任何长度小于等于2的单个突发错误。

8.11　证明任一(n, k)线性分组码的码字重量全为偶数，或奇重量和偶重量各占一半。

8.12　$GF(2)$上的5×8阶矩阵如下：

$$G=\begin{bmatrix}1&0&0&0&0&1&1&1\\0&1&0&0&0&1&0&0\\0&0&1&0&0&0&1&0\\0&0&0&1&0&0&0&1\\0&0&0&0&1&1&1&1\end{bmatrix}$$

证明以它作为生成矩阵的码是循环码，给出其生成多项式。

8.13　(a) (3,1) 卷积码的生成序列是$g(1)$=(111 001 010 001 011)，求出其子生成元。

(b) 求出该码的生成矩阵；

(c) 设计其编码器。

8.14　考虑一个由下列生成元确定的(2，1)卷积码

$$g(1, 1)=(1\,1\,0\,1\,0\,1)$$

(a) 求出该码的生成元序列；

(b) 求该码的生成矩阵；

(c) 求该码的校验矩阵。

第9章 密　码

通信网络由于其系统的复杂性、开放性和资源的共享性使得信息的安全问题显得格外突出。这一点已为社会各界所共识。美国政府提出发展信息高速公路的计划，并把信息安全作为两项关键技术之一。

确保信息安全就是采取措施使信息免受泄露、篡改和毁坏。这里阐明了信息安全的三个侧面：秘密性、真实性和完整性。确保秘密性即要确保信息免受泄露，也即确保不该知者不能知。确保真实性即要确保数据真实无伪，免受篡改。确保完整性，即确保数据正确无误，免受毁坏。

确保信息安全的技术主要分为密码技术、各种控制技术和可靠性技术。

本章介绍密码技术的基本理论和应用知识。

9.1 概　　述

密码技术是一门古老的技术，大概自人类社会出现战争起，便产生了密码。密码技术被认为是赢得历史上许多战争胜利的关键因素之一。历史上的战争，特别是两次世界大战对密码技术的发展起了巨大的推动作用。

1949年C.E.Shanon发表了《保密系统的通信理论》；1976年W.Diffie和M.E.Hellman发表了《密码学的新方向》；1977年美国颁布了《数据加密标准（DES）》；1994年美国又颁布了《数字签名标准（DSS）》。它们分别标志着密码技术划时代的革命性变革，成为密码发展史中的几个重要的里程碑。

随着计算机和通信网络的应用日益广泛，军事信息领域的侦察与反侦察、截获与反截获、破译与反破译、破坏与反破坏的斗争也越演越烈。电子商务时代的到来，使得经济领域的信息对抗也日趋激烈。这些都为密码技术的发展与应用提供了广阔的空间。

9.2 密 码 体 制

研究设计密码的科学称为密码编制学（Cryptography），研究破译密码的科学称为密码分析学（Cryptanalysis），密码编制学和密码分析学共同组成密码学（Cryptology）。

密码技术的基本思想是伪装信息，使未授权者不能理解它的真实含义。所谓伪装就是对数据进行一组可逆的数学变换。伪装前的原始数据称为明文（Plaintext），伪装后的数据称为密文（Ciphertext），伪装的过程称为加密（Encryption）。加密在加密密钥（Key）的控制下进行，用于对数据加密的一组数学变换称为加密算法。发信者将明文数据加密成密文，然后将密文送入数据通信信道传输或存入计算机存储系统。授权的收信者接收到密文后，施行与加密变换相逆的变换，去掉密文的伪装，恢复出明文，这一过程称为解密（Decryption）。解密在解密密钥的控制下进行，用于解密的一组数学变换称为解密算法。因为数据以密文形式存储在计算机存储系统中，或在数据通信网络中传输，因此即使数据被未受权者非法窃取或因系统故障和误操作而造成数据泄露，未授权者因为没有密钥也不能得到明文数据，从而达到确保数据秘密性的目的。同样，未授权者没有密钥，不能伪造出合理的密文而不被发现，从而达到确保数据真实性和维护数据完整性的目的。

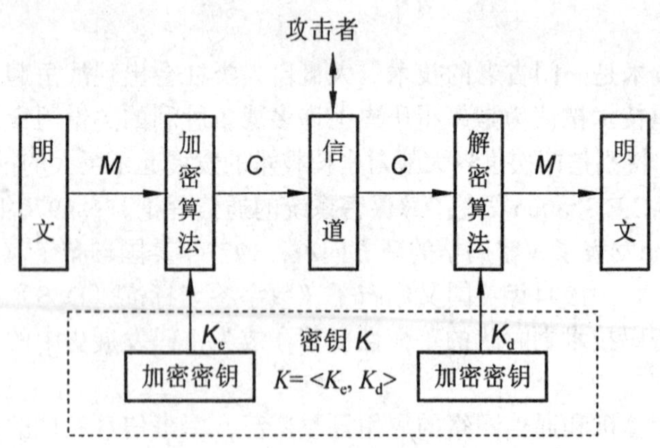

图9.1 密码体制

一个密码体制（Cryptosystem）由以下5个部分组成：

① 明文空间M，它是全体明文的集合。

② 密文空间C，它是全体密文的集合。

③ 密钥空间K，它是全体密钥的集合，其中每个密钥K均由加密密钥K_e和解密密钥K_d组成，即$K \leqslant K_e$，$K_d > K$。

④ 加密算法E，它是一组由M到C的加密变换。

⑤ 解密算法D，它是一组由C到M的解密变换。

对于每一个确定的密钥K，加密算法将确定一个具体的加密变换，解密算法将确定一个具体的解密变换，而且解密变换是加密变换的逆。因此，对于明文空间M中的每一个明文M，加密算法在加密密钥K_e的控制下将M加密成密文C，即

$$C=E(M, K_e) \tag{9.1}$$

而解密算法在解密密钥K_d的控制下从密文C中还原出同一个明文M，即

$$M=D(C, K_d)=D(E(M, K_e), K_d) \tag{9.2}$$

式(9.1)给出了加密的方法，式(9.2)给出了解密的方法。

图9.1给出了密码体制的组成框图。其中，攻击者是指窃取或篡改信息的实体，它虽不属于密码体制的组成部分，但正是因为它的存在才需要对信息加密，否则就不需要对信息加密了。

如果一个密码体制的加密密钥与解密密钥相同，则称之为单密钥密码体制或对称密钥密码体制，或传统密码体制。如果一个密码体制的加密密钥与解密密钥不相同，则称之为双密钥密码体制或非对称密钥密码体制。进而，如果加密密钥和解密密钥之一在计算上不能由另一个推出，这样将它公开也不会损害另一个的安全，于是便可以将它公开，这种密码体制称为公开密钥密码体制。公开密钥密码体制的概念是美国学者W.Diffie和M.Hellman于1976年提出的，它是密码史上的一次飞跃。

根据对明文的划分与密钥的使用方法的不同，可将密码体制划分为分组密码体制和序列密码体制。分组密码将明密文划分为一系列数据块，并对每一块明密文都使用同一个密钥进行加解密。而序列密码将明密文划分为一系列比特位（或字符），并对每一比特（或字符）明密文使用密钥序列中的对应比特（或字符）进行加解密。

单密钥密码和公开密钥密码，以及分组密码和序列密码在计算机系统中都有着广泛的应用。

密码分析学是研究破译密码的科学。如果能够根据密文确定出明文或密钥，或者能够根据明文密文对确定出密钥，则称这个密码是可破译的。否则，就称这个密码是不可破译的。

密码分析者攻击密码的方法主要有以下3种：

① 穷举攻击。所谓穷举攻击就是指密码分析者采用试遍所有密钥的方法来破译密码。尽管穷举攻击看来似乎是最笨的方法，但却是最基本的方法。对付穷举攻击的办法是增大密钥空间和增加解密算法的复杂度。

② 统计分析攻击。所谓统计分析攻击是指密码分析者通过分析密文的统计规律来破译密码。统计分析攻击在历史上为破译密码做出过极大的贡献，许多古典密码都可以通过分析密文字母和字母组的频率而破译。对付统计分析攻击的方法是设法使明文的统计特性不带入密文。这样，密文不带有明文的“痕迹”，从而使统计分析攻击成为不可能。

③ 数学分析攻击。所谓数学分析攻击是指，密码分析者针对加密算法的数学依据，通过数学分析的方法来破译密码。为了对付数学分析攻击，应选用具有坚实数学基础且足够复杂的加密算法。

另外，根据密码分析者可利用的数据资源来分类，又可将破译密码的方法分为以下3种：

① 仅知密文攻击（Ciphertext–only Attack）。所谓仅知密文攻击是指密码分析者仅根据所截获的密文来破译密码。仅知密文攻击对于密码分析者来说是最不利的。

② 已知明文攻击（Known–plaintext Attack）。所谓已知明文攻击是指密码分析者不仅截获了一定数量的密文，而且还知道其对应的明文。计算机程序文件加密特别容易受到这种攻击，这是因为在计算机程序中少量的语句大量地有规律地重复出现，密码分析者可以合理地猜测到它们。近代密码学认为，一个密码体制仅当经得起已知明文攻击时才是可取的。

③ 选择明文攻击（Chosen–plaintext Attack）。所谓选择明文攻击是指密码分析者能够选择明文并获得相应的密文。这是对密码分析者最有利的情况。计算机的程序文件和数据库文件加密容易受到这种攻击。例如，微机广泛应用的MS–BASIC语言和Windows环境下的数据库SUPER BASE都提供了对程序文件的密码加密。因为明文文件是用户自己设计的，密文文件也是用户可以得到的，故特别容易受到这种攻击。

一个密码，如果无论密码分析者截获了多少密文和用什么方法攻击都不能破译，则称为绝对安全的或绝对不可破译的。绝对不可破译的密码在理论上是存在的，这便是“一次一密”密码。但是，如果能够利用的资源是足够的，那么任何实际应用的密码都是可破译的。因此，更具有实际意义的是在计算上不可破译的（Computationlly Unbreakable）密码。如果一个密码不能被密码分析者根据可利用的计算资源所破译，则称为计算上不可破译，或计算上是安全的。这里可利用的计算资源主要指破译所需的时间、已知的明密文数据、计算机及存储器设备等。

近代密码学认为，密码的安全应唯一依赖于对密钥的保密，而不应依赖于对加解密算法的保密。一个密码只有在加解密算法公开的情况下仍然是安全的才是可取的。当然，这只是对密码设计提出的要求，而实际应用时对加解密算法的保密将有利于密码体制的安全。

9.3 古典密码

虽然从近代密码学的观点来看许多古典密码是很不安全的，但是古典密码在历史上却发挥了巨大的作用。

古典密码的编制方法主要有置换法、代替法和代数法。综合应用这些方法可以编制出非常安全的密码，美国数据加密标准DES便是一个成功的典范。

9.3.1 置换密码

把明文中的字母重新排列，字母本身不变，但其位置改变了，这样编成的密码称为置换密码。

编制置换密码时，首先要确定一个矩阵，然后将明文按某一顺序写入矩阵，再按另一顺序从矩阵中读出字母，从而形成密文，最后把密文截成长度固定的字母组。

例如，可以约定按行写入矩阵，而另选一个词语作为密钥控制从矩阵中按列读出的顺序。具体作法是首先选择一个词语作为密钥，其次去掉密钥词语中的重复字母，再按字母在字母表中的顺序给密钥中的各字母一个序号，于是得到一个与密钥相对应的数字序列，称为密钥数字序列。最后按密钥数字序列的顺序从矩阵中按列读出密文。

例如：

明文：明晨5点发动反攻

MING CHEN WU DIAN FA DONG FAN GONG

密钥：玉兰花

YU LAN HUA

密钥数字序列：653142

矩阵：M I N G C H

E N W U D I

A N F A D O

N G F A N G

O N G Φ Φ Φ　　Φ为填充字符

密文：GUAAΦ　HIOGΦ　NWFFG　CDDNΦ　INNGN　MEANO

合法收信者根据密钥施行反置换，可以解密得到明文。

这种置换密码的密钥是矩阵的大小和写入及读出矩阵的顺序。所选用的密钥词语仅仅是为了使密钥便于记忆。如果矩阵不太小而且密钥词语选得随机，则这种置换密码的密钥量是很大的。

置换密码的优点是简单，它很少被单独使用，因为它经不起已知明文和选择明文攻击。

9.3.2　代替密码

首先构造一个或多个密文字母表，然后用密文字母表中的字母或字母组来代替明文字母表中的字母或字母组。各字母或字母组的相对位置不变，但其本身改变了。如此编成的密码称为代替密码。

根据使用的密文字母表的多少，可将代替密码分为单表代替密码和多表代替密码。

1. 单表代替密码

单表代替密码又称为简单代替密码，它用一个密文字母表中的一个字母代替明文字母表中的一个字母。

设明文字母表为A，密文字母表为B，

$$A=\{a_0, a_1, \cdots, a_{n-1}\} \tag{9.3}$$

$$B=\{b_0, b_1, \cdots, b_{n-1}\} \tag{9.4}$$

字母表A和B都是有序的，而且通常B就是A的一种排列。定义一个由A到B的一一映射：

$$f: A\rightarrow B,\quad f(a_i)=b_i, \tag{9.5}$$

则可由A得到B。

(1) 加法密码

加法密码的映射f为

$$b_{\mathrm{i}}=f(a_i)=a_j \tag{9.6}$$

$$j=i+k \bmod n \tag{9.7}$$

其中，k是满足$0\leqslant k<n$的正整数。

最著名的加法密码是古罗马J.Caesar使用过的一种密码。Caesar密码取

k=3。因此，Caesar密码的密文字母表就是把明文字母表循环左移3位后得到的字母表。

例如：

$$A = \{A\ B\ C\ D \cdots X\ Y\ Z\}$$
$$B = \{D\ E\ F\ G \cdots A\ B\ C\}$$

明文：MING CHEN WU DIAN FA DONG FAN GONG

密文：PLQJ FKHQ ZX GLDQ ID GRQJ IDQ JRQJ

(2) 乘法密码

乘法密码的映射f为

$$b_i = f(a_i) = a_j$$
$$j = ik \bmod n \tag{9.8}$$

其中，$0 < k < n$且k与n互素。仅当k与n互素时，映射f才是一一映射，密文才能被正确解密。否则，将导致几个明文字母与同一个密文字母相对应，并且一部分明文字母不出现在密文字母表中。

例如，当使用英语字母表作明文字母表而取k=13时，便会出现

$$f(A)=f(C)=f(E)=\cdots=f(Y)=A,$$
$$f(B)=f(D)=f(F)=\cdots=f(Z)=N$$

若选k=5，便可得到如下的密文字母表：

$$A=\{A\ B\ C\ D\ E\ F\ G\ H\ I\ J\ K\ L\ M\ N\ O\ P\ Q\ R\ S\ T\ U\ V\ W\ X\ Y\ Z\}$$
$$B=\{A\ F\ K\ P\ U\ Z\ E\ J\ O\ T\ Y\ D\ I\ N\ S\ X\ C\ H\ M\ R\ W\ B\ G\ L\ Q\ V\}$$

(3) 仿射密码

乘法密码和加法密码相结合便构成仿射密码。仿射密码的映射f为

$$b_i = f(a_i) = a_j$$
$$j = ik_1 + k_0 \bmod n \tag{9.9}$$

其中，$0 \leqslant k_1,\ k_0 < n$，且$k_1$与$n$互素。

简单代替密码是很脆弱的。以英文字母表作为明文字母表为例，加法密码的k只有25种可能的取值，乘法密码的k只有11种可能的取值。如此小的密钥空间，即使是用手工穷举也是很容易破译的。

我们知道，密文字母表实际上是明文字母表的一种排列，设明文字母表有n个字母，则可能的密文字母表共有n!种。以英语字母表为例，共有26!$\approx 4\times10^{26}$种可能的密文字母表。如果能够随机地产生密文字母表，对于如此大量的密文字母表，即使是使用目前最快的计算机进行穷举破译也是不可能的。那么，随机产生密文字母表的简单代替密码是不是牢不可破的呢？其实不然。因为穷举攻击并不是破译密码的唯一方法。这种密码仅在传送

短的信息时是安全的，一旦信息足够长，便可用统计分析的方法迅速将其攻破。

任何自然语言都有许多固有的统计特性。如果明文语言的这种统计特性在密文中有所反应，则可通过分析明文和密文的统计规律而将密码破译。

随便阅读一段英文文献，立刻就会发现，其中字母E出现的次数比其他字母都多。如果进行认真统计，并且所统计的文献的篇幅足够长，便可发现各个字母出现的相对频率十分稳定，并且只要文献不特别专门化，则对不同的文献进行统计所得的频率也大体相同。表9.1给出了英语字母的频率分布。

表9.1　英语字母频率分布

字母	频率	
A	8.167	* * * * * * * * * * * * * * * *
B	1.492	* * *
C	2.782	* * * * * *
D	4.253	* * * * * * * *
E	12.702	* *
F	2.228	* * * *
G	2.015	* * * *
H	6.094	* * * * * * * * * * * *
I	6.966	* * * * * * * * * * * * * *
J	0.153	
K	0.772	* *
L	4.025	* * * * * * * *
M	2.406	* * * * *
N	6.749	* * * * * * * * * * * * *
O	7.507	* * * * * * * * * * * * * * *
P	1.929	* * * *
Q	0.095	
R	5.987	* * * * * * * * * * * *
S	6.327	* * * * * * * * * * * * *
T	9.056	* * * * * * * * * * * * * * * *
U	2.758	* * * * *
V	0.978	* *
W	2.360	* * * * *
X	0.150	
Y	1.974	* * * *
Z	0.074	

字母出现的频率对于密码分析者来说是十分重要的，因为它提供了有关密钥的信息。例如，由于字母E出现的频率比其他字母都高，那么对于简单代替密码，因为每个明文字母都固定地用同一个密文字母来代替，如果发现密文中有一个字母出现的频率比其他字母都高，完全有理由猜测这个字母所对应的明文字母就是E。进一步统计各个密文字母的出现频率并与明文字母频率分布相比较，便可确定出密文字母表，从而将其破译。

不仅单字母以相当稳定的频率出现，双字母组（相邻的字母对）和三字母组（相邻的三个字母）也同样有如此规律。

出现频率最高的30个双字母组依次是：TH、HE、IN、ER、AN、RE、ED、ON、ES、ST、EN、AT、TO、NT、HA、ND、OU、EA、NG、AS、OR、TI、IS、ET、IT、AR、TE、SE、HI、OF。

出现频率最高的12个三字母组依次是：THE、ING、AND、HER、ERE、ENT、THA、ATH、WAS、ETH、FOR、DTH。特别值得注意的是THE的频率几乎是ING的3倍，这对于破译密码是有很大帮助的。

此外，统计资料还表明：

① 英语单词以E、S、D、T为结尾字母的超过一半；

② 英语单词以T、A、S、W为起始字母的约为一半；

以上所有统计数据，对于密码分析者来说都是十分有用的信息。除此之外，密码分析者在文学、历史、地理等方面所掌握的知识对于破译密码也是十分重要的。

最后指出，上述统计数字是对非专业性文献中的字母符号进行统计得到的。如果考虑实际文献中的标点、间隔、数字等符号，则统计数据将有所不同。对于各种专业性文献，其统计数据也将有所不同。例如，计算机的程序文件的字符频率分布与上述统计数据有着显著的不同。

2. 多表代替密码

简单代替密码很容易被破译，其原因在于它只使用一个密文字母表，使得明文中的一个字母只能用唯一的一个密文字母来代替。可见，提高密码强度的一种方法是采用多个密文字母表，即使得明文中的每个字母都有多种可能的代替。

最著名的多表代替密码要算16世纪法国将军Vigenere使用过的Vigenere密码。

Vigenere密码共使用26个不同的密文字母表，其中后一个密文字母表是将前一个密文字母表循环左移一个字母得到的。将这26个密文字母表排列在一起，称之为Vigenere方阵。表9.2给出了Vigenere方阵。

表9.2　Vigenere方阵

密钥字母	明文字母																									
	A	B	C	D	E	F	G	H	I	J	K	L	M	N	O	P	Q	R	S	T	U	V	W	X	Y	Z
A	A	B	C	D	E	F	G	H	I	J	K	L	M	N	O	P	Q	R	S	T	U	V	W	X	Y	Z
B	B	C	D	E	F	G	H	I	J	K	L	M	N	O	P	Q	R	S	T	U	V	W	X	Y	Z	A
C	C	D	E	F	G	H	I	J	K	L	M	N	O	P	Q	R	S	T	U	V	W	X	Y	Z	A	B
D	D	E	F	G	H	I	J	K	L	M	N	O	P	Q	R	S	T	U	V	W	X	Y	Z	A	B	C
E	E	F	G	H	I	J	K	L	M	N	O	P	Q	R	S	T	U	V	W	X	Y	Z	A	B	C	D
F	F	G	H	I	J	K	L	M	N	O	P	Q	R	S	T	U	V	W	X	Y	Z	A	B	C	D	E
G	G	H	I	J	K	L	M	N	O	P	Q	R	S	T	U	V	W	X	Y	Z	A	B	C	D	E	F
H	H	I	J	K	L	M	N	O	P	Q	R	S	T	U	V	W	X	Y	Z	A	B	C	D	E	F	G
I	I	J	K	L	M	N	O	P	Q	R	S	T	U	V	W	X	Y	Z	A	B	C	D	E	F	G	H
J	J	K	L	M	N	O	P	Q	R	S	T	U	V	W	X	Y	Z	A	B	C	D	E	F	G	H	I
K	K	L	M	N	O	P	Q	R	S	T	U	V	W	X	Y	Z	A	B	C	D	E	F	G	H	I	J
L	L	M	N	O	P	Q	R	S	T	U	V	W	X	Y	Z	A	B	C	D	E	F	G	H	I	J	K
M	M	N	O	P	Q	R	S	T	U	V	W	X	Y	Z	A	B	C	D	E	F	G	H	I	J	K	L
N	N	O	P	Q	R	S	T	U	V	W	X	Y	Z	A	B	C	D	E	F	G	H	I	J	K	L	M
O	O	P	Q	R	S	T	U	V	W	X	Y	Z	A	B	C	D	E	F	G	H	I	J	K	L	M	N
P	P	Q	R	S	T	U	V	W	X	Y	Z	A	B	C	D	E	F	G	H	I	J	K	L	M	N	O
Q	Q	R	S	T	U	V	W	X	Y	Z	A	B	C	D	E	F	G	H	I	J	K	L	M	N	O	P
R	R	S	T	U	V	W	X	Y	Z	A	B	C	D	E	F	G	H	I	J	K	L	M	N	O	P	Q
S	S	T	U	V	W	X	Y	Z	A	B	C	D	E	F	G	H	I	J	K	L	M	N	O	P	Q	R
T	T	U	V	W	X	Y	Z	A	B	C	D	E	F	G	H	I	J	K	L	M	N	O	P	Q	R	S
U	U	V	W	X	Y	Z	A	B	C	D	E	F	G	H	I	J	K	L	M	N	O	P	Q	R	S	T
V	V	W	X	Y	Z	A	B	C	D	E	F	G	H	I	J	K	L	M	N	O	P	Q	R	S	T	U
W	W	X	Y	Z	A	B	C	D	E	F	G	H	I	J	K	L	M	N	O	P	Q	R	S	T	U	V
X	X	Y	Z	A	B	C	D	E	F	G	H	I	J	K	L	M	N	O	P	Q	R	S	T	U	V	W
Y	Y	Z	A	B	C	D	E	F	G	H	I	J	K	L	M	N	O	P	Q	R	S	T	U	V	W	X
Z	Z	A	B	C	D	E	F	G	H	I	J	K	L	M	N	O	P	Q	R	S	T	U	V	W	X	Y

Vigenere密码的代替规则是，用明文字母在Vigenere方阵中的列与相应的密钥字母在vigenere方阵中的行的交点处的字母来代替该明文字母。例如，若明文字母为P，密钥字母为Y，则用字母N来代替明文字母P。

编制Vigenere密码的过程如下：

① 把明文写在上面一行；

② 把密钥写在下面一行。通常选用一个词组或某书中的一段话作为密

钥；

③ 对明文的每一个字母，根据密钥和Vigenere方阵进行代替。

例如：

明文：MING CHEN WU DIAN FA DONG FAN GONG

密钥：星垂平野阔 月涌大江流

密文：XING CHUI PING YE KUO YUE YONG DA JIANG LIU

JQAME OYVLC QOYRP URMHK DOAMR NP

利用Vigenere方阵和密钥，同样可以很方便地解密Vigenere密码。解密的过程如下：

① 把密钥写在上面一行；

② 把密文写在下面一行；

③ 首先在密钥字母所对应的行中找到密文字母。该密文字母所在的列向上所对应的明文字母便是该密文字母的明文字母。

由于在Vigenere密码中，每一个明文字母最多可能有26种不同的代替字母，因此它的保密性比简单代替密码好。

9.3.3 代数密码

一种重要的代数密码是Vernam密码。它是美国电话电报公司的雇员G.Vernam于1917年为电报通信设计的。Vernam密码在近代计算机和通信系统中得到了广泛应用。

Vernam密码将明文、密文和密钥均表示成二元数字序列，即

$$M=m_0\,m_1\,m_2\cdots m_{n-1},$$
$$K=k_0\,k_1\,k_2\cdots k_{n-1},$$
$$C=c_0\,c_1\,c_2\cdots c_{n-1}$$

加密算法为

$$c_i=m_i\oplus k_i,\qquad i=0,1,\cdots,n-1 \tag{9.10}$$

解密算法为

$$m_i=c_i\oplus k_i,\qquad i=0,1,\cdots,n-1 \tag{9.11}$$

Vernam密码的一个突出优点是其加密算法和解密算法相同，都是模2加运算。这使得它实现起来非常简单。

一般来说，如果一个运算f的逆运算f^{-1}与f相同，即$f^{-1}=f$，则称运算f为对合运算。显然Vernam密码的加密算法是对合运算。

根据Vernam密码的数据处理方式，可知它属于序列密码。

例如：

明文：DATA

1000100　1000001　1010100　1000001

密钥：LAMB

1001100　1000001　1001101　1000010

密文：0001000　0000000　0011001　0000011

简单易行是Vernam密码的突出优点。但是，如果同一密钥重复使用或密钥序列本身包含重复，则Vernam密码在已知明文攻击面前就显得非常脆弱了。这是因为，根据式(9.10)

$$k_i = c_i \oplus m_i,$$

只要密码分析者知道了某些明文密文对，便可迅速确定出密钥。据此，为了增加Vernam密码的强度，应当避免密钥重复。这可由以下条件来保证：

① 密钥采用真正的随机序列；

② 密钥和明文一样长；

③ 一个密钥只使用一次。

如果能够做到这些，则密码就是绝对不可破译的了。这便是著名的“一次一密”密码（One Time Pad）。其之所以称为一次一密，是因为一个密钥只使用一次。

在实际情况下一次一密是不可能实现的。首先，一次一密要求密钥是真正的随机序列，这是不可能完全做到的。其次，一次一密要求密钥与明文等长而且一个密钥只使用一次。这意味着加密者必须能够产生并保存大量的、很长的密钥，并且能够通过安全的途径将每次使用的密钥告诉收信者。这实际上也是做不到的。如果能做到的话，直接通过该途径把明文信息告诉收信者岂不是更安全、更省事吗？可见，一次一密密码在实际的密钥管理方面是极难实现的。

虽然一次一密在实际上是不可能实现的，但是它在理论上的成功却展示出一个十分令人向往的目标。许多密码学者认为，如果能够用某种实际方式来模仿一次一密，那将会得到一种保密性极好的实用密码。无疑这是密码发展的一种途径。

9.4　美国数据加密标准（DES）

随着计算机和数据通信的迅速发展以及商业上的激烈竞争，人们越来越多地使用计算机处理与存储信息，采用数据通信网络传输信息。因此，如何确保计算机系统数据安全成为一个重大问题。

为了适应这种形势，美国国家标准局（NBS）于1973年向社会公开征集“用于对计算机数据传输过程中和静止存储期间加以保护的密码算法”。许多公司都提出了自己的数据加密算法。最后NBS选中了IBM公司提出的一种数据加密算法，经过一段时间的试用与征求意见，于1977年1月5日正式颁布将该算法用作为美国数据加密标准（Data Encryption Standard），简称为DES[5]。

DES是一种分组密码，分组长度为64位，即明文、密文和密钥都为64位。DES综合应用了置换、代替和代数等密码技术，是一种乘积密码。DES是面向二进制数据设计的，这使得它能够很方便地处理各种计算机数据。DES的一个突出优点是加密算法为对合运算，这使得加解密可共用同一算法，从而使工程实现节省一半。

DES自颁布以来，在全世界范围内得到广泛应用，为确保计算机数据安全发挥了巨大的作用。近20年的应用实践证明，DES是安全的，至今尚无一个国家或个人声明能够破译DES。

总之，DES设计精巧，安全可靠，使用方便，堪称是适应计算机环境的近代传统密码的一个典型。DES的整体结构如图9.2所示。

9.4.1 DES的整体加密过程

DES的整体加密过程是这样的：

① 64位明文经过初始置换IP（Initial Permutation）将数据打乱重排，并分为左右两半。左边32位构成L_0，右边32位构成R_0；

② 64位密钥经过子密钥产生模块，产生了16个子密钥：K_1，K_2，…，K_{16}，分别供第1次加密迭代，第2次加密迭代，…，第16次加密迭代使用；

③ 由加密函数f实现子密钥K_1对R_0的加密变换，结果为32位的数据组$f(R_0, K_1)$。再与L_0模2相加，又得到一个32位数据组$L_0 \oplus f(R_0, K_1)$。以$L_0 \oplus f(R_0, K_1)$作为第二次加密迭代的R_1，以R_0作为第二次加密迭代的L_1，至此第一次加密迭代过程结束；

④ 第2次至第16次加密迭代分别用子密钥K_2，…，K_{16}进行，其过程与第一次加密迭代相同。

⑤ 第16次加密迭代结束后，产生了一个64位的数据组，其左32位为R_{16}，右32位为L_{16}，此64位数据再经过逆初始置换IP^{-1}将数据打乱重排，便

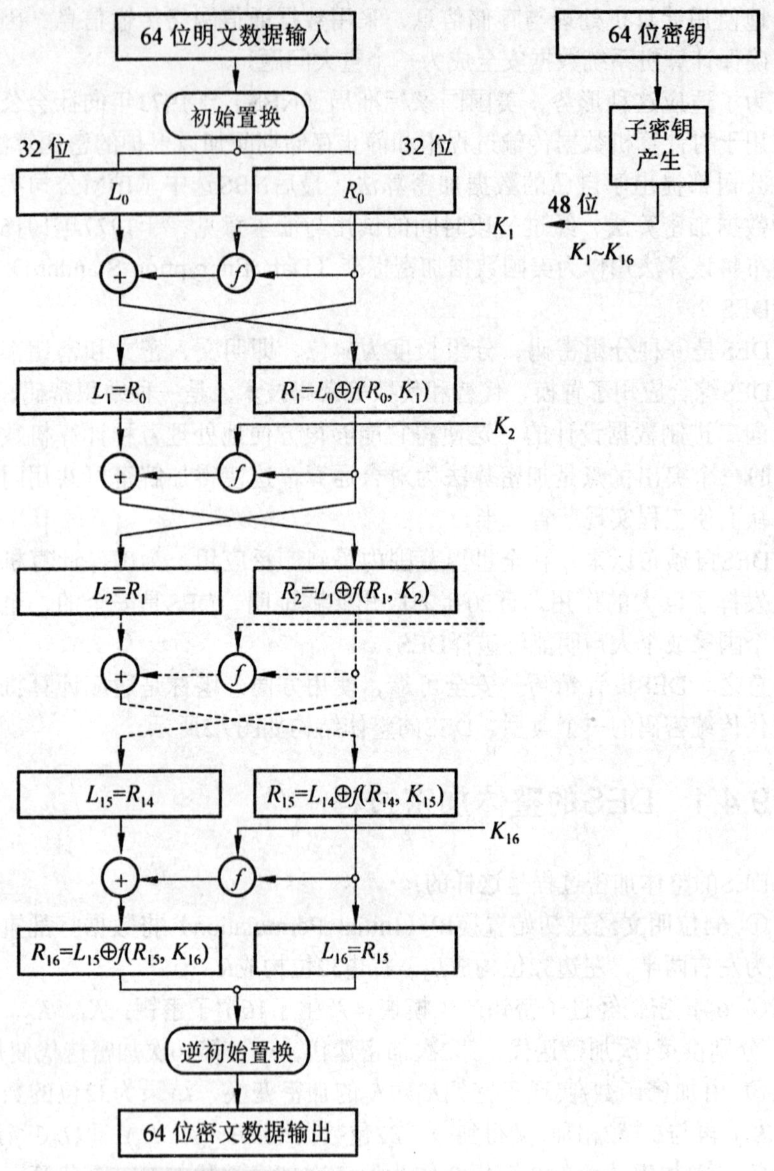

图9.2　DES框图

得到最后的64位密文。至此，加密过程全部结束。

加密过程可用如下的数学公式描述：

$$\begin{cases} L_i = R_{i-1} \\ R_i = L_{i-1} \oplus f(R_{i-1}, K_i) \\ i = 1, 2, \cdots, 16 \end{cases} \tag{9.12}$$

9.4.2　DES加密过程细节

1. 子密钥的产生

图9.3给出了DES的子密钥产生框图。64位密钥经过置换选择1、循环左移、置换选择2变换后，产生出16位子密钥。其中产生每个子密钥所经的循环左移位数由表9.3给出。

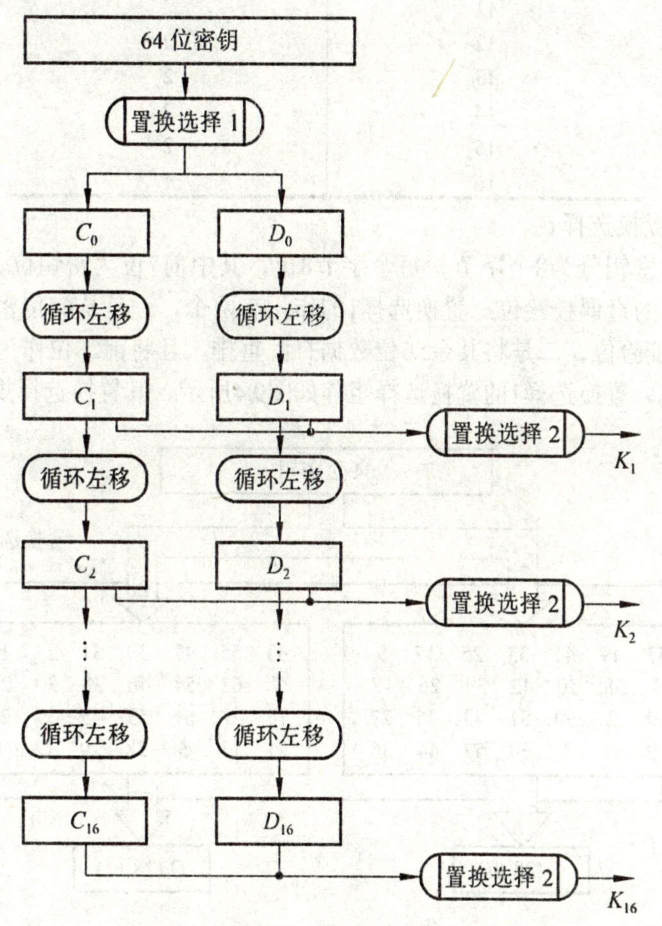

图9.3　子密钥的产生

表9.3 循环左移位数表

迭代次数	循环左移位数
1	1
2	1
3	2
4	2
5	2
6	2
7	2
8	2
9	1
10	2
11	2
12	2
13	2
14	2
15	2
16	1

(1) 置换选择1

64位密钥分为8个字节，每个字节8位，其中前7位为密钥位，而第8位为本字节的奇偶校验位。置换选择1的作用有两个，一是从64位密钥中去掉8个奇偶校验位，二是将其余56位数据打乱重排，且将前28位作为C_0，后28位作为D_0。置换选择1的置换选择矩阵如图9.4所示。其置换选择规则表明：

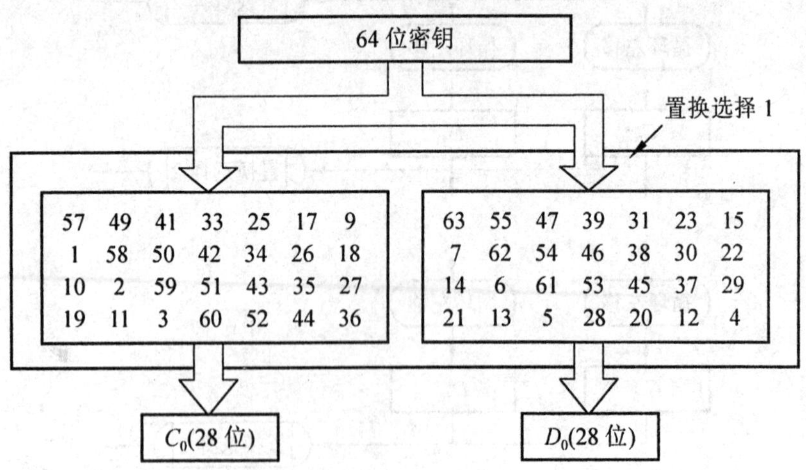

图9.4 置换选择1

C_0的各位分别依次为密钥中的第57, 49, …, 9, 1, …, 44, 36位。D_0的各位分别依次为密钥中的第63, 55,…, 15, 7,…,12, 4位。

(2) 置换选择2

置换选择2从C_i和D_i（共56位）中选择出一个48位的子密钥K_i。置换选择2的框图如图9.5所示。置换选择2规定，子密钥K_i中的各位分别依次是C_i和D_i中的14, 17,…,5, 3, …, 29, 32位。

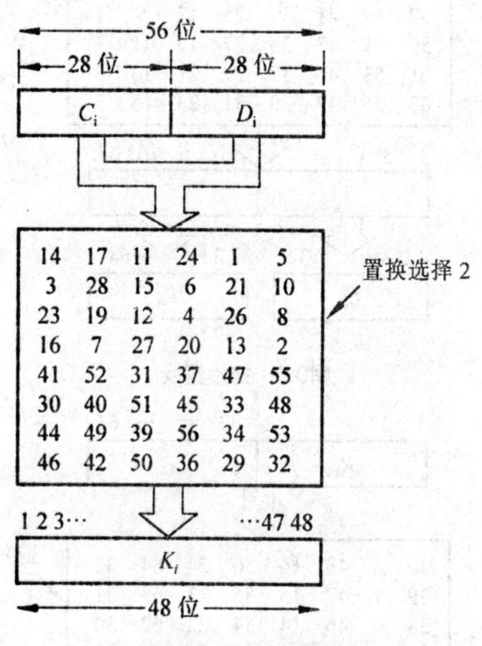

图9.5 置换选择2

2. 初始置换和逆初始置换

初始置换的作用在于将64位明文打乱重排，并分成左右两半。左边32位作为L_0，右边32位作为R_0，供第一次迭代加密使用。初始置换的框图由图9.6给出。其置换规则表明，初始置换后的64位数据的1, 2, …, 64位分别依次为原明文的58, 50…, 2, 60, …, 15, 7位。

逆初始置换是初始置换的逆变换。它把第16次迭代加密得到的数据打乱重排，形成并输出最终的64位密文，至此加密过程结束。逆初始置换的框图如图9.7所示。仔细考查逆初始置换和初始置换的置换规则可知，它们确实互为逆置换。例如，初始置换的输出中的第1位是其输入数据中的第58位。而逆初始置换输出中的第58位恰是其输入数据的第1位。

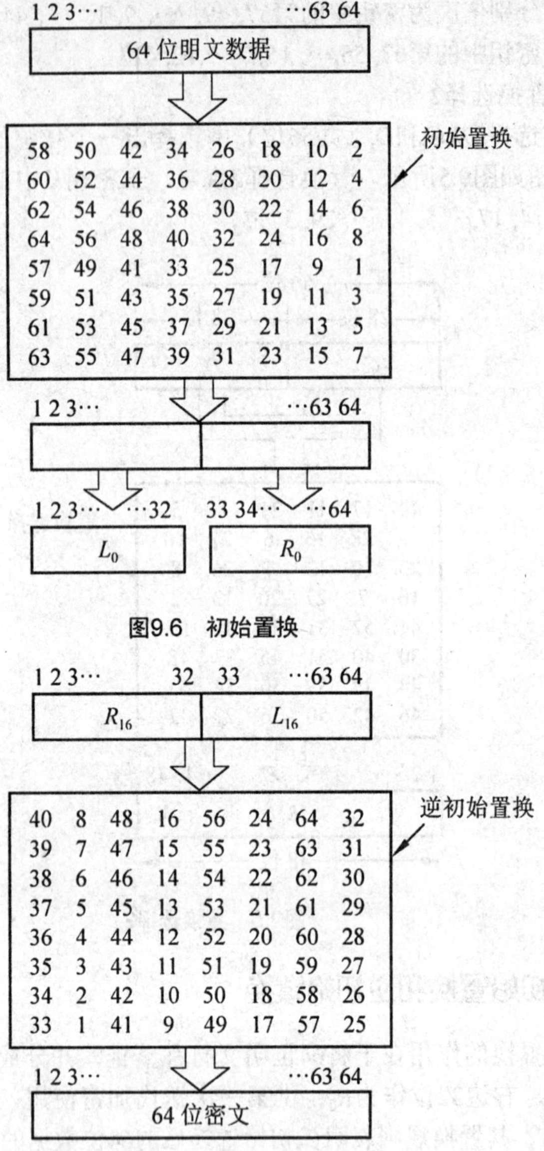

图9.6　初始置换

图9.7　逆初始置换

需要提出的是，在DES中初始置换和逆初始置换的密码作用不大，因为它们与密钥无关，而且其置换矩阵是公开的。

3. 加密函数

加密函数f是DES的核心部分，它的作用在于在第i次加密迭代中用子密钥K_i对R_{i-1}进行加密，其框图如图9.8所示。在第i次加密迭代中，选择运算E对32位的R_{i-1}的各位进行选择和排列，产生一个48位的数据结果，此结果与子密钥K_i模2相加，然后送入选择函数组S。选择函数组由8个选择函数（也称S盒子）组成。每个S盒子有6位输入，产生4位输出，所以选择的结果是得到一个32位的数据组。此结果再经过置换运算P将其打乱重排。置换运算P的输出便为加密函数f的输出$f(R_{i-1}, K_i)$。

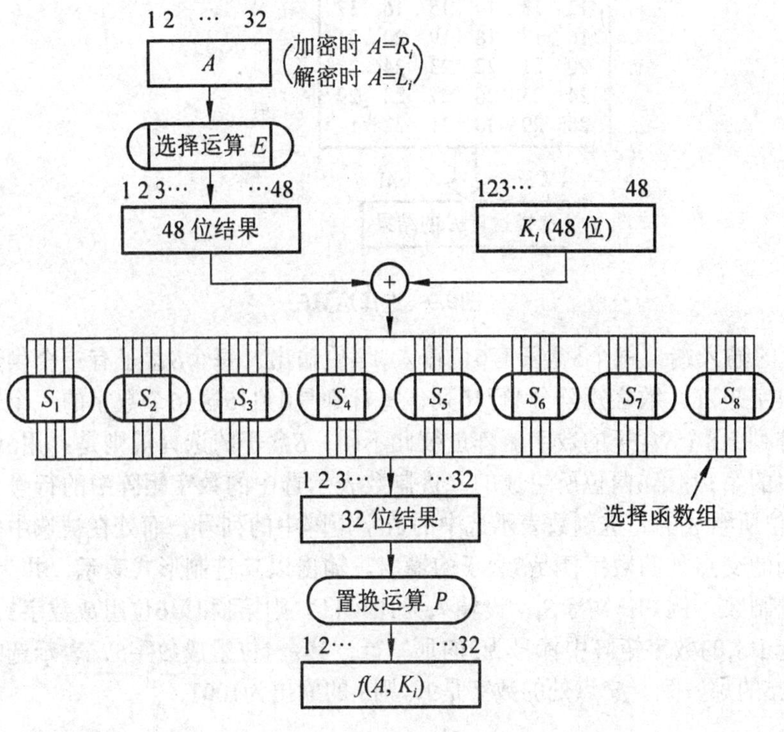

图9.8 加密函数f框图

(1) 选择运算E

选择运算E对32位的输入数据A的各位进行选择和排列，产生一个48位的数据结果。因为选择运算E的输入为32位数据，而输出为48位数据，显然选择运算E是一种扩张运算，这可以通过重复使用输入数据中的某些位来实现。选择运算E的选择矩阵如图9.9所示。

(2) 选择函数组S

选择函数组由8个S盒子组成，8个S盒子分别记为$S_1, S_2, S_3, S_4, S_5, S_6, S_7, S_8$。选择函数组的输入是一个48位的数据组，从第1位到第48位依次加到S_1

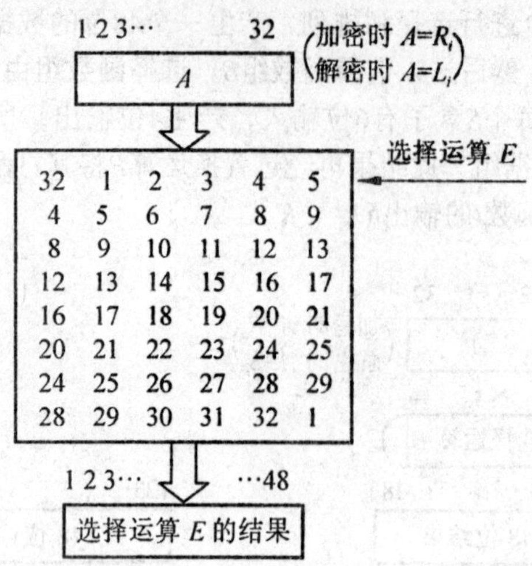

图9.9　选择运算E

到S_8的输入端，每个S盒子有6位输入，4位输出。每个S盒子有一个供选择的数字矩阵。数字矩阵分4行16列，每行都是0到15这16个数字的一个不同的排列。8个S盒子的数字矩阵也彼此不同。S盒子的选择规则是：用6位输入中的第1和第6两位所组成的二进制数表示选中的数字矩阵中的行号，其余4位所组成的二进制数表示选中的数字矩阵中的列号，而处在被选中的行和列的交点处的数字便是S盒子的输出。输出以二进制形式表示，共为4位二进制数。例如，对于S_1，设输入为101011，则第1和第6位组成数字3，表示选中S_1的数字矩阵中标号为3的那一行，其余4位组成数字5，表示选中标号为5的那一列。交点处的数字是9，则S_1的输出为1001。

表9.4　S 盒子

	0	1	2	3	4	5	6	7	8	9	10	11	12	13	14	15	
0	14	4	13	1	2	15	11	8	3	10	6	12	5	9	0	7	
1	0	15	7	4	14	2	13	1	10	6	12	11	9	5	3	8	S_1
2	4	1	14	8	13	6	2	11	15	12	9	7	3	10	5	0	
3	15	12	8	2	4	9	1	7	5	11	3	14	10	0	6	13	
0	15	1	8	14	6	11	3	4	9	7	2	13	12	0	5	10	
1	3	13	4	7	15	2	8	14	12	0	1	10	6	9	11	5	S_2
2	0	14	7	11	10	4	13	1	5	8	12	6	9	3	2	15	
3	13	8	10	1	3	15	4	2	11	6	7	12	0	5	14	9	

续表

	0	1	2	3	4	5	6	7	8	9	10	11	12	13	14	15	
0	10	0	9	14	6	3	15	5	1	13	12	7	11	4	2	8	
1	13	7	0	9	3	4	6	10	2	8	5	14	12	11	15	1	S_3
2	13	6	4	9	8	15	3	0	11	1	2	12	5	10	14	7	
3	1	10	13	0	6	9	8	7	4	15	14	3	11	5	2	12	
0	7	13	14	3	0	6	9	10	1	2	8	5	11	12	4	15	
1	13	8	11	5	6	15	0	3	4	7	2	12	1	10	14	9	S_4
2	10	6	9	0	12	11	7	13	15	1	3	14	5	2	8	4	
3	3	15	0	6	10	1	13	8	9	4	5	11	12	7	2	14	
0	2	12	4	1	7	10	11	6	8	5	3	15	13	0	14	9	
1	14	11	2	12	4	7	13	1	5	0	15	10	3	9	8	6	S_5
2	4	2	1	11	10	13	7	8	15	9	12	5	6	3	0	14	
3	11	8	12	7	1	14	2	13	6	15	0	9	10	4	5	3	
0	12	1	10	15	9	2	6	8	0	13	3	4	14	7	5	11	
1	10	15	4	2	7	12	9	5	6	1	13	14	0	11	3	8	S_6
2	9	14	15	5	2	8	12	3	7	0	4	10	1	13	11	6	
3	4	3	2	12	9	5	15	10	11	14	1	7	6	0	8	13	
0	4	11	2	14	15	0	8	13	3	12	9	7	5	10	6	1	
1	13	0	11	7	4	9	1	10	14	3	5	12	2	15	8	6	S_7
2	1	4	11	13	12	3	7	14	10	15	6	8	0	5	9	2	
3	6	11	13	8	1	4	10	7	9	5	0	15	14	2	3	12	
0	13	2	8	4	6	15	11	1	10	9	3	14	5	0	12	7	
1	1	15	13	8	10	3	7	4	12	5	6	11	0	14	9	2	S_8
2	7	11	4	1	9	12	14	2	0	6	10	13	15	3	5	8	
3	2	1	14	7	4	10	8	13	15	12	9	0	3	5	6	11	

选择函数 S 是DES的关键所在，它是一种非线性变换。这个非线性变换的实质是数据压缩，它把6位的输入数据压缩成4位的输出。正是这种非线性压缩变换使得DES的保密性大大增强。8个S盒子的设计非常精巧，它具有以下奇妙特性：

① 输出不是输入的线性和仿射函数；

② 改变输入的任一比特，输出至少变化两比特；

③ 保持输入的某一比特不变，其余5位发生变化（2^5=32种情况），输出中的0和1的个数接近相等。

关于选择函数的设计细节，NBS和IBM公司至今尚未完全公布。

(3) 置换运算P

置换运算P把选择函数S的输出数据打乱重排，作为加密函数f的输出。其置换矩阵如图9.10所示。

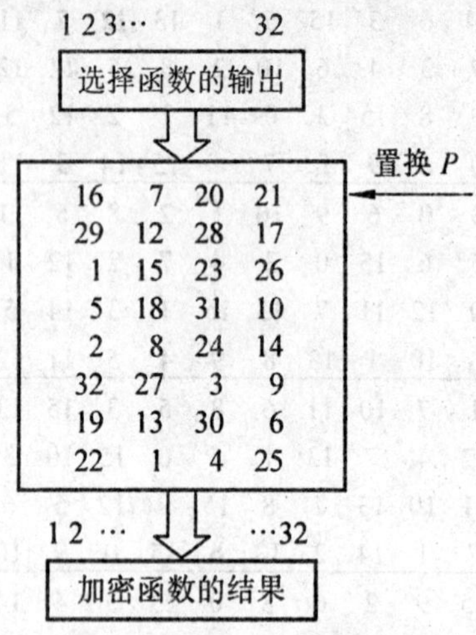

图9.10　置换运算P

9.4.3　DES解密过程

因为DES运算是对合运算，即DES=DES^{-1}，故DES的解密过程与加密过程相同。唯一不同的是解密时子密钥的使用顺序为K_{16}，K_{15}，…，K_2，K_1，而加密时子密钥的使用顺序为K_1，K_2，…，K_{15}，K_{16}。

解密时将64位密文输入算法，依次使用子密钥K_{16}，K_{15}，…，K_2，K_1，经16次迭代解密后输出64位明文。解密过程可用如下的数学公式描述：

$$\begin{cases} R_{i-1} = L_i\,, \\ L_{i-1} = R_i \oplus f(L_{i-1}, K_i)\,, \\ i = 16,15,\cdots,1 \end{cases} \tag{9.13}$$

关于DES的对合性和可逆性可作如下简单证明。

根据图9.2可将DES分解为一些基本运算：

① 初始置换IP和逆初始置换IP^{-1}。显然，

$$IP \cdot IP^{-1}=E$$

②左右交换运算θ。定义

$$\theta(L, R)=(R, L)$$

显然，

$$\theta=\theta^{-1}$$

故左右交换运算θ为对合运算。

③ 加密子运算定义π_i，定义

$$\pi_i(L, R)=(L\oplus f(R, K_i), R)$$

于是，

$$\begin{aligned}\pi_i^2(L, R) &= \pi_i(L\oplus f(R, K_i), R)\\ &=((L\oplus f(R, K_i))\oplus f(R, K_i), R)\\ &=(L, R)\end{aligned}$$

可知，$\pi_i=\pi_i^{-1}$，所以加密子运算π_i为对合运算。

利用这些基本运算可将DES和DES^{-1}表示为

$$\text{DES}=IP\pi_1\theta\pi_2\theta\pi_3\theta\pi_4\theta\pi_5\theta\pi_6\theta\pi_7\theta\pi_8\theta\pi_9\theta\pi_{10}\theta\pi_{11}\theta\pi_{12}\theta\pi_{13}\theta\pi_{14}\theta\pi_{15}\theta\pi_{16}IP^{-1},$$

$$\text{DES}^{-1}=IP\pi_{16}\theta\pi_{15}\theta\pi_{14}\theta\pi_{13}\theta\pi_{12}\theta\pi_{11}\theta\pi_{10}\theta\pi_9\theta\pi_8\theta\pi_7\theta\pi_6\theta\pi_5\theta\pi_4\theta\pi_3\theta\pi_2\theta\pi_1IP^{-1}$$

因为组成DES的基本运算θ和π_i是对合运算，IP与IP^{-1}互逆，而且

$$\text{DES}\cdot\text{DES}^{-1}=IP\pi_1\theta_1\pi_2\cdots\pi_{15}\theta\pi_{16}IP^{-1}\cdot IP\pi_{16}\theta\pi_{15}\theta\cdots\pi_2\theta\pi_1IP^{-1}=E$$

所以DES运算为对合运算，同时其可逆性也得到证明。

9.4.4 DES的安全性

DES一公布便引起了一场激烈的争论。争论的焦点集中在两个问题上。第一个问题是是否应当制定一个标准。第二个问题是假定需要一个标准，DES能够作为这个标准吗？

制定加密标准算法是密码学中的一个创举。尽管在设计密码体制时总是考虑最不利的情况，即假定密码分析者了解加解密算法的各个细节，但是在实际应用中密码体制的设计者和使用者总是千方百计地隐蔽他们的算法。在DES之前，没有公布实际使用的加密算法的先例．DES开创了公开加密算法的先例，并向全世界提出了破译它的挑战。制定一种标准加密算法。无疑会降低加密成本，增加用户，而且能够在不同的加密系统之间获得兼容性。但是，这也必然吸引所有的密码分析者把攻击的矛头集中指向这一标准算法，从而增大了攻破的可能性，而且如果一旦攻破，将造成巨大的损失。

争论的第二个问题的实质是如何评价DES的安全强度。这里有各种各样的观点。有的人认为DES的强度是足够的，有的人认为DES是IBM公司行贿国家保密局而设置的特洛伊木马，还有的人认为可以制造专用机来穷举击破DES。对于DES这一新生事物，出现各种争论是不足为怪的。在分析

研究了各种意见后，美国有关当局成立了两个工作组对此进行研究。最后得出一致结论：DES用于预定场合是绰绰有余的，作为数据加密标准在今后的10到15年内是安全的。

虽然实践证明DES是安全的，但这并不说明它不存在弱点。经过多年来分析研究，人们对DES存在的弱点的认识也是明确的。

1. DES存在弱密钥和半弱密钥

DES在16次加密迭代过程中分别使用不同的子密钥K_1，K_2，…，K_{16}，这是确保DES安全强度的一种重要措施。但是实际上却存在着这样一些密钥，由它们产生出的子密钥K_1，K_2，…，K_{16}不是完全互不相同，而是有相同的子密钥。称这些密钥为弱密钥或半弱密钥，其中称使$K_1=K_2=\cdots=K_{16}$的密钥为弱密钥，称除此之外的一切使不相同的子密钥数小于16的密钥为半弱密钥。

产生弱密钥和半弱密钥的原因是子密钥产生器中寄存器C和D中的内容在循环移位下出现重复图样。例如，DES存在的4个弱密钥的16进制表示为：

$$\begin{array}{cccccccc} 01 & 01 & 01 & 01 & 01 & 01 & 01 & 01 \\ 1F & 1F & 1F & 1F & 0E & 0E & 0E & 0E \\ E0 & E0 & E0 & E0 & F1 & F1 & F1 & F1 \\ FE & FE & FE & FE & FE & FE & FE & FE \end{array}$$

此外，DES存在着12个只能产生两个不相同子密钥的半弱密钥和240个只能产生4个不相同子密钥的半弱密钥。

最后指出，上述弱密钥和半弱密钥的存在并不构成对DES安全的威胁。原因是这类密钥的数量较之总数为7亿亿（72，057，594，037，927，936）的密钥总量来说是微不足道的。只要在实际应用中注意不使用这些密钥即可。但尽管如此，弱密钥和半弱密钥的存在仍然是DES的一个弱点。

2. DES存在互补对称性

DES具有如下性质，即把明文M和密钥K都取非，则所得密文也将取非。即，如若

$$C=\text{DES}(M, K), \tag{9.14}$$

则有

$$\overline{C} = \text{DES}(\overline{M}, \overline{K}). \tag{9.15}$$

这种特性称为DES的互补对称性。

DES具有互补对称性的原因在于DES中两次⊕运算的配置。一次在f函

数中S盒子之前，另一次在f函数输出之后。因为⊕运算具有这样的特性：若$y=x_1 \oplus x_2$，则$y=\overline{x}_1 \oplus \overline{x}_2$。因此，当明文和密钥同时取非时，子密钥$K_i$取非，$R_{i-1}$也取非，经$E$运算后仍取非，经⊕运算后输出不变，因此$S$盒子输出不变。但对于在$f$函数之后的⊕运算，因为$L_{i-1}$已取非，故运算结果取非。

互补对称性使选择明文攻击DES所需的工作量减半。由式(9.14)和式(9.15)可知，

$$\text{DES}(M,K)=\overline{\text{DES}(\overline{M},\overline{K})} \tag{9.16}$$

分析者在明文空间中任意搜索明文M，计算DES(M，K)，并看这是否与所获密文相同。由于一次计算可同时获得DES(M，K)和DES($\overline{M}$，$\overline{K}$)，从而使搜索工作量减半。

3. 密钥短了些

DES采用56位长的密钥，使得安全性余量较小。如果密钥的长度再长一些，将会获得更大的安全性余量。随着计算机科学技术的发展，DES的这一弱点显现得越来越突出。

针对DES的密钥较短这一弱点，为了提高安全性，有人提出用DES进行多级加密的建议，即选用多个独立的密钥，用DES对明文进行多次加密。这无疑可提高加密强度，但是已经证明，用n个独立的密钥，利用DES进行n级加密，其等效密钥长度并不能增长n倍。一种可行的方案是选用两个或三个独立的密钥K_1，K_2，$K_3(K_1)$。首先用K_1进行加密，接着用K_2进行解密，最后用$K_3(K_1)$进行加密，解密时反过来进行。

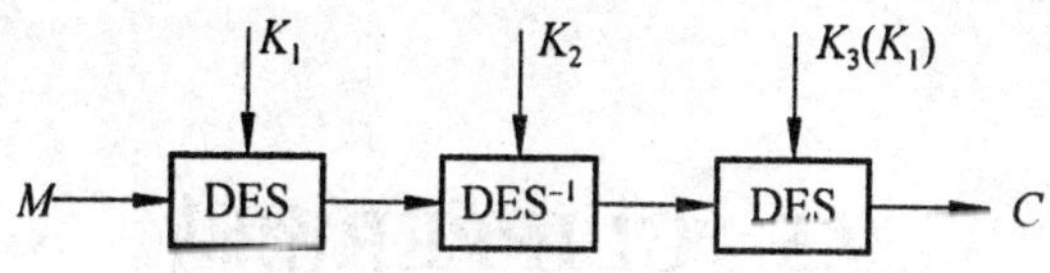

图9.11 DES多级加密方案

4. 差分分析

自DES被颁布为数据加密标准以来，尽管它的安全性受到了来自各方面的挑战和争论，但这些争论并没能从根本上否定DES的安全性，相反还提高了它的声誉，使DES被公认为分组密码成功的典范。但是，E.Biham 和A.Shamir在1991年国际密码学会议上发表的题为“对DES类密码体制的差分密码分析”的论文，动摇了人们对DES的看法。两位作者创造性地提出

了一种名为“差分密码分析”的新方法，从而对DES构成了潜在的威胁。据作者称，利用差分密码分析法在个人计算机上破译迭代6圈的DES所需的时间不到0.3s，破译8圈的DES所需的时间也不超过2min。尽管目前利用这种差分分析方法破译迭代16圈的DES仍不可能，其所需的计算量略超过穷举攻击的计算量，但它的问世确实开辟了密码分析的新途径。[6]

从1977年颁布至1998年底终止使用，DES已安全使用了21年，在世界范围内得到广泛应用，为确保数据安全做出了杰出的贡献。

如前所述，随着计算机科学技术的飞速发展，攻击DES的手段越来越高明，DES固有的一些弱点也越显薄弱，这对DES构成了直接的威胁。1997年美国的DESCHALL小组经过4个月的努力，通过Internet搜索了3×10^{16}个密钥，找到了DES的密钥，破译了RSA数据安全公司悬赏 1万美元的DES密文。[7] 这一攻击的成功标志着密码分析技术已进入网络计算时代。密码分析者可以利用Internet，组织动用世界范围内的计算机资源，共同进行密码攻击。这极大地提高了攻击密码的计算能力，对密码安全提出了严重挑战。由此可见，在网络环境下，一个密码只有经得起网络计算的攻击才是真正安全的。

由于DES已在世界范围内广泛应用于各种软硬件产品，因此在DES使用期满后仍将会延用一段时间。用新的密码取代DES也需要一段时间。在这一段过渡期内使用3级DES方案仍是一种安全可行的技术方案。

目前，美国国家标准和技术协会（NIST）正在征集审定新的称为AES（Advanced Encryption Standard）的新加密标准，以便从根本上取代DES。[8] AES被称为是面向21世纪的加密标准，它的诞生将是密码发展史上的又一里程碑。

9.5 CLIPPER密码

自1977年1月15日颁布DES以后，许多国际组织纷纷采用DES。然而，正当DES的应用进入高潮阶段时，美国总统里根于1984年9月签署了145号国家安全决策令（NSDD 145），命令国家保密局（NSA）着手制定美国政府非机要机构使用的新的数据加密标准，以取代DES。这是对DES的致命打击。[9]

NSA推行的是商业安全通信签署计划（Commercial Comsec Endorsement Program），简称为CCEP。NSA的CCEP计划完全改变了其密码政策，密码的算法将不再公开，对用户只提供加密算法的芯片及其硬件设备。

在NSA的主持下从1985年开始设计新的数据加密标准，于1990年完成其评价工作，经过测试，于1993年4月16日美国政府将其公布并作为建议加密标准。这一建议标准被称为密钥托管加密标准ESS（Escrowed Encrytion Standard）。美国政府要求联邦政府和工业界共同合作，以改善电话通信的安全保密性，且能通过法律对通信施行监督，并最终取代DES。建议标准一公布，即在美国社会引起激烈的争论。不管争论如何激烈，经过一段时间的试用后克林顿政府于1994年强制施行这一标准。1955年5月AT&T贝尔实验室的M.BLaze博士在PC机上用45min使该标准的法律干预协议失效，使伪造ID码获得成功。虽然NSA声称已作了修补，但还是使公众丧失了对该密码体制的信心。在此情况下，1995年7月美国政府宣布放弃用ESS来加密数据，只将其用于语音通信加密。这就迫使NTST开始征集制定被称为AES（Advanced Encryption Standard）的新加密标准，以从根本上取代DES。目前这一工作正在进行中。

9.5.1 CLIPPER密码芯片及算法概况

ESS不公布其密码算法的细节，只对用户提供算法的芯片及其硬件设备。芯片被称为CLIPPER，由VLSI公司制造裸片，再由Mykotronx公司编程后才能使用。

CLIPPER芯片实现的算法被称为SKIPJACK。它是传统密码体制，属于分组密码。分组长度为64位，有效密钥长度为80位，迭代32圈。完成算法需要32个时钟周期，在电子电码本方式下加密速度为12Mb/s。算法密级为机密级。算法使用以下3个密钥参数：

① FK——80位族密钥（Family Key），所有芯片均相同；

② SN——30位芯片序列号（Serial Number），长度可变，各芯片不同；

③ UK——80位有效密钥，称为单元密钥（Unit Key），各芯片不同。

9.5.2 芯片编程

芯片编程在Mykotronx公司的安全密封信息设备SCIF(Secure Compartmented Information Facility)中进行，一次可完成大批芯片的编程。所谓编程就是将密钥参数FK、SN、UK和控制软件写入CLIPPER的裸片中。芯片编程由两个称为ESCROW的机构协助并监督完成。

密钥参数的产生过程如下：

① ESCROW1和ESCROW2分别向SCIF送入80位的秘密随机数R1和R2，作为生成密钥的种子。

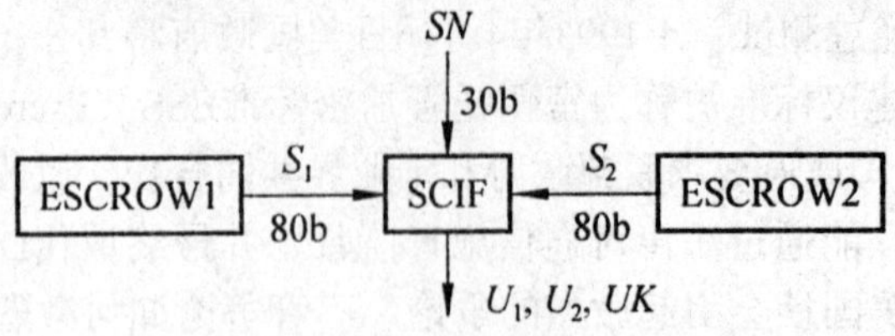

图9.12　CLIPPER密钥生成

② 30位的芯片序列号SN再加上34位的随机填充，构成64位的数据，以N_1表示，用R_1和R_2作密钥对N_1进行三次加密：

$$C_1=E(D(E(N_1, R_1), R_2), R_1) \tag{9.17}$$

类似地，对SN进行不同的填充构成N_2和N_3，并相应地得到

$$C_2=E(D(E(N_2, R_1), R_2), R_1) \tag{9.18}$$

$$C_3=E(D(E(N_3, R_1), R_2), R_1) \tag{9.19}$$

③ 将C_1，C_2，C_3首尾相连，构成192位的数据，取其前80位作为U_1，次80位作为U_2，其余丢弃不用。再令

$$UK=U_1 \oplus U_2 \tag{9.20}$$

则UK为芯片的有效密钥。

④ 将SN，U_1，U_2，UK分别存入3个软盘中。第一张盘存入SN和U_1交给ESCROW1保存。第二张盘存入SN和U_2，交给ESCROW2保存。第三张盘存入SN和UK，用于对芯片进行编程。编程之后，所有信息从SCIF中销毁。

9.5.3　加解密过程

将CLIPPER芯片装入数字电话等通信加密设备中，按如下协议实现通信保密。

① CLIPPER芯片本身并无密钥交换能力，因此通信双方应首先选择一种密钥分配方案，如Diffie–Hellman密钥分配方案，以在彼此之间建立共享的80位的会话密钥Ks。

② 将信息数据M和会话密钥K_s送入CLIPPER芯片，于是产生出密文C和法律干预字段LEF（Law Enforcement Field）：

$$C=E(M, K_s) \tag{9.21}$$

$$\text{LEF}=E(E(K_s, \text{UK})+\text{SN}, \text{UF}) \tag{9.22}$$

其中，“+”表示数据串的首尾相连。

③ 将C和LEF送入信道传送。

④ 收信方收到C后解密可得到明文M:

$$M=D(C, K_s)=D(E(M, K_s), K_s) \tag{9.23}$$

9.5.4　法律干预

如图9.13所示，CLIPPER密码体制被设计成允许法律监听的保密通信方式。即如果法律部门不监听，则加密对于其他人来说是计算上不可破译的，但经法律部门允许，则可破译密码，实现监听通信。CLIPPER如此设计的目的在于既要保护社会通信的秘密，又要阻止不法分子利用保密通信进行不法活动。

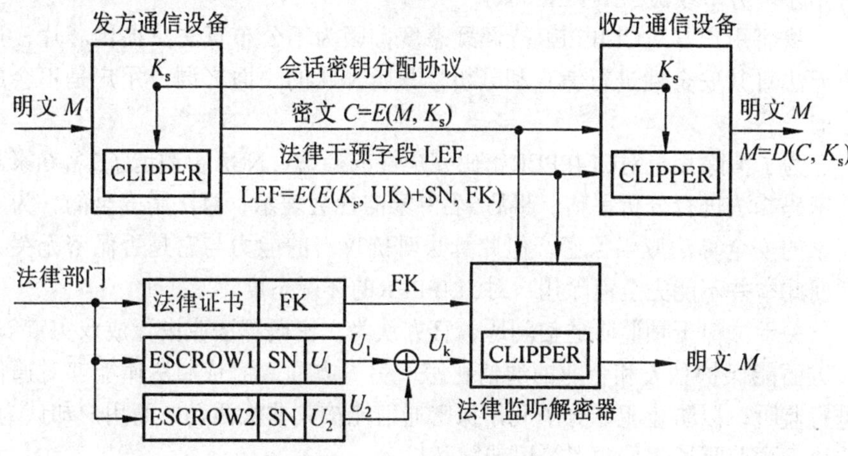

图9.13　CLIPPER密码体制

① 当经过法律部门允许进行通信监听时，首先应向通信部门出示委托书，以便接入通信线路系统；然后利用密钥FK对法律干预字段进行解密，得到$E(K_s, \text{UK})+\text{SN}$:

$$D(\text{LEF}, \text{FK})=D(E(E(K_s, \text{UK})+\text{SN}, \text{FK}), \text{FK})$$
$$=E(K_s, \text{UK})+\text{SN} \tag{9.24}$$

由于SN的长度为30位，故可由$E(K_s, \text{UK})+\text{SN}$分别得到SN和$E(K_s, \text{UK})$。

② 根据芯片序列号SN，通过安全途径从ESCROW1和ESCROW2可得到密钥参数U_1和U_2，从而得到有效密钥UK:

$$\text{UK}=U_1 \oplus U_2$$

③ 利用UK对$E(K_s,UK)$解密，得到会话密钥K_s：

$$K_s=D(E(K_s, UK), UK)$$

④ 利用会话密钥K_s解密密文C，可得到明文M，于是可监听通信：

$$M=D(C, K_s)=D(E(M, K_s), K_s)$$

9.5.5　关于CLIPPER的安全

CLIPPER密码体制分布之后在美国社会引起了激烈的争论，争论的焦点是CLIPPER的安全性和法律监听的工作方式。

据美国国家安全局（NSA）称，CLIPPER比DES强1600万倍（指密钥量，DES的有效密钥为56位，而CLIPPER的有效密钥为80位）。若用有8个处理器的Cray–YMP计算机，它的处理速度可达89000密钥/s，则需要4000万年才可穷举攻破CLIPPER密码。

然而用户却对CLIPPER持怀疑态度，因为不公布算法只提供芯片，用户无法对其安全性进行考查和分析，只听NSA的一面之词，用户是不会放心的。

为了消除用户对CLIPPER密码安全性的疑虑，NSA曾邀请了5名专家对其密码算法进行分析评估。事后5名专家向社会表示，算法是安全的，为了国家的安全算法应当保密，但此算法对抗攻击的能力与它是否保密无关。然而此举并不能完全消除用户对CLIPPER的怀疑态度。

关于法律干预监听通信问题，官方认为，密码算法应设计成双刃宝剑，一方面能保护私人和企业的通信秘密，另一方面政府依照法律能够对通信进行监听，以防止犯罪分子利用保密通信掩护其非法活动。而用户却认为，法律干预监听通信侵犯了公民的隐私权。

不管官方和民间对CLIPPER有什么样的争论，CLIPPER密码都已广泛应用，它必将在密码发展史上留下自己的一页。

9.6　IDEA密码

IDEA（International Data Encryption Algorithm）国际数据加密算法是中国学者来学嘉博士与著名密码学家J.Massey于1990年提出，又于1992年进行改进后形成的。它是在DES之后提出的各种分组密码中很成功的一个，已在Internet的Email加密系统PGP中得到实际应用。

IDEA是分组密码，明文和密文的分组长度是64位，密钥长度为128位。

算法采用对合运算，加密与解密共用同一个算法，只是加密和解密时使用的子密钥不同。算法容易实现。无论是用软件还是用硬件实现都不难，而且加解密速度非常快。瑞士苏黎士的ETH公司开发的一种ASIC IDEA芯片，时钟为25M，加解密速度为177Mb/s。

IDEA的算法结构如图9.14所示。

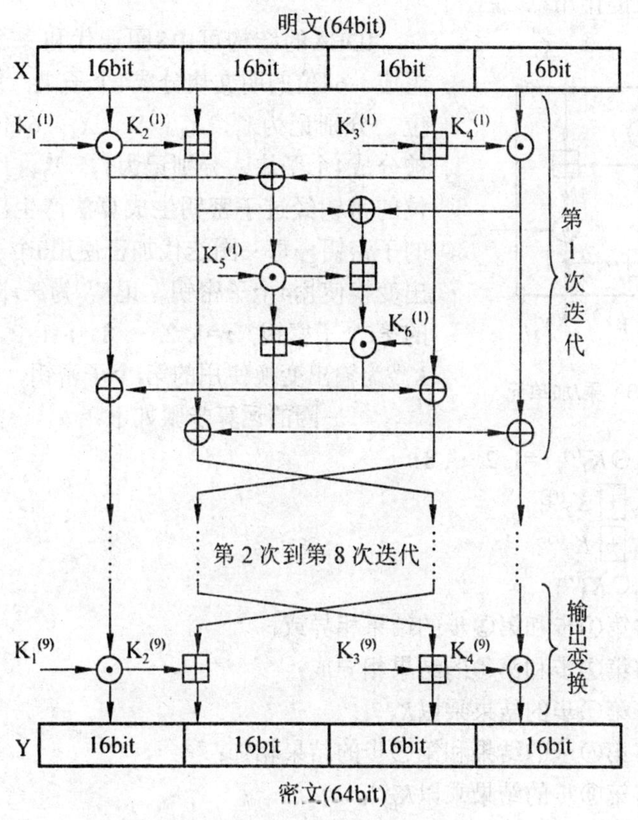

图9.14 IDEA算法结构

IDEA和其他分组密码一样，设计原理既采用置乱又采用扩散。具体地说，是采用不同代数群的混合运算。这里使用了3个代数群，将其运算混合。便获得了良好的非线性，增强了密码的安全性，

IDEA采用了以下3个基本运算:

① ⊕，16位子块按位异或；

② $\boxplus$,16位的整数做mod 2^{16}相加；

③ ⊙，16位的整数做mod $(2^{16}+1)$相乘。

IDEA的基本非线性构件是被称为乘/加单元（Multiplication/Addition Unit）的部件，其结构如图9.15所示。它是IDEA的关键非线性部件，起着DES中S盒的关键作用。

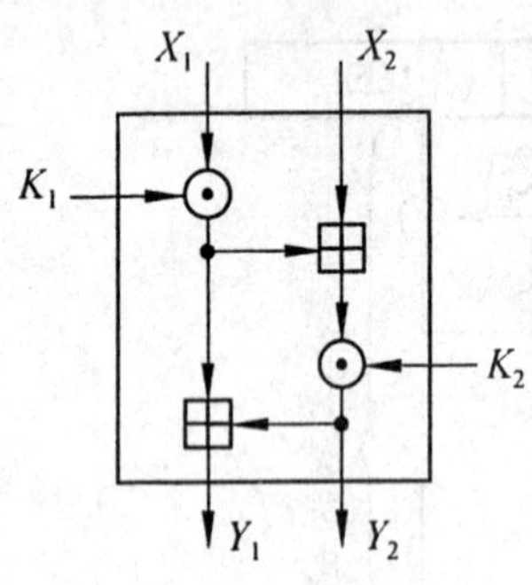

图9.15 乘/加单元

IDEA的结构可由8圈迭代和一个输出变换组成。64位的明文块分成4个子块，每个子块16位，分别记为X_1，X_2，X_3，X_4。64位的密文也被分成4个子块，分别记为Y_1，Y_2，Y_3，Y_4。128位的密钥经过子密钥生成算法产生出52个16位的子密钥，每一圈迭代加密使用6个子密钥，输出变换使用4个子密钥。记$K_i^{(r)}$为第r圈迭代使用的第i个子密钥，r=1, 2,⋯, 8，i=1, 2，⋯, 6。记$K_i^{(9)}$为输出变换使用的第i个子密钥，i=1, 2,3, 4。

每一圈的运算步骤如下：

① $X_1 \odot K_1^{(r)}$, r=1, 2,⋯, 8；

② $X_2 \boxplus K_2^{(r)}$；

③ $X_3 \boxplus K_3^{(r)}$；

④ $X_4 \odot K_4^{(r)}$；

⑤ 将第①步和第③步的结果相异或；

⑥ 将第②步和第④的结果相异或；

⑦ 将第⑤步的结果乘以$K_5^{(r)}$；

⑧ 将第⑥步的结果和第⑦步的结果相加；

⑨ 将第⑧步的结果乘以$K_6^{(r)}$；

⑩ 将第⑦步的结果和第⑨步的结果相加；

⑪ 将第①步和第⑨步的结果相异或；

⑫ 将第③步和第⑨步的结果相异或；

⑬ 将第②步和第⑩步的结果相异或；

⑭ 将第④步和第⑩步的结果相异或。

第⑪、⑫、⑬、⑭步的结果为本圈的输出。除第8圈迭代外，将中间两个输出子块交换位置，作为下一圈迭代的输入。

经过8圈迭代之后，还要经过如下的输出变换，最后把4个输出子块连接在一起，便得到最后的输出密文。

① $X_1 \odot K_1^{(9)}$；

② $X_2 \boxplus K_2^{(9)}$；

③ $X_3 \boxplus K_3^{(9)}$；

④ $X_4 \odot K_4^{(9)}$。

IDEA的子密钥的产生也很容易。首先将128位的密钥分成8个子密钥，每个子密钥16位。其中前6个子密钥即为$K_1^{(1)}$，$K_2^{(1)}$，$K_3^{(1)}$，$K_4^{(1)}$，$K_5^{(1)}$，$K_6^{(1)}$，供第一圈迭代使用；后两个子密钥即为$K_1^{(2)}$，$K_2^{(2)}$，供第二圈迭代使用。然后，将密钥循环左移25位，再分成8个子密钥，前4个子密钥即为$K_3^{(2)}$，$K_4^{(2)}$，$K_5^{(2)}$，$K_6^{(2)}$，供第二圈迭代使用，后4个子密钥供第3圈迭代使用。如此继续，直到产生出全部52个子密钥。

IDEA的解密过程与加密过程一样，只是所使用的子密钥不同。表9.5给出了加密和解密所使用的子密钥。

表9.5　IDEA加密和解密使用的子密钥

圈数	加密子密钥块	解密子密钥块
1	$K_1^{(1)}, K_2^{(1)}, K_3^{(1)}, K_4^{(1)}, K_5^{(1)}, K_6^{(1)},$	$(K_1^{(9)})^{-1}, -K_2^{(9)}, -K_3^{(9)}, (K_4^{(9)})^{-1}, K_5^{(8)}, K_6^{(8)}$
2	$K_1^{(2)}, K_2^{(2)}, K_3^{(2)}, K_4^{(2)}, K_5^{(2)}, K_6^{(2)},$	$(K_1^{(8)})^{-1}, -K_2^{(8)}, -K_3^{(8)}, (K_4^{(8)})^{-1}, K_5^{(7)}, K_6^{(7)}$
3	$K_1^{(3)}, K_2^{(3)}, K_3^{(3)}, K_4^{(3)}, K_5^{(3)}, K_6^{(3)},$	$(K_1^{(7)})^{-1}, -K_2^{(7)}, -K_3^{(7)}, (K_4^{(7)})^{-1}, K_5^{(6)}, K_6^{(6)}$
4	$K_1^{(4)}, K_2^{(4)}, K_3^{(4)}, K_4^{(4)}, K_5^{(4)}, K_6^{(4)},$	$(K_1^{(6)})^{-1}, -K_2^{(6)}, -K_3^{(6)}, (K_4^{(6)})^{-1}, K_5^{(5)}, K_6^{(5)}$
5	$K_1^{(5)}, K_2^{(5)}, K_3^{(5)}, K_4^{(5)}, K_5^{(5)}, K_6^{(5)},$	$(K_1^{(5)})^{-1}, -K_2^{(5)}, -K_3^{(5)}, (K_4^{(5)})^{-1}, K_5^{(4)}, K_6^{(4)}$
6	$K_1^{(6)}, K_2^{(6)}, K_3^{(6)}, K_4^{(6)}, K_5^{(6)}, K_6^{(6)},$	$(K_1^{(4)})^{-1}, -K_2^{(4)}, -K_3^{(4)}, (K_4^{(4)})^{-1}, K_5^{(3)}, K_6^{(3)}$
7	$K_1^{(7)}, K_2^{(7)}, K_3^{(7)}, K_4^{(7)}, K_5^{(7)}, K_6^{(7)},$	$(K_1^{(3)})^{-1}, -K_2^{(3)}, -K_3^{(3)}, (K_4^{(3)})^{-1}, K_5^{(2)}, K_6^{(2)}$
8	$K_1^{(8)}, K_2^{(8)}, K_3^{(8)}, K_4^{(8)}, K_5^{(8)}, K_6^{(8)},$	$(K_1^{(2)})^{-1}, -K_2^{(2)}, -K_3^{(2)}, (K_4^{(2)})^{-1}, K_5^{(1)}, K_6^{(2)}$
输出变换	$K_1^{(9)}, K_2^{(9)}, K_3^{(9)}, K_4^{(9)},$	$(K_1^{(1)})^{-1}, -K_2^{(1)}, -K_3^{(1)}, (K_4^{(1)})^{-1}$

表9.5中的子密钥满足下述关系：

$$K_i \odot K_i^{-1}=1 \bmod (2^{16}+1) \tag{9.25}$$

$$-K_i \boxplus K_i=0 \bmod 2^{16} \tag{9.26}$$

值得注意的是模$2^{16}+1$乘运算⊙，因为IDEA整个算法都是面向16位数据块设计的，而模$2^{16}+1$的结果却可能超出16位数据块的表示范围。为此必须作出相应的规定。计算$a \odot b$时，若$a=0$或$b=0$，则在计算模乘之前先用2^{16}将其代换；而若乘的结果为2^{16}，则用0来代换2^{16}。这样就将⊙的结果限制在16位数据块表示的范围之内，即将$0 \in Z_{2^{16}}$与$2^{16} \in Z_{2^{16}+1}$相关联，以保证运算的定义域大小为2^{16}并且运算保持封闭。

实现$r=a \odot b$的伪代码如下（c为32位无符号整数，返回结果为(r AND 0×FFFF)）：

```
if(a=0)      r←(0×10001−b)
  else if(b=0)   r←(0×10001−a)
    else{c←a·b;
       r←((c AND 0) (FFFF−(c>>16));
       if(r<0)     r←(0×10001+r)
     }
end if
```

可以利用以下方法高效率地在程序中实现上述运算。令

$$c=a\cdot b=c_0\cdot 2^{32}+=c_H.2^{16}+c_L,\ c_0\in\{0,1\},\ 0<c_L,\ c_H<2^{16}$$

欲求 $c'=c \mod 2^{16}+1$，首先通过正常乘法得到c_L、c_H，注意到当$a=b=2^{16}$时$c_0=1$且$c_L=c_H=0$，于是有$c'=(-1)\cdot(-1)=1$，因为$2^{16}=-1 \mod 2^{16}+1$；否则，$c_0=0$。因此，

$$c'=\begin{cases}c_L-c_H+c_0, & \text{if } c_L\geqslant c_H,\\ c_L-c_H+(2^{16}+1), & \text{if } c_L<c_H,\end{cases} \tag{9.27}$$

最后，给出IDEA加密和解密的一个实例。表9.6列出了加密过程中各圈迭代及输出变换的结果，表9.7列出了解密过程中各圈迭代及输出交换的结果。

表9.6　IDEA加密过程实例

128位密钥K=(1, 2, 3, 4, 5, 7, 8)							64位明文M=(0, 1, 2, 3)			
r	$K_1^{(r)}$	$K_2^{(r)}$	$K_3^{(r)}$	$K_4^{(r)}$	$K_5^{(r)}$	$K_6^{(r)}$	X_1	X_2	X_3	X_4
1	0001	0002	0003	0004	0005	0006	00F0	00F5	010A	0105
2	0007	0008	0400	0600	0800	0A00	222F	21B5	F45E	E959
3	0C00	0E00	1000	0200	0010	0014	0F86	39BE	8EE8	1173
4	0018	001C	0020	0004	0008	000C	57DF	AC58	C65B	BA4D
5	2800	3000	3800	4000	0800	1000	8E81	BA9C	F77F	3A4A
6	1800	2000	0070	0080	0010	0020	6942	9409	E21B	1C64
7	0030	0040	0050	0060	0000	2000	99D0	C7F6	5331	620E
8	4000	6000	8000	A000	C000	E001	0A24	0098	EC6B	4925
9	0080	00C0	0100	0140			11FB	ED2B	0198	6DE5

表9.7 IDEA解密过程实例

	128位密钥K=(1,2,3,4,5,6,7,8)						64位密文 C=(11FB,ED2B,0198,6DE5)			
r	$K'^{(r)}_1$	$K'^{(r)}_2$	$K'^{(r)}_3$	$K'^{(r)}_4$	$K'^{(r)}_5$	$K'^{(r)}_6$	X_1	X_2	X_3	X_4
1	FE01	FF40	FF00	659A	C000	E001	D98D	D331	27F6	82B8
2	FFFD	8000	A000	CCCC	0000	2000	BC4D	E26B	9449	A576
3	A556	FFB0	FFC0	52AB	0010	0020	0AA4	F7EF	DA9C	24E3
4	554B	FF90	E000	FE01	0800	1000	CA46	FE5B	DC58	116D
5	332D	C800	D000	FFFD	0008	000C	748F	8F08	39DA	45CC
6	4AAB	FFE0	FFE4	C001	0010	0014	3266	045E	2FB5	B02E
7	AA96	F000	F200	FF81	0800	0A00	0690	050A	00FD	1DFA
8	4925	FC00	FFF8	552B	0005	0006	0000	0005	0003	000C
9	0001	FFFE	FFFD	C001			0000	0001	0002	0003

9.7 分组密码的应用技术

本节以DES为例介绍分组密码的两项应用技术：链接技术和短块加密技术。

在计算机系统中，许多数据都具有某种固定的模式，这主要是由数据结构和数据的冗余引起的。例如，用汇编和各种高级语言书写的程序往往具有某种固定的格式，而且诸如begin , end , if , then , else等词语有规律地重复出现。又例如，在学生管理数据库中一定包含诸如姓名、性别、年龄、专业、课程、成绩等字段。对于这种具有明显模式的数据，如不采取措施，即使加密成密文，这些模式也将会在密文中显现出来。

消除数据模式影响的一种方法是在加密前对明文进行随机化处理，通常是选用一个随机向量与明文模2相加。这样，数据中的模式就被随机向量掩盖了。但是，为了正确解密，恢复出明文，必须将随机向量和密文一起传送或存储。显然，这样做很不方便。

9.7.1 链接技术

消除数据模式影响的有效方法是采用链接(Chaining)技术。所谓链接就是在加解密过程中使用的一种处理技术，它使得加解密算法的当前输出不仅与当前的输入和密钥相关，而且也与以前的输入和（或）输出相关。采用链接技术后，密文和明文之间的关系变得更加复杂，即使是两个相同的明文块，在加密中也将产生两个不同的密文块，所以链接技术能够有效地掩盖数据的模式。

采用链接技术后，密文（明文）中的每一位和先前的密文（明文）都相关，所以某密文（明文）块中的一位发生错误将影响其后的密文（明文）块也发生错误。这种现象被称为错误传播。错误传播现象有时是有用的。例如，人们经常利用错误传播现象进行报文鉴别，以确保报文数据的真实性和完整性。

链接技术使得加解密算法的输出不仅与当前的输入和密钥相关，而且也与以前的输入和（或）输出相关。对于计算机文件加密，如果这种相关关系在每一个记录重新开始，则称为分组链接或块链接。如果这种相关关系跨越记录的边界，则称为记录链接。在链接关系的跨度之内，即使两个明文块相同，加密所得的两密文块也不相同，所以分组链接可以有效地掩盖一个记录之内的数据模式。但是，对于不同记录内的相同数据块，将加密产生相同的密文块，因此分组链接不能掩盖不同记录中的数据模式。而由于记录链接跨越了记录的边界。所以它可以掩盖不同记录中的数据模式。记录链接适用于顺序文件加密，因为顺序文件记录的存取本身就是按顺序进行的。分组链接适合于随机文件，同时还应采取一些其他的技术措施来掩盖不同记录中的数据模式。

对于计算机通信加密，其情况与文件加密类似。首先，报文中经常包含一些相同的数据块，其次在有些场合计算机通信的报文具有相同的格式。因此，也必须采用链接或其他技术来消除数据模式的影响。

下面以DES为例讨论分组链接技术。

(1) 使用明文与密文反馈的分组链接

采用DES作为加解密算法时，设明文为M，密钥为K。将M按加密算法的输入长度划分为一系列明文块：M_1，M_2，…，并设相应的密文块为C_1，C_2，…。按如下的方法迭代加密便可实现链接：

$$\begin{cases} C_1 = \mathrm{DES}(M_1 \oplus Z, K) \\ C_i = \mathrm{DES}(M_i \oplus M_{i-1} \oplus C_{i-1}, K), i > 1 \end{cases} \tag{9.28}$$

由于在加密过程中使用了明文和密文的反馈量M_{i-1}和C_{i-1}，故称之为明文与密文反馈链接。这里Z为初始化向量，它可以取任意向量。设明文M中有两个相同的明文块M_i=M_j，但由于反馈量$M_{i-1} \neq C_{j-1}$，且$C_{i-1} \neq C_{j-1}$，所以密文块$C_i \neq C_j$，数据模式被掩盖。为了使不同文件或报文（不同的M）之间的数据模式能被掩盖，应使初始向量Z随机化，对不同的文件或报文加密时采用不同的初始化向量Z。

根据式9.28，对于这种使用明文与密文反馈的链接密码，按同样的方式链接解密便可恢复明文。

$$\begin{cases} M_1 = \mathrm{DES}^{-1}(C_1, K) \oplus Z \\ M_i = \mathrm{DES}^{-1}(C_i, K) \oplus M_{i-1} \oplus C_{i-1}, i > 1 \end{cases} \tag{9.29}$$

根据式(9.28)，加密时若明文块M_i中发生一位错误，则将导致密文块C_i和所有的后继密文块都发生错误。同样，根据式(9.29)，解密时若密文块C_i中发生一位错误，则将导致明文块M_i和所有的后继明文块都发生错误。因此，使用明文与密文反馈的分组链接具有错误传播无界特性。所谓无界是指若某一密（明）文块中发生一位错误，将导致从此以后的所有明（密）文块都发生错误。

使用明文与密文反馈的分组链接框图如图9.16所示。

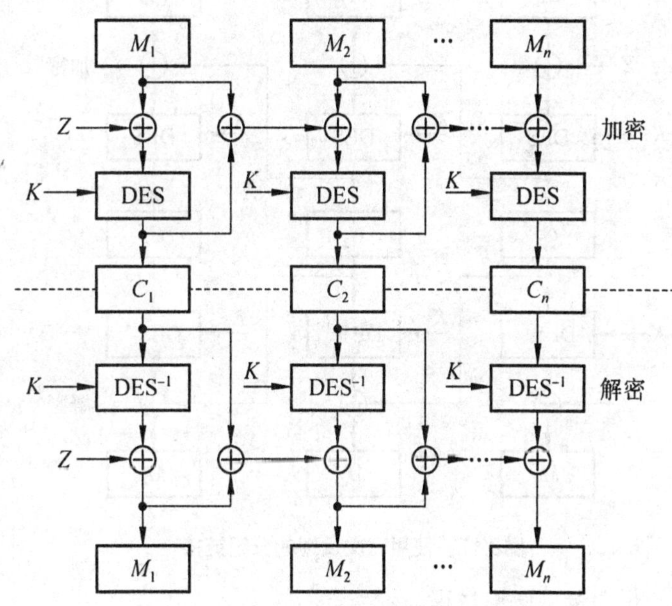

图9.16 使用明文与密文反馈的链接

(2) 使用密文反馈的分组链接

使用明文与密文反馈的分组链接具有错误传播无界特性，这是有时不希望发生的。如果在解密（加密）时，某密文（明文）块发生了错误，则除直接受其影响的明文（密文）块外，其余的明文（密文）块均不受其错误的影响，称这样的密码具有自恢复能力（self–healing）。具有自恢复能力的密码特别适于对计算机的存储数据进行加密。当密码被用于通信保密时，可以简单地通过重发原来的报文来纠正报文中的传输错误。然而，当密码被用于计算机存储数据加密时，由于存储介质的缺陷所造成的密文错误仅靠重读是不能纠正的，因此，若采用具有错误传播无界特性的密码，则密文中的某一错误就可能使其后的所有密文都不能正确解密。所以具有自恢复能力的密码特别适用于计算机文件的加密。

在图9.16中去掉明文反馈线，仅能用密文反馈，便可得到一种具有自恢复能力的分组链接方案。如图9.17所示。

根据图9.17可知，加密过程为

$$\begin{cases} C_i = \mathrm{DES}(M_1 \oplus Z, K) \\ C_i = \mathrm{DES}(M_i \oplus C_{i-1}, K), \quad i > 1 \end{cases} \tag{9.30}$$

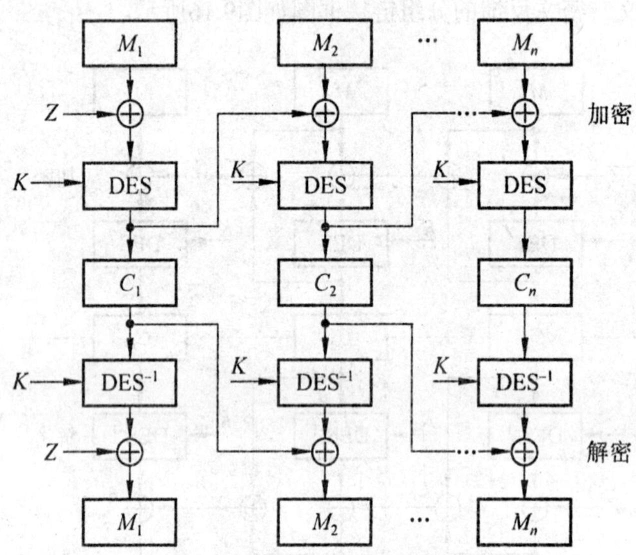

图9.17　使用密文反馈的分组链接

其中Z为初始化向量。解密过程为

$$\begin{cases} M_1 = \mathrm{DES}^{-1}(C_1, K) \oplus Z \\ M_i = \mathrm{DES}^{-1}(C_i, K) \oplus C_{i-1}, \ i > 1 \end{cases} \tag{9.31}$$

根据式(9.30)，设明文块$M_i = M_j$，但由于$C_{i-1} \neq C_{j-1}$，故$C_i \neq C_j$。这说明使用密文反馈的分组链接可以消除明文M中的数据模式的影响。同样，为了消除不同M中的数据模式的影响，应当使初始化向量Z随机化。

根据式(9.30)，若明文块M_i中发生了错误，则将导致密文块C_i和以后的所有密文块都发生错误。这说明在使用密文反馈的分组链接加密方案中加密时仍具有错误传播无界特性。

而解密时根据式(9.31)有

$$M_i = \text{DES}^{-1}(C_i, K) \oplus C_{i-1}$$

$$M_{i+1} = \text{DES}^{-1}(C_{i+1}, K) \oplus C_i$$

若密文块C_i中发生了错误，则只导致明文块M_i和M_{i+1}发生错误，而不会影响其余的明文块。对于DES这样的强密码，只要输入中有一位不同，都将使输出有极大的不同，所以若C_i中发生了一位错误，将使M_i中发生多位错误，而M_{i+1}却仅在与C_i的错误相应的位上发生一位错误，其余位都正确。这说明在解密过程中密文中的错误不会向后传播，因而具有自恢复能力。

9.7.2　短块加密

在计算机系统中，数据的长度通常并不一定恰为密码块长度的整数倍。由于分组密码一次只能对一个数据块进行加密，所以必须把明文数据按密码块的长度进行分组，这样就必然会出现长度小于密码块长度的短块。如何对短块进行加密，便成为必须解决的问题。

处理短块的一种直观的方法是，首先用无用数据来填充短块，使之成为一个标准块，然后再对其进行加密。这种方法在通信加密中是可行的，因为填充而带来的数据长度的增大并不构成通信的障碍。然而，这种方法对于计算机文件加密有时是行不通的，因为填充而带来的文件长度的增大可能造成存储器溢出；记录或字段长度的增大可能会破坏原有文件的记录格式。例如，在数据库加密中有时只对某些字段加密，填充将可能破坏原有记录的格式，这显然是不合适的。

能够避免数据扩展的一种短块加密技术是采用序列密码方式对短块进行加密。其原理如图9.18所示。

这是一种混合使用分组密码和序列密码两种技术的方案，其中对标准块的加密用分组密码进行，而对短块的加密用序列密码进行。

将明文M按密码长度划分为$M_1, M_2, \cdots, M_{n-1}, M_n$，其中$M_n$为短块，其余为标准块。短块加密过程为

$$C_n = M_n \oplus \text{DES}(C_{n-1}, K). \tag{9.32}$$

由于容易控制，使得C_n的长度等于M_n的长度，故可以避免数据扩展。

根据图9.18可以看出，在解密时C_{n-1}中的错误将会直接导致M_{n-1}和M_n也

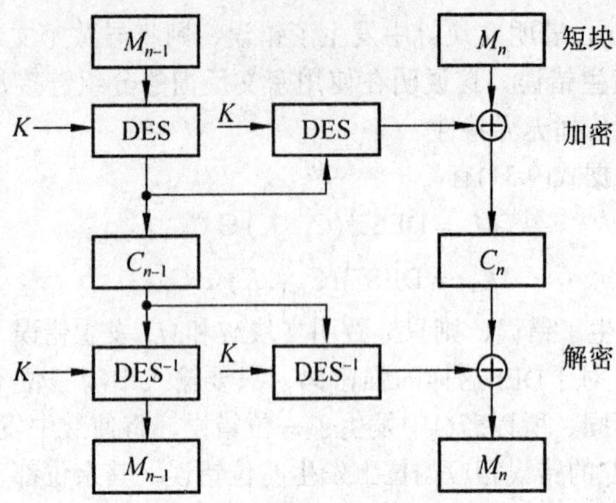

图9.18 用序列密码对短块加密

发生错误，而C_n中的某一位错误仅仅导致M_n中与之对应的位发生错误。同样，加密时M_{n-1}中的错误将会直接影响C_{n-1}和C_n也发生错误，而M_n中的某一位错误仅仅导致C_n中与之对应的位发生错误。

另一种能够避免数据扩展的短块加密技术是密文挪用技术，其原理如图9.19所示。在这种加密方式中，对短块M_n加密之前首先从密文C_{n-1}中挪出刚好够填充的位数，将其填充到M_n中去，使M_n成为一个标准块。这样，C_{n-1}就变成了短块。然后再对填充后的M_n进行加密，得到密文C_n。虽然C_{n-1}是短块，但C_n是标准块，两者位数之和等于M_{n-1}和M_n的位数之和，故没有数据

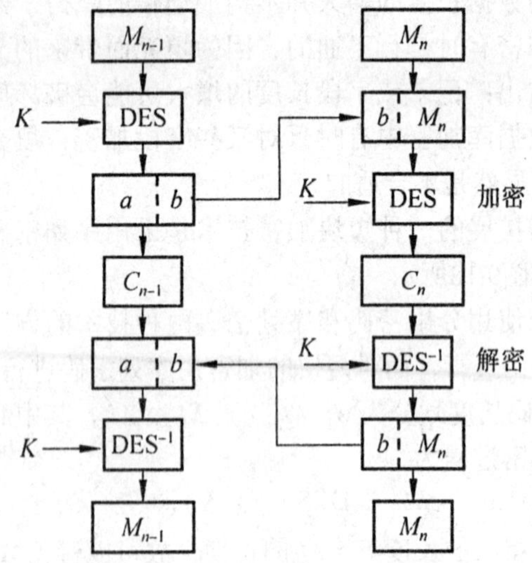

图9.19 利用密文挪用对短块加密

的扩展。解密时，先对C_n解密，还原出明文M_n和从C_{n-1}中挪用的数据，并把所挪用的数据再挪回C_{n-1}，然后再对C_{n-1}解密，还原出M_{n-1}。

根据图9.19可以看出，在密文挪用方式中，解密时C_{n-1}中的错误只影响M_{n-1}产生错误，而C_n中的错误则将影响M_n和M_{n-1}都产生错误。

最后指出，密文挪用短块加密的安全性比序列密码加密短块的安全性高。在序列密码加密短块方案中，若短块太短，则容易被穷举攻击击破。

9.8 序列密码

"一次一密"密码在理论上是不可破译的这一事实使人们感觉到，如果能用某种方式仿效"一次一密"密码，则将可以得到保密性很高的密码。长期以来，人们试图以序列密码方式仿效"一次一密"密码，从而促进了序列密码的发展。由于序列密码实现简单，加解密速度快，没有或只有有限的错误传播，这些特点使序列密码在实际应用中，特别是在专用及机要部门通信保密中仍保持着优势。

序列密码应当使用尽可能长的随机密钥，而尽可能长的随机密钥的产生、存储、分配都很困难。于是人们采用一个短的密钥来控制某种算法，产生出长的随机密钥序列，供加解密使用。而短的控制密钥的产生、存储、分配都比较容易。

图9.20给出了序列密码的原理。序列密码的加密器和解密器采用简单的模2加法器，这使得序列密码的加解密变得十分简单。于是，决定序列密码安全的关键就是产生密钥序列的算法。目前已有许多产生优质密钥序列的算法。

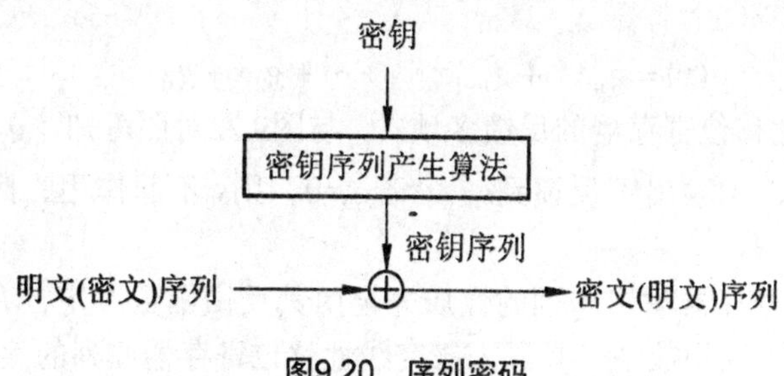

图9.20 序列密码

9.8.1 线性移位寄存器序列

移位寄存器的概念是大家熟悉的。图9.21示出了移位寄存器的结构，其中s_0，s_1,…，s_{n-1}组成左移移位寄存器，并称每一时刻的具体取值为其中一个状态。送入s_{n-1}的输入要通过函数$f(s_0, s_1,\cdots, s_{n-1})$计算产生，称函数$f(s_0, s_1,\cdots, s_{n-1})$为反馈函数。如果反馈函数$f(s_0, s_1, \cdots, s_{n-1})$是$s_0$，$s_1$,…，$s_{n-1}$的线性函数，则称之为线性移位寄存器，否则称为非线性移位寄存器。

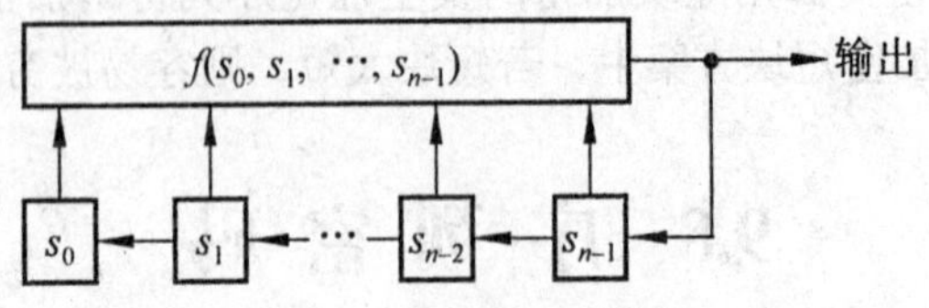

图9.21　移位寄存器

设$f(s_0, s_1, \cdots, s_{n-1})$为线性函数，则$f$ 可写成

$$f = g_0 s_1 + g_1 s_1 + \cdots + g_{n-1} s_{n-1} \tag{9.33}$$

其中，g_0，g_1,…，g_{n-1}为反馈系数。在二进制情况下，式(9.33)中的+即为⊕，此时线性移位寄存器的结构如图9.22所示。其中反馈系数$g_i \in GF(2)$，$g_i=0$表示s_i不连接，$g_i=1$表示s_i连接，故g_i的作用相当于一个开头。

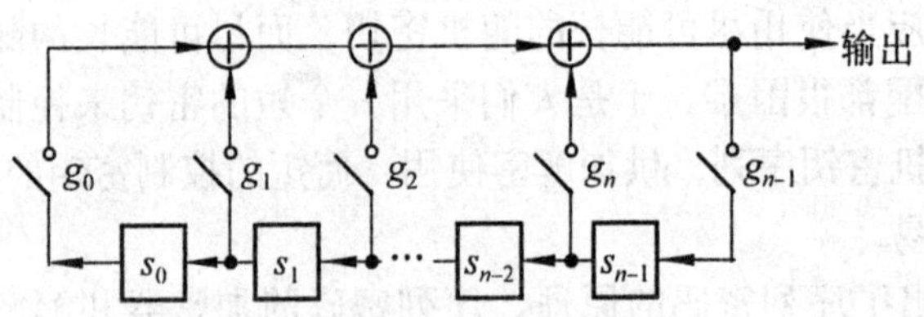

图9.22　线性移位寄存器

一般地说，用x代表一级寄存器。用x^i代表s_i，则反馈函数可表示为一个文字x的多项式

$$g(x) = g_n x^n + g_{n-1} x^{n-1} + \cdots + g_1 x + g_0 \tag{9.34}$$

并称$g(x)$为线性移位寄存器的反馈多项式。与图9.22对照可知，$g_n = g_0 = 1$ 。否则，若$g_n=0$，则输出不反馈到s_{n-1}，若$g_0=0$，则s_0不起作用，应将其省略掉。

线性移位寄存器输出序列的性质完全由其反馈函数决定，有了反馈多项式的概念便可利用数学工具深入研究线性移位寄存器序列的性质。目前，线性移位寄存器序列理论已经十分成熟。

n级线性移位寄存器最多有2^n个不同的状态。若其初始状态为零，则其状态恒为零。若其初始状态为非零，则其后续状态不会为零。因此，n级线性移位寄存器的状态周期小于等于2^n-1，故其输出序列的周期小于等于2^n-1。

只要选择合适的反馈多项式便可使序列的周期达到最大值2^n-1，并称此时的输出序列为最大长度线性移位寄存器序列，简称为M序列。

当且仅当反馈多项式$g(x)$为本原多项式时，其线性移位寄存器序列才为M序列。设$f(x)$为GF(2)上的多项式，使$f(x)|x^{p-1}$的最小p称为$f(x)$的周期。如果$f(x)$的次数为n，且其周期为2^n-1，则称$f(x)$为本原多项式。已经证明，对于任意的正整数n，至少存在一个n次本原多项式。这表明，对于任意的n级线性移位寄存器，至少有一种连接方式使其输出序列为M序列。

例9.1　设$g(x)=x^4+x+1$，$g(x)$为本原多项式，以其为反馈多项式的线性移位寄存器输出序列为100110101111000…，它是周期为$2^4-1=15$的M序列。

理论证明，M序列具有良好的随机性。因此，50年代有人乐观地将其用作密钥序列，并认为它是牢不可破的。然而到了60年代人们发现它是可破译的。

设最大长度线性移位寄存器的状态$S=(s_0, s_1, \cdots, s_{n-1})^{\mathrm{T}}$，下一状态为$S'=(s'_0, s'_1, \cdots, s'_{n-1})^{\mathrm{T}}$，其中

$$\begin{cases} s'_0 = s_1 \\ s'_1 = s_2 \\ s'_{n-2} = s_{n-1} \\ s'_{n-2} = g_0 s_1 + g_1 s_1 + \cdots + g_{n-1} s_{n-1} \end{cases} \tag{9.35}$$

写成矩阵为

$$S'=HS \bmod 2 \tag{9.36}$$

其中

$$H=\begin{bmatrix} 0\,1\,0\cdots 0 \\ 0\,0\,1\cdots 0 \\ 0\,0\,0\cdots 0 \\ \cdots\cdots\cdots\cdots \\ 0\,0\,0\cdots 1 \\ g_0\ g_1\ g_2\cdots g_{n-1} \end{bmatrix} \tag{9.37}$$

矩阵H称为反馈多项式$g(x)=x^n+g_{n-1}x^{n-1}+\cdots+g_1x+g_0$的伴随矩阵，它和$g(x)$彼此互相确定。

进一步假设攻击者已经知道了一段长2n位的明密文时，即已经知道：

$$M=(m_1, m_2, \cdots, m_{2n})$$

$$C=(c_1,c_2,\cdots,c_{2n})$$

于是可求出一段长$2n$位的密钥序列，

$$K(k_1,k_2,\cdots,k_{2n})$$

其中，$k_i=m_i\oplus c_i=m_i\oplus(m_i\oplus k_i)$，由此可推出线性移位寄存器的连续$n$+1个状态：

$$\begin{cases}S_1=(k_1,k_2,\cdots,k_n)^{\mathrm{T}}\\S_2=(k_2,k_3,\cdots,k_{n+1})^{\mathrm{T}}\\S_{n+1}=(k_{n+1},k_{n+2},\cdots,k_{2n})^{\mathrm{T}}\end{cases}\tag{9.38}$$

作矩阵

$$X=(S_1\ S_2\cdots S_n)$$
$$Y=(S_2\ S_3\cdots S_{n+1})$$

根据$S'=HS$ mod 2，有

$$\begin{cases}S_2=HS_1\\S_3=HS_2\\\ \vdots\qquad\vdots\\S_{n+1}=HS_n\end{cases}\tag{9.39}$$

于是

$$Y=HX\quad\mathrm{mod}\ 2$$

因为X矩阵为满秩矩阵，故存在逆矩阵X^{-1}，于是

$$H=YX^{-1}\quad\mathrm{mod}\ 2\tag{9.40}$$

求出H矩阵，便确定出反馈函数$g(x)$，从而完全确定线性移位寄存器的结构。

求满秩矩阵X的逆矩阵的算法的复杂度为$O(n^3)$，为多项式复杂度。一般地，对$n\approx1000$的线性移位寄存器序列密码，用每秒100万次的计算机，一天之内便可破译。

9.8.2　非线性序列

线性移位寄存器序列密码在已知明文攻击下是可破译的这一事实，促使人们向非线性领域进行探索。由于缺乏有力的数学工具，因而对非线性序列的研究要比研究线性序列困难得多。目前研究得比较充分的方法有非线性移位寄存器序列、对线性移位寄存器序列进行非线性组合、利用非线性分组密码产生非线性序列等。

1. 非线性移位寄存器序列

根据图9.21和式(9.34)可知，令反馈函数 $f(s_0,s_1,\cdots,s_{n-1})$ 为非线性函数便构成非线性移位寄存器，其输出序列为非线性序列。输出序列的周期最大可达2^n,并称周期达到最大值的非线性移位寄存器序列为M序列。[13]

n级移位寄存器共有2^n种不同的状态，因此共有 2^{2^n} 种不同的反馈函数，根据式(9.34)可知，线性反馈函数只有2^{n-1}种，其余均为非线性函数。可见非线性反馈函数的数量是巨大的。但是值得注意的是，这些非线性反馈函数并非都能产生良好的密钥序列，其中的M序列是比较好的一种。

例9.2 令n=3，$f(s_0,s_1,s_2)=s_0\oplus s_2\oplus 1\oplus s_1 s_2$，由于运算为非线性运算，故反馈函数为非线性函数，其输出序列为10110100…，是M序列。

2. 对线性移位寄存器序列进行非线性组合

利用线性移位寄存器序列设计容易、随机性良好等优点，对一个或多个线性移位寄存器序列进行非线性组合，可以获得良好的非线性序列。在这里用线性移位寄存器来保证密钥的周期长度、平衡性等性质，而用非线性组合函数来保证密钥流的各种密码性质，以抵抗各种可能的攻击，确保密码安全。

下面介绍一些非线性组合方法，有些有实用意义，有些只有理论意义。

(1) 多路选择器

在多路选择器的数据输入端加入一个或多个M序列，在多路选择器的地址输入端施加另一M序列作地址来从输入中选择输出。

(2) JK触发器

JK触发器是典型的非线性器件，属于时序电路器件。在它的J、K控制端分别加入一个M序列，则在时钟脉冲的驱动下JK触发器将确定自己的输出。

例9.3 V.S.Pless提出了一种基于JK触发器的。对多个M序列进行非线性组合的密码体制，简称为Pless体制，如图9.23所示。

Pless体制中的LSR1~LSR8为8个M序列，相邻两个序列送入同一个JK触发器，4个JK触发器的输出送入一个4路选择器，4路选择器依次轮换输出4个JK触发器的输出。当8个线性移位寄存器的级数都为互素数时，输出序列的周期可达到最大，等于它们各自周期的乘积。

Pless体制直观上的一个弱点是最后的多路选择器依次轮换输出。如果改为随机方式，似乎要好些。

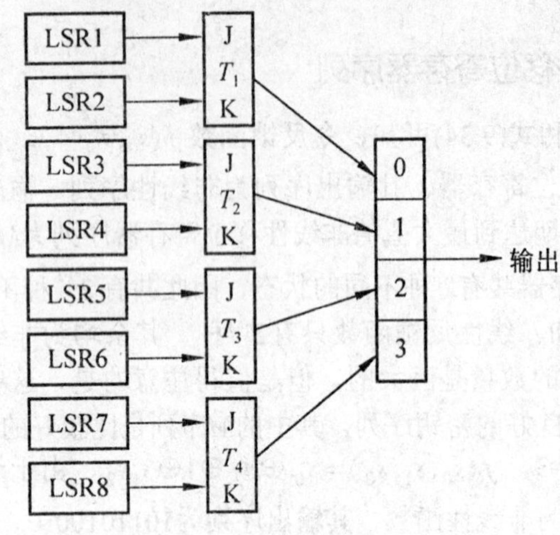

图9.23　Pless体制

(3) 择多逻辑生成器

采用多个周期互素的M序列输入一个门限电路，当输入到择多电路的数据超过某个阈值（如半数）后输出为1，否则输出为0。

3. 利用非线性分组密码产生非线性序列

利用已有的好的分组密码，如DES、IDEA等可以产生良好的非线性序列。

图9.24所示的是一种输出块反馈方案。其中R为n级寄存器，E_B为n位分组密码，如DES和IDEA。I_0为寄存器R的初始状态并称为种子，K为密钥。分组密码把寄存器的状态作为明文，并加密成密文。密文的最右一位作为密钥序列输出，而整个密文又反馈到寄存器，用作下一次加密的输入。为了提高效率可以用每次加密结果的最后一个字符作为密钥序列，用以对明文的一个字符进行加密，如果E_B 是强的，则输出序列也将是强的。这一方案的缺点是费时。

图9.25所示的是一种计数器方案，其中C为n级计数器。E_B对计数器C的每一状态进行加密，并把最右边的密文值作为密钥序列输出。同样，为了提高效率可按字符为单位进行处理。

计数器方案的一个显著的优点是可以随机地产生第i个密钥序列位，而不必先产生前i–1个密钥位。这只需把计数器置成I_0+i-1便可。因此，它特别适合于计算机随机文件的加密，因为随机文件要求随机地访问，这时数据库加密是有意义的。

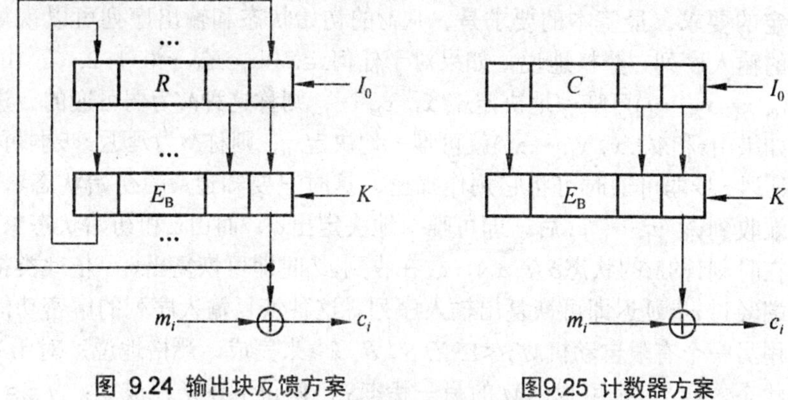

图 9.24 输出块反馈方案　　图9.25 计数器方案

9.9 有限状态自动机密码

有限状态自动机是数字电路和使用有限存储算法的数学模型。

我国学者陶仁骥在有限状态自动机可逆性研究的基础上提出了一种有限状态自动机密码。我们把它简称为FA密码。FA密码属于序列密码。本节着重介绍FA密码。

一个有限状态自动机是一个5元组<Z, Y, S, δ, λ>，记作M，其中

Z：输入字母表；

Y：输出字母表；

S：状态字母表；

δ：下一状态函数，它是$S\times \underline{Z}\to S$的单值映射；

λ：输出函数，它是$S\times \underline{Z}\to Y$的单值映射。

从功能上讲，有限状态自动机M将输入序列变换为输出序列。对于给定的初始状态S_0和输入序列$x_0x_1x_2\cdots$，则唯一决定状态序列$s_0s_1s_2\cdots$和输出序列$y_0y_1y_2\cdots$。这一工作过程由下述方程确定：

$$\begin{cases} s_{i+1}=\delta(s_i, x_i) \\ y_i=\lambda(s_i, x_i) \\ i=0, 1, 2, \cdots \end{cases} \tag{9.41}$$

当$\delta(s, x)$和$\lambda(s, x)$不依赖于x时，输入不起作用，称M为自治有限自动机，简记为

$$M_a: \langle Y, S, \delta, \lambda\rangle$$

设M:<Z, Y, S, δ, λ>是一个有限自动机，如果用M进行加密，则它应满

足一定的要求。最基本的要求是，从M的初始状态和输出序列可以恢复出对应的输入序列。严格地说，如果对于任何$s\in S$和$x_i\in X$，i=0, 1, 2,⋯，由s和$\lambda(s, x_0, x_1, x_2, \cdots)$可唯一地决定$x_0, x_1, x_2, \cdots$，则称这种$M$为弱可逆的。进一步，如果由$s$和$\lambda(s, x_0, x_1,\cdots,x_\tau)$就可唯一地决定$x_0$，则称$M$为延迟$\tau$步弱可逆。当$M$延迟$\tau$步弱可逆时可将它用作加密。这时只要知道$M$的初始状态$S$，在接收端收到$y_0, y_1,\cdots, y_\tau$后，即可唯一地决定出$x_0$，而由$x_0$和初始状态$S$，可得出在时刻1的$M$的状态$\delta(s, x_0)$，故在收到$y_{\tau+1}$时即可恢复出$x_1$。依此类推，接收端经过$\tau$步延迟即可恢复出输入序列。这种恢复输入序列的解密功能，可以用另一个有限自动机M': $<Y, X, S', \delta, \lambda'>$来完成。严格地说，对于$M$的任一状态，$s\in S$，都可找到$M'$的另一状态$S'$，使得下述条件成立：$\forall x_i\in X$，$y_i\in Y$，$i$=0, 1, ⋯，若$y_0, y_1\cdots=\lambda(S, x_0 x_1\cdots)$，则$\lambda'(S', y_0 y_1\cdots)=x_{-\tau}x_{-\tau+1}\cdots x_{-1}x_0x_1\cdots$，而$x_{-\tau}$，$x_{-\tau+1}$，⋯，$x_{-1}\in X$。这时称$M'$为$M$的一个延迟$\tau$步弱可逆，并称满足上述条件的$S$和$S'$相匹配。这说明，使用$M$为加密器，选择初始状态$S_0$，输入明文$x_0x_1x_2\cdots$，便可得到密文$y_0y_1y_2\cdots$。而使用$M'$为解密器，并选择匹配状态$S'_0$，输入密文$y_0y_1y_2\cdots$，便可恢复出明文$x_0x_1x\cdots$。

除了弱可逆这个基本条件外，一个用于加密的有限自动机的另一重要的要求是，当传输中发生错误时，解密错误不要被无限制地传播，即错误传播有界。

关于弱可逆自动机及其弱逆自动机，以及错误传播有界的弱逆自动机的构造，已由陶仁骥教授圆满解决。理论研究表明：对于明文字母表X和密文字母表Y大小相同且无延迟的情形，具有解密误差传播有界性质的加密器和解密器的结构可归结为如图9.26所示的形式。其中h是任意一个单值映射，g_w是任意一个可逆映射，g_{w-1}是g_w的逆映射，M_a是任一自治有限自动机。M和M'中Ma的初始状态和$y_{-c}, y_{-c+1}, \cdots, y_{-1}$的值彼此相同，这些值就是密钥。

根据图9.26可知，对于明文字母和密文字母表大小相同且无延迟、解密错误传播有界的FA密码的设计问题就是选择M_a，h和g_w的问题。衡量一个密码的优劣，主要是看它的保密性的强弱、效率的高低和实现的难易程度。设计者需要在这些彼此矛盾的要求之间权衡，寻求最佳方案。

首先，从实现的方便和降低成本而言希望g_w为对合运算。由图9.26可知，若g_w为对合运算，即$g_w=g_w^{-1}$，则加密器和解密器的结构完全相同，从而使工程实现的工作量减少一半。其次，h的选择直接影响保密性的强弱。h和M_a应为非线性。如果为了实现简单而取M_a为线性移位寄存器，则必须使h为非线性。$h(y_{i-c}, \cdots, y_{i-2}, y_{i-1}, t_i)$可由$t_i$和$y_{i-c}$，⋯，$y_{i-2}, y_{i-1}$出发，经过各种线性和非线性的运算得出。而且运算越复杂，保密性越高，但实现越困难。

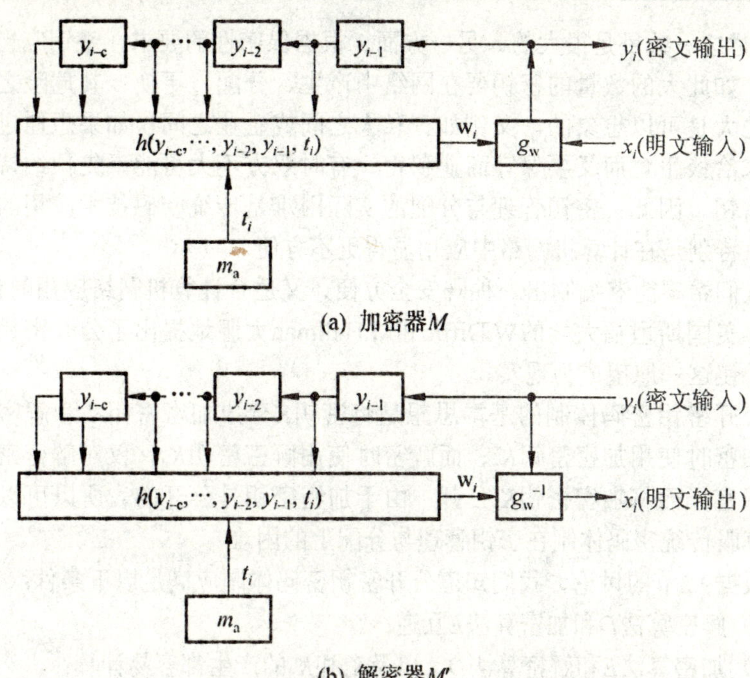

(a) 加密器M

(b) 解密器M'

图9.26 FA密码的加解密器

如果M_a也取成非线性，则其保密性将进一步提高。例如，可选用DES构成M_a，因为DES具有良好的非线性，再选择一个具有良好密码特性的非线性h，将构成一种安全性很高的密码。

文献[14]和[15]分别给出了两种FA密码的软件实现方法，文献[16]给出了FA密码的一种硬件实现方法。

9.10 公开密钥密码体制

密码学建立在通信的双方利用非保密信道进行通信的假定之上，因为如果通信信道是保密的，就用不着采取保密措施了。对于传统密码体制，在通信之前通信双方必须首先约定所使用的密钥。而密钥的传递和约定，显然不能通过非保密信道，而只能通过保密信道来进行。传统的作法是派遣可靠的信使或利用另外的保密信道。这样，对于大型计算机通信网络来说，分配和更换密钥实际上将是十分困难的。假设网络中有n个用户，任意两个用户之间都可能进行通信，故可能使用的密钥数为$C_n^2=\frac{1}{2}n(n-1)$。当

n较大时这一数目是很大的。另一方面，根据保密性的要求，密钥应当经常更换。如此大的数量的密钥要在网络中产生、分配、更换，其危险之大，困难之大是可以想象的。又例如，私人之间或企业之间，如果想通过网络通信来洽谈生意而又要保守商业秘密，有时双方不大可能事先预约持有相同的密钥。因此，密钥管理与分配的实际困难是传统密码技术应用的主要障碍，特别是在计算机网络中应用显得更不方便。

人们希望能够编制出一种既安全方便、又适合计算机网络应用的密码。1976年美国斯坦福大学的W.Diffie和M.Hellman大胆地提出了公开密钥密码体制，使这一愿望成为现实。

公开密钥密码体制的基本思想是将密钥K分成加密密钥K_e和解密密钥K_d，加密时使用加密密钥K_e，而解密时使用解密密钥K_d，仅对解密密钥K_d施加保密，而将加密密钥K_e公开。由于加密密钥是公开的，所以可以从根本上克服传统密码体制在密钥管理与分配上的困难。

根据9.2节的讨论，我们知道公开密钥密码体制应满足以下条件：

① 解密算法D和加密算法E互逆；

② 加密算法E和解密算法D，以及K_e和K_d的产生都容易计算；

③ 由公开的K_e去求出保密的K_d在计算上是不可能的。

条件①确保密码可正确解密，条件②确保密码的实用性。条件①和②是所有密码都必须具备的。条件③确保K_e可以公开而不会暴露K_d，公开密钥密码体制正由此而得名。

满足以上3个条件的公开密钥密码体制可确保数据的秘密性。如果要求同时能够确保数据的真实性。还应满足下面第④个条件：

④ 对于所有的M，$D(E(M))=E(D(M))=M$，即先加密后解密和先解密后加密都可正确恢复明文。

公开密钥密码体制是密码学中的一个新生事物，它一出现便引起各国密码界和用户的极大兴趣，由此密码学研究出现了空前繁荣的景象。目前，公开密钥密码已从理论研究进入实用阶段。无论是军方还是民间，无论是政府还是企业都已开始使用公开密钥密码。

但是，公开密钥密码出现的历史时间毕竟不太长，加之由于缺乏足够的数学工具，尚不能严格论证它的安全性。因此，虽然目前已经提出了多种公开密钥密码体制，但是能够经得起时间考验的、实用的公开密钥密码体制为数还很少。

从近年的研究情况看来，讨论得比较多的体制主要有：基于数论中大合数因子分解困难性的RSA及其派生体制，基于组合学中背包问题的背包体制和基于纠错码理论的纠错码体制。目前，公认比较安全而且应用最多的公开密钥密码体制要数RSA体制。

在公开密钥密码体制应用中，需要建立一个密钥分配中心KDC，负责管理用户的密钥。KDC为每个用户产生一个公开的加密密钥K_e和一个保密的解密密钥K_d，将K_e存入每个用户都可共享的公钥库PKDB，而将K_d交给用户妥善保管。这样，一个新用户在加入该系统之前，只需提出申请并到KDC登记注册即可。

在公开密钥密码体制中，数据的秘密性和真实性分别由通信双方的解密密钥K_d所确保。

9.10.1 确保数据的秘密性

设用户A要给用户B发送消息M。A首先在公钥库PKDB中查到B的公开的加密密钥K_{eB}，用K_{eB}将M加密成密文，则

$$C=E(M, K_{eB}) \tag{9.42}$$

然后将C发送给B。B在收到C后，用自己保密的解密密钥K_{dB}进行解密，恢复出明文M，即

$$M=D(C, K_{dB})=D(E(M, K_{eB}), K_{dB}) \tag{9.43}$$

因为只有B才拥有K_{dB}，而且由公开的K_{eB}去计算保密的K_{dB}在计算上是不可能的，故只有B能够得到明文M，从而确保了数据的秘密性。但是，上述通信方案却不能确保数据的真实性，这是因为任何用户都可在PKDB中查到B的公开的加密密钥K_{eB}，因而都可以用$C'=E(M', K_{eB})$来代替C，从而达到用假消息M'来代替真消息M的目的。

为了确保数据的真实性，可采用下一节所介绍的通信方案。

9.10.2 确保数据的真实性

为了确保数据的真实性，用户A首先用自己保密的解密密钥K_{dA}将消息M解密变换成

$$C=D(M, K_{dA}) \tag{9.44}$$

然后将C发给B。B收到C后到公钥库PKDB中查到A公开的加密密钥K_{eA}，并对C进行加密变换，从而恢复出明文消息M，即

$$M=E(C, K_{eA})=E(D(M, K_{dA}), K_{eA}) \tag{9.45}$$

因为只有A才拥有K_{dA}，而且由公开的K_{eA}去计算保密的K_{dA}在计算上是不可能的，故式(9.44)的变换只能由A进行，其他任何人都不能进行，从而确保

了数据的真实性。但是，这种通信方案却不能确保数据的秘密性。这是因为任何用户都可在PKDB中查到A的公开加密密钥K_{eA}，故任何用户都可得到消息M，所以不能确保数据的秘密性。

由此可知，要同时确保数据的秘密性和真实性应采用下面介绍的通信方案。

9.10.3　确保数据的秘密性和真实性

将方案1和方案2结合起来，便可同时确保数据的秘密性和真实性。

用户A首先用自己保密的解密密钥K_{dA}将消息M解密变换为S，

$$S=D(M, K_{dA}) \tag{9.46}$$

再从公钥库PKDB中查到B的K_{eB}，并将S加密成密文C，即

$$C=E(S, K_{eB}) \tag{9.47}$$

最后将密文C发送给B。

用户B在收到密文C之后，首先用自己保密的解密密钥K_{dB}从C中恢复出S，即

$$S=D(C, K_{dB}) \tag{9.48}$$

再从公钥库PKDB中查到A的K_{eA}，并从S中恢复出消息M，有

$$M=E(S, K_{eA})=E(D(M, K_{dA}), K_{eA}) \tag{9.49}$$

由于只有A才拥有K_{dA}，只有B才拥有K_{dB}，而且由K_{eA}去计算K_{dA}和由K_{eB}去计算K_{dB}在计算上都是不可能的，故式(9.46)的变换只有A才能进行，式(9.48)的变换只有B才能进行，所以这种通信方案可以同时确保数据的秘密性和真实性。

由上述可以看出，在公开密钥密码体制中，加密密钥的公开，使得A和B之间的保密通信不需要事先预约密钥。这样，公开密钥密码体制就从根本上克服了传统密码体制在密钥分配与管理上的实际困难，所以它特别适合于计算机网络的应用。此外，由于利用公开密钥密码体制可以方便地确保数据的真实性，故可方便地实现数字签名，这是公开密钥密码特别受欢迎的另一原因。

9.11　RSA密码

1976年W.Diffie和M.Hellman提出了公开密钥密码体制的概念，但并没有构成具有实用价值的公开密钥密码体制，然而他们的首创性成果却为公开密钥密体制奠定了理论基础。1977年美国麻省理工学院的R.L.Rivest、

A.Shamir和L.Adleman提出了一种基于数论中大合数因子分解困难性的公开密钥密码体制，后来被简称为RSA体制。RSA具备了实用价值，获得了IEEE信息学会的优秀论文奖，被誉为是一种风格优雅的公开密钥密码体制。

RSA一提出便吸引了全世界的密码学者的目光，并成为讨论得最多、研究最充分的公开密钥密码体制之一。在经历了全世界范围的讨论、研究和改进之后，RSA已成为目前实际应用最广的公开密钥密码体制。

设M为明文、C为密文，M，$C\in\{0, 1,\cdots, N-1\}$，则RSA算法可按如下方式构造：

① 随机地选取两个大素数p和q，$p\neq q$，并对p和q保密；

② 计算模数N，并将N公开：

$$N=pq \tag{9.50}$$

③ 计算N的Euler函数$\phi(N)$，并对$\phi(N)$保密：

$$\phi(N)=(p-1)(q-1) \tag{9.51}$$

④ 随机地选取一个加密指数e，$1<e<\phi(N)$，且e和$\phi(N)$互质，并将e公开；

⑤ 根据加密指数e，按式(9.52)计算出解密指数d，并对d保密，

$$ed\equiv 1 \mod \phi(N) \tag{9.52}$$

⑥ 加密运算：

$$C\equiv M^{e} \mod (N) \tag{9.53}$$

⑦ 解密运算：

$$M\equiv C^{d} \mod (N) \tag{9.54}$$

由此可知，RSA的公开加密密钥$K_e=<N, e>$，而保密的解密密钥$K_d=<p, q, \phi(N), d>$。

首先，可以证明RSA的加密运算和解密运算是互逆的，即

$$M\equiv C^{d}\equiv(M^{e})^{d}\equiv M^{ed} \mod N$$

其次，对于任何明文M，$M\in\{0, 1,\cdots, N-1\}$，先加密后解密和先解密后加密均可正确恢复明文M。这是因为

$$D(E(M))\equiv(M^{e})^{d}\equiv M^{ed} \mod N,$$

$$E(D(M))\equiv(M^{d})^{e}\equiv M^{ed} \mod N$$

再者，在已知p和q的情况下，按式(9.50)和式(9.51)计算N和$\phi(N)$是很容易的。在已知e和$\phi(N)$的情况下，因为e和$\phi(N)$互质，所以满足式(9.52)的d一定存在，且其计算也是容易的，比如可采用欧几里德算法。加密运算式(9.53)和已知d情况下的解密运算式(9.54)的计算也都是比较容易的。因此，RSA的计算效率是较高的，是实用的。

最后，对RSA，由公开的加密密钥K_e去计算保密的解密密钥K_d在计算

上是不可能的。这一点也正是RSA的安全性之所在。设密码分析者截获了密文C，若他想解出明文M，就必须计算$M=C^{d} \mod N$，这只有知道d才能进行，而d是保密的解密密钥参数。密码分析者知道公开的加密指数e，他若企图从公开的e求出保密的d，必须求解同余方程$ed\equiv 1 \mod \phi(N)$。要解此同余方程必须先要知道$\phi(N)$，而$\phi(N)=(p-1)(q-1)$，这又必须先求出p和q。但是，p和q是保密的。密码分析者只知道$N=pq$，要从N求出p和q，只有对N进行因子分解才行。这件事仅在N较小时才是容易的，而只要N充分大便极为困难。这是因为，对于大合数的因子分解迄今尚没有有关多项式时间复杂性的算法，目前得到的几种最优的算法均为亚指数复杂性算法。根据目前对大合数因子分解问题的理论研究和实践，人们猜测：大合数因子分解问题的渐近复杂性为

$$\exp(\sqrt{\ln(N)\ln(\ln(N))}) \tag{9.55}$$

尽管这一猜测尚不能证明，然而猜测本身已在很大程度上为RSA密码体制的安全性提供了支持。这是因为RSA密码体制的用户在必要时只要简单地增大p和q的位数，便可挫败亚指数因子分解算法的攻击。

综上可知，RSA满足公开密钥密码体制的4个条件，可同时用于确保数据的秘密性和真实性。

在实际应用RSA密码体制时，必须认真设计算法并合理选择算法参数，否则其安全性仍可能是脆弱的，效率也可能是不高的。

1. p和q必须随机地选取而且足够大

因为p和q是RSA的保密的解密密钥的参数，所以必须随机地选取。

为了对付通过因子分解对RSA进行的攻击，模数N必须足够大，这就要求p和q足够大。根据目前因子分解的水平，p和q应选取大于100位的十进制数。这样，N将是大于200位的十进制数，这在目前将是安全的。

可见，应用RSA必须密切注视因子分解技术的进展。为此，简单介绍一下近年来因子分解技术的进展。

1984年美国科学家G.J.Simmons、J.A.Davis和D.B.Holdridge在巨型机Cray–XMP上用9.5小时分解了71位的大合数。

1987年美国科学家利用9个SUN3工作站的计算机网络在1周时间内分解了81位的大合数。

1988年A.K.Lenstra和M.S.Manasse利用美国、荷兰和澳大利亚的400多台计算机联网运行26天，成功地分解了100位的大合数。

1990年美国数学家J · 波拉德和H · 兰斯特拉同世界上的几百名研究人

员在一起利用几个国家的上千台计算机联网运行3个月，成功地分解了一个155位的大合数 $F_9=2^{2^9}+1$，将F_9分解成为3个素因子之积，这3个素因子分别是7位、49位和99位的整数。这大概是目前因子分解的世界记录。

1994年4月在A · K · Lenstra的组织协调之下，世界上43个国家的600多位科学家用1600台超级计算机通过Internet网计算对RSA发起攻击，花费了八九个月的时间，成功地破译了美国RSA公司悬赏100万美元的一个N为129位大合数的RSA密码。这一成果是目前世界上攻击RSA实际密码的较高水平，引起了全世界密码界的震动。1999年2月科学家们又通过Internet网成功地攻破了RSA140，这是目前攻击RSA的最新记录。作者认为，这些成功的攻击并不能从根本上动摇RSA的安全性，相反证明只要合理地选择密钥参数，RSA是足够安全的。

2. p和q应是安全素数

设素数p=2a+1，其中a为奇素数，则称p为安全素数。

设M为明文，则序列

$$M \mod N, M^2 \mod N, M^3 \mod N, \cdots$$

为周期序列，并设其周期为t。这说明与明文M相对应的可能的密文C最多只有t种可能的取值。因而，应当尽量避免出现周期t很小的明文M，否则难以抵抗迭代攻击。所谓迭代攻击是指利用M的密文C，考查序列

$$C, C^{e}, C^{e^2}, \cdots, C^{e^k}, \cdots \pmod N$$

一旦出现

$$C^{e^k}=C,$$

便得知

$$C^{e^{k-1}} \equiv M \mod N \text{ 或 } M^{e^k} \equiv M \mod N \tag{9.56}$$

因而，为了对付迭代攻击，应尽量避免出现周期很小的明文M。可以证明，明文M的周期t一定是$\phi(N)$的因子。因此，应设法使$\phi(N)$尽可能含大因子。为此，p和q应选用安全素数。设p=2a+1，q=2b+1，其中a和b为奇素数，则

$$\phi(N)=2ab$$

仅含3个素因子。此时$\phi(N)$共有8个不同的因子：1, 2, a, b, 2a, 2b, 2ab。它们恰为不同明文的周期值。

3. 加密指数e应为错乱指数

设E为加密变换，若C=E(M)=M，则称明文M为加密变换E的一个不动

点。对于RSA，不动点的定义为

$$M^e = M \bmod N \tag{9.57}$$

设明文M的周期为 t，则M为不动点的充要条件为t能整除$(e-1)$，又因为t还是$\phi(N)$的因子，为了减少不动点应使$(e-1)$和$\phi(N)$的最大公因子尽量小。称使

$$\left(\phi(N),(e-1)=2\right) \tag{9.58}$$

的e为错乱指数(Deranging Exponent)。显然，$e\geqslant 3$。这样，当p和q为安全素数且e为错乱指数时，当且仅当周期 t =1或2时的明文M为不动点。由于周期t很小，这使得不动点的判断很容易，从而可避免使用这样的明文。

4. 关于大素数的产生

为了确保RSA的安全，应选用足够大的素数作为p和q，根据目前大合数因子分解的能力要求p和q的位数大于100位。如何产生这样大的素数，便成为应用RSA密码体制的一个重要问题。

产生大素数的方法分为两类，一类是采用构造方法，另一类是寻找法。构造方法属于确定性产生算法，而寻找法则属于概率算法，即以一定的概率保证所寻找到的大数为素数。从理论上来说，构造一个大素数比寻找一个大素数要容易些，但随机寻找产生大素数的随机性比构造方法要好些。在这两个方向上，人们都做了大量的工作，取得了不少理论与实践的成果。在构造方法方面，人们早在1914~1916年便开始研究素数的构造性产生方法，到了80年代以后由于密码学应用的刺激使这一研究提高到了一个新的水平。其中有代表性的要算V.M.Maurer的工作，他在消除构造性算法的规律性方面取得了令人满意的进展，他还在VAX8650计算机上实现了他的方法。值得指出的是，在这方面我国学者也取得了可喜的成果。在寻找法方面，目前最有效的素性检验算法是Miller–Rabin检验法。即从随机地选取的100位奇整数中用Rabin素性检测算法获取一个“素数”，其不是素数的概率小于等于2^{-100}，大约需要进行116 (200 $\log_2 N$)次多精度乘除法运算。完成这些计算所需的CPU时间大约在10~100min左右。可见，利用任何中、小型计算机甚至微机都可以完成RSA密码的密钥参数p和q的生成。

5. 关于大数的运算

RSA的加解密运算要进行大数（200位十进制数）的乘方和取模运算，这是一种很麻烦、很费时的运算，因此加解密速度较低，这成为目前影响RSA广泛应用的主要障碍之一。因此，要使用RSA，必须研究大数的快速

运算算法。

首先，为提高RSA的解密速度，可对其解密算法作如下改进。设RSA原来的加解密算法为

$$C \equiv M^{e} \bmod N,$$
$$M \equiv C^{d} \bmod N,$$
$$N = pq$$

令

$$\begin{cases} C_1 \equiv C \bmod p, & C_2 \equiv C \bmod q, \\ d_1 \equiv d \bmod (p-1), & d_2 \equiv d \bmod (q-1) \\ M_1 \equiv M \bmod p, & M_2 \equiv M \bmod q, \end{cases} \tag{9.59}$$

则由C_1，C_2，d_1，d_2可求得

$$\begin{cases} M_1 \equiv C_1^{d_1} \bmod p, \\ M_2 \equiv C_2^{d_2} \bmod q. \end{cases} \tag{9.60}$$

再利用中国剩余定理，解同余方程组式(9.60)，得

$$\begin{cases} M \equiv M_1 \bmod p \\ M \equiv M_2 \bmod q \end{cases} \tag{9.61}$$

可解出明文M。按这种改进的方法可将解密速度提高4~8倍。这种解密方法之所以速度快，主要是因为p和q比N小得多，从而使C_1和C_2比C小得多，d_1和d_2比d小得多，使计算M_1和M_2的运算得以在较小的数上进行，避免了直接进行大数的乘方取模运算。作者已成功地将这一方法实用于IC卡的操作系统中。

虽然p和q比N小得多，但仍为100多位的大数，所以即使是上述改进的解密方法也不能完全摆脱大数乘方取模运算的困扰。

关于大整数的乘法，两个n位的大整数直接相乘的复杂性为$O(n^2)$，目前最好的算法的复杂性为$O(n\log_2 n\log_2 \log_2 n)$。这里介绍一种虽不最优，但仍然有效的简单方法——反复平方相乘求幂算法。设

$$C \equiv M^{e} \bmod N,$$

再设e的二进制表示为$e_k e_{k-1} \cdots e_1 e_0$，则

$$\begin{aligned} C &\equiv M^{e_k 2^k + e_{k-1} 2^{k-1} + \cdots + e_1 2 + e_0} \\ &\equiv (M^{e_k})^{2^k} \cdot (M^{e_{k-1}})^{2^{k-1}} \cdots (M^{e_1})^2 (M^{e_0}) \\ &\equiv (\cdots((M^{e_k})^2 M^{e_{k-1}})^2 \cdots M^{e_1})^2 M^{e_0} \quad \bmod N \end{aligned} \tag{9.62}$$

式(9.62)表明一个数的乘方运算可以用“反复平方相乘”的方法来实现。

除了大数相乘之外，快速的取模运算也是必须研究的问题，这里就不再赘述了。

目前，RSA已从理论研究阶段进入到实际应用阶段，世界主要国家都成功地推出了RSA实用系统，既有硬件产品，也有软件产品。可以预计，RSA的应用将越来越普及。

习　题

9.1　弄清下列术语的含义：

数据安全　数据秘密性　数据真实性　数据完整性

密码学　密码编制学　密码分析学　绝对不可破译　计算上安全

9.2　以英文字母表为明文字母表，取k=5，分别按加法密码和乘法密码，

① 写出密文字母表。

② 对明文：DATA　ENCRYPTION　STANDARD 进行加密。

9.3　以英文字母表为明文字母表。选取一个词语作密钥，用Vigenere密码把下列明文加密成密文：

COMPUTER　SCIENCE　AND　TECHNOLOGY

9.4　编程实现以下密码：

① 置换密码。

② 加法密码。

③ Vigenere密码。

9.5　设明文为CRYPTOGRAPHY，密钥为NUMBER THEORY。

① 利用扩展ASCII码将明文和密钥表示成二进制形式。

② 利用Vernam密码将明文加密成密文。

9.6　什么是对合运算？将密码算法设计成对合运算有什么好处？

9.7　编程实现DES，并编制一个计算机文件加密系统。

9.8　分析DES的弱密钥和半弱密钥。

9.9　编程实现IDEA密码，并编制一个计算机文件加密系统。

9.10　分析IDEA的弱密钥。

9.11　公开密钥密码和传统密码相比，有哪些优点和缺点？

9.12　利用素数表的素数，设计一个小规模的RSA密码，并用软件编程实现。

第10章 计算机网络的通信与控制技术[14][17][20]

计算机网络就传送数据的范围来说，可分成广域网和局部网两类，计算机广域网实质是局部网加公共通信系统组成的，使边界局部网络利用公共通信系统实现远地互联，可见计算机网络主要应是指局部网络。

本章即就局部计算机网络论述其物理上的通信技术和控制技术。

10.1 计算机网络组成结构

10.1.1 计算机网络的拓扑结构

计算机网络的拓扑结构主要分为总线型、星型、环型三大类。

1. 总线型结构

将若干台计算机都连接到一条公用母线上，计算机通过该母线实现数据链路通信，这就是总线型计算机网络，如图10.1所示。

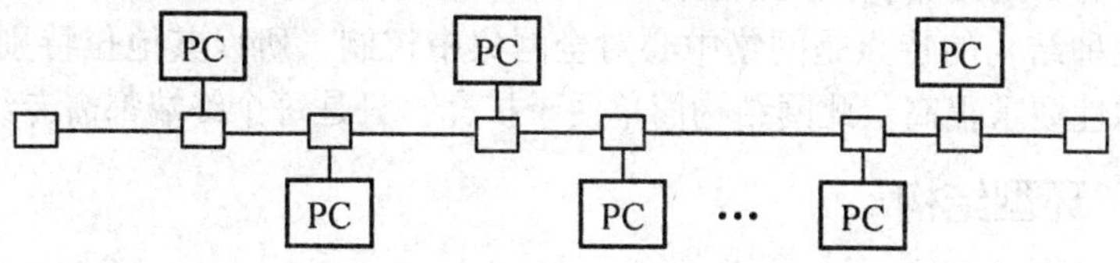

图10.1 总线型网络拓扑结构图

这种结构的公用母线大多数是使用同轴电缆，在母线上需要分接的地方都配有特制的分支插口，或使用无源的“三通”分接，或使用有源的“网络收发器”。母线上传送的数据，主要以基带形式串行传送，传送方向总是从发送数据结点向母线两端扩散，逐步到达所有结点。所以这种总线型计算机网络属于广播方式，因为网上计算机共用传输介质，从而达到广播效果。

公用母线的负载能力是有限的，只能连接一定数量的结点，若希望增加负载能力，则应在网段之间加接复接器，使所连接各网段均能保持或达到应有的电气性能。

综上所述，总线型结构的网络结构简单，可扩充性好，且扩充容易，但其连接范围受负载能力所限。

2. 星型结构

星型结构以一个中央控制模块为中心，以单独链路型式向外扩散，可以扩散多个分中心，还可以扩散多级分中心，如图10.2所示。

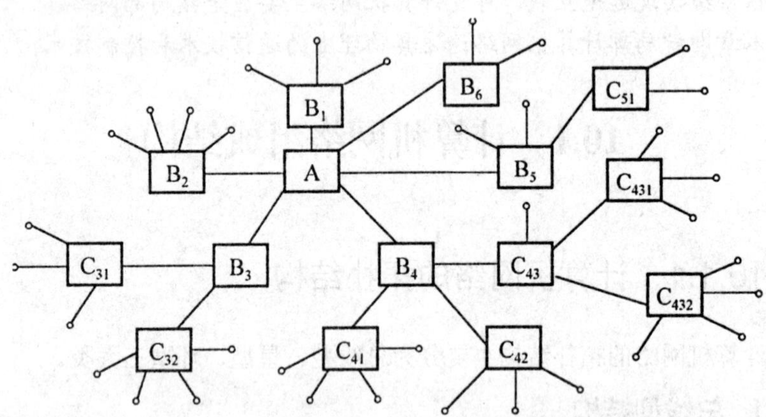

图10.2　星型结构网络

图10.2中，A可看作一级网络中心，B看作二级网络中心，C看做三级网络中心，网络结构如此辐射开来。图中圆圈表示末级计算机终端。

此种结构的特点是网络中心对全网集中控制，所以其地位特别重要，对可靠性要求很高。此网结构简单便于扩充，只是每个终端都需专线连接。

3. 环型结构

将多个通信控制器连接成固定方向的信息流环路，通信控制器可以直接接计算机，也可以下接其他类型（非环型）通信控制器，以扩充连接多台计算机。网络拓扑结构如图10.3所示。

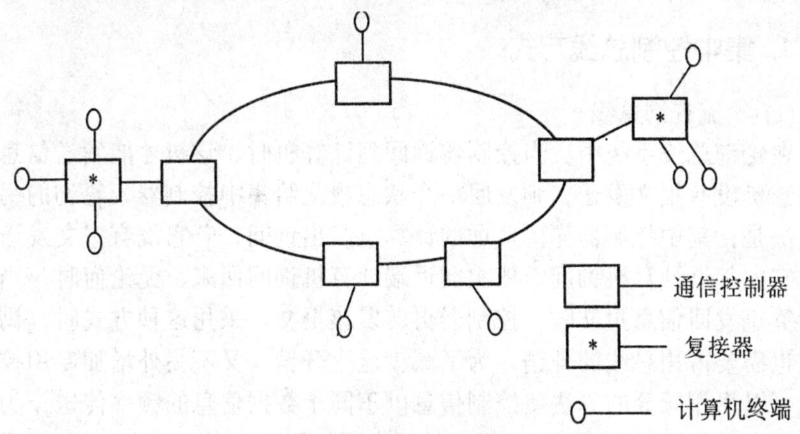

图10.3　环型网络结构

环型网中的环线实质是共享介质，因为数据流必须经过环路中各个通信控制模块。当数据帧目的地址与通信控制器的地址相同时，数据才被该控制器接收交与计算机；数据流仍继续沿环向下传送，直到返回发出数据的控制器，该次通信才算完成。环中任一控制器都可截获发送数据的权利，起到发送数据的作用。

环中任一地点发生故障均可使通信中断，所以环路结点应具有较好故障恢复功能。环型网具有以下特点：

① 环中数据沿固定方向单向流动，两结点之间通路唯一，路径控制简单；

② 数据流串行穿过环中各结点，结点时延即构成网络传输延迟，所以网中结点数目应是有限的；

③ 网络扩充时，需断开环路中止网络通信。

10.1.2　共享总线的控制方式

在共享总线上连着多个计算机实现数据传送，只有对总线合理控制才能使系统正常运行。控制方式有集中控制和非集中控制。采用集中方式时，由一个集中控制装置发出控制信号，或者使用轮流查询、或中断方式、或采用集中分配时间槽法。非集中方式则基于总线上的各台计算机，可以是频分多路、时分多路和多重访问等方式。

1. 集中控制总线方式

(1) 轮流查询总线

在轮询总线系统中，当控制器询问到计算机时，该机才能发送信息，如果该机没有报文发送，则发回一个状态报文给集中控制器。轮询的另一种方法是，集中控制器先向最远的计算机发出询问，若它没有报文发送，则由它向邻近计算机询问，依次向近端计算机询问回来，无论何时，当一个计算机发回信息报文时，控制器再转发该报文。采用这种方式时，询问报文也需要占用总线的开销，为了减少这个开销，又不另外增加专用控制线，可以采用频分的方法使控制信息以不同于数据信息的频率传送，为此对控制信息必须加以调制、解调，且要实现位同步。

(2) 中断驱动控制总线

此时集中控制器接收计算机发来的准备发送数据的请求，并将其排入队列。因为消除了对无数据发送要求的计算机轮询的开销，所以这种方式等效于单独使用控制线的轮询方式。但当有几个计算机都要发送数据时，为获得总线，它们可能发生竞争，所以中断请求报文应比较短，才能增加访问效率。在中断驱动的控制系统中，请求报文由各计算机发出，控制器将请求信号排队，并向计算机发回确认报文，当计算机在规定时间内没有收到确认报文时，又自动重发该请求。若总线空闲，则控制器通知该计算机使用总线传送数据，传送结束，控制器才把总线分配给另一台计算机。

(3) 时间开槽控制总线

时间槽即把时间分成一定大小的间隔，多个时间槽又可合并为帧，总线上以帧为单位进行报文传送。总线对于计算机来说相当于有两条并行的电缆，一条连接各计算机的输入，一条连接各计算机的输出。集中控制器分配不同时间槽给各计算机，一帧包括1个起始时间槽和2^n个数据时间槽，根据各计算机数据流量的大小和分布来分配时间槽。每个时间槽可传送一个256位的报文，每帧共有8192个时间槽，帧持续时间约为2.56s。数据发送计算机在所分配的时间槽内把1个报文发到输入电缆上，接收数据计算机检测报文的地址，对号入座，接收该数据。

时间槽分配方式有竞争方式和非竞争方式两种。竞争方式中，有专门用于服务请求的时间槽，其类似于中断请求，得到允许的计算机才可使用共享时间槽；非竞争方式中，集中控制器对每个终端授予一个唯一的时间槽，因而没有公共时间槽。仅在系统脱机时才可重新设置时间槽分配。

2. 非集中控制总线

(1) 频分复用总线

多台计算机共用一条同轴电缆，发送数据计算机把数据报文经过频率调制后发送到共享电缆总线上，接收计算机对载波报文进行解调然后下载数据。

总线上使用的频率范围在5~300MHz，其中又划分为正向信道频带和反向信道频带，5~116MHz用于反向信道，159~300MHz用于正向信道频带。其中116~159MHz是空闲带，使正反两个信道可以分隔开。若使用60KHz作为计算机发送数据的子带宽，则正向可以做到2350个子带，反向可以做到1850个子带。

(2) 时分复用总线

同步式时分复用总线具有以下特点：时间槽固定，时间槽构成的数据帧宽度相等，总线系统由中央机构产生定时和同步。总线可以局部定时，也可以整体统一定时，统一定时的总线系统由中心振荡器向所有计算机提供时钟信号。时钟通过总线到达各计算机会发生偏差，再由分布式统一定时产生帧同步信号同步各个计算机的局部时钟，以减轻时钟偏差。局部时钟计数器被译码器识别分配给各个计算机的时间槽。

每当帧循环重新开始时产生同步脉冲信号，对其编码以便与数据信号相区别并在系统中传送。

10.1.3　环网控制方式

连接环网的介质主要是双绞线或光纤（如FDDI网），将各个环接口通信控制器连入网中，经通信控制器再接计算机或其他设备。所连入的计算机为了传送数据都通过环接口从一个节点向下一节点传送，直到该报文传到目的结点或继续传递返回到原发送节点为止。在令牌环网中，源结点把所发送的报文与绕环一周返回的报文进行比较检查，校验差错，发现没有错误，且目标结点已收到该数据就认为发送成功，否则可能重发。在此过程中，目标结点会将报文中某一标志置位，以此通知源结点自己已收到该数据。传送过程中的中间结点每次收到数据帧就检查其地址是否与自己的地址相同，相同时就拷贝下该数据，并把数据再次发出；地址不同时就把数据原原本本地往下发送。

环网的优越性在于：

① 在系统中，仅有一条环形通路，固定方向传送，所以没有路径选择问题。环网也同属广播工作方式，因为每一个数据帧每次传送都要经过环上全部结点。

② 整个环网线路是被各个结点分隔成段的，所以在某一段上传送数据的同时，其他段也可传送数据，就是说，多个报文可在环上不同的路段同时传输。

③ 环上每个接口都能自行仲裁和同步，无须公共控制装置，所以工作方式很简单。

环网的突出缺点在于，任一结点出现故障都会导致全网中断，所以环接点的故障保护能力和恢复能力特别重要。

10.1.4 星型网控制方式

星型网中必有一个中央控制装置，常称为交换机（Switching），对系统起着主控的作用，通过一条条单独的线路连接构成星型的各台计算机，如图10.2所示。设B_1需要发送数据到B_4，B_1首先要发送一个请求报文到中心A，中心A连通B_4，收到B_4的准备接收报文请求后，才沟通B_1-A-B_4的通路。在此过程中，若有其他终端要向B_1或B_4通信，则必须等待，直到上述通信结束链路重新可用为止。在B_1-B_4通信的同时，其他 终端仍可构成链路实现通信。

一级中心所连接的各分支同时可成为二级星型的控制中心。显然，星型结构的网络可被扩展成分层结构。星型结构的各级中心一般只进行数据交换控制和诊断操作，而较少对数据处理，以保证网络的工作性能。

转接中心的容量取决于报文处理时间和报文的流量，报文处理时间取决于系统中处理机的数目和报文的长度，中心对单个报文的处理时间即报文数据从输入缓冲传送到输出缓冲所需的时间。而一个报文传送中总的传送时间等于输入缓冲等候处理时间加交换处理时间加输出缓冲时间。

10.2 局部网接口的工作原理

10.2.1 总线网络接口及控制

最普通的总线网络是Ethernet,粗缆Ethernet使用粗缆收发器下接PC机的网络接口装置（通称网卡），粗缆收发器直接插在粗同轴电缆的网络线上，收发器是有源工作，允许下接最多50米长的收发器电缆去连接网络计算机。对于细缆Ethernet，由于细缆走线比较方便，可以灵活地接到计算机终端，所以不单独使用网络收发器，而把收发器的功能与网卡合并在一起。

1. Ethernet网的接口与控制

粗缆收发器电缆包括5对双绞线：数据接收、数据发送、冲突输出、故障输出以及电源线。

(1) 网络接口的功能

网络接口装置主要完成：对传送数据进行串-并转换，对数据的码型进行变换，使计算机的二进制数据调制成适于总线上传输的码型（例如Manchester码）以及进行相反的变换—解调，还进行数据帧的检错纠错工作。

网络接口包括两个方面：

数据发送接口和接收接口。对于数据发送来说，有发送数据寄存器、数据帧长度计数器和发送数据的DMA控制逻辑等，发送终端在数据缓冲区中准备好完整的数据后，在数据帧头上加上起始位，在帧末尾附上校验码，然后经过并——串转换，再经过调制器编码成传输信号送到发送器；数据接收则与发送的逻辑关系相反，其先将串行接收的信号经解码器恢复成二进制码，再经串一并转换后存入接收寄存器，又经DMA将数据移入缓冲区，在接收的同时生成CRC校验码检查数据的正确性，恢复出完整数据。

(2) PC机对Ethernet接口

PC机对Ethernet接口电路组成框图如下图10.4所示。

该图包括收发器、接口、控制等一系列功能组件，称为网络接口板。图中CPU（可以使用多种型号的CPU）作为控制中心，EPROM中存放接口处理程序，RAM作为发送和接收数据的缓冲区。

图中发送长度寄存器保存被发送数据帧的字节数，发送地址寄存器存放RAM中被发送数据的起始地址。控制寄存器实际含有4个触发器：启动发送、启动接收、初始化和清除。在发送长度寄存器和发送地址寄存器置好初值后，CPU启动发送触发器置位，从RAM中一个字节一个字节读出数据，经并→串转换后送入先进先出的发送缓冲器，串行输出经调制器变换波形，然后经功率驱动再送上电缆。此过程完成数据发送任务。

数据接收时，从电缆传送来的信号经解调输出串行二进制代码，当接收启动触发器置1且同步检测器检测到“同步字符模式”后，置“状态寄存器”的同步检测位，输入数据经“串→并”转换输出到先进先出接收缓冲器，然后即可存入RAM的接收数据缓冲区。接收长度寄存器存入接收数据帧的最大长度，接收地址寄存器则存入RAM中接收数据缓冲区的起始地址。

图中“冲突检测器”是确保数据发送成功的。它把发送的数据和接收的数据进行比较，如果发送时发生冲突，比较结果出错，将状态寄存器的冲突检测位置位，向CPU发出中断，进行冲突处理，同时使控制寄存器的“清除触发器”置位，指示此次发送失败。

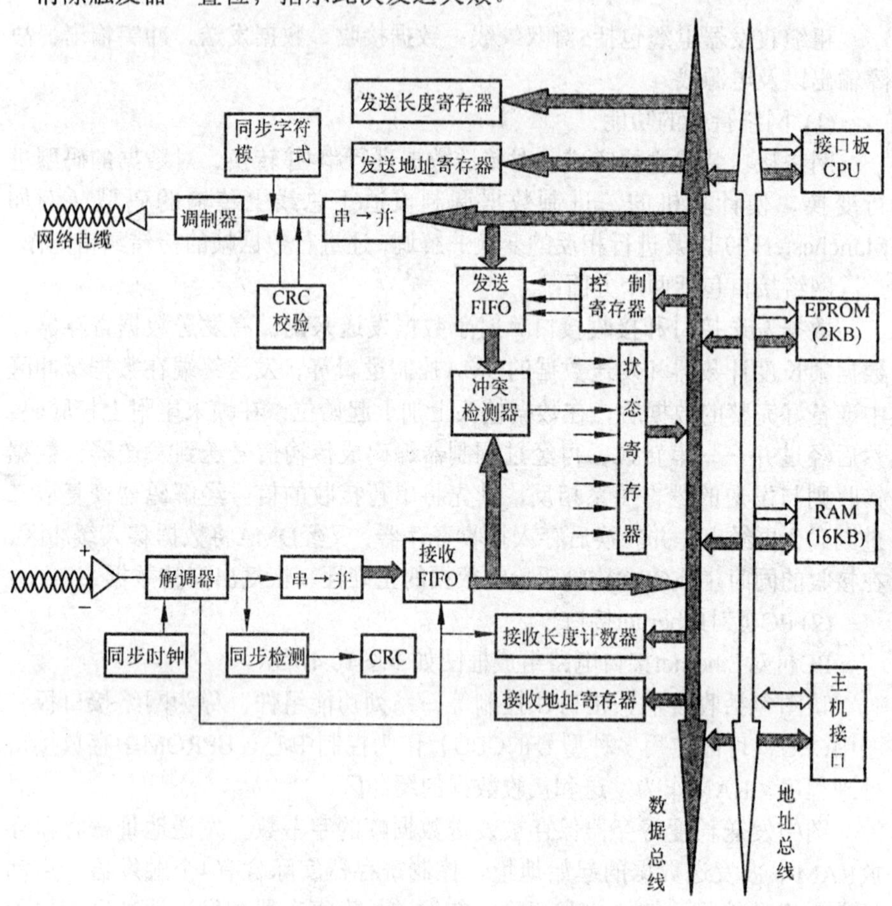

图10.4　Ethernet网络接口板逻辑图

2. 冲突检测的辅助电路

Ethernet网络使用CSMA/CD方法实现冲突检测和冲突控制，在网络接口板上配置了相应的电路。

(1) 桥式平衡电路冲突检测

桥式平衡电路原理如图10.5所示。

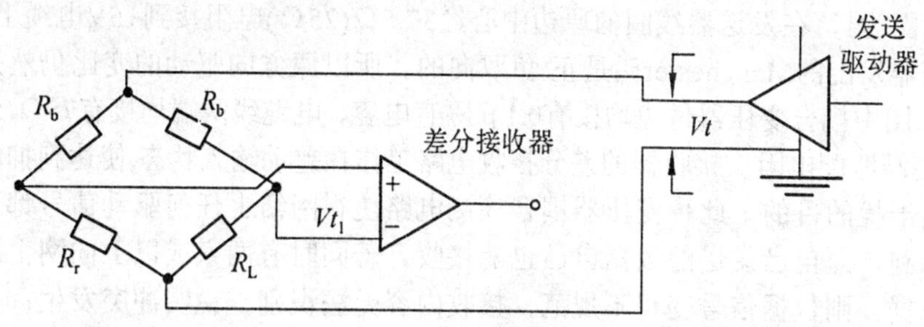

图10.5 桥式平衡原理电路

图中发送驱动器连接到桥式电路的一条对角线上，差分接收器则连到桥的另一对角线上，若R_r=R_L，电桥平衡，加在一个对角线的信号不会在另一对角线上引起信号，即发送驱动器的信号在差分接收器的两个输入端不会发生影响，V_i=0，接收器不会有输出。若$R_r \neq R_L$则接收器产生输出。

如果把网络电缆替换R_r接到该桥臂上，则由于网络电缆上连接有其他计算机，只要其中有一台计算机向网上发送数据，即对网络施加了驱动信号，该信号即在桥臂上产生影响，使差分接收器获得输入信号，产生网上扰动。设某台计算机对网络产生的驱动为R_E，测得扰动为：

$$V_i = V_E \frac{R_b + R_b}{R_b + R_b + R_L} = V_E \cdot \frac{2R_b}{(2R_b + R_L)} \tag{10.1}$$

只要该差分接收器增益足够，即可得到其他计算机发到网络的数据。如果在发送数据的同时，又检测到其他计算机的信号，则说明发生冲突。

(2) 变压器耦合的冲突检测电路

变压器耦合的冲突检测电路如图10.6所示。

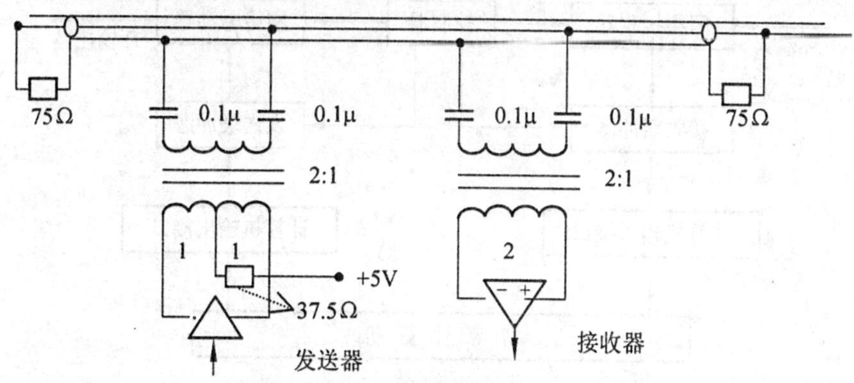

图10.6 变压器耦合冲突检测电路

图中收、发双方使用耦合变压器的变比都是2:1，其中电缆侧（付边）的线圈为1，在发送器线圈的原边中心经37.5Ω(25Ω)电阻接到+5V电缆上，发送器发出的Manchester码是正\负双向的，所以原方向驱动的变比仍然是1:1；图中耦合变压器付边均接有0.1μ隔直电容，电缆线两端均接有75Ω(50Ω)终端匹配电阻；接收器的差分接收电路工作在差动输入状态,使达到抑制共模干扰的目的。此种变压器耦合检测电路使得网络上任何驱动信号都可检测到，即自己发送的数据自己也能接收。若同时有两家或以上向网上发送数据，则数据信号变得不规范，接收内容无法识别，说明冲突发生；如果自己发送的数据与接收的数据相比两者不吻合，则也说明有冲突发生。

10.2.2 环形网络接口与控制

按照环中节点转发信息的方式可将环形网分为两类：一类是按位转发，结点不存储正在环道上传输的数据帧，每个结点只有1位或n位的转发延迟；另一类是每个结点都按帧进行数据转发，结点按先存储后转发方式工作，结点对数据帧进行完整存储。前一种网络结点延迟少，则传输速度快，系统响应特性好，后一种环形网易于控制、技术上容易实现。

1. 环形网接口方式

环形网主网结构已于图10.3所示，图中各计算机都通过通信控制器与环连接，通信控制器解决网络接口问题。

环形网络接口由五个部分组成：数据接收器、数据发送器、环控制器、发送数据缓冲区和接收数据缓冲区。如图10.7所示。

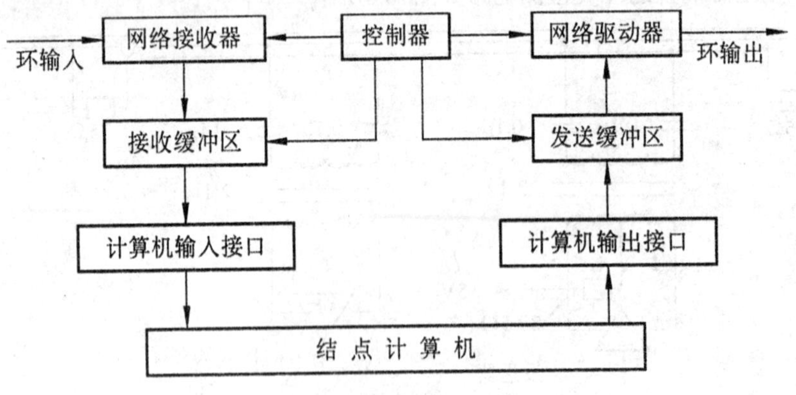

图10.7 环形网接口组成

图中网络接收器接收来自环上的数据帧，检查其目标地址，如果本结点即为数据目的地，则接收该数据帧进入接收缓冲区，按照环网的控制策略，接口装置或者继续转发该数据，或者停止传送，结束此次网络通信。若本结点不是数据帧的目标地址，则数据不取入缓冲区，继续向下结点传送，由数据发送器完成这一工作。控制器实现数据检测判断，诸如检测地址、检测错误的数据帧、放弃错误、防止传输死锁等。数据缓冲区保证快速不间断输入、输出数据，可以提供必要的传输延迟，还可用于环形网络接口与结点计算机之间连接数据传送（如DMA方式传送）等。

图10.8示出一个更细化的环形网络接口装置组成图。

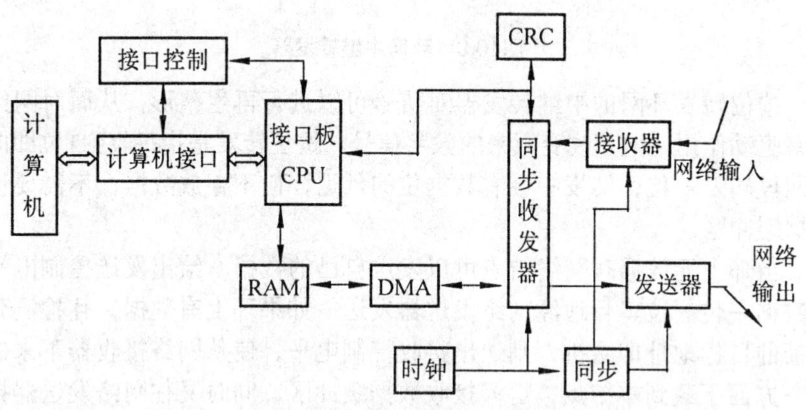

图10.8　环形网接口装置组成

图中CRC为循环冗余校验，用于检查接收数据的正确性；接收器、发送器都受到同步收发器的管理与控制；同步收发器与接口卡上缓冲区（RAM）之间采用DMA传送方式，以加快传输速率；整个接口由板上CPU作为处理核心，并负责与结点计算机接口。

环形网络可以使用多种通信介质：一可以使用电缆，在电缆上可以采用基带传输方式，速率高，易于实现，成本低；也可以使用宽带技术，分频带工作，但需要调制解调器，在传送数据的同时还可传输声音和图像，但成本比较高。二可以使用双绞线，简单且经济。三可以采用光纤，实现高速宽带传送，同时光纤抗电磁干扰比较有效,所以有它独特的优越性。

2. 按位转发环形网控制方式

(1) 环网接口的中继转发器

按位转发环网都要使用中继转发器，其结构示于图10.9中。

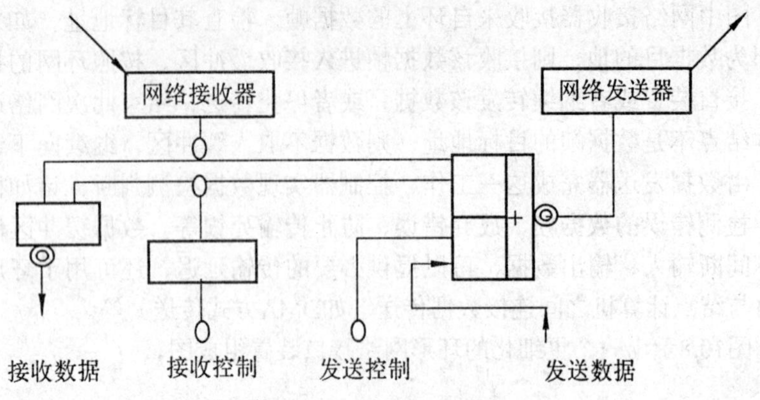

图10.9 环网中继转发器

按位转发环网的中继转发器对信号可以进行再生整形，从而对网络有功率驱动作用，但不改变原来的数字信号。按位转发是指每收到1位即向下一网段转发一位，转发中会有数据位的延迟，但不存放数据，不需要设置数据缓冲区。

当环上无数据时网络结点可以发送自己的数据，给出发送控制电平，使数据一位一位串行地经网络发送器发送；如果环上有数据，且检测到数据帧的目标地址即主机，则送出接收控制电平，使从网络接收器下来的数据一方面下载到本结点，送入接收数据缓冲区，同时又往网络发送器把数据往下转发。

含有中继器的按位转发环形网，只在结点有数据发送时才关闭接收控制，如果没有数据转发则使接收器对于发送器畅通，所有结点都畅通时，则数据可以在环上无限循环，直到某个结点把该数据取下来为止。

(2) 令牌传递环网

令牌传递环网中数据帧格式含有起始位、目标地址、数据块、接受位和令牌。其中令牌是结点发送数据权利的标志，一个结点取得令牌后就可向网上发送自己的数据，其他结点只能接收数据，结点发送完自己的数据后释放出令牌（控制标志），后续结点如果需要发送数据即可占用该令牌。全网只有一个令牌。这样就解决了各个节点之间发送数据的竞争问题。

在按位转发的令牌环网中起始标志、结束标志、令牌标志都只占1位，其中令牌标志在数据帧的最末尾即结束标志之后。发送站放弃发送权时，把Token（令牌标志）位改为空位，其他站即可占有而获得发送数据权。此种网络系统规定环上传送数据在被目标结点接收后由源结点负责撤消，所以源结点在数据发出后需等待传送一周的时间，此期间环上不应有其他任何数据，源结点可把自己的接收器关闭，以防其他非数据信号（干扰）窜入。

(3) 按时间槽访问的环网

按时间槽（Timeslot）访问的环网即所谓开槽环，是把信息在环形信道上的传输时间包括数据在网络线上的传输时间和节点的延迟时间分成固定大小的时间槽，即把整个环形信道所能容纳的总数据位数分成若干个信息段，每个信息段所占的时间称为时间槽。例如双绞线介质，信号传输100米约延迟450mμs，而在10Mbit/s数据速率时，该环100米信道空间可容纳的信息位为：

$$450\times10^{-9}/10^{-7}=450\times10^{-2}=4.5(\text{bit})$$

同时网上每个结点转发器的延迟约为1~2位，有时为了控制传输延迟时间而故意在节点上增加移位寄存器，凑齐整个环上传送的信息位数为时间槽的整数倍。在本例的网络中，时间槽定为2位。时间槽确定后，将其作为网络数据包格式中的一个部分，以便控制使用，开槽环网数据包格式为：

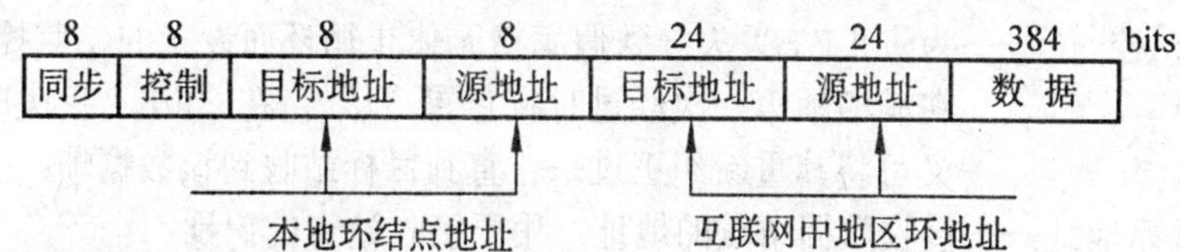

其中8位控制位的组成为：

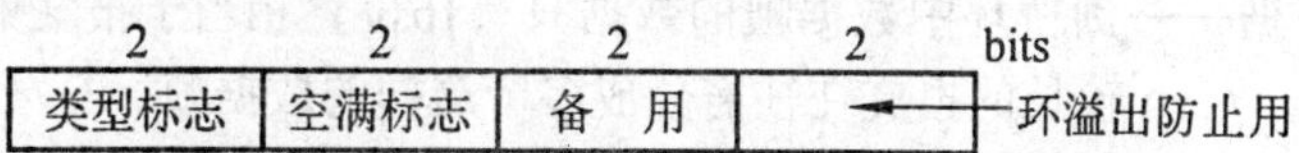

其中空满标志位即系统时间槽标识，对其使用如下编码：

00——标识时间槽空

10——标识时间槽满

01——时间槽满，且标识此数据帧在环上已传1遍，

11——时间槽满，且标识此数据帧在环上已传2遍。

在网上数据帧传递过程中，只要时间槽的2位一经过环接口，就可查看其内容，判断出标志，选择所要做的工作。若为00，则本结点就可乘机发送数据，同时填上发信地址和目标地址，并把时间槽标志改为10，表示此帧已有数据；当填有数据的帧第一次通过管理节点时将时间槽改为01，该帧循环一遍未有结点收取该数据时（时间槽未改为00），控制结点又将时间槽置为11，如果下一次又看到是11，说明此数据帧标志或地址确是有错误，管理结点可以将该时间槽置为00，亦即清除了此错误的数据帧，以免

其在网上无休止循环，免使网络处于阻塞状态。

此种开槽做法，结点不用收到全部数据帧仅只要得到槽的标志即可进行判断而采取动作，节省很多时间，使系统处理速度加快，效率提高。

开槽环网中也可有多个数据帧在环上流动，有的帧中为空槽，提交结点使用，有的帧中为满槽，正在进行数据传送工作。

剑桥环是开槽环网的一个特例。

剑桥环数据帧格式为：

1	1(F/G)	1	8	8	16	2	1
起始位	空满标志	监控位	目标地址	源地址	数据	回答场	奇偶标识

起 始 位——标识数据帧的开始，由管理节点在初始化时置位；

空满标志——“1”标识时间槽占用(Fill)，“0”标识时间槽为空(Empty)；标志成F/E。

监 控 位——为防止F/E丢失导致假满槽无休止循环而设置的，监控站在满槽帧第一次经过时将它置“1”，在“F/E”丢失时，又可将其重新纠正过来，直到目标站收到该数据帧；

目标地址——接收数据结点的地址，用于接收站点的识别；

源 地 址——发送数据结点的地址；

数　　据——剑桥环中数据帧的数据只有16位，相当于报文的分组，较长的报文往往需分成多个这样的数据帧；

回 答 场——共2位，反映目标站接收数据的状态，具体标识为：

01——标识目标站已接收源站数据帧；

10——目标站对源站数据拒绝接收；

00——标识目标站处于忙碌状态；

11——标识源站发送的数据在环中循环一周仍未找到目标站；源站在装填数据帧时即将此处预置为“11”，若数据帧返回源站时仍为“11”，则说明环上或者无该编址的站，或者目标地址在传送时出错。

归纳剑桥环的这些做法可得出如下特点：

① 环上可发送数据帧增多，时间槽同样增多，与令牌环相比，显然提高了环道的利用率；开槽环相当于把令牌环在时间上错开叠加而成，近似认为等效于多个令牌环。

② 剑桥环监控方式增多，提高了系统可靠性。

③ 设置了接收站的回答标识，较好反映了目标站的三种状态，为源站采取相应措施提供了依据，提高了系统的效率；

④数据帧最末位是奇偶校验位，每经过一个站都可进行奇偶检查，发现错误，即可向登记站或源站报告；

⑤开槽环网（包括剑桥环网）仍设有监控管理站，有中央控制作用，不算完全分布式系统。

3. 寄存器插入环网

寄存器插入环网接口电路如图10.10所示。

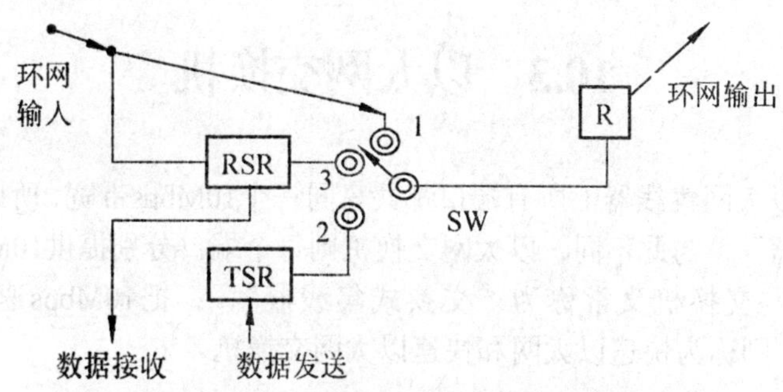

图10.10 寄存器插入环网接口

图中SW是一个三接开关，当接到“1”处，从环上输入的数据又直接送出，图中“R”为中继器，对下一网段起功率驱动作用；当SW接到“3”时，输入数据经移位寄存器“RSR”到达，可以被本站接收，也可以经R重新送出，如果数据帧目标地址即是本站地址，则一方面接收数据，同时又转发至下一结点；SW接到“2”时，本站点存入发送寄存器的数据经R向下发送。

“寄存器插入”方式工作过程是：

设开关处在“1”的位置，正在快速转送网上数据（不经本结点处理）时，本站有数据需要发送，则先将此数据存入发送移位寄存器中，待判断到转送数据的帧尾过去后，开关即转接到“2”，插入发送TSR中的数据，而环网上一段上可能又有新的数据帧到达，则先存入RSR中，不使其丢失；待TSR发送完，SW再转接到“3”重新完成RSR中数据的往下传送。这个过程就使得在环网信道上传送的两个数据帧之间完整地插入发送了TSR寄存器中的数据。如果本站插入发送到环上的数据后又返送回来，一定到达RSR中，可以检查出来，说明插入发送成功，则将SW从“3”转到“1”，使网上其他数据直接接通，提高网络传输效率。

寄存器插入法环形网的工作有以下特点：

① 每个结点站可以自主转发数据，不受其他结点的驱使或牵制，所以属于分布式控制方式；

② 数据包采用定长，可方便地确定网上数据包是否结束，以便确定插入发送的时机，但对于超长数据来说则应拆装成多个这样的数据帧才适合在此环网中传递；

③ 不需要令牌环、开槽环那种监控管理结点。系统各结点可以分布控制，并行工作，缩短了传输时间，提高了网络工作效率。

10.3　以太网交换机

传统以太网集线器上所有端口都共享同一个10Mbps带宽，所以称为“共享式集线器”，与此不同，以太网交换机则每个端口分别提供10Mbps带宽，所以以太网交换机又常称为“交换式集线器”；把10Mbps速率提高到100Mbps，则称为快速以太网和快速以太网交换机。

10.3.1　以太网交换机原理与结构

1. 交换原理

交换机内部设有自学习的地址动态查找表，交换机检测从以太网端口MAC层（介质访问控制层）来的数据帧的源地址和目标地址，然后与内部动态查找表进行比较，如果该数据帧的地址没有建立在查找表中，则将该地址加入，然后把数据帧转发到相应目的端口。可见其与局域网桥的工作方式类似。

2. 工作方式

以太网交换机在源口和目的端口之间传递数据包的交换方式主要有两种：直通方式和存储转发方式。

直通方式下，相当于在多个输入端口和多个输出端口间有一个水平和垂直交叉的线路矩阵，以太网交换机在输入端口收到数据时只要检测其包头，查出目标地址、通过内部动态查找表换算出相应的输出端口，使输入线路与输出线路接通，然后使其传递数据帧，完成数据交换工作。其概要原理如图10.11所示。

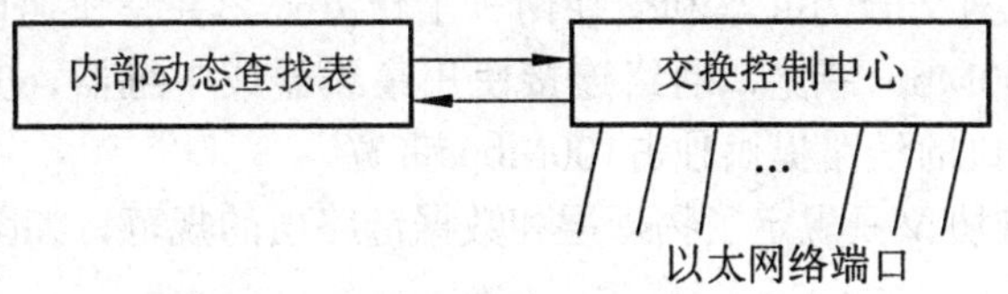

图10.11　直通交换方式的以太网络交换机

此种方式下，交换机只检查数据帧的帧头，无须等待数据全部到达，所以交换延迟小，传递速率快，系统效率高。

直通交换方式存在的不足是：未进行错误检测而直接传递；交换时没有存储缓冲，所以输入线路和输出线路必须采用相同传递速率。

以太网交换机的另一种工作方式是存储/转发方式，其组成如图10.12所示。

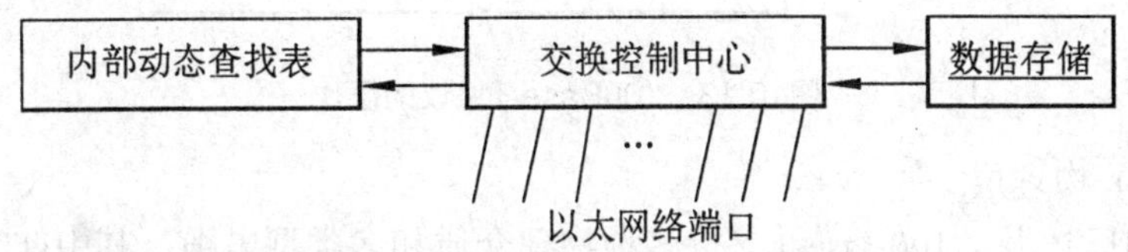

图10.12　存储/转发交换机组成

当交换机从某端口检测到输入数据时，先将该数据缓存起来，检查CRC校验结果看数据是否正确，确定无误后，取出数据帧目标地址与动态查找表对照，然后将数据包发送到相应线路的端口。

存储/转发方式的存储处理导致对数据传递的延迟增大，但它克服了直通方式的缺点，可以对数据帧实行错误检测，并且允许输入线路与输出线路的传送速率不一致。

10.3.2　快速以太网交换机（100Base-T）

快速以太网（Fast Ethernet）的技术规范名为100Base-T，它保持着Ethernet的 CSMA/CD工作机制，也沿用Ethernet的数据帧格式，但把传送速率提高到了100Mbps，这就带来了比较大的区别。100Base-T标准定义了三种物理介质和物理层规范，分别为：

100Base-Tx，用于两对5级UTP（无屏蔽双绞线）电缆，

100Base-T_4，用于4对3级，4级或5级UTP电缆，

100Base-Fx，用于光缆。

快速以太网又分为共享和交换两种工作方式，共享快速以太网则使所有用户共享100Mbps带宽，网络连接使用集线器或中继器。交换式快速以太网则对每端口的线路提供独占100Mbps带宽。

100Base-T协议只规定了物理层和数据链路层的规范。如图10.13所示。

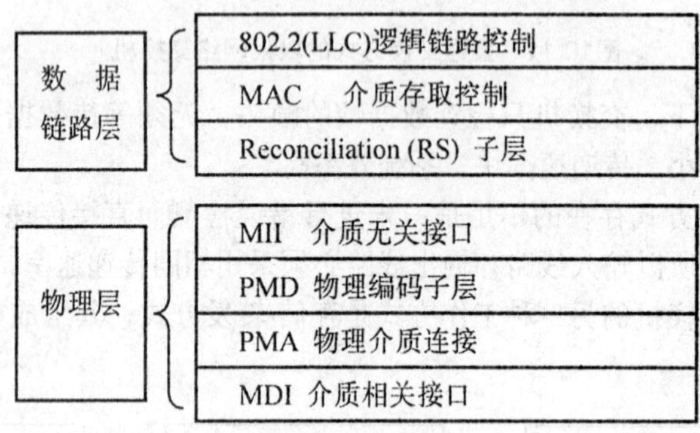

图10.13　100Base-T协议的层次

(1) 物理层

前已述及，100Base-T支持多种物理介质和多类型电缆，其中UTP电缆的类型及功能如表10.1所列。

表10.1　UTP种类和功能

电缆类型	功　能
1、2类	用于传送低速数据和声音
3类	用于传送16MHz声音和数据，可用于4Mbps令牌环网和10Mbps以太网
4类	用于传送20MHz的声音和数据，适合16Mbps令牌环网
5类	用于传送100MHz声音和数据，适合16Mbps令牌环和100Mbps FDDI网络（TP-PMD）

100BASE-T在物理层支持多种介质的工作方式结构如图10.14所示。

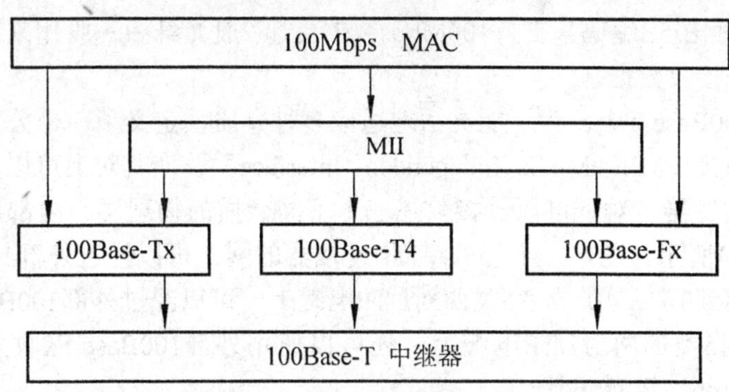

图10.14　100Base-T多介质协议结构

通常使用的UTP电缆为4对双绞线，100Base-Tx只使用了其中的两对，和10Base-T连线完全相同，所以10Base-T电缆上可直接应用100Base-Tx。100Base-Tx采用4B/5B编码规则来传输数据，比IEEE　802.3标准中使用的Manchester编码规则效率高得多。

100Base-T_4规范了100Base-T在3级UTP上传送的工作方式。100Base-T_4中使用4对3类、4类或者5类UPT，最大传送距离限制为100米。4对线中用3对发送和接收数据，第4对用来检测冲突，HUB则用第2、3和4对传送数据，用第1对检测冲突，而所连接的终端则用第1、3和4对来发送和接收数据，用第2对检测冲突。所述连接关系如图10.15所示。

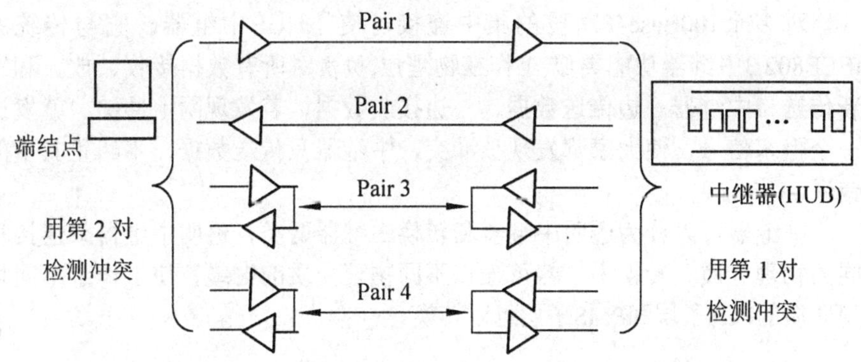

图10.15　10Base-T_4双绞线的用法

100Base-T采用8B6T编码规则，将每8位数据转换成6个三元符号，一个三元符号有三个信号级别：+1、0、–1。3元符号可输出成三个独立的串行通道，如图10.15中所示的连接方式。

100Base-Fx是用于光纤的，使用与FDDI相同的2股62.5/12.5 μm多模光纤,也使用4B/5B编码来支持100Mbps数据传递,2股光纤中一股用来发送，另一股用来接收数据。

在100Base-T中，为了能灵活地适应多种介质，定义了一个公共的与介质无关的接口MII（Media Independent Interface），使其对上可以灵活地使用外部收发器。对下可以分接前述三个不同介质的物理层，内部组成结构如图10.14所示。图中，上层的带MII连接器的网卡可以经过外部100Base-T收发器连到3类、4类或者5类四对UTP电缆上，可以经过外部100Base-Tx收发器连到5类的两对UTP电缆上，还可以使用外部100Base-Fx收发器连到62.5/12.5μm多模光纤上。

MII连接器是一个标准的40脚连接器，可以在100Base-T系列产品上加以实现，包括网卡、中继器、交换机、网桥或者路由器，标准规定MII电缆不能长于1米。

(2) 链路层

链路层包括逻辑链路控制（LLC）子层和介质访问控制（MAC）子层，为了使100Mbps传送速率能在CSMA/CD方式下工作，重点要使整个MAC子层都按位定时工作，一个数据位的时间（bit time）应从100ns减少到10ns，以达到数据速率从10Mbps提高到100Mbps。

位时间减少以后，最大网段长度则相应减少到原来的1/10，这是受网段长度工作条件限制的，使满足最小长度数据包的传送时间应是网段传送延迟的两倍，这样才能区分网上数据终端在工作中有无冲突。

对多个100Base-T网段的集中连接可使用HUB中继器，它与传统的IEEE802.3中继器功能类似,工作在物理层,负责对所有数据接收、放大和重新传送。中继器一边传送数据、一边接收数据，若发现网上冲突，就发送一个阻塞信号，使大家都发现该冲突，中继器只传送数据，不纠正其中的错误。

中继器可以分为透明中继器和转换中继器两类，透明中继器只连接相同的物理介质，转换中继器可连接不同物理介质的电缆，使工作于不同物理介质的PCS子层和PMS子层可以转换。

10.4　100VG-AnyLAN网络技术

100VG-AnyLAN由IEEE 802.12标准支持，可以使用802.3以太网帧格式和802.5令牌环帧格式，但其在MAC层没有使用CSMA/CD而是使用DPAM，称为按需分配优先级存取方法，是一种可确定性的存取方法，可提高网络性能，能克服传统以太网的冲突和令牌环网中的令牌轮转延迟。DPAM使用两种级别的优先级。普通优先级使标准数据传送获得网络权，高级优先级用于实时场合。

10.4.1　100VG-AnyLAN结构

100VG-AnyLAN主要使用星形结构，由多级集线器（HUB）组成，如图10.16所示。

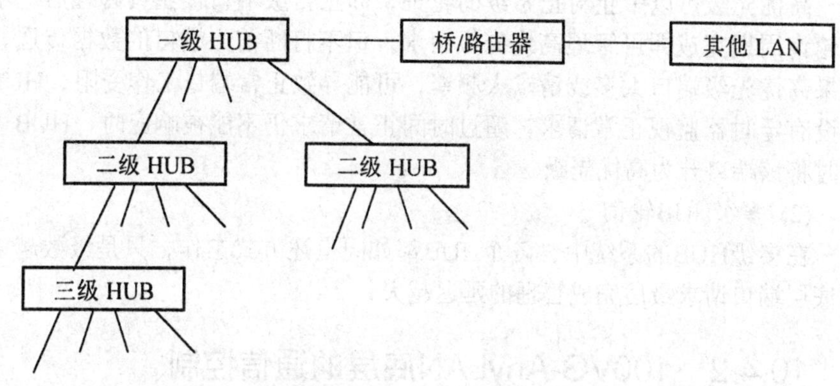

图10.16　100VG-AnyLAN拓扑结构

1. 100VG-AnyLAN HUB

HUB是网络的中心设备，每一个数据终端对HUB的连接都是点对点链路，HUB不断对每个端口实行Round-Robin查询，判断哪个端口要对网络存取，并确定该端口的请求级别，然后实现系统管理。

系统中规定只使用三级HUB，第一级HUB只能有1个，作为系统的中心，可以下接多个二级HUB，每个二级HUB又可以下接多个三级HUB。

HUB的每个端口或者定义为正常模式，或者定义为监视模式。正常模式下该端口只会转发所连网段类型的数据帧，这种端口下接数据终端，也可以下接HUB；监视模式的端口转发所接HUB中的所有类型数据帧，监视模式端口可连接桥或者路由器。

下级HUB被看成是上级HUB的分支结点，下级HUB对端口完成Round-Robin轮询并向上级HUB发送该请求，HUB可以授权也可以拒绝端口所连设备的存取请求。

2. Round-Robin轮询

100VG-AnyLAN结构为了管理端口，设置两种优先级请求指针——正常和高级优先级。

(1) 单HUB的轮询

对一个单独HUB而言，若某端口连接的终端要发送数据，应先提出请求（或者正常级或者优先级），HUB逐个端口周期地轮询，可以发现该请求，但对于每个轮询周期若有同级的多个请求，HUB则实行顺序管理，不给同一端口两次连续的机会。

高优先级可以中止对正常级的轮询，即正常级端口被轮询管理后，不等轮询周期完成即可管理高优先级请求，但不打断前一端口的数据传送。如果高优先级端口太多或请求太频繁，可能导致正常端口工作受阻，HUB中设有定时器监视正常请求，超过时间正常请求仍不能被响应时，HUB可临时将该端口升为高优先级。

(2) 多级HUB轮询

在多级HUB的系统中，各个HUB都如同上述方式工作，只是级数越多对底层端口请求最后完成管理的延迟越大。

10.4.2 100VG-AnyLAN底层的通信控制

底层包括链路层和物理层，包括端结点和中继器在底层的通信体系，如图10.17所示。

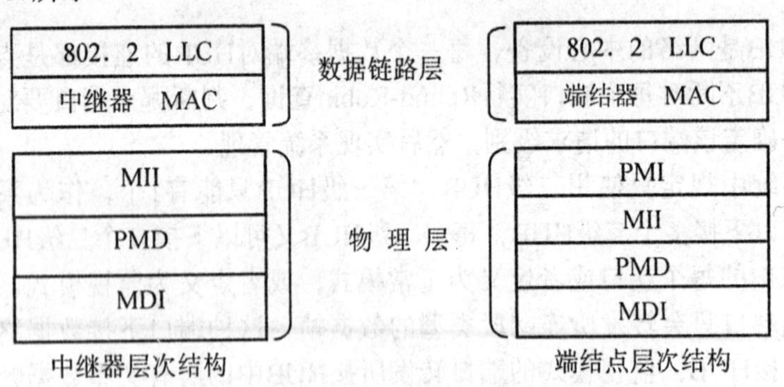

图10.17 100VG-AnyLAN底层通信体系

1. 100VG-AnyLAN的链路层通信

(1) 端结点的MAC子层

端结点MAC子层功能主要包括：

- 端结点为传送数据向HUB提出申请；
- 端结点在传送的数据帧中加入MAC的头和尾；
- 从接收到的数据帧中去掉MAC的头尾，取出纯数；
- 端结点将纯数据向上提交到网络层，以实现本地应用。

(2) 集线器HUB的MAC子层

100VG-AnyLAN集线器的MAC子层又称为RMAC。

RMAC负责按需分配优先级（DPAM）和Round-Robin轮询工作。Round-Robin轮询端口选择规则为：

- 集线器RMAC轮询各网络端口，若有请求，则授权数据传送；
- 如果又轮询到其他站点有请求，就受理，不给前站连续第二次传送的机会；
- 高优先级端口的请求先给予响应；
- HUB的定时器保证一般用户（正常优先级）的请求在许多高优先级介入时也能得到响应。

DPAM工作规则：

- 当端口向HUB发出请求时，此前如果网络空闲，则HUB立即响应；
- 若有多个端口请求，则HUB响应的原则是——高优先级和端口的物理位置；优先级高的先响应，优先级相同的则按物理位置顺序响应。
- 多级HUB情况下对所有端口统一轮询，轮询次序如图10.18所示。图中对各HUB端口的轮询顺序为：

  1-1，2-1，2-2，2-3，3-1，3-2，3-3，3-4，3-5，
  1-3，4-1，4-2，4-3，4-4，1-5。

以上各编号的第1位为HUB号，第2位为HUB的端口号。

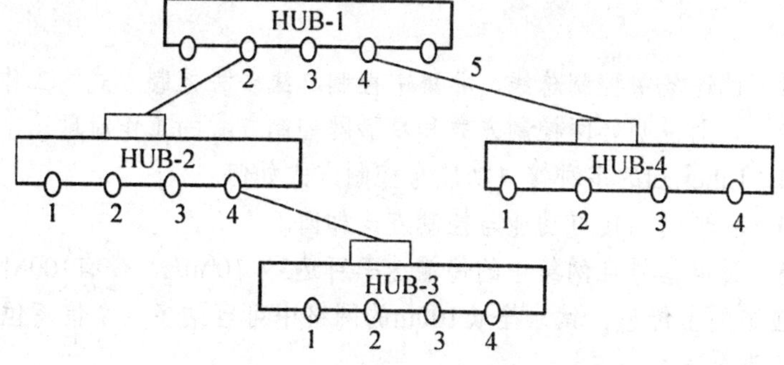

图10.18　100VG-AnyLAN多级HUB结构

自学习规则：

在100VG-AnyLAN中的链路有一个自学习的初始化过程，在底层端点MAC或HUB的RMAC初始化时形成学习帧，然后向所有HUB转发，通知它们网络上正在进行链路初始化。在学习过程中HUB从端站获得以下各信息：

- 端站的设备类型（终端机、HUB、网桥、路由器）；
- 端站的操作模式（正常模式、监视模式）；
- 连接到该端口上设备的链路层地址。

初始化工作在通电时开始，由端站发起，出现错误时能重新初始化。

2. 物理层通信

100VG-AnyLAN的物理层有两个协议——PMI、PMD，物理层还有两个接口MII、MDI。

PMI为物理介质无关子层，其将MAC和RMAC的数据转送到PMD子层，使通过PMD（物理介质相关）传送到不同物理介质的网络。

MII为介质无关接口，其定义了与PMD物理介质相关子层的接口，如PMD中对不同物理介质（UTP、光纤等）允许互换，允许相同的HUB支持不同类型介质。

PMD中规定的与链路有关的通信控制过程包括：

- 使4个独立的PMI通道复用成2对介质（屏蔽双绞线和光纤电缆）；
- NRZ（不归零）编码；
- 为MDI介质相关接口确定电气的和机械的接口规范；
- 为4对UTP链路实现，提供介质规范；
- 提供链路的状态控制。

习　题

10.1　试述集中控制总线、非集中控制总线多种控制方式的工作原理。

10.2　分别说明环网控制方式和星形网控制方式的工作原理。

10.3　Ethernet的多种接口功能与控制方式如何。

10.4　环形网的接口功能与控制方式如何。

10.5　设电信号在网络中的传输速率可达3×10^6m/s，今有100Mb/s速率的数据在该网上传递，试求全长100m的网络中可容纳多少个信息位？时间槽取多长为合适？

10.6　快速以太网交换机相对于以太网交换机的区别和改进是什么？

10.7　在100VG-AnyLAN系统中，HUB的端口有哪几种类型，其工作特点分别是什么？

10.8　100VG-AnyLAN系统中DPAM是什么？其工作规则是什么？

参 考 文 献

[1] 王秉钧等编著. 现代通信系统原理. 天津：天津大学出版社, 1991.
[2] 王慕坤、刘文贵编著. 通信原理. 哈尔滨：哈尔滨工业大学出版社, 1992.
[3] 张新政编著. 现代通信系统原理. 北京：电子工业出版社, 1994.
[4] 黄庚年等编著. 通信系统原理. 北京：北京邮电学校出版社, 1990.
[5] 黄胜华编著. 现代通信原理. 合肥：中国科技大学出版社, 1992.
[6] 樊昌信等编. 通信原理. 北京：国防工业出版社, 1998.
[7] 曹志刚、钱亚生. 现代通信原理. 北京：清华大学出版社, 1997.
[8] 林生. 计算机通信网原理. 西安：西安电子科技大学出版社, 1995.
[9] 杨心强、邵军力. 数据通信与计算机网络. 北京：电子工业出版社, 1998.
[10] 邱昆. 光纤通信导论. 成都：电子科技大学出版社, 1996.
[11] 曹达仲. 数字移动通信及ISDN. 天津：天津大学出版社, 1999.
[12] 彭承柱. SDH传递网技术. 北京：电子工业出版社, 1996.
[13] 竺南直等. 码分多址（CDMA）移动通信系统. 北京：电子工业出版社, 1999.
[14] 梁振军、梁波. 计算机网络教程. 北京：海洋出版社, 1991.
[15] 汪润生、周师熊. 数据通信工程. 北京：人民邮电出版社, 1992.
[16] 郭梯云、邬国扬. 移动通信. 西安：西安电子科技大学出版社, 1998.
[17] 美Mark A. sportack等著. 钟向群、冬青等译. 高性能网络技术教程. 北京：清华大学出版社, 1998.
[18] 杨元等. 微波技术. 北京：中国广播电视出版社, 1993.
[19] A. J. 维特比著. 李世鹤译. CDMA扩频通信原理. 北京：人民邮电出版社, 1998.
[20] 李智渊等编著. 高速网络技术及其应用. 成都：电子科技大学出版社, 1997.
[21] 张焕国等. 计算机系统中的纠错编码. 北京：人民邮电出版社, 1999.
[22] 宋焕章. 计算机纠错编码. 长沙：国防科技大学出版社, 1990.
[23] 王新梅. 差错控制技术. 北京：人民邮电出版社, 1986.
[24] W. R. Hamming. Error Detecting and Correcting Codes. BSTS 29, 1950.
[25] M. y Hsiao. A Class of optimal Minimum odd-Weight-Column Sec-Ded Codes, IBMS Research and Development vol. 14, No. 4, 1970.

[26] 张焕国. 最佳最小奇重量列码校验矩阵的一种生成算法. 武汉大学学报(自然版), 1980(4).

[27] Hocguenghem A. Codes Correcteurs D erreurs. Chiffres, 2, 1959.

[28] Bose, R. C. and D. K. Ray-Chaudhuri. On a Class of Error Correcting Binary Group Codes, Information and Control, 3, March, 1960.

[29] Reed, I. S., and G. Solomon. Polynomial Codes over Certain Finite Field, J. Soc. Indust. Appl. Math., 8, June, 1960.

[30] 张焕国. B邻接片错误纠错码. 计算机学报, vol.7, No.5, pp.366-374, 1984.

[31] 张焕国. B邻接片错误定位码. 计算机学报, VoL.9, No.1, pp. 66-71, 1986.

[32] 张焕国、覃中平. 一类新的tEC和tBEL码. 计算机学报，VoL.11, No.3, pp.162-168, 1998.

[33] 张焕国、覃中平. 一种快速内存纠错方案. 计算机学报，VoL.12, No.9, pp.689-693, 1989.

[34] 张焕国、覃中平. 变长检错码. 计算机学报, VoL.16, No.7, 1993.

[35] 张焕国等. 计算机安全保密技术. 北京：机械工业出版社, 1995.

[36] 王育民、何大可. 保密学——基础与应用. 西安：西安电子科技大学出版社, 1990.

[37] 王育民、刘建伟. 通信网的安全——理论与技术. 西安：西安电子科技大学出版社, 1999.

[38] 陈爱民、于康友、管海明. 计算机的安全与保密. 北京：电子工业出版社, 1992.

[39] 陈太一、屠世桢译. 标准数据加密算法. 北京：人民邮电出版社, 1992.

[40] Biham E. and Shamir A. Differential crgptanalysis of DES-Like cryptosystems. Advances in cryptology-CRyPTO′go proceedings, Springer-Verlag, 1991.

[41] Verser R. DES Challenge. We cracked the Code. Available through www. frii. com/rcv/deschall. htm,Apr. 8, 1997.

[42] NTST, National Institute of Standard and Techno-Logy. Advanced Encryption standard(AES). development effort, http://csrc. nist. gov/encryption/aes-home. html, Aug. 22, 1998.

[43] Kolata, GB. NSA to provide secret Codes. Science, 1985.

[44] Lai X and Massey J. A proposal for a new block encryption standard. Advances in cryptology——EUROCRyPT′go proceedings, Springer-Verlay, 1991.

[45] 丁石孙. 移位寄存器序列. 上海：上海科学技术出版社, 1982.

[46] 肖国镇、梁传甲、王育民. 伪随机序列及其应用. 北京：国防工业出版社, 1985.

[47] 万哲先、代宗铎、刘木兰、冯绪宁. 非线性移位寄存器. 北京：科学出版社, 1978.

[48] 戚余禄、陈世华、陶仁骥. 一种有限自动机密码及其软件实现. 计算机研究与发展, 1987, 24(5).

[49] 杨展青、周同衡. FA密码体制的实现. 计算机研究与发展, 1985.

[50] 张焕国、高翔、覃中平. 一种微波计算机通信加密系统. 中国计算机学会信息保密专业委员会论文集, 1989.

[51] Diffie, w.and Hellman, M.E. New direction in cryptography. IEEE Trans. on I.T., voL.IT-32, No.6, Nov.1976.

[52] Rivest, R. L., Shamir, A. and Adleman, L.M., A mothod for obtaining digital signatures and public key cryptosyseems, communication of the ACM, vol.21, No.2, Feb.1978.